La culture politique romaine

Anne Gangloff

La culture politique romaine

De la fin de la République au IIIe siècle apr. J.-C.

ARMAND COLIN

Collection U

Histoire

Image de couverture : Arche de Trajan,
située dans la cité antique de Timgad, en Algérie,
© akg-images / De Agostini Picture Lib. / C. Sappa

Cartographie : Philippe Paraire

Mise en pages : Nord Compo

NOUS NOUS ENGAGEONS EN FAVEUR DE L'ENVIRONNEMENT :

PAPIER CERTIFIÉ

Nos livres sont imprimés sur des papiers certifiés pour réduire notre impact sur l'environnement.

Le format de nos ouvrages est pensé afin d'optimiser l'utilisation du papier.

Depuis plus de 30 ans, nous imprimons 70 % de nos livres en France et 25 % en Europe et nous mettons tout en œuvre pour augmenter cet engagement auprès des imprimeurs français.

Nous limitons l'utilisation du plastique sur nos ouvrages (film sur les couvertures et les livres).

Armand Colin est une marque de
Dunod Éditeur, 11 rue Paul Bert, 92240 Malakoff

www.dunod.com

ISBN : 978-2-20-063651-7

Avant-propos

Ce manuel est dédicacé à mes étudiant(e)s de L3 et de master de l'Université Rennes 2, qui en ont été les « cobayes » selon leurs propres termes. Des collègues ont contribué à sa réalisation, en acceptant notamment de relire des parties : je remercie chaleureusement pour leur aide Stéphane Benoist, Caroline Blonce, Clément Bur, Julie Dalaison, Gilles Gorre, Frédéric Hurlet, Philippe Le Doze et Pascal Montlahuc.

Les références aux sources antiques se rapportent en général à la « Collection des Universités de France » (« les Budés ») ; pour Cassius Dion, à la « Loeb Classical Library » ; pour Hérodien, à l'édition de Denis Roques dans « La Roue à Livres » ; pour l'*Histoire Auguste* à celle d'André Chastagnol chez Robert Laffont (« Bouquins »). Pour plus de clarté, j'ai choisi d'utiliser dans le texte latin les lettres v et j, même si celles-ci n'ont été introduites qu'à la Renaissance.

Anne Gangloff

Introduction

Culture politique et histoire romaine

Quelle était la culture politique des habitants de l'Empire romain – ceux du moins qui sont visibles et connus des historiens, c'est-à-dire ceux qui vivaient dans les cités – de la fin de la République aux trois premiers siècles de notre ère ? Quels étaient leurs connaissances du politique et leur degré de participation aux rouages du gouvernement ? Comment appréhendaient-ils le pouvoir romain et quelles étaient leurs attentes vis-à-vis de celui-ci ? Telles sont les – terriblement vastes – questions auxquelles ce manuel tente d'apporter des réponses.

Cet ouvrage est le produit d'un essor actuel de la recherche dans le domaine du politique à Rome, notamment en France : cette recherche a été récemment renouvelée par les apports de la sociologie, de l'anthropologie et des sciences politiques.

Définitions et notions de sciences politiques

On ne saurait aborder l'histoire politique sans quelques notions clefs modernes, dont l'application au monde romain ne va pas toujours de soi. On ne parlera pas ici des termes latins qui ont aussi fait récemment l'objet de recherches approfondies, comme les notions d'*imperium* et d'Empire, de *concordia* et de *consensus*, d'*auctoritas*, mais de notions plus génériques.

La première est celle d'idéologie, qui est aujourd'hui considérée avec circonspection par beaucoup de spécialistes d'histoire ancienne (même si c'est toujours un terme utile, ne serait-ce que pour des raisons épistémologiques). Au sens sociologique, l'idéologie désigne un système de représentations du monde, en concurrence avec d'autres : par exemple l'idéologie libérale, qui s'oppose à l'idéologie marxiste. Par conséquent, le terme idéologie désigne une « vision du monde » qui englobe des facettes variées (politique, économique, sociale ou religieuse… on ne saurait parler d'idéologie religieuse simplement) et il faudrait au moins deux visions du monde différentes pour que l'on puisse parler d'idéologie, comme l'a souligné Jean-Louis Ferrary pour la période tardo-républicaine[1]. Dans cette perspective, Philippe Le Doze a défendu l'idée que les modalités mêmes de la vie politique, à Rome, n'étaient pas propices à l'émergence d'idéologies sous la République et sous le Haut-Empire[2]. Cette prise de position prolonge deux autres débats, l'un sur l'existence de « partis » ou de factions, l'autre sur celle d'une vie politique démocratique dans la Rome tardo-républicaine ; ce dernier débat, comme on va le voir, a joué un rôle moteur dans la promotion de la notion de culture politique chez les historiens romanistes.

Un autre couple de notions est aussi fréquemment employé par les historiens spécialistes d'histoire politique, qui l'empruntent aux politistes. Il s'agit du politique et de la politique :

- la politique, dans son sens le plus courant en sciences politiques, désigne le champ des luttes politiques, la scène où s'affrontent des individus ou des groupes en compétition pour l'exercice du pouvoir politique (on parle ainsi de « la vie politique ») ;
- le politique est défini comme le « champ social de contradictions et d'agrégations d'intérêts (ou d'aspirations), régulé par un pouvoir détenteur de la coercition légitime[3] ». Si la définition de la politique fait porter l'accent sur les luttes entre les acteurs politiques, celle du politique présuppose que les affrontements sont au cœur des sociétés humaines : il existe dans toute société des conflits entre les individus ou les groupes, qui nécessitent la mise en place d'un pouvoir politique pour les réguler. C'est une définition plus large, préférée par les politistes modernes, car elle permet d'analyser à la fois les conflits, les processus de résolution (ou non), les modalités d'intervention du pouvoir et du gouvernement, les questions de légitimité politique…

Considérons maintenant la notion de « culture politique » : elle désigne à la fois, dans le langage courant, la connaissance et l'expérience que tout un chacun peut avoir d'un système politique, aussi bien de son fonctionnement concret que des grandes théories qui l'étayent, et une nouvelle approche du politique qui s'est développée dans les sciences politiques à partir des années 1950. Celle-ci met justement en avant des éléments subjectifs comme la connaissance, les opinions et les croyances des différents acteurs de la vie politique (dirigeants et simples citoyens). Elle est centrée sur l'expression du pouvoir politique, la communication et le dialogue entre les gouvernants et les gouvernés.

La culture politique est définie par des pratiques et par des représentations du pouvoir politique exprimées par l'ensemble des médias contemporains (comme la littérature, les monnaies, les inscriptions, l'iconographie dans le contexte de l'Empire romain). Mais elle englobe aussi la réception de ces pratiques et représentations issues du pouvoir, c'est-à-dire l'acceptation ou non par les gouvernés de certaines décisions politiques, leurs réactions et leurs attentes. Le concept de culture, importé de l'ethnologie et de l'anthropologie, place l'accent sur un ensemble de valeurs et de pratiques sociales communes à l'ensemble du groupe, et donc sur la dimension identitaire des pratiques et des représentations politiques.

La notion de culture politique s'inscrit dans l'histoire culturelle qui a succédé d'une certaine manière à l'histoire des mentalités et à l'histoire des idées, et que l'on définit comme une « histoire sociale des représentations[4] ». Peter Burke et Philippe Poirrier, qui ont aussi chacun fait paraître en 2004 un ouvrage sur l'histoire culturelle, ont consacré un court chapitre à l'histoire culturelle du (ou de la) politique : Philippe Poirrier a souligné les grandes étapes du développement de cette approche dans l'histoire contemporaine en France[5]. Dès les années 1970, Maurice Agulhon en fut un pionnier, en s'intéressant dans ses travaux aux manifestations symboliques et à la notion de « sociabilité ». En 1986, Raoul Girardet posa les jalons d'une histoire de l'imaginaire politique avec son ouvrage *Mythes et mythologies politiques*, dans lequel il distinguait quatre grands mythèmes qui structurent la vie politique française : la Conspiration (thème plus que jamais d'actualité), le Sauveur, l'Âge d'or et l'Unité. Dès le début des années 1980, Jean-François Sirinelli fut l'un des principaux défenseurs d'une histoire culturelle du politique qui intégrait l'étude des représentations et, avec Serge Berstein, de la notion de « culture politique ». Cette notion se rapporte à l'ensemble des représentations, des normes et des valeurs qui permettent de définir les grandes familles politiques et l'identité des individus qui s'en réclament. La définition de la culture politique proposée par Serge Berstein dans son article sur « La culture politique » mérite d'être citée aussi bien pour sa clarté que pour son aspect programmatique :

> « La culture politique constitue un ensemble cohérent dont tous les éléments sont en relation étroite les uns avec les autres et qui permettent de définir une forme d'identité de l'individu qui s'en réclame. Si l'ensemble est homogène, les composantes en sont diverses et aboutissent à une vision du monde partagée, dans laquelle entrent en symbiose un soubassement philosophique ou doctrinal, le plus souvent exposé sous la forme d'une vulgate accessible au plus grand nombre, une lecture commune et normative du passé historique qui connote positivement ou négativement les grandes périodes du passé, une vision institutionnelle qui traduit au plan de l'organisation politique de l'État les données philosophiques ou historiques précédentes, une conception de la société idéale telle que la voient les tenants de cette culture et, pour exprimer le tout, un discours codé dans lequel le vocabulaire employé, les mots clefs, les formules répétitives sont porteurs de signification, cependant que rites et symboles jouent au niveau du geste et de la représentation visuelle le même rôle signifiant. »
>
> Serge Berstein, « La culture politique », dans Jean-Pierre Rioux et Jean-François Sirinelli (dir.), *Pour une histoire culturelle*, Paris, Seuil, 1997, pp. 372-373, cité par Philippe Poirrier, *Les enjeux de l'histoire culturelle*, pp. 286-287.

En 1992, Serge Berstein et Odile Rudelle dirigèrent un ouvrage collectif sur *Le modèle républicain* en France (Paris, PUF), qui visait ainsi à analyser la culture républicaine, inscrite à la fois dans la lignée philosophique des Lumières et du positivisme et dans l'héritage de la Révolution française, avec ses principes, son régime politique, ses symboles (le drapeau tricolore, Marianne, la Marseillaise), l'évolution du modèle républicain, ses crises et ses contestations. Dans une perspective proche et complémentaire, Jean-François Sirinelli a proposé d'étudier un siècle de démocratie française sans l'angle de la dissension et de la brèche[6]. En 2003, Serge Berstein a dirigé un ouvrage collectif intitulé *Les cultures politiques en France* (Paris, Seuil), afin d'explorer les systèmes de représentations à l'origine des comportements politiques des Français.

Peter Burke, qui a une approche plus internationale, offre une définition très proche de celle de Serge Berstein : il s'agit d'étudier « les présupposés et les attitudes politiques des différents groupes de population, et la façon dont ces attitudes et ces présupposés y ont été instillés[7] ». Il souligne également que le « tournant culturel » est apparu au début des années 1970, avec, par exemple, l'ouvrage de Murray Edelman, *Politics as symbolic : action mass arousal and quiescence* (New York, Academic Press, 1971), consacré aux rituels politiques et aux aspects symboliques du comportement politique, passés et présents. L'expression de culture politique commença à être employée à la fin des années 1980 par des historiens anglophones spécialistes de la période moderne, comme Keith Baker, auteur d'une étude sur *The Political Culture of the Old Regime* (University of Chicago, Pergamon Press, 1987), ou bien Lynn Hunt qui étudia les pratiques symboliques révolutionnaires dans *Politics, Culture and Class in French Revolution* (Berkeley, Los Angeles, University of California Press, 1984). Un autre exemple est celui des travaux produits par les groupes d'études sur la culture politique des classes dominées ou « subalternes », notamment le *Subaltern Studies Group* en Inde, dont les recherches ont suscité un grand intérêt international, dans le sillage des études postcoloniales.

La notion de culture politique a bénéficié aussi de ce qu'on appelle le *communicative turn* des années 1980, qui a fait porter l'accent sur la communication à tous les niveaux, y compris au niveau symbolique qui englobe toutes les significations ajoutées au simple énoncé discursif. La communication symbolique, dans le domaine de l'histoire romaine, est fondée sur des symboles verbaux et visuels tels que les images rhétoriques, les références mythiques, les rites, qui définissent aussi les compétences et les pouvoirs du prince, et établissent une hiérarchie entre les dieux, le *princeps* et les autres hommes.

Prise dans sa globalité, la culture politique englobe donc à la fois les éléments les plus traditionnels de l'histoire politique, comme l'analyse des institutions et des processus de prises de décision, mais, ce qui est plus neuf, elle fait porter l'accent sur la dimension symbolique du pouvoir : les aspects rituels de la vie politique – qui sont très importants en histoire ancienne –, les différentes échelles et modalités de participation à la vie politique (au bénéfice des acteurs les plus humbles, auparavant négligés, comme la plèbe), les différents lieux d'exercice du pouvoir (la cour, le Sénat, les tribunaux, y compris au sens spatial), le répertoire des valeurs communes, les médias (y compris le corps et les vêtements des acteurs politiques). Elle interroge le rôle de la mémoire – dans le sillage des études dirigées par Pierre Nora sur les lieux de mémoire et la définition de la nation française (*Lieux de mémoire*, I-III, Paris, 1984-1992) – et de la tradition, de l'amour et des émotions suscitées par le prince, de l'opinion publique et de la popularité ou l'impopularité des empereurs. Elle pose deux problèmes principaux, et qui sont liés, aux historiens de l'Antiquité.

Le premier est celui de l'homogénéité d'une culture politique : il existait naturellement une grande hétérogénéité culturelle parmi les habitants du vaste empire romain, et cette diversité s'impose aussi bien d'un point de vue géographique et temporel que d'un point de vue social et juridique. Il est plus juste de parler de cultures politiques au pluriel. Mis à part le cadre général de l'Empire romain, avec ses structures fiscales, juridiques et politiques, une femme de notable à Lepcis Magna en Afrique proconsulaire, un plébéien des campagnes italiennes et un pérégrin (homme libre dépourvu de la citoyenneté romaine) à Prousa de l'Olympe en Bithynie n'avaient évidemment pas la même culture politique. Sans parler, naturellement, de tous ceux qui vivaient en dehors du monde des cités, dont les cultures politiques nous échappent presque complètement.

Cela étant dit, comme on le verra, le passage à l'Empire a produit une profonde transformation des médias de la culture politique, ainsi que son recentrement sur la figure de l'empereur et sur les membres de sa famille. Le second problème auquel on est confronté pour analyser les cultures politiques romaines constitue une lapalissade pour tous les Antiquisants : c'est celui des sources, les plus disertes (littéraires et iconographiques) étant surtout produites par les élites sociales, comme nous aurons l'occasion d'en reparler.

Historiographie de la culture politique en histoire romaine

La notion de culture politique a été importée en histoire ancienne à la toute fin des années 1980 et, pour l'histoire romaine, elle a surtout été appliquée jusqu'à présent à la période tardo-républicaine. C'est en effet une période propre à susciter de nouvelles approches à cause des nombreux débats autour des transformations de la vie politique, du rôle de plus en plus important tenu par les *imperatores* et de la personnalisation du pouvoir, de la notion de crises, de la définition du régime politique qui est en mutation : démocratie selon Fergus Millar[8], oligarchie aristocratique selon la plupart des autres historiens.

Il faut signaler un article et trois ouvrages de référence, datant du début des années 2000 et surtout des années 2020, qui portent sur la notion même de culture politique appliquée à l'époque républicaine. En 2004, Karl-Joachim Hölkeskamp publia l'ouvrage *Rekonstruktionen einer Republik. Die politische Kultur des antiken Rom und die*

Forschungen der letzten Jahrzehnte [*Reconstruire une République. La « culture politique » de la Rome antique et la recherche des dernières décennies*], qui s'inscrit dans le débat sur la nature du régime politique républicain que l'on vient d'évoquer. Ce livre met l'accent sur l'expression de l'action politique (les rituels politiques, les signes et la représentation du pouvoir, la communication) pour analyser les rapports entre les couches sociales supérieures et le peuple. Il fut traduit en français dès 2008, en anglais en 2010 (dans une version enrichie), en italien en 2016 et en espagnol en 2019. On doit également à Karl-Joachim Hölkeskamp un article fondamental qui a été traduit en français et en anglais : « Politische Kultur – Karriere eines Konzepts. Ansätze und Anwendungen am Beispiel der römischen Republik ». La traduction française figure dans un numéro de la revue en ligne *Triuium*, consacré à la notion de culture politique républicaine, qui a pour objectif de présenter à des étudiants avancés et à des spécialistes, en particulier français et allemands, les principaux articles de la recherche franco-allemande – traduits de l'allemand au français et vice-versa – sur ce sujet[9]. La traduction anglaise a été intégrée dans un ouvrage collectif destiné aussi aux étudiants avancés et aux spécialistes, visant à exposer les différents aspects essentiels de la culture politique de la République romaine[10].

La notion de culture politique n'a pas suscité une telle réflexion épistémologique pour la période impériale, ce que l'on peut regretter. Elle paraît en effet d'autant plus pertinente pour le Haut-Empire que le principal acteur politique, le prince, n'est plus légitimé par une fonction politique bien déterminée (le consulat ou la dictature qui dotaient leur détenteur d'un pouvoir de commandement civil et militaire, *imperium domi et militiae*, bien défini dans le temps), mais par le fait d'être choisi par le Sénat et par l'armée, plaçant au centre de la vie politique des notions comme le consensus et la popularité.

Il reste à présenter quelques ouvrages qui, sans employer le terme de culture politique, ont emprunté une approche culturelle, d'abord pour la période tardo-républicaine, puis pour l'Empire aussi, afin de montrer quelques étapes, ainsi que l'accélération et la diversification récente des études sur la culture politique romaine.

Dès 1966, Christian Meier, dans son ouvrage Res publica amissa, *eine Studie zu Verfassung und Geschichte der späten römischen Republik* (Stuttgart, Fr. Steiner, 4e éd. 2017) a cherché à comprendre la « crise » tardo-républicaine, à travers les blocages et les limites du système républicain d'une part, le comportement des grands aristocrates à l'égard de ce système d'autre part. Les travaux de Jean-Michel David ont ensuite montré à quel point le comportement de ces derniers répondait à des notions non-constitutionnelles et à un code de valeurs et de normes. Christian Meier a mis en avant la notion de « grammaire politique » de la Rome tardo-républicaine, entendue comme langage dans lequel le pouvoir politique se définissait, se construisait et se légitimait. Il a aussi développé l'intéressante idée d'une « crise sans alternative », c'est-à-dire une crise qui aurait été vécue comme dépourvue d'issue politique, institutionnelle, à travers notamment l'exemple de César qui ne paraît pas avoir été décidé à se tourner vers la royauté.

En 1969, l'historien israélien Zvi Yavetz a publié un petit livre devenu un classique, *La plèbe et le prince : foule et politique sous le Haut-Empire romain*, traduit en français en 1984, sur les rapports entre le pouvoir politique et la plèbe romaine de César à Néron : il mettait déjà en exergue les réactions de la plèbe aux spectacles et la notion de popularité, qui suscite actuellement de plus en plus d'intérêt.

Paul Veyne, dans son ouvrage *Le pain et le cirque. Sociologie historique d'un pluralisme politique* (Paris, 1976), a étudié les rapports entre le peuple et l'élite (notamment l'empereur) à travers l'évergétisme. Il a mis en lumière la politique romaine des spectacles et analysé les lieux de spectacle comme des lieux de communication directe entre la plèbe et le prince.

Ces recherches ont été prolongées par celle de Cyril Courrier sur *La plèbe de Rome et sa culture (fin du IIe siècle av. J.-C.-fin du Ier siècle apr. J.-C.)*, parue en 2014 : du fait des sources (les historiens, Suétone notamment), une grande partie de l'ouvrage porte sur la culture politique de la plèbe. Cette étude participe au renouveau de l'intérêt porté par les historiens de l'Antiquité aux notions de « culture populaire » et d'opinion publique.

La même année que celle où fut publié *Le pain et le cirque* est paru un second livre de référence, celui de Claude Nicolet sur *Le métier de citoyen dans la Rome républicaine* (Paris, 1976). Si cet ouvrage expose les droits et les devoirs des citoyens romains en suivant une approche largement institutionnelle, le dernier chapitre, qui a fait date, concerne la « politique-spectacle » dont il souligne l'importance à Rome : Claude Nicolet met en évidence une autre façon de faire de la politique que les processus et les organes habituels de la prise de décision politique (les débats, les assemblées, le vote, les tribunaux, etc.), à savoir les manifestations spectaculaires, par exemple les jeux organisés par les édiles, les funérailles publiques réservées, avec l'accord du Sénat, aux grands hommes. Il distingue alors deux catégories de participants, ceux qui sont spectateurs, qui constituent l'immense majorité, et ceux qui sont acteurs, qui organisent le spectacle et s'y montrent.

Fergus Millar a produit la première grande synthèse sur le principal acteur du politique sous l'Empire dans *The Emperor in the Roman world (31 BC-AD 337)*, paru à Londres en 1977 : l'ouvrage est consacré aux fonctions et aux modalités d'exercice du pouvoir de l'empereur. L'originalité de Fergus Millar est d'avoir étudié les relations de réciprocité entre celui-ci et ses différents interlocuteurs, notamment les cités de l'Empire. Il a montré, sur ce point, que le prince agit généralement de manière réactive, en réponse à l'expression de demandes et de besoins, plutôt que de prendre des initiatives politiques. L'ouvrage récent d'Olivier Hekster déplace l'accent sur les attentes des concitoyens et sujets envers le prince, qui ont conduit au développement et à l'évolution de ses rôles militaire, religieux et civil (*Caesar rules : the emperor in the changing Roman world [c. 50 BC-AD 565]*, Cambridge, New York, 2023).

En 1989, Francisco Pina Polo a recensé dans la littérature antique et étudié les *contiones* (assemblées du peuple et des soldats qui se déroulaient en marge des institutions officielles) civiles et militaires à Rome, pour montrer que ces assemblées constituaient des moyens d'expression essentiels – ce qu'on a aujourd'hui relativisé – du peuple et de l'armée (*Las* contiones *civiles y militares en Roma*, Saragosse).

Les travaux d'Egon Flaig, qui s'inscrivent complètement dans une histoire culturelle politique, ont fait porter l'accent sur la légitimation (l'*Acceptanz*) et sur son langage, notamment sur la dimension rituelle de cette « acceptation » au sein des assemblées populaires : il les a développés dans deux livres, *Den Kaiser herausfordern : die Usurpation im Römischen Reich*, paru en 1992 (3e éd. en 2019), puis *Ritualisierte Politik : Zeichen, Gesten und Herrschaft im Alten Rom*, en 2004.

Dans une perspective d'anthropologie historique, Stéphane Benoist a étudié les fonctions politiques et la symbolique des fêtes et des cérémonies publiques dans deux livres : *La Fête à Rome au premier siècle de l'Empire. Recherches sur l'univers festif sous les règnes d'Auguste et des Julio-Claudiens* (Bruxelles, 1999) ; *Rome, le prince et la cité.*

Pouvoir impérial et cérémonies publiques (Ier siècle av.-début du IVe siècle apr. J.-C.), paru à Paris en 2005. Ce dernier explore plus largement les relations identitaires entre le prince et la cité qui fut le berceau et la capitale, d'abord unique, puis historique, de l'Empire, à partir des cérémonies d'entrée (*adventus*) de l'empereur, des funérailles impériales et des grandes fêtes. Le dernier livre de K.-J. Hölkeskamp, paru en 2023, souligne aussi le rôle fondamental des cérémonies et des rituels – triomphes, culte public, funérailles, etc. – comme expression du pouvoir dans la Rome républicaine (*Theater der Macht : die Inszenierung der Politik in der römischen Republik*, Munich, Beck).

Au début des années 2000, le thème du dialogue idéologique entre le pouvoir et les provinces a été mis en lumière par les études de Clifford Ando (*Imperial Ideology and Provincial Loyalty*, Berkeley, Los Angeles, Londres, 2000), puis de Carlos F. Noreña (*Imperial Ideals in the Roman West: Representation, Circulation, Power*, Cambridge, New York, 2011).

Prolongeant une importante et déjà ancienne étude de Joseph Hellegouarc'h sur le langage politique à Rome (*Le vocabulaire latin des relations et des partis politiques sous la République*, Paris, 1963), des ouvrages récents ont examiné des valeurs et notions constitutives de la culture politique romaine, aussi bien sous la République que sous l'Empire : sur la concorde à la fin de la République romaine, Philippe Akar, Concordia. *Un idéal de la classe dirigeante à la fin de la République*, Paris, 2013 ; sur l'expression *res publica*, Claudia Moatti, Res publica. *Histoire romaine de la chose publique*, Paris, 2018 ; sur les vertus philosophiques (courage, justice, tempérance et sagesse) susceptibles de légitimer le pouvoir impérial, Anne Gangloff, *Pouvoir impérial et vertus philosophiques. L'évolution de la figure du bon prince sous le Haut-Empire*, Leyde, Boston, 2019 ; sur l'*auctoritas*, Jean-Michel David et Frédéric Hurlet (dir.), *L'*auctoritas *à Rome : une notion constitutive de la culture politique*, Bordeaux, 2020 ; sur la *civilitas* (l'accessibilité) de l'empereur, comme élément constituant du charisme impérial, Pascal Montlahuc, *Prince et citoyen. Essai sur le charisme de l'empereur romain d'Auguste à Sévère Alexandre*, Québec, Paris, à paraître.

Cette présentation est naturellement loin d'être exhaustive : elle se cantonne à des monographies (en privilégiant celles qui sont écrites en français) et laisse de côté de nombreuses études sur la communication politique – domaine où il faut signaler en particulier les recherches de Frédéric Hurlet pour la fin de la République et le début du Haut-Empire, et celles de Michel Christol pour le IIIe siècle et l'Antiquité tardive –, sur la mémoire et sa condamnation, sur les cultes, l'opinion publique, le rôle et l'image des impératrices, le corps et les vêtements, les émotions, l'humour... Car, comme l'a très bien écrit Pascal Ory, bon nombre de spécialistes des mondes anciens sont par rapport à l'histoire culturelle dans la même position que Monsieur Jourdain par rapport à la prose : ils en font – depuis longtemps – sans le savoir.

Ce manuel s'intéresse en particulier à la culture politique des trois premiers siècles de l'Empire, qui n'a pas encore fait l'objet de synthèse. Le premier chapitre présente les principales différences entre la culture politique tardo-républicaine et celle du Haut-Empire. Le second examine l'« éducation politique » prise au sens large du terme, puisqu'il n'existait évidemment pas de cursus en sciences politiques dans l'Empire romain. Le troisième porte sur la figure impériale comme élément centripète de la culture politique romaine : à la fois sur l'image publique de l'empereur et sur les rapports que pouvaient avoir avec lui ses concitoyens et sujets. Les idées politiques et leurs vecteurs, les modèles et pratiques du pouvoir qui évoluent dans le temps, la pensée politique gréco-romaine font l'objet du chapitre 4. Le dernier chapitre examine l'adhésion des habitants de l'Empire à la culture politique impériale, mais aussi les oppositions et les résistances, en cherchant les traces d'alternatives possibles.

Chapitre 1

Cultures politiques aux deux derniers siècles de la République et sous le Haut-Empire : les principales différences

Le passage de la République romaine au Principat est celui d'un régime complexe à un autre encore plus complexe et ambigu : d'une oligarchie en mutation à un Principat – mais le terme latin de *principatus* est très peu utilisé pour désigner le régime impérial avant les Antonins (96-192) – qui repose sur un principe monarchique et sur la personnalisation du pouvoir. On a longtemps utilisé les termes de « fiction » et d'« hypocrisie » pour qualifier le Principat, défini comme une monarchie qui se développerait sous une façade républicaine. Cette analyse est largement tributaire des sources antiques. Elle repose en effet sur Tacite et Suétone qui évoquent l'idée de « comédie » du pouvoir dans la relation entre empereur et sénateurs, à propos notamment du refus par Tibère d'accepter l'Empire (Tacite, *Annales*, I, 11-12, 1 ; Suétone, *Tibère*, 24), et surtout sur un auteur encore postérieur et, qui plus est, grec (or les Grecs n'ont jamais éprouvé le moindre embarras à identifier le Principat comme une royauté, régime politique auquel ils étaient habitués), à savoir Cassius Dion (vers 163-après 235). Un passage fameux de son *Histoire romaine*, au début du livre 52 (§ 1-40), met en scène un débat fictif entre Octavien et ses deux principaux conseillers, Agrippa et Mécène, qui aurait eu lieu en 29 av. J.-C., au lendemain des guerres civiles. Octavien hésite à abandonner le pouvoir et Agrippa lui conseille de rétablir la République traditionnelle. Mécène, en revanche, argumente en faveur de l'instauration d'un régime mieux adapté à la gestion de l'empire, qui serait une royauté taisant son nom, parce que le titre de roi était honni par les Romains. D'où cette idée de « fiction » politique, qui fut largement reprise par l'historiographie moderne avant d'être aujourd'hui relativisée ou abandonnée : on met actuellement plus volontiers l'accent sur le caractère évolutif et ambigu du régime augustéen, que sur sa dimension fictive ou hypocrite.

Le passage de la République au Principat a été expliqué, de manière traditionnelle, en recourant à des analyses institutionnelles[1] et administratives (sur les changements dans la gestion de l'Empire). Celles-ci sont nécessaires et éclairantes pour comprendre le nouveau régime, mais on peut élargir l'angle d'analyse à la culture politique dans son ensemble. On propose donc ici, pour la période tardo-républicaine et pour le Haut-Empire, une revue des principaux acteurs du politique, des phénomènes de violence et de l'idéal de la paix, des médias conçus comme moyens de communication, relais de la culture politique, des grands rituels civiques et des lieux du politique : l'objectif est de faciliter l'appréhension des différences entre les cultures politiques tardo-républicaine et impériale. Avant d'exposer ces éléments, nous allons présenter à grands traits le cadre temporel, politique et social du Principat aux trois premiers siècles de notre ère.

Le cadre du Haut-Empire

Le Haut-Empire désigne une division temporelle qui s'oppose à une deuxième période de l'Empire appelée « Antiquité tardive ». On fait traditionnellement commencer le Haut-Empire en 27 av. J.-C., quand Octavien devient Auguste et que le Sénat partage avec lui ses pouvoirs, et on le fait durer jusqu'à la dynastie des Sévères (193-235), parfois jusqu'à la fin du IIIe siècle, du moins jusqu'à la mise en place de la Tétrarchie qui est marquée par une modification profonde de la notion de pouvoir impérial. Le Haut-Empire est donc caractérisé par la mise en place d'un nouveau régime difficile à définir, ambigu parce que le *princeps* exerce dans les faits un pouvoir supérieur aux autres magistrats, considéré comme monarchique (pour les Grecs, il s'agit clairement d'une royauté), mais sans rupture institutionnelle à Rome. On peut, en suivant Stéphane Benoist, voir le Ier siècle apr. J.-C. comme une « République impériale », c'est-à-dire une période de progressive installation et de stabilisation – notamment avec les Flaviens – du Principat[2].

Jusqu'en 235, le gouvernement de l'Empire est exercé par des dynasties, d'abord originaires de Rome (les Julio-Claudiens) puis d'Italie (les Flaviens) et des autres provinces (Espagne, Syrie), ce qui reflète bien la progressive ouverture dans le temps du Sénat aux provinciaux :

- les Julio-Claudiens : Auguste (27 av. J.-C.-14 apr. J.-C.), Tibère (14-37), Caligula (37-41), Claude (41-54), Néron (54-68) ;
- les Flaviens : Vespasien (69-79), Titus (79-81), Domitien (81-96) ;
- les Antonins : Nerva (96-98), Trajan (98-117), Hadrien (117-138), Antonin (138-161), Marc Aurèle (161-180), Commode (180-192) ;
- les Sévères : Septime Sévère (193-211), Caracalla (211-217) et Géta (211), Élagabal (218-222), Sévère Alexandre (222-235).

La dynastie des Sévères est suivie par une période qu'on a traditionnellement qualifiée d'« Anarchie militaire », au cours de laquelle se sont succédé à un rythme rapide des empereurs parfois chevaliers, parfois sortis du rang, qui ne sont pas parvenus à instaurer de véritable dynastie, et ce jusqu'à l'arrivée au pouvoir de Dioclétien en 284, qui est parvenu à opérer une temporaire stabilisation du pouvoir en institutionnalisant son partage et sa hiérarchie. Jusqu'aux Sévères, il existe une cohérence politique – il s'agit de notre principal critère ici – indéniable étant donné que les Sévères ont revendiqué leur inscription dans l'héritage politique des Antonins, en dépit du nouveau poids pris par l'armée. C'est l'une des raisons pour laquelle une partie de l'historiographie moderne arrête souvent le Haut-Empire après les Sévères ; même si la période qui suit est sans aucun doute très troublée en raison des invasions extérieures auxquelles le pouvoir impérial doit réagir, ce qui se traduit notamment par une militarisation de ce pouvoir, une multiplication inédite des tentatives d'usurpation, mais aussi une sacralisation de la fonction impériale, la rupture la plus marquante est constituée par l'établissement par Dioclétien de la Tétrarchie, en 285, qui met donc en place une nouvelle idéologie impériale.

Sur le plan institutionnel, au début du Haut-Empire (notamment sous le règne de Tibère, qui acheva un processus initié par Auguste), les compétences législatives, judiciaires et électorales des comices (assemblées du peuple) ont été transmises au Sénat. Les comices n'ont plus joué qu'un rôle symbolique dans l'élection des magistrats : le vote était réduit à une simple approbation des candidatures établies en amont par le prince et par le Sénat, pour maintenir le principe du choix des magistrats par le peuple. Dès Auguste, l'empereur pouvait recommander ses candidats (*commendatio*) et établir la liste de ceux qui étaient autorisés à se présenter devant les comices (*nominatio*). Voter ou bien être élu n'était donc plus du ressort des citoyens romains à Rome, alors que c'était toujours le cas, en revanche, dans la cité locale. Les citoyens romains ne payaient pas non plus l'impôt foncier ni l'impôt personnel en Italie, et ils n'étaient pas concernés par les guerres sauf s'ils choisissaient de s'engager dans une carrière militaire ou bien en cas de situations graves : des conscriptions sont attestées au début de l'Empire sous Auguste et Néron lors des crises en Germanie et en Arménie, et lors de la guerre civile de 68-69. À partir d'Auguste, le statut de citoyen devint donc surtout un statut juridique de droit privé.

Au début du règne d'Auguste, ce statut concernait 10 % environ de la population de l'Empire romain et n'était que peu diffusé hors de l'Italie. Cependant, les municipes et les cités, la citoyenneté romaine, les spectacles, tous ces éléments qui sont fondamentaux pour dessiner le cadre de la culture politique romaine se sont rapidement répandus d'Auguste aux Sévères. Tout d'abord en effet, la période qui va de 46 av. J.-C. (fin des guerres civiles entre César et Pompée) jusqu'à Auguste est marquée par la création d'une centaine de colonies de vétérans en Occident – dans les provinces de Narbonnaise, d'Ibérie, d'Afrique – et en Orient. Une cinquantaine fut ensuite fondée jusqu'à la fin du règne d'Hadrien. Ces colonies, qui étaient autant de « petites Rome », participaient naturellement à la diffusion de la culture romaine. En parallèle, une politique de création de cités en Gaule, en Ibérie, en Grande-Bretagne et, après 200, en Égypte, permit au pouvoir impérial de se décharger sur les élites locales de l'administration, c'est-à-dire de la levée des impôts, de l'entretien des routes et de la poste publique. Ainsi, en Occident, c'est plus d'un millier de cités, pour la plupart pérégrines, qui furent créées, moins en Orient où existaient déjà un grand nombre de cités (sauf en Égypte). Certaines, désireuses d'imiter les institutions romaines, cherchèrent à devenir municipe latin ou colonie honoraire (sans envoi de colons), en renonçant à leurs institutions d'origine pour prendre celles de Rome et en acceptant de transformer leurs traditions religieuses. En Occident, grâce au droit latin qui s'est répandu sous le Haut-Empire dans les districts alpins, l'Ibérie et les Trois Gaules, beaucoup d'élites obtinrent le droit romain que recevaient automatiquement les anciens magistrats. En Orient, la citoyenneté romaine fut souvent accordée aux aristocrates des cités qui collaboraient avec le pouvoir central dans l'administration locale. Les auxiliaires obtenaient le droit de cité après leur service. À partir de Claude, de nombreuses colonies honoraires furent créées et, sous les Sévères, ce statut fut également recherché et acquis par de grandes cités d'Orient, auparavant attachées à leur liberté. Cliff Ando et Myles Lavan ont néanmoins relativisé le tableau idéalisé d'une diffusion rapide, régulière et uniforme de la citoyenneté romaine dans tout l'Empire, notamment pour le IIe siècle et l'Orient, et ils ont souligné avec raison la persistance du cadre juridique local[3]. En 212, la Constitution antonine octroya la citoyenneté romaine à tous les hommes libres de l'Empire, sauf les déditices (ceux qui avaient pris les armes contre le peuple romain et s'étaient rendus après avoir été vaincus). On peut supposer que 80 % de la population eurent alors la citoyenneté romaine. La Constitution antonine prévoyait que les droits locaux des communautés resteraient inchangés, de même que les particularismes institutionnels : les citoyens romains (sauf les juifs) avaient pour seul point commun l'obligation de vénérer les dieux de Rome, ce qui accentuait l'importance des cultes dans la culture politique romaine.

Le choix fait par Rome de s'appuyer sur les élites civiques des provinces pour contrôler l'Empire eut pour conséquence l'intégration de ces élites dans l'administration impériale, et notamment l'ouverture du Sénat d'abord aux Gaulois et aux Espagnols puis, à partir des Flaviens et surtout de Trajan, aux élites orientales. À la fin de la dynastie des Antonins, en 192, les provinciaux représentaient presque la moitié du Sénat, et ils devinrent majoritaires sous les Sévères. Leur répartition était composée d'une moitié d'Orientaux, un quart d'Africains, un quart de Gaulois et d'Espagnols.

L'administration impériale était héritée de la République : elle était fondée en partie sur les magistratures traditionnelles, qui ont évolué en perdant généralement des pouvoirs. Elle reposait aussi sur de nouvelles fonctions, sénatoriales ou équestres, qui ont été créées sous l'Empire. Ainsi la préfecture de la ville : dès Auguste, le préfet de la Ville était le plus haut poste de la carrière sénatoriale. Il commandait trois ou quatre cohortes urbaines et exerçait des fonctions de police de jour ; il rendait la justice à Rome ; il était chargé de poursuivre les criminels et d'assurer le maintien de l'ordre, concurremment aux prétoriens qui formaient la garde personnelle de l'empereur sous les ordres d'un préfet du prétoire qui était, lui, un chevalier.

La plupart des grandes familles les plus anciennes n'ont pas survécu aux guerres civiles de la fin de la République et Auguste, par exemple, a dû recréer un patriciat : un certain nombre de grands cultes publics très anciens étant réservés aux patriciens, il s'agissait aussi d'une nécessité religieuse. Il a également aidé certaines vieilles familles nobles à atteindre le niveau de fortune réclamé pour faire partie de l'ordre sénatorial, soit un million de sesterces, à partir de sa fortune personnelle. Sous le Haut-Empire, les sénateurs sont devenus un véritable ordre, distingué par le vêtement. Leur toge portait une bande large de pourpre, le laticlave, que les fils de sénateurs avaient le droit de porter dès dix-sept ans ; ils étaient donc prédestinés à faire carrière. Les autres candidats au Sénat, non liés à ce milieu par la naissance, devaient obtenir de l'empereur le droit de porter le laticlave pour candidater. Le statut sénatorial était hérité par les fils et petits-fils (donc sur trois générations, même si les deux suivantes n'entraient pas au Sénat), et par les filles aussi. Grâce à ses pouvoirs censoriaux, l'empereur pouvait légalement désigner une partie des sénateurs, suivant sa volonté, et la carrière des sénateurs lui fut de plus en plus soumise.

À partir du règne d'Auguste, on assista à la naissance de postes de dignitaires, appelés préfectures ou procuratèles, qui étaient détenus par des chevaliers. C'était un ordre sans hérédité, sans limitation numérique, très largement ouvert en particulier dans les provinces, afin que des chevaliers procurateurs puissent se charger des biens de la famille impériale et de l'État. Les chevaliers qui le voulurent ont eu la possibilité de remplir des fonctions de haute importance : désignés par l'empereur, ils pouvaient être chargés de gouverner des provinces, ou d'exercer des fonctions financières, administratives ou militaires, notamment la préfecture du prétoire (garde personnelle de l'Empereur), la préfecture des vigiles (corps des pompiers), la préfecture de l'annone (gestion de l'approvisionnement en blé de la Ville).

Les transformations dans la gestion de l'Empire qui ont été mises en place par Auguste, la redéfinition des pouvoirs politiques qu'il a opérée, la durée de son règne – à sa mort, la République de Cicéron remontait à une, voire deux générations –, ont abouti à de profondes différences entre les cultures politiques de l'époque tardo-républicaine aux deux premiers siècles av. J.-C. et du Haut-Empire.

La culture politique tardo-républicaine

Les acteurs

Le Sénat et ses membres

Le prestige du Sénat s'était renforcé depuis les guerres puniques, durant lesquelles il avait symbolisé l'esprit de résistance de Rome. Au début du IIe siècle, les sénatus-consultes avaient quasiment valeur de loi, en vertu de l'*auctoritas* sénatoriale : ce terme, qui vient du verbe *augere*, « augmenter », a un sens à la fois religieux et politique que l'on retrouve aussi dans le surnom *Augustus*[4]. En 121 av. J.-C., pour empêcher Caius Sempronius Gracchus de s'opposer par la force à un décret qui mettait fin au projet d'installer une colonie à Carthage, le Sénat produisit pour la première fois un sénatus-consulte ultime, qui proclamait une sorte d'état d'urgence et autorisait les magistrats (surtout les consuls) à exécuter les ennemis de la République.

Pour être inscrit sur l'album sénatorial, il fallait posséder un cens d'au moins quatre cent mille sesterces en biens fonciers, avoir géré une magistrature du *cursus honorum* (au moins la questure), et avoir une bonne moralité, la *dignitas* qui caractérisait les sénateurs. Il ne fallait pas avoir exercé de métier infamant comme entrepreneur de pompes funèbres, laniste (entraîneur de gladiateurs) ou proxénète. Depuis 218 av. J.-C., les critères d'honorabilité avaient été renforcés : la *lex Claudia* interdit aux sénateurs de se livrer au grand commerce maritime, activité jugée dégradante.

La République tardive s'est caractérisée par la fermeture des groupes sociaux, en particulier au IIe siècle, les mêmes familles ayant vocation à fournir à chaque génération des sénateurs. On distinguait parmi elles une noblesse, *nobilitas*, dont les ancêtres avaient été préteurs ou surtout consuls, et, au sein de cette *nobilitas*, le patriciat, réduit à une trentaine de familles à la fin de la République. Entre 218 et 108, on dénombre deux cent vingt-deux consuls issus de seulement vingt-cinq familles. Il existait un idéal aristocratique caractérisé par le respect de l'honneur, de la lignée et des ancêtres dont les masques étaient exposés dans l'*atrium* des grandes familles : ils représentaient la République. Le Sénat se définissait comme une assemblée de pairs, même si la *nobilitas* dominait les débats. Il refusait globalement qu'un seul de ses membres prenne plus de pouvoirs que d'autres, ce qui explique l'hostilité suscitée par César, surtout parmi les très grandes familles. Les hommes nouveaux (*homines novi*), dont aucun ancêtre n'avait exercé les magistratures du *cursus honorum*, semblent avoir vite adopté la mentalité des sénateurs issus des grandes familles présentes depuis longtemps au Sénat : Cicéron, par exemple, était assez conservateur. Les sénateurs avaient de grandes ressources – leur fortune se comptait en millions de sesterces – et beaucoup d'esclaves, d'affranchis, de clients, mobilisables en cas de luttes politiques comme au temps des Gracques, ou lors d'un vrai conflit telles les guerres civiles entre 49 et 31/30 av. J.-C.

Le luxe grandit au cours de la période, qui vit la construction de *domus* somptueuses, influencées par l'architecture grecque. L'hellénisme imprégnait profondément les sénateurs depuis que les Scipions avaient montré l'exemple. Ils étaient très intéressés par la littérature et la philosophie grecques : si Cicéron était académicien, à vrai dire assez éclectique, Caton d'Utique était stoïcien et César peut-être épicurien. Cicéron fit un gros travail d'adaptation de la philosophie grecque à la langue latine, en particulier lors de sa semi-retraite volontaire en 46-44 av. J.-C. : parmi ses nombreux ouvrages, on peut mentionner deux traités politiques dont les titres reflètent l'inspiration platonicienne, *De la République* et *Des lois*, qui proposaient une réflexion sur les institutions de la République romaine afin de remédier aux crises et aux dysfonctionnements politiques propres au Iᵉʳ siècle. Certains sénateurs se tournaient vers l'écriture de l'histoire, considérée comme une matière noble, car destinée à commémorer les exploits des grands hommes. D'autres étaient des spécialistes de l'art oratoire ou bien de la jurisprudence, indispensables à la vie politique. Ce groupe partageait une éducation et des valeurs communes, prônait l'idéal de la *concordia*[5] et refusait le pouvoir personnel au nom de la *libertas*. Mais des divisions politiques existaient en son sein, ainsi que des rivalités, et la compétition pour les honneurs (en premier lieu les magistratures du Sénat) et la gloire était féroce. Le prestige d'un candidat aux magistratures dépendait de ses ancêtres, de sa richesse, de son passé militaire, de la fréquentation de sa *domus* et des promesses qu'il faisait.

À partir des années 120 av. J.-C. apparurent des tensions entre sénateurs et chevaliers, ou en tout cas l'écart se creusa entre ces deux groupes qui étaient complémentaires : le même niveau de fortune y était requis, ils partageaient la même culture, avaient des stratégies matrimoniales communes et l'on trouvait à la fois des sénateurs et des chevaliers dans les mêmes familles. Entre 123 et 121 peut-être, à l'initiative de Caius Sempronius Gracchus (?), les chevaliers durent rendre le cheval public, un cheval fourni par l'État dans le cadre de la mobilisation dans les centuries équestres, avec ou après l'exercice d'une magistrature du *cursus honorum* ; le fait est sûr pour le Ier siècle av. J.-C. et entraîna le départ des sénateurs des dix-huit centuries équestres, ce qui n'a peut-être pas été sans conséquence pour certains votes au sein des comices centuriates (assemblées du peuple réuni par centuries, selon un classement censitaire qui servait aussi à établir les levées militaires annuelles). Les rivalités au niveau de la composition des tribunaux ont aidé à partir de 122 av. J.-C. les deux groupes à prendre conscience de leur différence.

Les anciennes familles sénatoriales étaient peu favorables à l'arrivée d'hommes nouveaux, surtout pour les magistratures supérieures. À partir des proscriptions de Sylla, il y eut un renouvellement partiel du Sénat qui passa de trois cents à six cents membres, en intégrant des chevaliers. Après 49 av. J.-C., le passage à neuf cents, voire mille membres, permit à de nombreux aristocrates italiens d'y accéder, et même aux premiers provinciaux : L. Cornelius Balbus, originaire de Gadès en Espagne, consul suffect en 40 av. J.-C., fut ainsi le premier *homo novus* provincial.

L'autorité et les prérogatives du Sénat – qui concernaient la gestion des ambassades et de l'Empire, le contrôle des dépenses de l'État et de la religion publique – furent écornées au Ier siècle av. J.-C. par le dérèglement des pratiques institutionnelles, par la multiplication des pouvoirs extraordinaires accordés aux grands *imperatores* de la fin de la République (surtout Pompée et César), et par le triumvirat officiel de 43-30, qui donna un *imperium* (pouvoir de commandement d'un magistrat supérieur) consulaire à Octavien, Marc Antoine et Lépide. Les magistratures ordinaires en subirent aussi le contrecoup, notamment le consulat : dans les années 30, le recours au consulat suffect (le fait de désigner des consuls remplaçants, susceptibles d'être à leur tour remplacés) se généralisa au point qu'il y eut en 33 av. J.-C. huit consuls suffects, ce qui permettait aux triumvirs de récompenser leurs partisans. Les pouvoirs extraordinaires allaient à l'encontre de l'idéal sénatorial d'égalité entre pairs ; dans un grand nombre de cas, ils furent octroyés avec l'aval du Sénat lui-même, auquel ils apparaissaient comme la meilleure solution à une crise conjoncturelle, mais non sans nourrir les débats et les conflits internes.

La figure du tribun de la plèbe

Le retour sur le devant de la scène politique du tribun de la plèbe, à partir des années 150 av. J.-C. et surtout du premier tribunat de Tiberius Sempronius Gracchus (133 av. J.-C.), marqua la transformation de la vie politique romaine. Les grands pouvoirs attachés à cette magistrature (sacro-sainteté, *intercessio* qui est le droit de véto intervenant après la prise de décision, pouvoir de faire rejuger une affaire par des tribunaux émanant des comices centuriates, pouvoir de convoquer les comices tributes et faire voter des plébiscites à valeur de loi) ont en effet été instrumentalisés dans les luttes politiques, surtout par les *populares*, mais aussi par les *optimates*, puisqu'un Caton d'Utique l'exerça vers 62 av. J.-C. Le meilleur exemple est celui du patricien Clodius qui n'hésita pas, en 59, à se faire adopter par un plébéien qui avait l'âge d'être son fils afin d'accéder au tribunat de la plèbe en 58. Il l'utilisa notamment pour faire bénéficier la plèbe romaine de distributions de blé gratuites qui lui valurent de gagner une grande popularité.

Outil des principales réformes et lois de la fin de la République, le tribunat de la plèbe est aussi étroitement lié à la question de la souveraineté du peuple, mise en avant par Tiberius Sempronius Gracchus au cours d'un épisode hautement symbolique qui devait lui coûter la vie. Comme son projet de réforme agraire était bloqué par le véto de son collègue Octavius, Tiberius fit déposer celui-ci par les comices en 133, ce qui constituait une *res nova*, justifiée parce qu'Octavius s'opposait à la volonté du peuple.

Les luttes entre optimates et populares

Sans que l'on puisse parler de vie politique « binaire », puisqu'il y eut de nombreux louvoiements et transferts d'un courant à l'autre, y compris au sein d'une même carrière, l'opposition entre les *optimates* conservateurs, qui plaçaient le Sénat au centre de la vie politique romaine, et les *populares* qui souhaitaient régler certains problèmes du peuple et de la plèbe urbaine, est également une caractéristique de la période qui va des Gracques à la mort de César en 44 av. J.-C. À partir des Gracques, on voit se mettre en place un programme *popularis* autour des thèmes du partage de la terre et des fruits de la conquête, de l'égalité civile et politique (dans la question italienne), de l'assistance à la plèbe urbaine, d'un encadrement de l'aristocratie (notamment les sénateurs), ainsi qu'un vocabulaire et même une rhétorique qui eut pour conséquence d'attiser les débats politiques. Si les revendications *populares*, portées par des personnalités charismatiques (les Gracques, Marius, César), eurent des résultats limités, l'une des conséquences notables fut l'irruption de la violence avec l'élimination physique de chefs populaires comme les Gracques (133 et 121 av. J.-C.), Saturninus et Glaucia (100 av. J.-C.), ou encore Clodius (52 av. J.-C.).

Les imperatores

Alors qu'*imperator* était traditionnellement le titre décerné à un chef militaire vainqueur par ses troupes qui l'acclamaient ainsi, certains de ces chefs vainqueurs occupèrent, à partir de Marius, une place prédominante dans la vie politique en raison de leurs moyens, de leur stature et de leurs pouvoirs extraordinaires. Ils commandaient en effet à des armées d'une taille inédite, dix légions pour la campagne de Pompée contre le roi du Pont Mithridate VI (66-63 av. J.-C.), douze pour César à la fin de la guerre des Gaules en 52 av. J.-C. Ils rapportaient de leurs victoires un immense butin qui leur permettait de gagner du prestige, des amis au sein de l'aristocratie et de la popularité, en distribuant de l'argent à leurs soldats et en offrant des banquets aux citoyens à Rome, ainsi qu'en marquant la ville de leur empreinte. Pompée fit ainsi édifier le premier théâtre en pierre (55 av. J.-C.), César eut le temps de faire construire un nouveau forum au nord de l'ancien (46 av. J.-C.). Exploitant le charisme lié à la victoire, conférée par les dieux, les *imperatores* ont été les acteurs de leur propre héroïsation en soulignant leur lien avec le divin. C'est particulièrement vrai pour Sylla, Pompée et César qui étaient d'excellents connaisseurs de la culture grecque, et qui se réclamèrent tous de la protection d'Aphrodite (Sylla) et de Vénus : Vénus *Victrix* pour Pompée, Vénus *Genetrix* pour César qui est passé de l'idée de protection divine à celle d'ascendance divine, à l'image des héros mythologiques ou bien d'Alexandre le Grand et de certains rois hellénistiques. Il prétendait en effet descendre de Jule (surnom d'Ascagne), le fils d'Énée. Comme certains héros grecs (semble-t-il), César reçut aussi des honneurs divins de son vivant : début 44, un décret du Sénat lui décerna le titre de *divus*, « divin », et Marc Antoine devient son prêtre ; le Sénat décida également de faire construire un temple à la Clémence de César, même si le meurtre de celui-ci annula probablement le projet. Un véritable culte d'État s'est donc mis en place avant même la divinisation posthume de César, d'abord non officielle, puis reconnue par le Sénat en 42 av. J.-C.

Parce qu'ils étaient considérés comme des sauveurs de la République, ces *imperatores* ont également reçu des pouvoirs exceptionnels, qui les plaçaient bien au-dessus des autres aristocrates : ainsi les six consulats de Marius entre 107 à 100 av. J.-C., la dictature constituante de Sylla (82-81 av. J.-C.) ; la mission de Pompée pour lutter contre les pirates en Cilicie, Bithynie et Pont (loi Manilia, 66 av. J.-C.), son consulat unique de 52 av. J.-C., sa gestion des provinces ibériques depuis Rome par l'intermédiaire de ses légats (54-50 av. J.-C.) ; la mission de César dans les Gaules (58-49 av. J.-C.), ses dictatures, ses pouvoirs censoriaux et tribunitiens. De fait, ceux qui se présentaient comme les sauveurs de la *res publica* se sont révélés être les fossoyeurs de la République oligarchique et les instigateurs du Principat. L'importance des *imperatores* dans la mise en place du Principat apparaît dans la postérité du titre *imperator* : le Sénat décerna à Jules César le droit de le porter en permanence, et de manière héréditaire pour ses descendants. Auguste fit de ce surnom un *praenomen* que portèrent aussi ses successeurs.

L'armée

L'armée républicaine a longtemps été très loyale envers l'État, le Sénat, le peuple et, comme l'a montré François Cadiou, elle est demeurée civique jusqu'à la fin de la République, en dépit des réformes attribuées à Marius[6]. Les rares mutineries s'expliquaient par la durée du service ou par des problèmes militaires. Mais au Iᵉʳ siècle av. J.-C. s'est développé l'attachement indéfectible au chef, qui reposait en partie sur l'intérêt personnel et en partie sur le renforcement du lien entre les soldats et les *imperatores* charismatiques, porteurs de la victoire. La soif de butin et de profit dans les campagnes militaires, qui caractériserait le soldat du IIᵉ siècle et surtout celui du Iᵉʳ siècle av. J.-C., et qui expliquerait sa conduite et ses motivations, est un leitmotiv – à relativiser car elle existait aussi chez les soldats des siècles précédents – chez les auteurs anciens, en particulier chez Appien et Cassius Dion.

Les armées sont ainsi devenues un instrument essentiel pour asseoir le pouvoir politique des généraux qu'elles soutenaient, comme on le voit avec l'exemple de Sylla et de Marius. En 88 av. J.-C., au moment de partir en guerre contre Mithridate, Sylla, sur intervention d'un tribun de la plèbe, s'est vu dessaisi du pouvoir de commandement au profit de Marius. Au lieu d'obéir, il entra dans Rome sans respecter l'interdiction sacrée de franchir le *pomerium* en armes, y prit le pouvoir, plaça ses partisans et élimina des Marianistes avant de partir pour l'Orient. Marius rentra en 87 av. J.-C. et massacra à son tour des Syllaniens. Sylla fut de retour en 83 av. J.-C. avec quarante mille hommes, qui menèrent pour lui de sanglantes batailles dont certaines eurent lieu aux portes de Rome, sans respecter non plus le pomérium.

César a suscité des réactions qui allaient au-delà du simple intérêt commun pour le pouvoir et le butin, qui pouvait lier des soldats à leur chef. Il a partagé la vie de ses hommes, n'était pas obsédé par l'idée de revenir à Rome, a doublé la solde, rétabli un corps de cavalerie ; il a cherché à améliorer le quotidien de ses soldats et ne les a pas méprisés. Il a aussi levé des légionnaires chez les Transpadans, ce qui impliquait de donner à ces citoyens latins la citoyenneté romaine, et a agi de même en Gaule transalpine, marquant le début de l'intégration politique des peuples qui y habitaient. Ses hommes lui étaient très attachés et dévoués, à tel point qu'en 49 av. J.-C., quand il rentra en Italie alors qu'on voulait le dessaisir du commandement, ce sont ses légions, au nombre d'une dizaine, qui lui permirent de devenir dictateur et jouèrent un rôle décisif dans son combat contre Pompée associé aux grandes figures du Sénat. Quand il franchit le Rubicon, il fut soutenu par ses officiers (Suétone, *César*, 31-33 ; Plutarque, *César*, 32), alors que Sylla, quand il avait marché sur Rome, avait été abandonné par tous ses officiers, sauf un (Appien, *Guerres civiles*, 1, 57).

À la fin de la guerre civile entre Octavien et Antoine, soixante légions étaient en service, soit en théorie trois cent mille citoyens. Octavien/ Auguste démobilisa trente-quatre d'entre elles, en installant de nombreux vétérans dans des colonies en Italie et Outre-Mer.

Le peuple et la culture politique de la plèbe

La constitution romaine de la première moitié du IIe siècle av. J.-C., telle que l'a décrite Polybe (*Histoires*, 6, 11-18), apparaît comme un modèle de « constitution mixte » reposant sur la collaboration entre trois instances, les magistrats sous la direction des consuls, le Sénat et le peuple, qui ferait de Rome un mélange de monarchie (si l'on considère les pouvoirs des consuls), d'aristocratie (si l'on tient compte des prérogatives du Sénat) et de démocratie (si l'on regarde le rôle du peuple). Aux yeux de Cicéron aussi, la République du IIe siècle av. J.-C. passait pour un modèle d'équilibre. À la fin du IIe siècle et au Ier siècle av. J.-C., le domaine de l'intervention du peuple, ensemble de tous les citoyens romains, s'est élargi[7]. L'essentiel de la législation fut désormais voté par le concile de la plèbe, convoqué par les tribuns de la plèbe, qui produisait des plébiscites. Or, la base de ce *concilium plebis* était les comices tributes (sans les patriciens). Ces comices, qui élisaient les magistrats inférieurs et qui étaient convoqués par eux, permettaient une participation plus large du peuple assemblé par tribus topographiques, alors que les comices centuriates, qui élisaient les magistrats supérieurs et étaient convoqués par ces derniers, favorisaient les votes des centuries les plus riches, les centuries équestres et celles de la première classe.

La notion de souveraineté du peuple fut mise en exergue par l'action politique des tribuns de la plèbe Tiberius Sempronius Gracchus qui fit destituer son collègue Octavius, au motif que celui-ci trahissait les intérêts du peuple, et Lucius Appuleius Saturninus qui fit voter en 100 av. J.-C. une loi sur la majesté du peuple romain, sanctionnant toutes les atteintes à celle-ci, y compris le fait d'empêcher le peuple d'exprimer sa volonté. Par ailleurs, la généralisation de la corruption électorale, sous forme de distributions d'argent par des personnages nommés *divisores*, de recours à des transferts de voix et à des « associations illicites » constituées à des fins électorales, donna plus de poids politique à la plèbe (le peuple en dehors de l'aristocratie). D'où le débat sur le caractère démocratique de la République romaine au Ier siècle, qui a été évoqué en introduction pour le rôle qu'il a joué dans la diffusion de la notion de culture politique : la discussion fut commencée par Fergus Millar qui a défendu dans les années 1990 l'idée d'une démocratie romaine, provoquant la réaction, en particulier, de certains historiens allemands autour de Karl-Joachim Hölkeskamp[8].

Si le rôle politique du peuple fut sans aucun doute plus important au Ier siècle, ses limites sont bien connues : il ne se réunissait pas de lui-même, mais devait être convoqué par un magistrat ; il votait les lois, mais en approuvant ou en rejetant un texte non modifiable, c'est-à-dire qu'il n'avait ni le droit d'initiative, ni celui d'amendement. Se pose en outre la question de son instrumentalisation entre les mains des tribuns de la plèbe notamment, quand il s'agissait de s'opposer à un Sénat dominé par les *optimates*. La loi Gabinia qui donna à Pompée, en 67 av. J.-C., un *imperium* extraordinaire pour combattre les pirates fut ainsi votée sans l'aval du Sénat ; en revanche, en 53 et en 52 av. J.-C., les troubles politiques empêchèrent le peuple d'élire normalement les consuls : les assemblées populaires n'ont donc pas été épargnées par le dysfonctionnement des institutions.

Si la culture politique de l'aristocratie était relativement homogène, comme on l'a vu précédemment, celle de la plèbe l'était moins. On connaît mal la plèbe rurale, mais la plèbe de Rome, en tant que plèbe d'une capitale d'Empire, avait une certaine conscience de son identité politique. Elle était attachée à ses droits et à ses privilèges qui contribuèrent à la définir : elle se montra favorable à l'impérialisme dont elle espérait tirer des profits, et hostile à la promotion juridique des Italiens. La masse de la plèbe urbaine avait obtenu depuis 123 av. J.-C. des distributions de blé à prix réduit (*frumentationes*), supprimées par Sylla, rétablies en 78 av. J.-C. ; à partir de 58 av. J.-C., ces distributions devinrent gratuites pour un nombre restreint de citoyens désignés par tirage au sort, ce qui assura la popularité du tribun de la plèbe Clodius, qui développa une certaine démagogie. La plèbe devint un enjeu pendant les guerres civiles : elle était prête à monnayer sa voix et se révéla sensible aux promesses d'entretien, de distributions... Mais elle était patriote : en 32 av. J.-C. la divulgation du testament d'Antoine, par laquelle elle prit connaissance des legs considérables que celui-ci faisait aux enfants de Cléopâtre et de son souhait d'être enterré à Alexandrie, auprès de Cléopâtre, la fit basculer du côté d'Octavien. Les recherches de Cyril Courrier ont souligné l'hétérogénéité de la plèbe de Rome et l'émergence, à la fin de la République, d'une élite lettrée (*plebs media*) qui imitait les comportements, les valeurs et les idées des aristocrates ; on peut distinguer aussi une couche « moyenne » et une couche inférieure constituée par les nouveaux émigrés. Ces recherches ont aussi mis en lumière l'existence d'actions collectives en vue d'intérêts communs, qui constituaient les modalités de formation d'une culture politique propre à la masse de la plèbe urbaine[9].

Les experts

Sous la République romaine, les élites dirigeantes étaient censées détenir l'autorité grâce à leur expérience personnelle et à leur maîtrise des « savoirs de puissance », selon l'expression de Claudia Moatti[10] : au premier chef le savoir militaire, les connaissances juridiques et l'éloquence. À Rome, certains sénateurs qui étaient magistrats, prêtres, spécialistes de droit, orateurs, se distinguaient par une mémoire extraordinaire qui leur conférait un surcroît d'*auctoritas* et de *dignitas*. Même si l'idée que pouvoir, savoir et mémoire allaient de pair a persisté sous le Haut-Empire, C. Moatti a mis en relief les transformations culturelles qui sont apparues à l'époque tardo-républicaine, à partir du IIe siècle avant J.-C. : les « savoirs de puissance » se sont transformés en disciplines scientifiques autonomes, exercées indépendamment de la carrière des honneurs ou bien dans l'entourage d'un puissant patron. Ce phénomène a accompagné la perte de pouvoir des membres de l'aristocratie sénatoriale et l'émergence du pouvoir personnel avec César et Auguste : on est passé, avec ces derniers, du modèle du sénateur autonome à celui du *princeps* entouré d'experts. Les érudits contestaient aux sénateurs le monopole d'exégèse du *mos majorum* selon Andrew Wallace-Hadrill[11] et leurs travaux entravaient aussi les manipulations de l'histoire opérées par les grandes familles.

Varron, qui était issu d'une famille de rang équestre et qui s'est lui-même retiré de la vie politique après la mort de César, peut être considéré comme un bon exemple de ces changements : il a rédigé pour Pompée, consul en 70, un aide-mémoire sur la manière de réunir le Sénat, et pour César un livre sur la religion romaine et l'administration du culte (Aulu-Gelle, *Nuits attiques*, 14, 7 ; Lactance, *Institutions divines*, 1, 67) ; César le chargea aussi d'organiser les premières bibliothèques publiques de Rome afin de rendre accessible les auteurs de génie.

L'expert est ainsi doté d'une mission de transmission et de diffusion des connaissances savantes et techniques : en effet, Varron a aussi composé, vers 36 av. J.-C., les trois livres de son traité *Sur l'agriculture* pour sa femme Fundania, qui venait d'acheter des terres qu'elle désirait exploiter (*Sur l'agriculture*, 1, 1).

Les matrones

À partir du milieu du IIe siècle, les troubles politiques et les absences des hommes partis faire à la guerre, gouverner une province, en fuite ou en exil, ont conduit des matrones à remplir certains rôles masculins vacants dans le domaine du politique, alors que leur espace traditionnel était domestique. Les femmes ont aussi obtenu une meilleure autonomie judiciaire et économique à la fin de la République : elles pouvaient amasser des possessions familiales par héritage et les gérer elles-mêmes. Ces transformations sont visibles dans l'éloge funéraire épigraphique de Turia (*CIL*, VI, 1527, 31670, 37053, 41062 [*ILS*, 8393] ; fin Iᵉʳ av. J.-C.). La défunte possédait les vertus matronales attendues : elle était modérée, a filé la laine, s'est occupée de sa maison, était dévouée à sa famille. C'est ce qui l'a conduite à exercer des activités masculines : elle a fait un procès aux meurtriers de ses parents, a protégé les volontés de son père contre l'avidité de parents, a administré sa propriété comme celle de son mari pompéien (peut-être Q. Lucretius Vespillo) pendant que celui-ci était en fuite ; elle l'a supporté financièrement et a plaidé sa cause auprès du triumvir Lépide. De telles activités politiques étaient légitimées par la situation d'urgence et parce qu'elles étaient motivées par la *pietas* de la matrone envers sa famille.

Elles apparaissent plus largement comme les conséquences de l'enrichissement de la société romaine entre le IVᵉ et le IIᵉ siècles, qui a libéré les femmes des tâches domestiques affectées aux esclaves. La fin de la République a vu l'arrivée à Rome des pédagogues domestiques et des livres, le développement de bibliothèques privées, qui ont permis à certaines femmes aristocrates de se cultiver elles aussi. Par ailleurs, à cette époque, beaucoup d'aspects de la vie politique romaine étaient discutés lors d'occasions privées, réunions ou dîners, dans l'espace domestique, ce qui permettait aux femmes d'acquérir elles aussi des relations et des informations. Elles entraient toujours en scène de manière informelle et à partir de modalités d'intervention spécifiques, qui impactaient cependant la vie communautaire : des matrones ont noué des alliances matrimoniales, certaines ont choisi de divorcer ou de ne pas se remarier après un veuvage. Elles exerçaient toujours un rôle, traditionnel, dans l'éducation des enfants, mais qui pouvait avoir une influence politique. On songe naturellement à Cornelia, mère des Gracques et fille de Scipion l'Africain. Elle a sans doute bénéficié chez son père d'un environnement culturel exceptionnel : elle maîtrisait le grec et les règles de l'éloquence latine. Après son mariage, elle accompagna son époux pour des séjours diplomatiques en Asie et à Rhodes où elle a pu rencontrer des dignitaires et des princes orientaux, ainsi que Micipsa roi de Numidie (Plutarque, *Tiberius Gracchus*, 1 ; *Caius Gracchus*, 2). Une fois veuve, c'est elle qui choisit les professeurs de ses fils : Ménélaus de Marathus, Diophane de Mytilène, Blossius de Cumes (Cicéron, *Brutus*, 104). Elle leur enseigna elle-même la littérature et l'éloquence (Cicéron, *Brutus*, 104, 211 ; Quintilien,

Institution oratoire, 1, 1, 6). Après leur mort, elle se retira dans sa villa du cap Misène où elle recevait des amis, des intellectuels et des professeurs, qu'elle entretenait des hauts faits de son père et de ses fils, présentés en *exempla* (Plutarque, *Caius Gracchus,* 19). Même si elle fut critiquée par les adversaires des Gracques pour son éventuelle influence dans l'action politique de ses fils, elle devint elle-même un *exemplum* de mère et de matrone : une statue lui fut dédicacée (« Cornelia fille de l'Africain, [mère] des Gracques », *Cornelia Africani f(ilia) / Gracchorum* ; *CIL,* VI, 10043, 31610 [*Inscriptiones Italiae,* 13, 3, 72]) et transférée dans le Portique d'Octavie – autre modèle féminin de l'époque augustéenne – au centre de Rome, où les citoyens romains allaient se promener (Pline, *Histoire naturelle,* 34, 31 ; Plutarque, *Caius Gracchus,* 4).

Des matrones ont donc transmis des héritages familiaux et une mémoire partagée aux jeunes générations. Certaines d'entre elles ont exercé une influence concrète sur la politique romaine, ce qui représentait une nouveauté, propre à la fin de la République, qui tendit à s'effacer à l'époque impériale[12], sauf dans le cas des princesses impériales, comme on le verra plus loin.

La violence

La fin de la République fut marquée par le développement de la violence politique, qui apparaît avec l'élimination physique de Tiberius Gracchus par le Sénat en 133, puis celle de son frère Caius en 122 au moyen d'un nouvel instrument légal, le « sénatus-consulte ultime ». Celui-ci confiait les pleins pouvoirs aux consuls afin de « veiller au salut de la République ». Cette innovation dangereuse établissait une terreur légale, en supprimant les garanties individuelles pour les citoyens, garanties dont étaient justement responsables les tribuns de la plèbe. Caius Gracchus fut tué par Lucius Opimius, l'un des consuls, avec trois mille de ses partisans. Une nouvelle étape intervient quand Sylla viola l'interdiction religieuse de franchir le pomérium avec une armée, en 88, déclenchant la première guerre civile. La dernière crise fut provoquée par le meurtre politique le plus symbolique, celui de César, le père de la patrie (*parens patriae*), lors des ides de mars 44 av. J.-C.

Durant toute cette période, de nouvelles formes paroxystiques de violences apparurent à Rome et dans l'Empire, qui sont les guerres civiles, les proscriptions et, à un moindre degré, les combats de rue menés par des bandes organisées dans la capitale de l'Empire. L'émergence de cette violence est traditionnellement comprise comme la conséquence des dysfonctionnements institutionnels.

Les guerres civiles

La guerre des alliés, qui opposa de 91 à 89 av. J.-C. certains peuples italiens à Rome pour la cité romaine (voire pour l'indépendance), est présentée au début du Iᵉʳ siècle apr. J.-C. par l'historien Velleius Paterculus presque comme une guerre civile, du moins comme un conflit fratricide marqué par des combats très durs et des pertes énormes. Elle engendra la fracture des familles, notamment du côté italien, tout comme les guerres civiles entre Marianistes et Syllaniens (88-87, 83-82 av. J.-C.), entre Pompéiens et Césariens (49-46 av. J.-C.), entre Octavien, Antoine et Lépide et les Césaricides Brutus et Cassius (43-42 av. J.-C.), entre Octavien et Marc Antoine allié à Cléopâtre (32-31 av. J.-C.). Comme toutes les guerres civiles, ces conflits furent caractérisés par une violence exacerbée, qui se traduisit par des massacres[13] et par la mise en place de proscriptions.

Les proscriptions

Les proscriptions inaugurées par Sylla à la fin 82, pour se débarrasser des partisans de Marius, furent une pratique légale mais contraire au *mos majorum* : le Sénat refusa d'y donner un avis favorable et le principe fut voté lors d'une assemblée du peuple. Des listes de condamnés à mort, interdits d'eau et de feu, furent affichées (cinq cent vingt noms au total), avec la promesse de récompenser quiconque rapporterait leur tête ou permettrait leur capture. La plupart des auteurs anciens condamnent la cruauté de cette pratique : Sylla représente ainsi pour Sénèque le modèle du tyran (*Sur la clémence*, 12, 1-2), mais il existait une tradition scolaire, reflétée par la seconde *Lettre à César* du pseudo-Salluste, qui défendait l'initiative de Sylla en avançant qu'il avait choisi de ne faire périr qu'un petit nombre de ses ennemis alors qu'il avait les moyens de se venger sur tous. Selon François Hinard[14], les proscriptions constitueraient une manière d'éviter le déchaînement de violences incontrôlables et de circonscrire le cercle de personnes à éliminer, dans une société qui faisait de la vengeance un devoir. Toutefois les fils de proscrits constituèrent un facteur d'instabilité, comme le prouve leur participation à la conjuration de Catilina en 63.

Si César choisit la clémence envers une grande partie des Pompéiens vaincus, ce ne fut pas le cas d'Octavien, Marc Antoine et Lépide qui publièrent une liste de trois cents sénateurs et chevaliers ennemis en novembre-décembre 43 av. J.-C. La victime la plus célèbre était Cicéron, qui paya ainsi ses discours virulents contre Antoine, les *Philippiques*. Sa tête et ses mains furent exposées sur les Rostres, le lieu où les orateurs politiques s'exprimaient devant le peuple sur le forum romain. Par ailleurs, comme l'a souligné Christophe Badel[15], lors de ces proscriptions, les trois triumvirs signèrent un véritable pacte de sang en sacrifiant chacun un proche, pour Lépide son frère L. Aemilius Lepidus Paullus, consul en 50, pour Antoine son oncle maternel L. Julius Caesar, consul en 64, et pour Octavien Cicéron qui l'avait accompagné comme un père dans ses premiers pas politiques.

Les proscriptions contribuèrent à la mobilité sociale : elles aboutirent à éliminer certaines *gentes* et furent l'occasion d'enrichissements rapides et donc d'élévations sociales.

La rue comme espace d'affrontement

Entre 133 et 70 av. J.-C., on compte dix-huit émeutes à Rome, contre soixante-treize (soit presque la moitié de celles qui sont connues entre 200 av. J.-C. et 375 apr.) dans les années 60 et 50 où se dessine un pic de la violence urbaine en raison des factions et surtout des hommes politiques issus de l'élite sociale et économique, qui ont organisé ces émeutes. Les années 57-52 av. J.-C. ont vu la montée à Rome des affrontements entre bandes rivales, structurées par des collèges (des associations professionnelles). Milon, ami de Cicéron et proche des *optimates*, et Clodius le *popularis* s'affrontèrent ainsi jusqu'en 52 av. J.-C. dans des combats de rue qui ont culminé avec le meurtre de Clodius lors d'un de ces affrontements au début de 52 av. J.-C. Mais il est probable que Cicéron, notre principale source contemporaine des événements, se soit laissé emporter par la haine qu'il vouait à Clodius en amplifiant cette violence. Les troupes de Clodius paraissent avoir été organisées en décuries (groupes de dix hommes) et comprenaient des artisans et des commerçants, pas seulement des gladiateurs, des esclaves ou des « révolutionnaires ».

S'il existait donc des régulations dans cette violence, et des chefs politiques qui, comme Marius ou Pompée, se révélèrent respectueux des avis du Sénat, ou d'autres qui, comme César, essayèrent d'épargner leurs pairs, si cette violence elle-même pouvait apparaître dans le cas des proscriptions et des meurtres politiques comme une forme de régulation, elle entraîna cependant surtout une désorganisation sociale profonde, qui touchait les structures familiales et civiques. Elle entrava au Ier siècle av. J.-C. l'opération du recensement, qui ne fut réalisé que deux fois, en 86 et 70. Dans les années 50, elle empêcha le bon déroulement des élections. Les consuls de 53 n'entrèrent en charge qu'en juillet au lieu de janvier. Au moment du meurtre de Clodius (le 18 janvier 52), les consuls de 52 n'avaient pas encore été désignés et l'on fit appel à Pompée comme consul unique pour ramener le calme. Cette violence montre donc bien les limites des institutions traditionnelles républicaines, fondées sur le principe de la collaboration et du partage des pouvoirs.

Les médias

Les médias au sens de moyens de communication ou de relais de la culture politique républicaine étaient nombreux. Les principaux acteurs de la vie politique s'appuyaient sur leurs réseaux sociaux, notamment pour mener les campagnes électorales. Clients et amis faisaient des recommandations, visitaient les électeurs, donnaient des banquets et formaient un cortège pour escorter leur candidat : la taille de cette escorte était importante dans une société fondée sur l'ostentation et la compétition agonistique[16], car elle annonçait le succès attendu le jour des comices. Beaucoup de discussions politiques précédant d'importantes décisions ou la formation d'alliances avaient lieu lors de réunions ou de banquets qui se tenaient dans les *domus* privées. Les informations, conseils ou consignes, circulaient dans les correspondances qui jouèrent aussi un rôle important, en témoigne celle de Cicéron qui constitue une source très précieuse pour la vie politique du Ier siècle av. J.-C. On s'est contenté ici de développer quelques médias essentiels.

L'éloquence publique

L'éloquence publique apparaît comme un vecteur privilégié de la culture politique à Rome à la fin de la République, ce qui est l'une des conséquences les plus visibles de l'hellénisation de la culture politique romaine. La période tardo-républicaine a été marquée par le développement de la rhétorique latine. Au cours du IIe siècle, des rhéteurs grecs s'étaient installés à Rome où ils enseignaient dans leur langue. S'ils furent chassés de la Ville par le Sénat en 161 (en même temps que les philosophes grecs), leur activité ne cessa pas. Au début du Ier siècle av. J.-C., des spécialistes de rhétorique se mirent à enseigner en latin. Le plus connu est Lucius Plotius Gallus qui avait beaucoup de succès quand Cicéron était adolescent (Suétone, *Grammairiens et rhéteurs*, 2, 2). En 92 av. J.-C., les censeurs Cnaeus Domitius Ahenobarbus et Lucius Licinius Crassus tentèrent sans succès de faire expulser les rhéteurs latins. Les voyages de formation dans l'Orient grec, qui incluaient les études rhétoriques, se développèrent au Ier siècle av. J.-C., et les versions écrites des discours prononcés circulèrent de plus en plus. Les premiers manuels latins de rhétorique ont été écrits dans les années 90 et 80 av. J.-C. : parmi ceux-ci on a conservé la *Rhétorique à Hérennius* et le *De l'invention* de Cicéron, qui datent des années 80.

La maîtrise de l'art oratoire est devenue un atout dans la carrière des hommes politiques qui étaient appelés à s'exprimer lors des *contiones* (assemblées populaires informelles), au Sénat et dans le cadre des procès, surtout à la suite des lois tabellaires des années 130-120, lorsque le vote fut libéré des liens de clientèle. Cicéron, reconnu comme le meilleur orateur romain par ses contemporains et par la postérité, a construit sa carrière politique en grande partie sur son talent oratoire, d'abord lors des procès. Il est l'exemple par excellence de l'homme politique-orateur romain, et son parcours montre que l'éloquence représentait une voie parmi d'autres, comme les succès militaires, le prestige de la naissance ou l'efficience des réseaux, pour réussir sa carrière politique. La magistrature du tribunat de la plèbe, dont le rôle essentiel a déjà été souligné, offrait tout particulièrement des occasions de tenir des discours : le tribun de la plèbe avait en effet le droit de convoquer une assemblée publique et de s'adresser au peuple, et celui de présenter des propositions de loi au peuple ; les Gracques, et Caius Sempronius Gracchus en particulier, sont connus pour avoir développé une éloquence *popularis*, caractérisée par le recours aux émotions et une certaine agressivité, notamment lors des attaques portées contre les membres éminents de l'aristocratie. La rhétorique permettait aux hommes politiques de se construire à travers le discours une image publique digne et prestigieuse, de mettre en avant leurs compétences, de justifier leurs choix de carrière et leurs prétentions à l'exercice du pouvoir. Elle était aussi utile aux chefs militaires qui eurent à convaincre leurs troupes de les suivre, parfois sur des chemins hasardeux (ainsi César au moment de franchir le Rubicon, pour ne prendre qu'un exemple célèbre : Suétone, *César*, 33).

> « Les Anciens étaient venus à la conviction que, sans éloquence, personne ne pouvait, dans l'État, acquérir ou conserver une situation en vue et en relief. Quoi d'étonnant, puisque, même contre son gré, on était forcé de se présenter devant le peuple, puisque, au Sénat, il ne suffisait pas d'expliquer brièvement son vote, si l'on n'était pas capable de défendre son avis avec talent et éloquence, puisque, impliqué dans une calomnie ou une accusation, il fallait répondre sans emprunter la parole d'un autre, puisque, voulant témoigner en faveur d'un ami dans un procès même politique, on était forcé de le faire non pas de loin et par écrit, mais de vive voix et devant le tribunal. Donc, sans parler des avantages considérables réservés à l'éloquence, elle était vraiment nécessaire ; passer pour disert était comme un honneur et une gloire, au contraire passer pour muet et incapable de parler comme une flétrissure. »
>
> Tacite, *Dialogue des orateurs*, 36, traduction d'Henri Bornecque.

Les contiones

Les *contiones* désignent les réunions préparatoires aux comices qui se tenaient autour des Rostres. C'étaient des assemblées délibératives informelles convoquées par un magistrat, qui permettaient à celui-ci d'expliquer un projet de loi ou bien de présenter un candidat à une élection. Si, au IIe siècle, le public se contentait d'écouter le magistrat, au Ier siècle les citoyens manifestaient leur opinion sous forme de clameurs et d'applaudissements. Le magistrat prit aussi l'habitude de dialoguer avec le peuple, mais en contrôlant parfaitement le jeu des questions et des réponses, sans entrer dans un réel débat. Sans qu'on puisse parler de véritable démocratisation de la vie politique comme le soutenait Fergus Millar (voir l'introduction), les magistrats étaient ainsi conduits à expliciter davantage leur programme au peuple, comme le montre l'épisode fameux du consulat de César et de Bibulus en 59. Le conservateur Bibulus manifesta son opposition à son collègue en s'enfermant chez lui, laissant le champ libre à César qui l'occupa en convoquant des *contiones* pour informer le peuple de ses projets et mettre en avant ses soutiens tels Pompée et Crassus. Bibulus répondit en affichant sur le forum ou les murs de sa maison les raisons pour lesquelles il s'opposait aux projets de César, et ses affiches, selon Cicéron, étaient lues par de nombreuses personnes. C'est donc bien l'amorce d'un débat organisé devant et pour le peuple. Selon Egon Flaig, les *contiones* étaient le lieu où les magistrats mesuraient la volonté du peuple, et les assemblées du peuple (comices tributes ou centuriates, selon qu'il était réuni par tribus ou par centuries) où se faisait le vote étaient celui du consensus. À partir du IIe siècle av. J.-C., les comices centuriates ont décliné au profit des comices tributes, plus égalitaires, où se faisait l'essentiel de la législation et qui portaient le nom de conciles de la plèbe quand ils étaient présidés par un tribun de la plèbe. Les tribuns de la plèbe renonçaient à convoquer le *concilium plebis* quand ils avaient noté une opposition trop vive lors des *contiones*[17].

Les procès

La fin du IIe et le Ier siècles av. J.-C. furent aussi marqués par la multiplication des procès à Rome. D'une part en effet, la romanisation de l'Italie entraîna l'afflux dans la Ville des causes italiennes. D'autre part, la procédure criminelle connut une réforme conséquente : elle devint accusatoire et non plus inquisitoire, ce qui signifie que les citoyens étaient invités à dénoncer les crimes des membres de la classe politique, surtout les détournements de fonds (péculat) et les extorsions (*repetundae*). Les procès devinrent ainsi plus fréquents. Or ils étaient publics et se tenaient au forum. Ils incluaient de nombreuses étapes et rituels où le peuple était pris à témoin, lors du tirage au sort des jurés, de la récusation de ces derniers, des plaidoiries, de la délibération, du vote des jurés et de la proclamation des résultats. Le public était omniprésent et de manière active, car il donnait son avis et prenait parti. L'accusé, et parfois l'accusateur, se présentait avec un protecteur (*patronus*) issu de l'aristocratie, qui le plus souvent plaidait et assurait sa défense, ou bien l'accusation[18]. Ainsi Cicéron accusa-t-il Verrès au nom des Siciliens, en 70, d'abus de pouvoir, d'extorsions et de vol d'œuvres d'art. Un tel service n'était pas monnayé, mais il créait un devoir de reconnaissance qui permettait au *patronus* de se construire un large réseau de clientèle. Plus tard, l'orateur-patron pouvait recevoir une donation ou un legs, mais il gagnait surtout du soutien pour sa carrière politique, des liens d'hospitalité (les Siciliens ont fourni à Cicéron plusieurs résidences sur leur île), du prestige et du crédit. La fin de la République est l'époque où a été mis en place un cadre juridique – des tribunaux extraordinaires, des lois – afin de suppléer au *regimen morum* des censeurs, insuffisant à contrôler des gouverneurs tout-puissants et éventuellement corrompus[19].

De manière générale, les actions criminelles et civiles avaient une logique plus politique que juridique. Beaucoup de procès ne servaient pas à réguler des conflits sociaux et politiques, mais au contraire à régler des comptes et à se venger. Il y avait certes de véritables spécialistes du droit, des juristes professionnels qui intervenaient pour conseiller le magistrat qui organisait le procès et les juges. Mais les parties ne se contentaient pas des arguments de droit et avaient recours à diverses formes de pression : recommandations de personnalités influentes auprès d'un juge ou du magistrat, invitations, supplications des parents et des amis, envois d'ambassades par les cités qui faisaient partie de la clientèle du plaideur, violence, et naturellement corruption. Ainsi Pompée, quand son beau-père Strabon fut accusé, invita-t-il chez lui les trois cent soixante juges qui étaient susceptibles d'être tirés au sort pour constituer le jury de la cour criminelle. En les voyant raccompagner Strabon sur le forum, l'accusateur renonça au procès (Plutarque, *Pompée*, 55). Ces moyens de pression étaient courants et considérés comme normaux, car le fait d'être soutenu par un groupe soudé et influent démontrait la légitimité et l'honorabilité de l'accusé ou de l'accusateur. Une part essentielle était confiée à l'art oratoire pour remplir ce but aussi bien que pour déshonorer les adversaires et persuader les juges. Or, la fin de la République fut aussi une période où les discours se sont multipliés dans le cadre des procès. Les nouveaux procès formulaires (reposant sur des formules écrites qui permettaient d'enrichir le droit traditionnel fondé sur des formules orales) offraient l'occasion de débats qui s'exprimaient sous forme de controverses et de plaidoiries – deux exercices oratoires – et les audiences duraient entre huit et dix heures. Les accusés déployaient en effet beaucoup d'énergie à échapper aux condamnations, car les peines étaient lourdes, la condamnation entraînait l'infamie, et donc la fin de la carrière politique. Ils préféraient souvent s'exiler, comme le firent Verrès ou Milon, plutôt que de tout perdre.

L'historiographie romaine

L'historiographie romaine, née à partir du IIIe siècle av. J.-C., a des caractéristiques bien connues : les historiens étaient issus des milieux sénatoriaux ou liés à ceux-ci, leur écriture de l'histoire a un caractère romanocentriste qui va de pair avec leur objectif de montrer la grandeur romaine. L'histoire était ainsi conçue comme un recueil d'*exempla* et de modèles à imiter, et Cicéron est le premier à avoir développé une véritable théorie de l'histoire, considérée comme un genre littéraire, qui associe à cette perspective à la fois pédagogique, morale et politique, de grandes règles comme l'attachement à la vérité et à la chronologie, la nécessité de donner les causes et les conséquences d'un événement. À partir des Gracques, la préoccupation qu'ont eue les hommes politiques de justifier leurs actions a fait apparaître des mémoires (*res gestae* ou *commentarii*) : si l'on a perdu ceux de Sylla, on a conservé la *Guerre des Gaules* et la *Guerre civile* de César.

Salluste, qui fut le protégé de celui-ci, a écrit des *Histoires* couvrant les années 78 à 67 av. J.-C. et dont on n'a plus que des fragments. Il a aussi laissé deux monographies dans lesquelles il analyse des crises révélant le déclin des valeurs morales traditionnelles depuis la destruction de Carthage (146 av. J.-C.). Il dénonce l'essor des ambitions, des cupidités et de la violence, critique en particulier les membres de la *nobilitas* (les descendants de consuls) auxquels s'oppose le nouveau groupe des *populares*.

Tite-Live a respecté la forme des *Annales* centrées sur l'écriture de l'histoire nationale depuis les origines jusqu'à 9 av. J.-C. (date de la mort de Drusus, frère de Tibère, en Germanie). À cheval sur la fin de la République et le début du Haut-Empire, il est le contemporain d'Auguste avec qui il a entretenu, semble-t-il, de bons rapports, tout en restant distant à l'égard du Principat augustéen. Son histoire cherche à faire revivre les exemples d'un passé républicain idéalisé, et évoque la décadence inévitable de Rome, victime de son impérialisme triomphant.

Les fêtes et spectacles

Les fêtes romaines permettaient de rassembler le corps civique et de raviver le lien entre hommes et dieux pour sauvegarder la *pax deorum*, la « paix des dieux » nécessaire au maintien et au succès de la *res publica* romaine. Elles rassemblaient la communauté civique, le plus souvent symboliquement à travers des groupes qui la représentaient, dans des banquets sacrificiels et des processions. La plupart d'entre elles faisaient référence à un mythe étiologique relatif au début de l'histoire romaine, qui était ainsi préservé et régulièrement ravivé dans la mémoire civique partagée : ainsi, les Lupercales (15 février) rappelaient la naissance de Romulus, les *Quirinalia* (17 février) sa montée au ciel et sa divinisation associée à un changement de nom (Quirinus), les *Consualia* (21 août) l'enlèvement des Sabines. Les fêtes les plus importantes s'achevaient par des jeux (*ludi*) organisés pour le plaisir des dieux auxquels était offert le spectacle de compétitions sportives, de courses de chars et de représentations théâtrales. Aux spectacles, les premiers gradins constituaient la place d'honneur (proédrie) réservée aux sénateurs dès le début du IIe siècle, puis, à partir de 67 (loi Roscia) aux chevaliers. Mais les femmes et les esclaves étaient aussi présents dans les rangs supérieurs, avec les mauvais citoyens comme les débiteurs faillis. Dès 240 furent introduites des tragédies grecques qui sont aussi une manifestation de la nouvelle hellénisation qui transforma en profondeur la culture politique républicaine ; la compétition accrue entre les grands aristocrates romains à la fin de la République, qui en est un autre symptôme, apparaît également dans le domaine des spectacles.

La fin de la République est caractérisée par le développement de l'évergétisme des édiles, qui rivalisaient pour organiser des jeux fastueux à leurs frais afin de s'attirer les faveurs du peuple. Ceux qu'a conçus César durant son édilité de 65 av. J.-C., avec trois cent vingt paires de gladiateurs, ont marqué les mémoires et l'ont laissé couvert de dettes.

Comme l'a mis en évidence Claude Nicolet[20], le théâtre est devenu à Rome un « langage parallèle » de la vie civique, offrant au peuple de nouvelles occasions d'intégrer le champ du politique. C'est pourquoi la construction par Pompée sur le Champ de Mars du premier théâtre en pierre, surmonté d'un temple de Vénus *Victrix*, avec des portiques qui permettaient au peuple de se rassembler et une curie dite de Pompée, fut un événement politique. L'ensemble architectural avait été financé par le butin que Pompée avait rapporté de ses campagnes victorieuses en Orient contre Mithridate et Tigrane (66-61 av. J.-C.). Pendant son deuxième consulat en 55, Pompée offrit des jeux pour la consécration de son nouveau temple de Vénus *Victrix*. Dans sa correspondance privée, Cicéron a critiqué le caractère fastueux de ces jeux qui, par leur apparat comme par leur composition, faisaient écho au triomphe sur le monde entier qu'avait célébré l'*imperator* en septembre 61. Le programme théâtral renvoyait en effet à la guerre de Troie. Il comprenait la *Clytemnestre* d'Attius, mise en scène avec six cents mulets, et le *Cheval de Troie*, dont on ignore l'auteur, qui était prétexte à l'exposition de trois mille cratères présentés comme le butin pris par les Achéens à Troie. Il y avait en outre un combat comportant toute la variété des armes de l'infanterie et de la cavalerie, ainsi que, vraisemblablement, un concours athlétique grec (Cicéron, *Lettres à ses proches*, 7, 1, 2). Ainsi Pompée apparaissait-il publiquement comme un nouvel Agamemnon, vainqueur de l'Asie : un nouveau « roi des rois », *princeps* parmi les *principes* de la fin de la République.

De cette catégorie des spectacles relèvent aussi les grands rituels civiques qui scandaient le calendrier ou la vie politique républicaine.

Les rituels civiques

Le census

La cérémonie du recensement ou *census* était probablement le rituel civique le plus important sous la République[21], car elle assurait la concorde civique et participait à la définition du corps civique romain : un corps de citoyens-soldats contrôlé par les deux censeurs, qui étaient des sénateurs consulaires censés être remarquables par leur *dignitas*. Le *census* avait lieu tous les cinq ans environ au IIe siècle et durait dix-huit mois. L'objectif était à la fois de réorganiser le corps civique (le recensement à proprement parler) et de rénover la cité romaine pour un cycle de cinq ans (un lustre, *lustrum*).

Le recensement des citoyens avait lieu sur le Champ de Mars, en dehors du pomérium, près de l'autel du dieu Mars. Les citoyens avaient l'obligation de déclarer leur nom, tribu, le nom des membres de leur famille et de leurs esclaves, ainsi que le montant de leur capital foncier. L'évaluation de leurs biens permettait aux censeurs de les ranger dans les cent quatre-vingt-treize centuries qui structuraient les comices centuriates et de dresser la liste des membres des deux ordres supérieurs, les sénateurs et les chevaliers qui devaient posséder un capital de quatre cent mille sesterces. À cette occasion se déroulait sur le forum, à côté du temple des Dioscures, la cérémonie de la *recognitio equitum* (la revue des chevaliers) : les chevaliers y recevaient leur cheval public et dressaient leurs états de service. La *recognitio* de 70 permit à Pompée de s'illustrer en mentionnant toutes ses campagnes alors qu'il rendait son cheval, puisqu'il avait été élu consul. La nouvelle liste du Sénat était également lue sur le forum. Dès 252, et surtout à partir de la censure de Caton l'Ancien (184), la dimension morale de cette évaluation civique a été mise en lumière. Des membres de l'aristocratie pouvaient être déclassés (entre trois à six sénateurs à l'issue de chaque cens), des citoyens sanctionnés par la perte de certains droits et qualifiés d'infâmes. La cérémonie était achevée par une revue militaire des citoyens reclassés dans les centuries, assortie d'une procession religieuse pour purifier l'armée, puis par un grand sacrifice, les *suovetaurialia* (où l'on sacrifiait, comme le mot l'indique, un porcin, un ovin et un taureau) qui devaient assurer la protection de la cité.

Au Iᵉʳ siècle avant J.-C., le *census* connut de profondes modifications : les troubles politiques empêchèrent la tenue régulière des *census*, tandis que des recensements locaux, décentralisés, se mirent en place devant l'impossibilité d'intégrer tous les nouveaux citoyens après les guerres sociales. Si les informations restaient centralisées à Rome, César remplaça la traditionnelle distinction des citoyens par tribus en une distinction fondée sur le domicile, avec un *recensus* à Rome et des *census* locaux en Italie, et les recensements généraux se firent de plus en plus rares. La *lectio senatus* (la révision de l'album sénatorial) était vue comme un instrument des luttes politiques. L'opération du recensement dans son ensemble était fondée, comme les institutions républicaines, sur l'idée d'égalité géométrique : on considérait qu'un individu n'était pas égal à un autre (ce qui correspond à l'égalité arithmétique), mais que certains étaient par nature meilleurs que d'autres. Ils devaient par conséquent avoir plus de droits et de devoirs que ceux qui leur étaient inférieurs. L'idée de méritocratie est au cœur de l'idéologie républicaine.

Les triomphes

Les triomphes représentent la cérémonie la plus spectaculaire de la période tardo-républicaine. C'est un honneur considérable octroyé par le Sénat aux magistrats ou promagistrats détenteurs de l'*imperium*, qui combattaient sous leurs propres auspices (consuls ou préteurs qui pouvaient prendre les auspices, c'est-à-dire interpréter les signes donnés par les oiseaux) et qui (depuis le IIᵉ siècle) avaient conclu une guerre au cours de laquelle plus de cinq mille ennemis avaient été tués. La cérémonie consistait dans l'entrée à Rome, en char, du chef victorieux qui apportait sa *felicitas* à l'intérieur de la cité.

Pour le triomphateur, il s'agissait d'une source de gloire unique : son entrée était assimilée, à travers le symbole de la palme, à celle des vainqueurs des concours dans le monde grec. Associé depuis la seconde guerre punique à des supplications (cérémonies d'action de grâces) aux dieux et en particulier à Jupiter Capitolin, le triomphe était aussi un hommage rendu aux dieux que l'on remerciait d'avoir donné la victoire. Il esquissait un parallèle entre le chef victorieux et Jupiter Capitolin, le protecteur de Rome, non seulement à travers ce double aspect, mais aussi parce que le triomphateur portait les ornements du dieu (toge pourpre ou blanche brodée d'or, sceptre, couronne de chêne, visage passé au minium). Le cortège démarrait au Champ de Mars, hors du pomérium, puis franchissait la « Porte Triomphale », traversait le forum Boarium, le Cirque Maxime, puis contournait le Palatin par l'est. Il repartait vers l'ouest pour défiler sur le forum et monter par la Voie sacrée vers le temple de Jupiter sur le Capitole.

Les prises de guerre – butin et captifs – précédaient le chef victorieux accompagné de ses enfants et de son armée ; elles étaient explicitées par des tableaux qui dressaient des listes de victoires ou bien, à partir du IIe siècle, qui figuraient des batailles. Les victimes pour le sacrifice offert à Jupiter Capitolin, constituées par des taureaux ou des bœufs blancs aux cornes dorées, fermaient le cortège. Les légionnaires le suivaient aussi, sans arme. Après la seconde guerre punique, ils recevaient des gratifications lors des triomphes (des distributions d'argent, *donativa*, et une double solde). Ils proféraient des lazzis, entonnaient des chants à la fois élogieux et moqueurs à destination de leur chef, pour le ramener à la place qu'il occupait dans la société humaine, et qui devinrent plus politisés à la fin de la République[22]. Les triomphateurs invitaient les habitants de Rome à des banquets publics qui rivalisaient de magnificence : lors de son triomphe sur le monde entier en 61, Pompée fit installer trois lits de table dorés ; en 46, César fit disposer sur toutes les places de Rome vingt-deux mille lits à neuf places, qui pouvaient accueillir cent quatre-vingt-dix-huit mille invités, soit tous les citoyens de la Ville à qui furent servis des grands crus de Falerne et de Chio et des murènes, qui étaient des poissons de luxe.

Les funera publica

Les *funera publica* étaient des funérailles publiques, réservées aux aristocrates qui avaient rendu de grands services à la patrie : tout le peuple était invité à la cérémonie. Le convoi passait par le forum et s'arrêtait devant les Rostres (tribune aux harangues) où était prononcé l'éloge funèbre. Le corps était déposé en face de la tribune, et les images des ancêtres placées sur des sièges en ivoire. Un membre de la famille, souvent un jeune homme destiné à reprendre le flambeau, adressait au peuple rassemblé un discours d'éloge du mort et rappelait l'histoire enjolivée de la *gens*. Cet éloge a pu prendre la forme, au Iᵉʳ siècle, d'une véritable proclamation politique, comme ce fut le cas lors des funérailles de César orchestrées par Marc Antoine le 20 mars 44. Le consul exploita l'émotion populaire propre aux funérailles publiques, et exacerbée dans le cas de César qui était très apprécié par la plèbe romaine, pour faire apparaître Brutus et Cassius comme les assassins du *parens patriae*, et non pas comme des tyrannicides.

Ces funérailles publiques étaient dotées d'une dimension d'éducation politique qui a été soulignée par Polybe au milieu du IIᵉ siècle av. J.-C. : l'éloge du défunt et de ses ancêtres était une véritable leçon d'histoire en même temps qu'une leçon de vertus données aux spectateurs de la cérémonie. L'enjeu était donc de construire une mémoire civique par l'intermédiaire d'une série d'éloges individuels qui agissaient conjointement à l'exposition du corps du défunt et des images de ses ancêtres avec les vêtements et les insignes propres à leurs charges et à leurs honneurs.

> « Un seul exemple suffira à montrer le soin que ce régime apporte à former des hommes capables de tout endurer pour que leur patrie glorifie leur valeur. Chez eux, quand un personnage illustre vient à disparaître et qu'on célèbre ses funérailles, on le transporte en grande tenue sur le forum, au lieu-dit les Rostres ; on l'expose aux regards, dans une position verticale ; plus rarement, il est couché. Le peuple entier se rassemble autour, et un fils du défunt, s'il en laisse un qui soit adulte et présent à Rome, ou à défaut un autre de ses parents, monte sur les Rostres pour retracer les vertus du disparu et les succès qu'il a remportés dans sa vie. Le résultat est que, ces faits étant ainsi rappelés à la mémoire du peuple et mis sous ses yeux – non de ceux-là seuls qui y ont participé effectivement, mais aussi de ceux qui n'y ont pas été associés –, tous éprouvent une émotion telle que le deuil cesse de paraître limité à la famille et devient celui du peuple tout entier... De plus, l'orateur qui parle du mort que l'on va enterrer, une fois ce sujet traité, évoque successivement les succès et les exploits de tous ceux dont les images sont là, en commençant par les plus anciens. Ainsi, la réputation qui s'attache à la valeur de ces héros se renouvelant constamment, la gloire des hauts faits reçoit l'immortalité, en même temps que la renommée des bienfaiteurs de la patrie devient familière à la masse du peuple et passe à la postérité. Mais surtout, les jeunes gens sont incités à tout endurer au service de l'État, pour obtenir la gloire qui accompagne la valeur des héros. »
>
> Polybe, *Histoires*, 6, 52, 11-54, 3, traduction de Raymond Veil.

Les lieux

Sous la République, Rome était l'unique centre d'administration (ce n'est qu'à la fin du Iᵉʳ siècle av. J.-C., sous César, qu'apparaît une procédure de recensement décentralisée) et de pouvoir politique : l'espace urbain est structuré par de grands « lieux de mémoire » qui renvoient à l'histoire politique de la République romaine, aussi bien que par les formes du pouvoir, comme l'a souligné Nathalie de Chaisemartin à propos du développement édilitaire de Rome qui a reflété les rivalités entre les *imperatores* dans le dernier siècle de la République : la suppression par César du *Comitium,* lieu de réunion et de vote des comices (curiates et tributes), et la dédicace sur le Capitole en 46 av. J.-C. d'un groupe statuaire figurant le vainqueur de Pharsale à cheval, dominant un globe qui représentait le monde habité, peuvent être interprétés comme les signes de son ambition monarchique.

Parmi les principaux lieux de mémoire politiques de la ville, on distingue le forum, théâtre de la vie politique et judiciaire à Rome, mais aussi centre économique et social. Situé entre les collines du Capitole et du Palatin, il incluait à l'angle nord-ouest la tribune des Rostres où prenaient place les orateurs, ainsi que le *Comitium* où se tenaient les *contiones*. Après 145, les tribus furent convoquées sur le forum lui-même et les orateurs s'adressaient de plus en plus à la foule depuis le temple des *Castores*. Après 124, les votes pour les élections, qui devaient être secrets, furent transférés aux *Saepta* (qui désignaient le complexe où l'on votait) du Champ de Mars. L'ancienne curie, la *Curia Hostilia*, incendiée en 52 av. J.-C., formait un ensemble articulé avec le *Comitium* dont les gradins constituaient les degrés par lesquels on accédait à la salle. Suite à cet incendie, César fit disparaître le *Comitium*, transférer toutes les activités des comices aux *Saepta*, et installer de nouveaux Rostres au milieu du côté occidental du forum. Avec le butin de la guerre des Gaules, il fit construire de nouveaux *Saepta*, un vaste complexe composé de portiques et d'une grande esplanade centrale, qui permettait de canaliser et de contrôler les votants et, en 44 av. J.-C, une nouvelle curie qui donnait à la fois sur le forum romain et sur son propre forum. Le plus ancien temple du forum, celui de Saturne, abritait l'*aerarium populi romani*, le trésor et les archives de l'État (transférées vers le *Tabularium*, au nord-ouest du forum, après 79 av. J.-C.).

À l'ouest du forum se tenait le Capitole sur lequel se trouvait le principal temple civique de Rome, qui abritait la triade capitoline composée de Jupiter, Junon et Minerve : le temple avait été bâti par le dernier roi étrusque Tarquin, mais inauguré par un des consuls de 509. Plus à l'ouest (en dehors du *pomerium*), le Champ de Mars était réservé aux rassemblements de l'armée et par conséquent aux réunions des comices centuriates ; l'Aventin, au sud, était le lieu historique des « sécessions de la plèbe », où celle-ci s'était rassemblée en menaçant de quitter Rome en 495 et 449 av. J.-C., afin d'obtenir plus de droits face aux patriciens. Derrière le Palatin, le *Circus Maximus*, aménagé par les Étrusques, accueillait les spectacles civiques ; il prit sa forme définitive avec les travaux de César et d'Auguste.

Figure 1.1 – Plan de Rome à la mort de César (44 av. J.-C.).

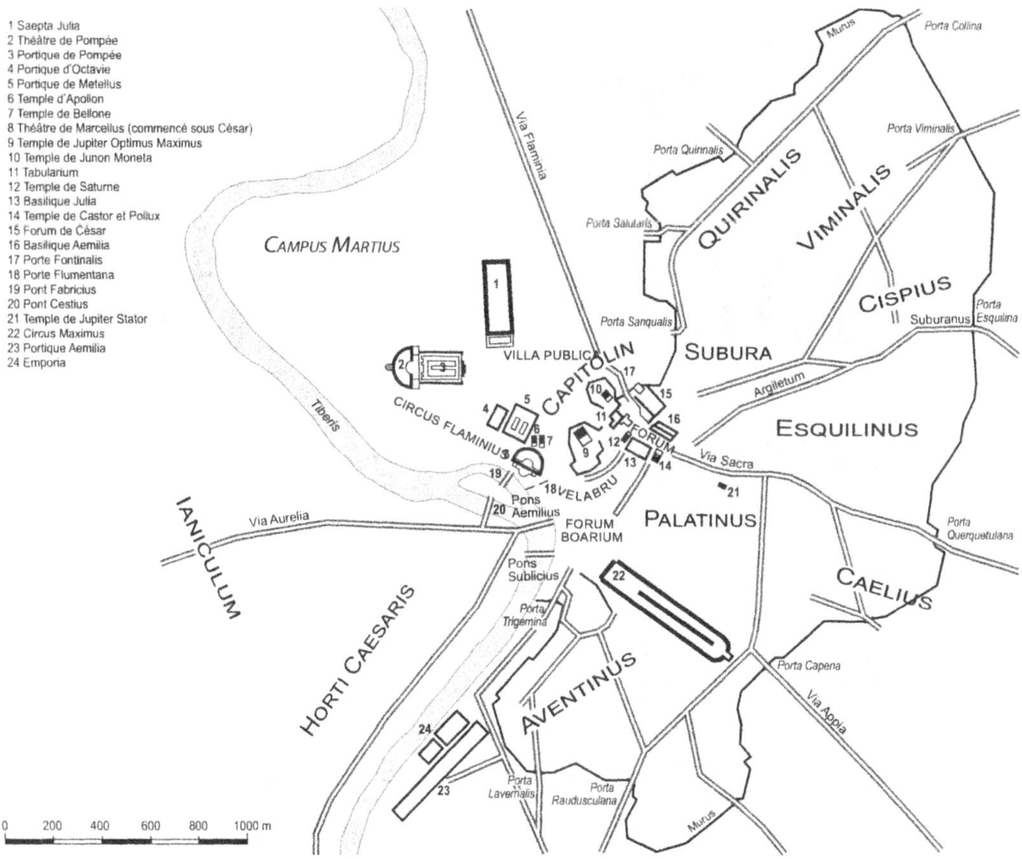

La culture politique impériale

Pour préciser le cadre de la culture politique impériale par contraste avec la culture politique républicaine, on distinguera ici les principales nouveautés : un certain nombre d'éléments esquissés feront l'objet de développements approfondis dans les chapitres qui suivent.

Les acteurs

L'empereur versus les usurpateurs

L'empereur est choisi sur des critères d'hérédité (au sein de la *domus Augusta*) ou de capacités militaires (vainqueur d'une guerre civile comme Vespasien en 69, Septime Sévère en 193). Son investiture repose sur trois grandes étapes qui deviennent traditionnelles jusqu'aux Sévères, avec des adaptations ponctuelles : l'acclamation par les soldats (prétoriens à Rome ou bien légionnaires des garnisons provinciales), d'où l'empereur tire son prénom d'*Imperator* ; l'approbation par le Sénat, qui débouche sur un sénatus-consulte afin de convoquer les comices ; le vote par les comices d'une ou plusieurs lois conférant à l'empereur l'*imperium*, la puissance tribunicienne, et des prérogatives particulières destinées à compléter et à élargir les deux premiers.

L'empereur ainsi investi est ensuite coopté dans les différents collèges sacerdotaux. La base de ses pouvoirs politiques est l'*imperium* et la puissance tribunicienne. Il s'agit d'un *imperium* consulaire, viager et illimité, qui s'étend sur l'ensemble de l'Empire (y compris les provinces sénatoriales, Rome et l'Italie), supérieur à celui de tous les autres magistrats et gouverneurs de province. Grâce à cet *imperium*, l'empereur était chef de l'armée, il désignait parmi les sénateurs des légats qui gouvernaient ses provinces et commandaient les légions ; dans tout l'Empire, il pouvait prendre des édits et possédait une juridiction civile et criminelle qui lui permettait de rendre la justice. Grâce à la puissance tribunicienne, il pouvait convoquer le Sénat et les comices, proposer des lois, s'opposer aux décisions du Sénat ou bien d'un magistrat (droit d'intercession, qui ne pouvait être entravé par le *veto* d'un autre tribun). Il avait aussi le droit d'assistance des tribuns, l'*auxilium*, ce qui le faisait apparaître comme le défenseur et le bienfaiteur de la plèbe. Enfin, il était doté de la sacro-sainteté des tribuns, qui rendait sa personne et son autorité inviolables.

L'empereur possédait une *auctoritas* inégalée, non seulement en raison de ses pouvoirs institutionnels supérieurs, du fait qu'il était *princeps senatus* (le premier inscrit sur l'album sénatorial et le premier à prendre la parole), mais aussi parce que toutes les victoires militaires étaient rapportées à ses auspices, qu'il était issu d'une famille prestigieuse par son histoire ou par la présence de *divi* et de *divae*, et à cause du développement du culte impérial. Il bénéficiait d'un statut supérieur, intermédiaire entre celui des hommes et des dieux. Cette autorité extraordinaire, que l'on qualifie parfois de charisme, et ce statut sacré sont exprimés par le surnom honorifique *Augustus*, offert par le Sénat à Octavien le 16 janvier 27 et porté ensuite par tous ses successeurs.

Alors que la vie politique républicaine est caractérisée par la présence et la visibilité des acteurs politiques à Rome, pour la majorité des habitants de l'Empire l'Empereur est une figure lointaine, même à Rome où il n'est pas facile de le côtoyer ou de le toucher. On peut rapporter ici l'anecdote révélatrice de la tentative de supplication qui faillit coûter la vie à Q. Haterius, consul suffect en 5 et orateur réputé. En 14, au tout début du règne de Tibère, il avait mis le prince en colère en le pressant d'accepter le gouvernement de l'Empire et s'était rendu au palais pour implorer son pardon. En se prosternant aux genoux de Tibère qui se promenait, il le fit tomber et faillit être tué par sa garde (Tacite, *Annales*, 1, 13, 4-6). Il s'agit d'une différence essentielle qui sera développée plus loin, en examinant la figure de l'empereur (chapitre 3).

Les usurpateurs sont des candidats à l'Empire, des chefs militaires proclamés *imperator* par leurs troupes, qui ont échoué sur le champ de bataille face à l'empereur légitime, ou au futur empereur légitime. Ce sont les perdants de l'Histoire, dont on possède souvent des portraits noirs, mais l'étude des usurpations s'est révélée fructueuse, comme l'a montré Egon Flaig[23], pour mettre en lumière les acteurs et le processus de légitimation du pouvoir : elle a notamment souligné la nécessité d'un consensus difficile à construire. Les tentatives d'usurpation se sont multipliées au IIIe siècle dans le contexte des conflits avec les Parthes puis les Perses, les invasions des Goths et des peuples germaniques (chapitre 5).

Le Sénat et ses relations avec l'empereur

Le Sénat est évoqué ici en tant qu'organe institutionnel, co-administrant avec l'empereur les provinces romaines. Auguste l'a fixé à six cents membres, tous d'anciens magistrats, qui pouvaient accéder au Sénat à partir de la questure. Mais l'empereur avait aussi la possibilité de promouvoir des chevaliers, voire des notables municipaux, en qualité d'*adlecti*. Les hauts dignitaires de l'Empire se recrutaient parmi la minorité des sénateurs ayant accompli tout leur *cursus honorum* et l'empereur, jusqu'à l'avènement de Macrin, ancien préfet du prétoire de Caracalla (217-218), était issu du même milieu. Les sénateurs ont fourni les cadres administratifs du Haut-Empire, concurremment avec les affranchis impériaux (ce qui engendra des tensions sous Claude, Néron et Commode notamment) et avec les chevaliers.

Les relations entre empereur et Sénat sont essentielles pour définir la nature du Principat (dyarchique selon Theodor Mommsen, mais la plupart des historiens contemporains insistent désormais sur la nature monarchique du pouvoir, dès l'origine) et délicates. En théorie, le Principat repose sur un partage de l'Empire depuis janvier 27 av. J.-C. entre provinces sénatoriales et provinces impériales, mais la réalité était souple : non seulement le statut des provinces a varié dans le temps, mais la possibilité d'interventions de l'empereur dans les provinces sénatoriales (en 7/6 av. J.-C., les édits de Cyrène prouvent la capacité d'Auguste à intervenir depuis Rome même dans les provinces sénatoriales), de sénateurs dans les provinces impériales en cas de nécessité, a toujours existé. Les sénateurs ont accepté de ne plus occuper la première place comme sous la République, mais ils ont gagné en stabilité avec une reproduction sociale facilitée dès lors que l'ordre sénatorial a été renforcé. L'instauration du nouvel équilibre fut difficile, comme l'attestent les contestations de certains sénateurs qui se sont manifestées à la fin des années 20 av. J.-C.

Le Sénat perdit trois compétences républicaines essentielles, au bénéfice de l'empereur : la conduite des relations diplomatiques avec les peuples extérieurs à l'Empire, la négociation des traités, et les décisions stratégiques en matière d'opérations militaires. Mais il conservait d'autres prérogatives traditionnelles, notamment dans le domaine de la religion publique, ce qui lui valut de peser un poids important dans la culture politique impériale : en effet, à partir de la mort d'Auguste, il décida de la divinisation des empereurs défunts. Il statua aussi sur la condamnation posthume de la mémoire des empereurs « tyrans », à partir de Domitien. On a déjà vu son rôle important au moment de l'investiture du prince, même si ce rôle tendit à décliner dans le temps par rapport au rôle de l'armée qui conduisit au trône aussi bien Claude que Vespasien ou Septime Sévère. Ainsi le Sénat contribuait-il à faire les princes, et il faisait et défaisait leur mémoire. Sous le Haut-Empire, le Sénat récupéra aussi des compétences électives et législatives qui étaient dévolues au peuple sous la République : il participait à la désignation des magistrats et des prêtres du culte public ; les sénatus-consultes acquirent progressivement force de loi, notamment sur les questions de statut personnel, d'héritage et de maintien de l'ordre. Il gagna aussi une compétence judiciaire particulière dans les affaires de lèse-majesté, de concussion et d'abus de pouvoir, d'adultère, de délation ou de scandale concernant des sénateurs. Hadrien transforma le Sénat en Haute-Cour de Justice en interdisant de faire appel contre ses sentences, ce qui lui permit d'impliquer les sénateurs dans le jugement de leurs pairs, tout en contrôlant la procédure (notamment pour les cas de lèse-majesté).

L'empereur remplissait la fonction républicaine de *princeps senatus*, qui lui conférait le privilège d'être le premier à exprimer son avis et de faire la première proposition, puis les cinq premières à partir de Marc Aurèle. Chaque proposition pouvait être discutée et les plus importantes ont donné lieu, au moins au Ier siècle, à de réels débats. Auguste et Tibère ont attaché beaucoup d'importance à l'assiduité des sénateurs et au maintien des discussions.

Si, sous la République, l'*auctoritas* était la qualité par excellence du Sénat, il y a sous l'Empire un transfert évident de cette *auctoritas* sur la personne de l'empereur, qui s'accentua au fur et à mesure que l'on avançait dans le temps et que la fonction impériale, d'abord flottante, mal définie comme on le voit dans le *Panégyrique* de Pline le Jeune, se précisait. Dans le *Panégyrique*, en effet, le prince est décrit comme un *privatus* (au sens républicain de « qui n'est pas magistrat » : *Panégyrique*, 59, 5) et en même temps l'accent est porté sur sa gestion du consulat. Sous l'Empire, habituellement, l'empereur était distingué du *privatus*, mais Pline s'est efforcé de présenter un prince le plus républicain possible, défini par les magistratures traditionnelles. Le problème le plus important semble avoir été celui de la passivité, la prudence des sénateurs, déplorée déjà par Auguste et Claude. Les historiens latinophones ou hellénophones des trois premiers siècles évoquent aussi leur crainte, parfois leur terreur sous les règnes de Caligula, Domitien, Commode, Septime Sévère et Caracalla.

> « Cette crainte était partagée par tous, autant les autres que nous-mêmes. Il [Commode] nous fit encore une autre chose, à nous sénateurs, qui nous fit encore plus craindre pour notre vie. Il tua une autruche, lui coupa la tête et entra là où nous étions assis en tenant la tête de l'animal dans la main gauche et en brandissant son épée ensanglantée de la main droite. Il ne dit rien mais

secoua la tête en ricanant, pour nous montrer qu'il nous traiterait de la même manière. Et beaucoup, en éclatant de rire devant le ridicule de la situation, auraient péri sur le champ par l'épée (car c'est le rire et non l'affliction qui s'empara de nous) si je n'avais pas mâché des feuilles de laurier que je prélevai de ma couronne, et si je n'avais pas persuadé les autres qui étaient assis à côté de moi de faire pareil, afin que par le mouvement continu de nos mâchoires nous dissimulions notre rire. »

Cassius Dion, *Histoire romaine*, 36, 73, 21, 1-2, traduction de Marie-Laure Freyburger-Galland.

En somme, puisque le Sénat n'avait pas les moyens de s'opposer à l'empereur tout-puissant, leurs relations ont beaucoup dépendu de la bonne volonté de ce dernier et de sa conception de l'exercice du pouvoir, de l'image publique aussi qu'il voulait renvoyer.

Les préfets du prétoire

La préfecture équestre fut créée en 2 av. J.-C. À la tête de la garde personnelle de l'empereur, constituée des cohortes prétoriennes, le préfet du prétoire exerçait une juridiction criminelle sur l'Italie. Ces cohortes formaient une unité d'élite de quatre mille cinq cents puis de six mille hommes, soit neuf cohortes dont trois étaient basées dans les *castra praetoria* au nord-est de Rome, qui constituait la force militaire la plus puissante en Italie où pendant longtemps aucune légion n'avait été stationnée. Il faisait partie des proches conseillers du Prince et, à ce titre, était susceptible de jouer un rôle déterminant dans l'orientation de la politique comme dans l'organisation d'une succession : dès la fin du règne de Tibère, par exemple, c'est le préfet Macron qui aurait été un acteur déterminant de l'avènement de Caligula. Ce dernier fut ensuite assassiné par un officier de la garde prétorienne et celle-ci joua également un rôle moteur dans l'avènement de son successeur Claude. Au IIIe siècle, le préfet du prétoire remplit un rôle de plus en plus considérable, comme on le voit avec le juriste Ulpien, préfet du prétoire en 222 et principal conseiller de Sévère Alexandre, avec Timésithée, préfet du prétoire en 241, dont la propre fille Tranquillina épousa Gordien III et devint *Augusta* ; et enfin avec Philippe l'Arabe, qui remplaça d'abord Timésithée en 243, puis Gordien III lui-même après sa mort en 244.

L'armée

L'armée impériale est très différente sous le Haut-Empire, même si les armes et les tactiques ont peu changé. C'est une armée de professionnels le plus souvent stationnés en dehors de Rome et de l'Italie. Auguste en fit passer la plus grande partie sous le contrôle impérial en s'arrogeant les provinces dites impériales, sur lesquelles étaient stationnées le plus grand nombre de troupes car elles étaient situées aux frontières, ou bien récemment conquises ou encore sujettes à des troubles, ce qui conduisit des historiens à parler de « monarchie militaire ». Il mit en place un système de retraite pour les vétérans, qui recevaient à la fin de leur service des terres ou une somme d'argent. Pour des occasions spéciales comme l'avènement, les empereurs prirent l'habitude de faire à leurs troupes des dons d'argent qui matérialisaient un lien plus personnel. De même, chaque année, les troupes faisaient à l'empereur un serment de fidélité qui les engageait personnellement. Des images du prince et de sa famille étaient conservées dans une chapelle au sein des camps militaires, et exhibées lors des anniversaires ou d'occasions particulières. Les aristocrates qui commandaient les troupes le faisaient désormais non plus en tant que chefs indépendants, mais comme les représentants d'une autorité supérieure. Les troupes auxiliaires suivirent la même professionnalisation. Dans les années 20 apr. J.-C., leur nombre était de cent cinquante mille hommes, soit équivalent à celui des légionnaires. Dès le Iᵉʳ siècle, et surtout au IIᵉ siècle, la légion se mit à recruter localement et les non-citoyens se voyaient offrir le droit de cité au moment de leur entrée en fonction.

À la fin du règne d'Auguste, il y avait vingt-cinq légions, soit en théorie cent quarante-cinq mille hommes, et ce nombre fut porté à vingt-sept sous Caligula, puis vingt-neuf sous Vespasien, trente à la fin du Iᵉʳ siècle. Ce nombre ne bougea pas jusque sous les Sévères. À la fin du IIᵉ siècle, l'armée était composée au total de quatre cent cinquante mille hommes et divisée en trente légions, quatre cent quatre-vingt-trois formations auxiliaires (infanterie, cavalerie, unités mixtes avec des serviteurs) et trente mille marins. Elle représentait peut-être les trois quarts du budget. Sous le règne de Septime Sévère, sa taille fut augmentée de trois nouvelles légions ; les corps de cavalerie qui s'étaient révélés, depuis les guerres parthiques de Trajan, utiles pour lutter contre les troupes perses furent renforcés. Des changements se produisirent dans la structure du commandement et des conditions de service. Les chevaliers furent nommés à des postes de commande autrefois réservés à des sénateurs (peut-être pour limiter les risques d'usurpation), la paie fut augmentée, l'interdiction faite aux soldats de contracter un mariage légal pendant leur service fut levée. La légion II Parthica fut installée à Albano Laziale en Italie, ce qui mettait à la disposition de Septime Sévère environ seize mille professionnels de l'infanterie lourde, non loin de Rome.

La période la plus critique, sur le plan militaire, eut lieu sous les règnes de Valérien et de Gallien : le pouvoir impérial était aux prises avec les Francs et les Alamans en Gaule, avec les Goths en Asie Mineure, Grèce et Dacie, tandis que des troubles éclatèrent en Numidie et en Maurétanie. Gallien réorganisa donc l'armée en 262. Il la rendit plus mobile et développa la cavalerie. Le recrutement se fit de plus en plus dans les campagnes, parmi les fils de militaires, les paysans et les « barbares » ; ces derniers étaient désormais aussi intégrés dans les légions et pas seulement dans les troupes auxiliaires. Il la dota également d'un état-major de professionnels : les sénateurs y furent remplacés par des chevaliers formés pour la plupart dans la garde prétorienne. L'armée continua de peser de plus en plus lourd dans le budget de l'État.

Cette armée – en particulier les légions et les prétoriens – a joué un rôle décisif dans les tentatives d'usurpation et l'élection de l'empereur, notamment au IIIe siècle. Septime Sévère, vainqueur de deux guerres civiles en 193, en était très conscient déjà et, d'après Cassius Dion, il aurait recommandé à ses fils Caracalla et Géta, sur son lit de mort, de privilégier l'armée par rapport à toutes les autres institutions. L'étude des usurpations permet de mettre en évidence les hiérarchies qui se sont instaurées parmi les légions : on trouvait d'abord à leur sommet les légions de Germanie, dont la supériorité fut contestée par celles du Danube ou d'Orient dès les guerres civiles de 69.

Les chevaliers

L'ordre équestre a été transformé et élargi, il est devenu le deuxième ordre dans l'État[24]. Auguste a fixé un cens de quatre cent mille sesterces et officialisé l'inscription sur une liste officielle : les candidats faisaient au préalable l'objet d'une enquête sur leur moralité et leur honorabilité, et l'empereur pouvait ensuite les rayer de la liste pour cause de déshonneur ou de ruine. Ces chevaliers étaient souvent des notables des cités d'Italie ou de provinces. Ils formaient de grandes lignées locales qui accédaient parfois à l'ordre sénatorial. Être chevalier n'obligeait pas à remplir une fonction officielle ni à habiter à Rome, contrairement aux sénateurs : beaucoup se contentaient de la dignité du titre et des privilèges qui lui étaient attachés. Mais au fur et à mesure des nécessités, sans qu'il paraisse y avoir eu de plan préconçu de la part d'Auguste, les chevaliers ont occupé les plus hautes charges urbaines à Rome notamment. Peu à peu s'est organisée une carrière équestre qui faisait des chevaliers des auxiliaires essentiels de l'empereur pour administrer l'empire et l'agrandir ou le défendre. Leur poids ne cessa d'augmenter face aux sénateurs, d'autant plus que ceux-ci perdirent progressivement leur expérience militaire, alors que certains chevaliers, la minorité qui souhaitait se lancer dans une carrière de haut dignitaire, étaient obligés de faire un vrai service militaire de longue durée. Après leur service, les chevaliers qui poursuivaient une carrière au service du prince obtenaient un poste de procurateur ou bien de préfet. Le premier administrait les finances ou le patrimoine du prince. Le second exerçait plutôt un commandement militaire, notamment des flottes. L'un et l'autre pouvaient aussi gouverner une province, soit parce qu'elle était de petite taille, soit parce que le prince voulait la garder sous surveillance. Ces chevaliers, dont toute la carrière ne dépendait que du prince, représentaient pour lui des auxiliaires très précieux et leur rôle administratif ou politique n'a cessé d'augmenter : sous Auguste, les dignitaires de rang équestre n'étaient qu'une vingtaine, mais à la fin du Iᵉʳ siècle ils remplacèrent les affranchis à la direction des grands bureaux de la chancellerie impériale. Ils occupaient cent quatre-vingts postes sous les Sévères, répartis selon une hiérarchie salariale : procurateurs sexagénaires (soixante mille sesterces par an), centenaires (cent mille sesterces), ducénaires (deux cent mille sesterces) et tricénaires à partir de Marc Aurèle (trois cent mille sesterces). Le sommet de la carrière équestre était constitué par les grandes préfectures de l'annone (le ravitaillement de Rome), des vigiles chargés des incendies et de la police nocturne, de l'Égypte, du prétoire qui assurait la garde de l'empereur.

Au IIIᵉ siècle, la réussite des chevaliers était éclatante. On vit apparaître les premiers empereurs issus de l'ordre équestre, ce qui scandalisait les sénateurs conservateurs comme Cassius Dion : celui-ci a donné une interprétation moraliste de la chute de Macrin (juin 218), le premier empereur d'origine équestre, qui se serait perdu lui-même pour avoir aspiré à l'Empire alors qu'il n'était pas sénateur (Cassius Dion, *Histoire romaine*, 78/79, 41). À partir de Septime Sévère, en cas de problème nécessitant une réaction militaire, les sénateurs qui gouvernaient une province pouvaient être remplacés par un *praeses* intérimaire, un chevalier qui portait le titre d'*agens vice praesidi*, « agissant à la place du gouverneur ». L'importante réforme de Gallien en 262 s'inscrit dans cette logique, en même temps qu'elle atteste la reconnaissance par l'empereur de la supériorité militaire des chevaliers : Gallien exclut les sénateurs du gouvernement des provinces impériales prétoriennes où cantonnaient des légions. Ce sont désormais des chevaliers *praesides* qui en étaient chargés. Les sénateurs n'ont plus eu accès qu'au gouvernement des provinces consulaires. Ce phénomène s'intensifia dans la seconde moitié du IIIe siècle et progressivement, ce furent les chevaliers qui détinrent la réalité du pouvoir militaire dans les provinces. L'empereur leur faisait davantage confiance, ils étaient plus expérimentés dans la carrière militaire, alors que les sénateurs semblent s'être désinvestis de celle-ci. L'empereur Tacite (275-276) redonna une place à ceux-ci dans le gouvernement des provinces impériales, mais Carus les en exclut à nouveau en 282.

L'empereur et les femmes de la maison impériale

Dans le prolongement de la période tardo-républicaine qui avait permis à certaines matrones de jouer un rôle politique, le Haut-Empire est aussi caractérisé par la visibilité de certaines princesses de la *domus* impériale sur la scène politique. Sous les Julio-Claudiens, ce fut naturellement le cas de Livie, adoptée par Auguste dans son testament (elle devint *Augusta*) et prêtresse du culte du *divus Augustus* ; des deux Agrippine, Agrippine l'Ancienne, épouse de Germanicus, et sa fille Agrippine la Jeune qui épousa son oncle Claude en 49, devenant dès 50 la seconde *Augusta*, et qui parvint à faire adopter par l'empereur son fils Néron et à installer celui-ci sur le trône. Sous les Antonins, Plotine, l'épouse de Trajan, serait intervenue dans la succession pour pousser Hadrien. Sous les Sévères, Julia Domna joua un rôle important auprès de son fils l'empereur Caracalla qu'elle accompagna dans ses campagnes en Orient ; dans l'hiver 214-215, elle fut chargée par son fils des pétitions et de la correspondance impériale en latin et en grec, ce qui était un poste significatif pour l'image que le pouvoir impérial renvoyait aux cités des provinces et pour les liens entretenus avec les communautés de l'Empire ; elle recevait des personnages importants avec qui elle s'entretenait de philosophie (Cassius Dion, *Histoire romaine*, 77/78, 18, 3). Après l'assassinat de Caracalla en 217, la sœur de Julia Domna, Julia Maesa, et ses filles, Julia Soaemias et Julia Mamaea, organisèrent l'avènement des petits-neveux de Caracalla, Élagabal (218) et Sévère Alexandre (222).

L'importance de ces princesses sur la scène politique s'explique parce que les femmes ont dès l'origine joué un rôle clef dans la succession impériale : Julie a fait partie de la stratégie dynastique d'Auguste, puis ce fut le cas de Livie. Leur action politique peut ainsi se lire comme une amplification de ce rôle. Sans la diminuer, il ne faut pas l'exagérer non plus : aucune de ces impératrices n'a pu exercer de pouvoir personnel, au mieux elle a pu le faire par l'intermédiaire d'un fils jeune et influençable. Agrippine la Jeune, au début du règne de Néron qui n'avait que seize ans quand il succéda à Claude en 54, fut bridée par Sénèque, le précepteur et conseiller du prince, et par Burrhus, le préfet du prétoire. Elle assistait aux séances du Sénat qui se tenaient dans la bibliothèque du palais, mais cachée derrière un rideau pour entendre sans être vue.

> « Les séances se tenaient au palais afin qu'elle pût y assister, grâce à une porte ménagée par derrière, séparée par une tenture qui la dérobait à la vue sans l'empêcher d'entendre. Elle fit plus : comme des ambassadeurs arméniens plaidaient la cause de leur pays devant Néron, elle se préparait à monter sur l'estrade de l'empereur et à y siéger avec lui, si devant l'assistance paralysée par la peur, Sénèque n'avait conseillé au prince d'aller au-devant de sa mère. Ainsi la piété filiale servit de prétexte pour prévenir un scandale. »
>
> Tacite, *Annales*, XIII, 5, 1-2, traduction de Pierre Wuilleumier, légèrement modifiée.

L'historiographie nous livre une image plutôt négative – voire très noire – de ces femmes qui ont joué un rôle essentiel dans la *domus Augusta*, et qui ont été accusées, pour les plus énergiques, de se comporter comme des hommes et des tyrans – selon Suétone, Caligula qualifiait sa bisaïeule Livie d'« Ulysse en jupon » (*Caligula*, 23). Les sources iconographiques attestent en revanche la reconnaissance de leur rôle central dans la maison impériale, notamment dans les groupes statuaires qui les associaient à leur époux et leurs enfants, ainsi que la visibilité nouvelle de ces princesses dans les espaces publics des cités provinciales.

Figure 1.2 – Agrippine honorant Néron avec une couronne de laurier sur le Sébasteion d'Aphrodisias, entre 54 et 59.

L'idéal de la paix, le spectre des guerres civiles

Auguste était à la fois le vainqueur des guerres civiles et celui qui avait apporté la paix à l'Empire, et c'est un élément essentiel de son image. Le 11 janvier 29, les portes du temple de Janus à Rome furent solennellement fermées pour montrer, selon la tradition, le retour de la paix. Dans les *Res Gestae* (1, 13), Auguste se vante d'avoir fermé trois fois le temple de Janus, après avoir rétabli la paix sur terre et sur mer : en 29 av. J.-C., en 25 av. J.-C., et à une date qu'on ignore. La paix était célébrée par les poètes (Virgile, Horace), et c'est une abstraction divinisée qui figurait sur les monnaies. L'*Ara Pacis*, autel de la Paix, fut construit entre 13 et 9 av. J.-C. sur le Champ de Mars. Il est entouré d'une enceinte où sont figurés sur la partie supérieure le sacrifice d'Énée et celui de Romulus et de Rémus, car la lignée julienne était supposée descendre de Vénus, et c'est un Julius qui aurait vu Romulus « enlevé » au ciel pour être divinisé. On y voit aussi les allégories de Rome et de la Fertilité, une procession de prêtres, de sénateurs et de membres de la famille d'Auguste. Le message principal est que c'est la paix (due à Auguste) qui apporte la prospérité et l'abondance de l'Empire. C'est elle qui permet la stabilisation de l'ordre social après les guerres civiles, et elle est associée à la remise en ordre morale. En dépit de ce type de message rassurant, la crainte des guerres civiles semble avoir perduré sous le règne des Julio-Claudiens. Philon d'Alexandrie évoque l'angoisse des provinciaux lors de la maladie de Caligula en 37, à l'idée des maux produits par l'anarchie, parmi lesquels la guerre et ses conséquences, campagnes et cultures dévastées, biens confisqués, arrestations, esclavage et mort (*Ambassade à Caius*, 16-20).

Pour célébrer le rétablissement de la paix après les guerres civiles de 68-69 et la fin de la révolte juive de 66-70, Vespasien fit construire entre 71 et 75 un temple de la Paix, au nord du forum républicain. Ce temple était aussi une bibliothèque et un musée qui exposait les richesses et la puissance du pouvoir impérial sous différentes formes : aussi bien les chefs-d'œuvre de l'art grec dont Néron s'était emparé pour décorer sa *Domus Aurea* (sculptures de Myron, Phidias, Polyclète, statues des Galates de Pergame, peintures de Protogène et de Nicomachos) que le butin rapporté de Jérusalem (chandelier à sept branches, trompettes d'argent).

Les médias

Dans le domaine des principaux médias de la culture politique, le passage à l'Empire fut marqué par une série de « métamorphoses » remarquables, pour employer le terme proposé par Andrew Wallace-Hadrill[25].

L'éloquence politique

L'art oratoire, dont on a vu l'essor à l'époque tardo-républicaine, se transforma profondément à Rome dans les espaces qui lui étaient habituellement dévolus, à savoir le Sénat, le forum et les tribunaux.

Les trois premiers siècles furent marqués par le développement de la rhétorique épidictique sous la forme de l'éloge, à travers tout l'Empire et notamment dans sa partie hellénophone où s'épanouit, aux IIe et IIIe siècles, le mouvement culturel qualifié de Seconde Sophistique, caractérisé comme une véritable renaissance de la littérature grecque. Cette forme laudative devint le réceptacle d'une partie essentielle du discours politique. Le thème de la liberté de parole (la *parrhèsia* en grec) devint récurrent dans les discours, à tel point qu'il apparaît, sous les Antonins, comme un critère pour distinguer le bon prince du tyran.

L'épigraphie

En matière d'épigraphie aussi, la fondation du Principat fut caractérisée par une rupture, une sorte de révolution dans les pratiques habituelles. Si les magistrats romains de l'époque tardo-républicaine pouvaient être honorés par des inscriptions gravées sur des monuments, l'énumération de leurs fonctions exercées restait limitée aux épitaphes. Sous le Principat, le nombre et les types d'inscriptions (en premier lieu des dédicaces honorifiques) permettant de rendre hommage à l'empereur et à la *domus Augusta* se multiplièrent. L'Occident latin connut ainsi – toutes proportions gardées bien sûr, car la rhétorique épigraphique grecque était plus développée – un type de dialogue avec le pouvoir que l'Orient grec avait développé avec les rois hellénistiques. Les inscriptions intégrèrent aussi cette nouveauté qu'était la titulature impériale. L'épigraphie reflétait ainsi la majesté, l'autorité et la légitimité du pouvoir impérial.

Les monnayages

Pour les monnaies, le passage au Principat est marqué par une certaine homogénéisation à l'échelle de tout l'Empire. Concernant la monnaie de Rome, sans entrer dans les détails de la réforme augustéenne (évoquée dans le chapitre 3), un changement important se produisit entre 12 av. J.-C. et le début de notre ère. Les monétaires augustéens cessèrent de faire référence à leur famille, à leur histoire personnelle au revers des monnaies qu'ils faisaient frapper, puis de signer le numéraire. C'est le prince et sa famille qui furent désormais placés au centre du discours monétaire. Le portrait impérial apparut très souvent au revers des monnaies, tandis qu'étaient affichées les victoires du prince, les honneurs qu'il recevait, les divinités dont il se réclamait, la famille impériale. La monnaie de Rome devient au Ier siècle celle du prince, comme le montre l'expression *moneta Augusti* qui apparaît à partir de 84 apr. J.-C., et le témoignage de Suétone sur l'intervention directe d'Auguste et de Néron, les deux principaux réformateurs du Ier siècle, dans le choix de certains revers (Suétone, *Auguste*, 94, 18 ; *Néron*, 25, 4). Arnaud Suspène parle d'une véritable politique monétaire impériale dès les débuts du Principat[26].

Or, le monnayage provincial romain diffusa également l'iconographie romaine, en particulier le portrait impérial. D'où l'apparition d'un « horizon monétaire commun », pour reprendre une expression d'A. Suspène, à l'échelle de l'Empire. De la part des provinciaux, il s'agissait d'une démarche spontanée, essentiellement honorifique. En Occident, ce monnayage provincial romain fut progressivement abandonné à partir du règne de Tibère. Les élites lui préférèrent, pour exprimer la puissance et l'identité politiques, le numéraire romain. Une autre explication est que le passage à la cité a favorisé l'abandon d'un monnayage pré-romain qui apparaissait désormais comme obsolète. Dans le monde grec, en revanche, la frappe monétaire est restée associée à la liberté politique et à la grandeur de la cité, même si les dénominations et les types ont été influencés par Rome. Ces processus ont reposé en grande part sur le phénomène de l'imitation, on a très peu d'indices montrant l'intervention directe des autorités romaines dans les monnayages provinciaux.

Statuaire et représentations artistiques du prince et des membres de la domus *impériale*

Le début du Principat conduit aussi à une rupture profonde dans le domaine de la statuaire et plus largement de l'iconographie du pouvoir. Auparavant, celui-ci ne s'était jamais autant préoccupé de diffuser dans les provinces des modèles, ou des prototypes, iconographiques et stylistiques, produits à Rome. Peu de sculptures représentaient les dirigeants romains dans l'Empire, alors que l'accession au pouvoir d'Auguste, le rétablissement de la paix, entraînèrent de fortes demandes de portraits du prince et des membres de sa famille, ce qui allait dans le sens de la politique dynastique augustéenne. Des moulages en terre cuite ou en plâtre de portraits officiels furent créés à Rome pour constituer des modèles, ensuite diffusés dans des ateliers locaux qui les reproduisaient sous forme de statues. On possède plus de deux cents portraits d'Auguste, soit plus que de n'importe quel empereur. Si l'on considère qu'il s'agit d'un pourcentage infime de ce qui a été perdu, il faut souligner le fait que le premier empereur était omniprésent dans tout l'Empire, à travers des statues de bronze et de marbre qui envahirent littéralement les espaces publics. Mais sa présence était plus largement évidente dans les espaces privés et publics sous diverses formes : reliefs (sur les autels notamment), monnaies comme on l'a vu, médailles, bustes, panneaux peints, fresques, gemmes, camées, objets précieux ou bien utilitaires.

Évergésie et spectacles

L'évergésie subit également une mutation profonde, dans la mesure où l'empereur devint le principal évergète dans l'Empire[27]. À Rome il fut ainsi le principal dispensateur des spectacles qui, comme nous le verrons (chapitres 1 et 5), deviennent le lieu privilégié d'un « face-à-face » politique entre l'empereur et le peuple romain.

Les spectacles romains de gladiateurs se sont rapidement diffusés dans les provinces. On peut avoir une estimation de cette diffusion à partir du nombre des édifices de spectacle : pour l'ensemble de l'Empire, on connaît environ neuf cents théâtres (cinq cents en Occident et quatre cents en Orient), deux cent soixante-dix amphithéâtres (deux cent cinquante en Occident, car en Orient on préférait réaménager les théâtres pour accueillir ces spectacles) et une centaine de cirques et hippodromes (dont les deux tiers en Occident). Or ces spectacles étaient associés au culte impérial, directement ou bien indirectement, car les Romains ont permis aux élites provinciales de cumuler les prêtrises impériales et les charges d'organisation des concours et des jeux.

L'historiographie

L'historiographie impériale, en latin ou en grec, est généralement aussi focalisée sur la figure du prince, comme on le constate dans nos principales sources historiques : Tacite, Suétone, Cassius Dion, Hérodien, l'*Histoire Auguste*, et ps.-Aurélius Victor.

L'historiographie latine reste au Ier siècle un instrument d'action politique, au service du pouvoir impérial ou pour s'opposer à lui. Sénateurs et notables ont continué à composer des *Histoires* ou des *Annales* pour manifester leur opposition ou leurs réserves, mais leurs œuvres ont disparu, certaines ayant été censurées. On a ainsi l'exemple de Cremutius Cordus, qui écrivit sur les guerres civiles et sur Auguste en faisant apparaître ses sympathies républicaines, ce qui lui valut d'être condamné, avec son œuvre, par Tibère. Il se laissa mourir de faim en 25, mais Caligula, en début de règne, réhabilita ses écrits. Tacite est plus nuancé : tout en posant un regard critique sur la période qui va de Tibère à Domitien, il pensait que le Principat était le seul moyen de garantir la paix, le maintien de l'Empire et la fidélité des armées. Il fait donc preuve d'un pragmatisme politique qui le conduit à considérer comme stérile l'opposition des sénateurs républicains au Ier siècle.

La biographie, qui permettait de conserver la mémoire des grands hommes, se développa avec Quinte-Curce, Plutarque, Tacite (*Vie d'Agricola*), Florus, et surtout Suétone qui l'utilisa pour écrire l'histoire des empereurs du Ier siècle, afin d'en tirer des exemples et des contre-exemples. On peut mentionner encore Hérodien, et *l'Histoire Auguste* qui s'inspira de Suétone, à la toute fin du IVe siècle. Les historiens grecs surtout développèrent une histoire universelle centrée sur l'hégémonie romaine, dans une perspective plutôt favorable à Rome (Denys d'Halicarnasse, Nicolas de Damas, Appien et Cassius Dion, mais on peut ajouter aussi leurs épigones latinophones, Trogue Pompée et Velleius Paterculus).

Les rituels civiques

La grande fête du *lustrum* qui clôturait sous la République le recensement disparut, en même temps que se développèrent d'autres modalités de recensement. Le *lustrum* n'avait plus été célébré depuis le cens de 70 av. J.-C. (notamment à cause des troubles politiques du Ier siècle av. J.-C.). Auguste, conformément à sa politique de restauration de la *res publica*, le célébra encore en 28 av. J.-C. avec Agrippa, non pas comme censeur mais avec un pouvoir censorial (*censoria potestas*), puis en 8 av. J.-C. et en 14 apr. avec Tibère ; Claude, qui exerça la censure, le fit en 48 ; Vespasien et Titus une dernière fois en 73/74.

Les rituels civiques étaient désormais focalisés sur l'empereur qui était le protagoniste des triomphes, des *adventus*, des nouvelles fêtes qui vinrent enrichir le calendrier, certaines en lien avec le culte impérial. Celui-ci, qui se mit en place très rapidement dès le début de l'Empire dans les provinces et à Rome, selon des modalités différentes en Occident et en Orient, qui s'expliquent par les traditions religieuses et politiques locales, sera présenté au chapitre 3 : il est en effet essentiel pour comprendre comment les habitants de l'Empire percevaient le pouvoir impérial et celui qui le détenait.

Triomphes

Dès Auguste, l'empereur se réserva le triomphe à lui-même et aux membres de sa famille : en 19 av. J.-C., Lucius Cornelius Balbus fut le dernier commandant victorieux n'appartenant pas à la famille impériale à célébrer un triomphe pour ses succès militaires en Afrique. Deux éléments permettent d'expliquer ce processus de confiscation, d'une part le fait qu'Auguste et Agrippa refusèrent de triompher, le premier après ses victoires en Hispanie en 26 et 25 av. J.-C., le second en 19 av. J.-C., l'année même du triomphe de Balbus, ce qui décourageait les autres aristocrates de chercher l'honneur du triomphe. L'autre raison est que le chef militaire n'était autorisé à triompher que s'il avait remporté une victoire sous ses propres auspices ; or, sous l'Empire, peut-être dès 6 apr. J.-C., tous les auspices furent subordonnés à ceux du prince. La cérémonie était célébrée parcimonieusement, lors de grandes victoires, par exemple celle de Claude sur la Bretagne en 43, ou celle de Vespasien et Titus sur Jérusalem en 71. D'après la description de Flavius Josèphe (*Guerre des Juifs*, 7, 5, 4-6), il s'agissait toujours d'un spectacle populaire et grandiose, avec des décors de théâtre mobiles, des tableaux présentant des scènes de guerre et l'exposition du butin. Le principal acteur de ce spectacle était désormais l'empereur, qui conservait pour son propre usage le parallélisme avec Jupiter Capitolin, mis en scène à l'occasion du triomphe.

Adventus

L'*adventus*, qui désigne la cérémonie d'entrée de l'empereur ou d'un dignitaire à Rome et dans les provinces, était lié au triomphe. Comme l'a bien montré Stéphane Benoist[28], l'*adventus* peut être vu comme l'expression des relations entre le pouvoir et le peuple, et celle-ci évolue avec des conséquences sur la visibilité et l'accessibilité du prince : si la cérémonie conserve une forme plus ou moins républicaine au Ier siècle de notre ère, elle est empreinte de sacralisation au IIIe siècle. L'*adventus* est aussi en lien avec la légitimité du prince, non seulement parce que c'est l'occasion pour celui-ci de démontrer le consensus et la popularité qui le soutiennent, mais aussi parce qu'à partir de Dèce, quand les empereurs sont souvent choisis hors de Rome et que le rôle légitimateur du Sénat n'intervient plus que dans un second temps, après l'armée, l'*adventus* est assimilé à une célébration de l'avènement impérial. De Gallien (260) jusqu'à Dioclétien (284), la présence de l'empereur à Rome était particulièrement désirée, en rapport avec la sécurité et la générosité qu'il procurait. L'*adventus* est ainsi un motif récurrent dans le monnayage, où il renvoie à la fois à la célébration de l'avènement du prince et à l'idée (ou l'espoir) de sa présence dans la Ville. L'arc de Constantin commémore les *adventus* de Trajan et de Marc Aurèle sur des panneaux de l'attique constantinien. Sur ces panneaux et sur des frises au-dessus des petites baies, deux modes de relations étroites entre le prince et le *populus* sont représentés : des discours et des distributions.

Les funérailles et le culte impériaux

Les funérailles impériales sont la suite logique des grandes funérailles publiques de Sylla ou de Pompée, qui comportaient des éléments héroïsants. Au cours d'une cérémonie publique grandiose, elles mettaient en scène la divinisation du défunt prince, qui sera examinée au chapitre 3 en même temps que le culte impérial auquel elles participaient. Il s'agit de rituels civiques réaffirmant régulièrement le pacte politique entre l'empereur et les gouvernés, et manifestant le statut du prince entre hommes et dieux.

Les lieux

Rome

Auguste s'est efforcé de faire de Rome une cité digne d'être la capitale de l'Empire. Il avait hésité à prendre le titre de « Romulus », mais a été arrêté par les antécédents de Sylla et de César. C'est donc par ses mesures administratives et par ses travaux qu'il s'est présenté comme un nouveau fondateur.

En 7 av. J.-C., Auguste a rattaché à Rome ses faubourgs et divisé le territoire de la ville en quatorze régions (*regiones*), chacune dirigée par un magistrat tiré au sort pour un an parmi les préteurs, édiles ou tribuns de la plèbe. Ces régions ont été divisées en nombreux quartiers (*vici*) de taille inégale (265 après la censure de Vespasien et Titus en 73/74), avec à leur tête des *vicomagistri* nommés parmi les habitants du quartier (certains étaient des affranchis). Ils aidaient les vigiles à prévenir désordres et incendies. Les limites du *pomerium* furent modifiées par Claude qui incorpora au sud l'Aventin et la partie riveraine du Tibre, où se trouvaient des entrepôts, et au nord la colline du Pincio. Vespasien et Titus y intégrèrent en 75 une partie du Champ de Mars méridional et du Trastevere. Auguste et Tibère ont eu le mérite d'organiser le ravitaillement de Rome (pour un total d'habitants entre huit cent mille et un million deux cent mille) en établissant le service de l'annone, dirigé par un préfet. Auguste a créé des forces de police qui n'existaient pas auparavant pour lutter contre des désordres et des rixes coutumiers : les cohortes urbaines, les vigiles et la garde prétorienne.

Dans les *Res gestae*, Auguste s'est vanté, au sujet de Rome, d'avoir transformé une ville de brique en ville de marbre grâce à ses travaux de restauration, qui ont concerné en particulier les temples. Il a fait de la ville le pivot du monde en faisant ériger le *milliarium aureum*, la borne symbolisant l'origine des routes qui traversaient l'Empire, sur le forum, à côté de l'ancien *mundus* qui était selon la tradition le centre de Rome et du monde, ainsi qu'un lieu de passage entre le monde des vivants et celui des morts.

L'image des empereurs s'est multipliée à Rome, surtout sur le forum républicain qui a pris un aspect dynastique et impérial. Auguste s'y est fait représenter sur une colonne rostrale, suite à sa victoire d'Actium ; Domitien, surtout, a fait scandale en y installant sa statue équestre de taille colossale en plein centre, sur un axe reliant le temple de César et celui de Vespasien et Titus. Avec le Principat, l'empereur est devenu le principal « mécène des Romains », comme l'appelle Paul Veyne, et il s'est petit à petit substitué à l'évergétisme des aristocrates qui est devenu de plus en plus rare dès le règne d'Auguste.

Les forums impériaux

Les forums impériaux constituent l'un des meilleurs exemples du déplacement topographique des lieux de pouvoir voulu par les *principes*, en partant de César qui avait ouvert la voie et dont le forum a servi de référence, jusqu'à celui de Trajan.

Le forum de César, dédié en 46 av. J.-C., agrandissait le forum républicain en s'étendant vers la limite de l'éperon qui joint le Capitole et le Quirinal. Il était bordé par un double portique à deux étages qui offrait sur trois côtés des espaces pour des boutiques ou des bureaux administratifs, et se présentait comme une sorte de *temenos* (sanctuaire), clos, abritant un temple de Vénus qui était construit face à l'entrée, au milieu du quatrième côté oriental du portique. Ce temple familial et dynastique répondait à un vœu fait par César à Pharsale en 48. Au centre de la place était érigée une statue équestre en bronze représentant César sur un cheval dont les sabots ressemblaient à des pieds humains (César était censé avoir une monture aussi exceptionnelle que l'aurait été celle d'Alexandre le Grand, le fameux Bucéphale).

Auguste acheva le forum de César et fit construire son propre forum entre celui de son père adoptif et le quartier populaire du Subure. Selon Suétone (*Auguste*, 29, 1-3), il le fit pour des raisons pratiques, afin d'accueillir les procès publics, et pour des raisons religieuses, dans l'objectif d'accomplir lui aussi un vœu formulé lors de la bataille de Philippe en 42 av. J.-C. : remercier Mars Ultor (Vengeur) de lui avoir permis de venger la mort de César en érigeant un temple au dieu. Le forum fut financé par Auguste à titre privé (grâce au butin de guerre), ce qui le définit comme un spectaculaire acte d'évergésie. Le forum et le temple qui abritait probablement trois statues, celles de Mars, de Vénus et du divin César, furent inaugurés le premier août 2 av. J.-C. par Auguste et ses héritiers, ses petits-fils et fils adoptifs Caius et Lucius. Auguste avait choisi le mois qui était nommé à partir de son propre surnom et l'année où il avait reçu le titre de *Pater Patriae*, père de la patrie. On déposa dans le temple de Mars Ultor les enseignes romaines qui avaient été reprises aux Parthes en 20 av. J.-C., autre haut fait à mettre au compte du *princeps*.

Le temple était encadré par deux portiques latéraux pourvus chacun de deux exèdres. Ceux-ci abritaient deux séries de personnages, les uns partants d'Énée, ancêtre des rois d'Albe et de la *gens Julia*, les autres du fondateur de Rome, Romulus, lui-même descendant d'Énée, qui était entouré par les grands hommes de l'histoire romaine (représentés en cuirasse, en toge, ou la tête couverte pour un sacrifice). Au centre de l'espace, sur l'axe visuel menant au temple, était disposé un groupe statuaire présentant Auguste *Pater Patriae* sur un char triomphal. La mise en valeur d'Énée et de Romulus renvoyait à la piété et à la *virtus* augustéenne. Auguste exposait à la fois ses ancêtres et les *summi viri* de Rome, se présentant comme le digne successeur des uns et des autres, soulignant la continuité historique aussi bien que dynastique du pouvoir personnel qu'il avait instauré.

Le temple de la Paix que Vespasien inaugura en 75 formait un ensemble avec les forums voisins de César et d'Auguste, même s'il n'était pas articulé avec eux. Domitien, après avoir réaménagé le forum de César, entreprit d'unifier l'ensemble en créant le *forum transitorium*, situé entre le forum d'Auguste et le temple de la Paix et achevé par Nerva. On y trouvait au nord le temple de la déesse Minerve particulièrement appréciée par Domitien.

Le forum de Trajan a apporté la dernière et la plus magistrale touche à cet ensemble. Pour le construire malgré le manque d'espace, il fallut bouleverser la topographie romaine en arasant la hauteur qui reliait le Capitole et le Quirinal. Celle-ci faisait la taille de la colonne Trajane dont l'une des fonctions, comme l'affirme l'inscription, était de rappeler l'étendue considérable des travaux. Si les empereurs précédents se sont contentés de marquer leur empreinte sur l'espace urbain, Trajan, d'une certaine façon, a taillé Rome à sa mesure. Les travaux, financés avec le butin des guerres daciques, durèrent cinq ans, entre 107 et 112. Ils permirent de dégager une aire d'environ trois cents mètres de long sur deux cents mètres de large, soit à peu près la taille des trois autres forums réunis, et facilitèrent la communication avec le Champ de Mars. De nombreux édifices furent détruits et le forum de César à nouveau rénové. Le forum de Trajan était tripartite. Il englobait une immense place à l'est, entourée de portiques, au centre de laquelle on pouvait voir une statue équestre de l'empereur. Une cour à portiques et une longue salle à plusieurs segments assuraient la liaison avec le forum d'Auguste. Le décor de la cour faisait alterner des statues de Daces vaincus et les emblèmes des légions ; à l'étage des portiques, des bustes sur boucliers représentaient surtout les officiers d'état-major de l'empereur. Ainsi, si le forum d'Auguste soulignait le glorieux passé romain par l'intermédiaire de ses grands hommes, celui de Trajan était entièrement tourné vers la célébration de la gloire présente.

Cette place abritait des activités judiciaires et culturelles (des auditions poétiques), des distributions de cadeaux et peut-être aussi des cours. Derrière elle se trouvait la colossale basilique Ulpia, disposée transversalement et décorée aussi avec des motifs faisant référence aux guerres daciques ; elle remplissait des fonctions judiciaires, administratives et commerciales. Derrière la basilique, un portique associait la colonne Trajane, dont la longue spirale historiée faisait référence à un *volumen* qu'on déroule, et deux édifices traditionnellement considérés comme des bibliothèques symétriques. La colonne faisait le récit des guerres daciques en cent quatre-vingt-quatre épisodes et deux mille cinq cents personnages, au moyen de sculptures peintes, et illustrait peut-être les commentaires des guerres daciques écrits par Trajan. Elle était surmontée d'une statue colossale de l'empereur et apparaissait donc, avec son socle orné de monceaux d'armes, comme une sorte de trophée. Les urnes funéraires de Trajan et de Plotine furent déposées à sa base, ce qui faisait aussi de la colonne un *herôon*, selon le vœu de Trajan (Cassius Dion, *Histoire romaine*, 68, 16, 3). Quant à la question du temple de Trajan divinisé et de son rapport au forum, elle reste ouverte.

Le forum de Trajan constitua le dernier forum impérial, car ensuite il n'y eut plus de place. Il faisait référence aux forums de César et

Figure 1.3 – Les forums impériaux.

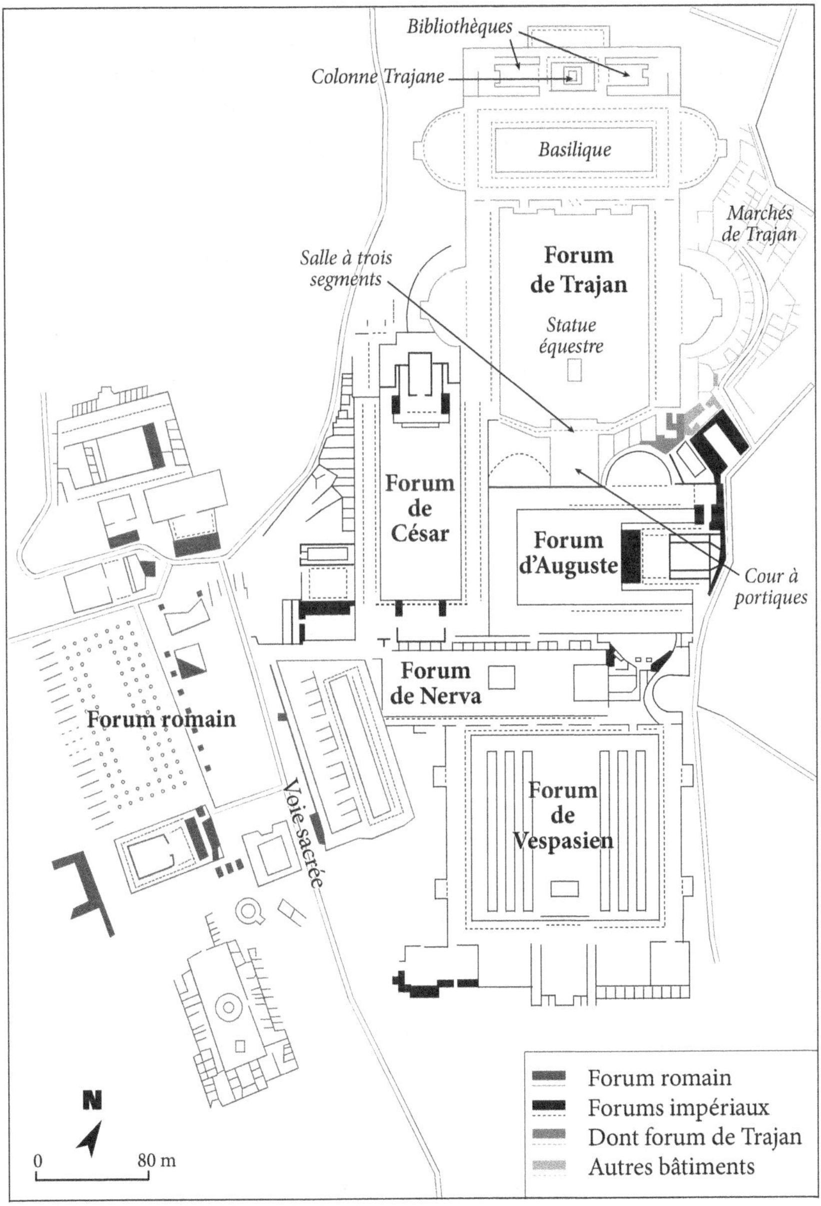

d'Auguste, mais pour les dépasser. Il exaltait bien davantage et de manière plus réaliste encore la gloire militaire de l'empereur. On voit donc que ces forums avaient une fonction de représentation très importante, et de représentation monarchique affirmée, peut-être en raison de l'esthétique hellénistique, alors que les textes littéraires produits par l'aristocratie étaient plus nuancés.

Le Champ de Mars

Le Champ de Mars, qui sous la République était le lieu de rassemblement du peuple en armes, fut transformé en lieu de spectacles et de représentation impériale. C'était le lieu où Romulus aurait été enlevé au ciel et dès la fin de la République, César y fit enterrer sa fille Julie, puis Auguste y fit construire le Mausolée impérial. Un deuxième théâtre en pierres vint s'ajouter au fameux théâtre de Pompée, celui de Balbus, qui fut inauguré en 13 av. J.-C. Domitien fit construire un stade, dont l'actuelle place Navone a conservé la forme, qui était le plus grand de l'Antiquité (deux cent soixante-quinze mètres sur cent six avec les gradins pour trente mille spectateurs) ; l'édifice était fait en théorie pour les compétitions gymniques, mais il accueillit plus souvent les jeux de gladiateurs. À côté de celui-ci, il fit édifier un Odéon, mal connu, dont la structure ressemble à celle d'un petit théâtre et qui pouvait contenir dix mille auditeurs.

Les palais impériaux

Le mot « palais » dérive du Palatin, la colline de Rome où Octavien avait acquis une maison dès les années 30 av. J.-C., à proximité des vestiges de la cabane de Romulus. Il y édifia un temple à Apollon attenant à sa maison, témoignage du lien privilégié qu'il entretenait avec son protecteur divin. Cette modeste maison, encadrée par des édifices civiques et religieux et dominant le *Circus Maximus*, pouvait déjà apparaître, comme l'a souligné Paul Zanker, comme une sorte de palais royal hellénistique à l'image du palais des Attalides sur l'acropole de Pergame. Le palais impérial était le lieu de réunion du Sénat et le centre administratif. À l'époque d'Auguste, la correspondance entre le pouvoir et les gouverneurs ou les cités, la gestion du patrimoine impérial étaient entre les mains des esclaves et des affranchis impériaux, et l'administration centrale se confondait avec la maison du *princeps*. C'est avec Claude que se développa une spécialisation rationnelle des tâches ; l'empereur créa de véritables postes, toujours confiés à des affranchis puissants et détestés par les sénateurs. Ces affranchis furent progressivement remplacés à partir des Flaviens par des chevaliers placés à la tête des bureaux de la chancellerie impériale. La structure des bureaux palatins était la suivante : le procurateur *a rationibus* était chargé des finances, l'*ab epistulis* de la correspondance (divisée en deux à partir de la fin du Iᵉʳ siècle, la latine et grecque), l'*a studiis* de la documentation, l'*a libellis* des requêtes adressées au prince et l'*a declamationibus latinis/graecis* des discours latins et grecs ; dans un second temps apparurent l'*a patrimonio*, chargé des domaines et biens impériaux, l'*a censibus*, des recensements, l'*a cognitionibus*, de la juridiction du prince, et l'*a memoria*, à la tête d'un secrétariat central. Véritable centre d'exercice du pouvoir au Iᵉʳ siècle apr. J.-C., le complexe palatial ne cessa de s'agrandir sous les règnes des Julio-Claudiens et des Flaviens.

Néron souligna l'importance symbolique du lieu (présente dès Auguste) avec le luxe et le sens du spectacle qui le caractérisaient, en construisant la Maison dorée. Son projet était d'englober les résidences antérieures des empereurs pour construire un immense palais, en récupérant le terrain dévasté par l'incendie de 64. La *Domus Aurea*, qui renvoyait à l'idée d'âge d'or, peut être définie comme une villa à *otium* de plus de cinquante hectares en plein cœur de Rome, avec des bâtiments disposés en éventail dans un grand parc boisé, autour d'un étang artificiel ; peuplé d'animaux sauvages et domestiques, ce parc rappelait les « paradis » des rois orientaux. La villa et le parc furent détruits par Vespasien et l'espace rendu aux habitants de Rome, utilisé pour construire un amphithéâtre géant, le Colisée.

Domitien aussi fit une extension considérable de la résidence dans la partie sud du Palatin. Il y développa un complexe d'espaces publics et privés, avec des jardins, des cours à portique, des salles d'audience dont une magnifique salle du trône de plus de six cents mètres carrés. Ce palais, qui resta la demeure des successeurs de Domitien et fut encore agrandi par Hadrien et sous les Sévères, reçut le nom de *Domus Augustana*, et la nouvelle aile construite par les Sévères celui de *Domus Severiana*.

Les empereurs des Iᵉʳ et IIᵉ siècles possédaient également des villas suburbaines, situées dans l'arrière-pays de Rome ou bien près de la mer Thyrrhénienne, d'où ils continuaient de gouverner lors de leurs séjours : ainsi la villa de Centumcellae de Trajan à Civitavecchia, la villa d'Hadrien près de Tivoli, et la villa de Lorium particulièrement appréciée par Marc Aurèle.

À l'origine, la cour qui se développe sous le Principat (le terme *aula* apparaît sous Claude) est liée à la demeure impériale sur le Palatin. La cour renvoyait à une réalité complexe, à la fois spatiale, sociale et politique : dans une résidence somptueuse, une suite d'individus était rassemblée autour de l'empereur et devenait le centre du pouvoir, le prince déléguant une partie de ses prérogatives à ses proches et entretenant avec eux un mode de relations fondées sur un cérémonial. La cour suivait naturellement le prince quand celui-ci voyageait, et devenait alors itinérante, ce qui fut de plus en plus souvent le cas aux IIe et IIIe siècles.

Les provinces

L'importance politique des provinces, qui était évidente lors des usurpations et apparut dès « l'année des quatre empereurs » en 68-69, a été de plus en plus reconnue. Dans ses *Histoires* (1, 4), Tacite affirme que la fin de Néron et la prise de pouvoir de Vespasien fit prendre conscience au Sénat, au peuple et à l'armée qu'un empereur pouvait se faire hors de Rome.

Néron et Hadrien, les plus philhellènes des empereurs, ont remis à l'honneur les provinces hellénophones et l'hellénisme impérial par leurs voyages, assortis de mesures politiques, dans la partie orientale de l'Empire. Quant à l'Afrique, qui apparaissait au moment du triumvirat entre Octavien, Antoine et Lépide comme la part la moins intéressante de l'Empire romain, elle connut sa revanche aux IIe et IIIe siècles, où elle joua un rôle économique (approvisionnement de l'Empire) et politique (prise de pouvoir des Gordiens en 238) conséquent.

Signe d'une reconnaissance officielle, les provinces furent représentées sur des reliefs du temple du divin Hadrien, qui fut érigé sur le Champ de Mars par Antonin en 145. De manière remarquable, chaque province personnifiée est caractérisée par un costume et des attributs propres, de manière à faire ressortir son individualité. Au IIIe siècle, les expéditions militaires ont contraint les empereurs à une mobilité accrue. La conséquence est que Rome, sans perdre son statut de lieu de pouvoir, devint de plus en plus un lieu symbolique, la capitale historique de l'Empire.

Figure 1.4 – Personnification de la province romaine Parthia ou Armenia, provenant de l'Hadrianeum, temple du *divus* Hadrien édifié par Antonin le Pieux en 145 sur le Champ de Mars.

Chapitre 2

Éducation, formation, informations politiques

L'éducation politique ne concernait, au sens strict, que les élites sociales masculines qui seules étaient appelées dans les mondes grec et romain à exercer le pouvoir politique, en vertu du principe d'égalité géométrique qui voulait que plus on avait de biens à défendre, plus on était impliqué dans la vie civique. Sous l'Empire comme à l'époque républicaine, les filles des familles aristocratiques recevaient pour la plupart une formation qui semble avoir été surtout littéraire et musicale : à partir d'Hadrien, cette formation était répandue dans les familles sénatoriales, équestres, celles des grands notables, et parfois même dans les familles moins importantes. Sauf exception, elles n'étudiaient pas la rhétorique, mais devaient savoir faire la conversation à leurs époux et fils, et éventuellement, si elles étaient veuves, encadrer l'éducation de ces derniers. Julia Procilla, la mère d'Agricola, le beau-père de Tacite qui se distingua comme gouverneur de la Bretagne de 78 à 85, s'occupa ainsi de l'éducation de son fils puisque son mari, Julius Graecinus, avait été exécuté par Caligula. Juvénal critique les Romaines de son temps qui agissent comme des hommes : elles parlent grec, s'occupent elles-mêmes de leurs procès en rédigeant les requêtes, les plaidoiries, et elles vérifient leurs comptes ; certaines peuvent parler de Virgile et d'Homère, connaissent l'histoire et ont même appris l'éloquence (*Satires* 6). Il est difficile de savoir dans quelle mesure la satire amplifie ce phénomène de femmes savantes, qui est en tout cas condamné.

La formation, l'imprégnation politiques des couches inférieures du peuple se faisait de manière plus diffuse, dans la mesure où, sous l'Empire, le peuple romain comme institution, réuni dans les comices, n'a plus eu qu'un rôle symbolique à jouer. L'« éducation » politique du peuple romain et plus largement des habitants de l'Empire passait donc par différents biais :

- les annonces officielles, parmi lesquelles les affichages épigraphiques relatant les décisions prises par l'empereur, ce qui pose le problème de l'alphabétisation de la plèbe et des couches sociales les plus défavorisées dans l'Empire. Les spécialistes d'épigraphie considèrent généralement qu'existait une alphabétisation « de base » qui permettait de lire les termes et les abréviations les plus courants. Les annonces passaient aussi par les monnaies annonçant les victoires, les naissances d'héritiers, les décès et les guérisons… ;
- les rumeurs concernant les actes, la santé du prince, les grands événements politiques ;
- les fêtes, les spectacles et le culte impérial, car les honneurs rendus à l'empereur concernaient tous les habitants de l'Empire, citoyens ou sujets.

L'éducation des élites

L'éducation rhétorique

L'éducation rhétorique était traditionnellement familiale, fondée sur l'imprégnation et l'imitation. C'est au père que revenait alors le rôle de former politiquement son fils quand celui-ci était sur le point d'entrer dans la vie politique, vers l'âge de seize-dix-huit ans : celui-ci suivait son père au forum, au Sénat, aux banquets, les spécialistes (comme le rhétoricien Quintilien à la fin du Ier siècle) destinaient leurs ouvrages à leurs fils. L'idéal républicain aristocratique était celui du *tirocinium fori*, « apprentissage du forum », dans lequel le père confiait son fils à un proche, un spécialiste d'éloquence politique, chargé de lui faire partager son expérience et de le guider. Cet idéal est toujours prégnant à la fin du Ier siècle/début du IIe siècle, mais il est teinté de nostalgie. Quintilien conseillait toujours au jeune homme, après son passage chez le rhéteur, de s'attacher à un orateur pour l'imiter et d'assister à des procès (Quintilien, *Institution oratoire*, 10, 6, 19). Tacite, dans le *Dialogue des orateurs* (2, 1), se représente en train de suivre les deux orateurs les plus fameux à Rome en 75, Marcus Aper et Julius Secundus, pour se former à leurs paroles. L'importance du modèle paternel perdure sous l'Empire où les fils des sénateurs qui, depuis Auguste, font partie par naissance de l'ordre sénatorial, pouvaient assister aux séances. Auguste se chargea lui-même de la première éducation de ses petits-fils qu'il a adoptés, pour leur apprendre la natation et l'alphabet. Encore sous les Antonins, Pollux de Naucratis dédia son ouvrage de rhétorique intitulé *Onomastique* au jeune Commode en écrivant dans la préface qu'il souhaitait contribuer à l'éducation du prince, mais que le meilleur modèle était celui de son père Marc Aurèle, malheureusement trop accaparé par le gouvernement de l'Empire pour pouvoir enseigner lui-même à son fils.

Les cités pouvaient aussi prendre en charge une partie de l'éducation, en engageant un professeur de grammaire, de rhétorique ou de philosophie, en créant un poste municipal, rétribué sur les fonds civiques. Les enseignements privé et public cohabitaient souvent, comme c'était le cas à Marseille à l'époque d'Auguste, où certains sophistes (les spécialistes les plus réputés de la rhétorique) étaient payés par le trésor public de la cité, d'autres par les élèves.

Les études supérieures consistaient surtout, au début du Haut-Empire, dans l'éducation rhétorique réservée à une élite. L'école du rhéteur était destinée aux jeunes aristocrates masculins âgés de quinze à vingt ans et reposait aussi sur des relations personnelles de maître à disciple, les maîtres étant parfois aussi avocats, écrivains, ou dotés d'une expérience des charges politiques. La maîtrise de la rhétorique était l'une des conditions d'accès à la haute administration impériale et Vespasien créa à Rome les deux premières chaires impériales de rhétorique latine et grecque, rémunérées par une pension annuelle de cent mille sesterces prélevée sur les ressources du fisc. C'était à la fois un moyen d'honorer et de protéger les spécialistes de la rhétorique et, en choisissant les deux meilleurs, d'orienter les critères rhétoriques selon un certain type d'éloquence, officiellement désigné. Vespasien fut également le premier à accorder des exemptions aux rhéteurs, aux grammairiens, aux médecins et peut-être aux philosophes (édit daté de fin décembre 74[1]). Hadrien créa à Athènes un grand centre d'éloquence, associé à une bibliothèque, l'*Athenaeum* : il s'agissait d'un auditorium accueillant des récitations de poètes, des déclamations et leçons des rhéteurs, en grec et en latin. À Athènes aussi fut créée une chaire de rhétorique qui devint impériale dans les années 170, avec un salaire de quarante mille sesterces versé par le fisc impérial.

Pour autant, on trouve chez les auteurs du début du Haut-Empire une critique récurrente du déclin de l'éloquence par rapport à l'époque de Cicéron, et notamment de l'éloquence politique qui regroupait traditionnellement l'éloquence délibérative, utilisée pour les débats aux assemblées, et la judiciaire, pour les procès. Ces critiques apparaissent d'abord chez deux des meilleurs spécialistes de la rhétorique politique du Ier siècle : Sénèque l'Ancien ou le Père (vers 54 av. J.-C.-39 apr. J.-C., père du philosophe et écrivain Sénèque), auteur d'une compilation d'extraits de déclamations, et Quintilien (v. 35-fin du Ier siècle) qui fut choisi par Vespasien pour obtenir, le premier, la chaire impériale de rhétorique latine à Rome en 88 et qui écrivit l'*Institution oratoire*, mais aussi un traité perdu sur les raisons du déclin de l'éloquence (*De causis corruptae eloquentiae*).

Sénèque l'Ancien (*Controverses*, 1, pr., 6-9) incrimine le luxe et la décadence des mœurs, le caractère cyclique de toute chose qui est à la mode puis qu'on oublie, et également le contexte politique. Selon lui, avec la disparition de la *res publica*, l'orateur n'obtient plus les récompenses qu'il avait sous la République, à savoir l'éloge (*laus*), la reconnaissance (*gratia*) et l'honneur (*honor*) ; aussi les gens ambitieux et doués se détournent-ils de l'éloquence.

Quintilien (*Institution oratoire*, 1, 8, 9 ; 2, 11, 2 ; 4, 2, 122 ; 5, 8, 1 ; 12, 17-18 et 20-23 ; 13, 59-60 ; 8, 5, 22) met en cause le mauvais système d'éducation et les écoles de rhétorique qui développent un style moderne de déclamation privilégiant le raffinement et la facilité (dont le meilleur représentant est Sénèque), qui est coupé de la réalité. Le débat sur le déclin de l'éloquence semble avoir été très répandu dans la seconde moitié du premier siècle, car il est évoqué aussi dans le *Satiricon* attribué à Pétrone, dont la date, débattue, est actuellement plutôt située à la fin du Ier siècle/début du IIe siècle, et dans le *Dialogue des orateurs* de Tacite, écrit au début du IIe siècle, mais dont le cadre est la Rome de Vespasien. Dans le *Satiricon*, le personnage d'Encolpe développe une opinion proche de celle de Quintilien : la faute repose sur l'enseignement, car les professeurs ne préparent pas aux réalités du forum et privilégient la forme et non le fond du discours (*Satiricon*, 1).

Tacite est celui qui développe le plus ce débat où sont rassemblées toutes les causes évoquées par ses prédécesseurs : l'oubli des mœurs antiques, l'enseignement, les conditions politiques. À l'époque républicaine, l'éloquence était nécessaire parce qu'elle permettait d'obtenir le pouvoir : l'orateur devait en effet convaincre le peuple dans les *contiones* que telle candidature, telles propositions ou promesses politiques, étaient les meilleures, dans un climat de compétition politique exacerbée au Ier siècle av. J.-C. C'est pourquoi l'éloquence est présentée, dans une formule fameuse, comme la « fille de cette licence qu'on appelait follement la liberté ». Mais l'Empire a apporté la paix, qui aurait marqué la fin du rôle prestigieux de l'orateur. Ce jugement rappelle l'association nostalgique entre la paix du Principat et la servitude des nobles, la tranquillité du grand nombre et l'absence d'éclat, que Tacite faisait au début des *Annales* (1, 2 et 4). Le *Dialogue des orateurs* montre aussi une éloquence judiciaire diminuée, d'une part parce que le temps des plaidoiries est désormais limité, et d'autre part parce qu'elle est coupée du terrain concret : la véritable éloquence politique a été chassée du forum où les jeunes gens faisaient auparavant leur apprentissage en observateurs (ce qu'on appelait le *tirocinium fori*), et les sujets des controverses (plaidoiries pour ou contre) sont absurdes. Les jeunes gens sont envoyés trop jeunes auprès d'un rhéteur sans connaître les lois, les sénatus-consultes, la philosophie, et se contentent d'exercices au sujet des tyrannicides, des enlèvements et de fléaux qui sont loin des réalités judiciaires du quotidien (*Dialogue des orateurs*, 31-41).

Cette dernière affirmation s'explique parce que sous la République et au début de l'Empire, les Romains s'entraînaient à partir de thèmes historiques romains, de thèmes politiques récents et de thèmes judiciaires plus proches de lois réelles. Mais ensuite, les sujets furent alignés sur ceux des modèles grecs comme on peut le voir dans les exercices de Sénèque l'Ancien. La rhétorique politique fut alors enseignée à partir de thèmes classiques, soit grecs et précisément athéniens, soit latins et républicains, et l'éloquence judiciaire à partir de lois imaginaires et romanesques.

Toutes ces critiques convergentes soulignent une série de transformations de la culture rhétorique politique que les Romains s'étaient progressivement construite aux deux derniers siècles de la République. Ces transformations apparaissent, de manière traditionnelle, comme un déclin, un éloignement du *mos majorum*. Mais l'un des personnages mis en scène par Tacite, Marcus Aper, souligne bien qu'il s'agit d'une évolution qui peut être comprise comme un progrès, plutôt que d'un déclin. Les auditeurs ayant davantage de connaissances, il n'est plus nécessaire de détailler les arguments, au bénéfice de la forme qui peut être plus brillante, travaillée et poétique.

L'évolution a concerné toutes les branches de la rhétorique. L'éloquence judiciaire et son système d'enseignement furent modifiés, comme on le verra plus loin. L'éloquence délibérative n'était plus considérée comme utile à la carrière des honneurs, dans la mesure où les candidats aux magistratures étaient de plus en plus préemptés par l'empereur. Elle était cependant toujours utile lors des débats au Sénat, dont on sait qu'ils se poursuivaient et qu'Auguste le premier les avait encouragés. Une certaine habileté était même requise dans l'art de la parole politique car, comme le dit Tacite en évoquant le règne de Tibère, il ne restait plus au discours politique qu'« un sentier étroit et glissant » entre la flatterie qu'il fallait éviter et la liberté de parole susceptible d'être châtiée (*Annales*, 2, 87). L'éloquence délibérative était aussi utilisée devant les Conseils et les Assemblées des cités où l'on discutait des affaires locales. Enfin, l'éloquence épidictique, destinée à louer, s'est développée, ce qui se comprend bien dans une culture politique où l'évergétisme a tenu une place essentielle. Une seconde raison est la multiplication des fêtes et des concours en l'honneur des membres de la famille impériale. Ce phénomène est surtout manifeste dans la partie orientale hellénophone de l'Empire, avec la Seconde Sophistique que l'on a comparée à une Renaissance de l'éloquence grecque, aux IIe et IIIe siècles, et dont l'apparition coïncide précisément avec l'ouverture du Sénat aux élites de l'Orient grec, à la fin du Ier siècle-début du IIe siècle de notre ère.

En dépit des critiques portées contre ces évolutions, la rhétorique impériale a conservé une dimension politique indéniable. Cette dimension tenait surtout aux *exempla*, les exemples des grandes figures politiques comme les Mucius Scaevola, Cincinnatus, Caton, etc., toutes ces grandes figures de héros républicains qui étaient autant de modèles de conduite à suivre et qui servaient de pierres angulaires à la culture politique aristocratique. On peut en juger d'après les *Faits et dits mémorables* de Valère Maxime, dédicacés à Tibère et publiés vers la fin du règne de celui-ci, au début des années 30, qui constituaient un réservoir d'*exempla* réunis pour faciliter les recherches des écrivains, orateurs et professeurs, comme on le lit dans la préface. Ils empruntaient une grille de lecture qui était proposée dans les ouvrages de rhétorique et qui reposait sur de grandes vertus. Les *Faits et dits mémorables* correspondaient donc à un projet d'éducation civique par le biais de la rhétorique, ou à un projet de « structuration des opinions aristocratiques », pour reprendre les termes de Jean-Michel David[2], propre à doter ceux qui avaient la charge de l'État de la dimension morale assignée à leur rôle, et à construire un contexte éthique cohérent pour légitimer l'action politique.

> « Et je n'oublie pas, ô fondateur de notre ville, Romulus, que la première place dans ce genre de mérite doit t'être attribuée. Mais accepte, je t'en prie, de te voir précéder par un homme exemplaire auquel tu dois toi-même accorder quelques honneurs, puisque les services qu'il a rendus ont empêché que l'œuvre si remarquable que tu as réalisée, Rome, ne fût détruite.
> Les Étrusques faisaient irruption dans la ville en passant par le Pont Sublicius, quand Horatius Coclès en occupa l'extrémité et, jusqu'à ce que, dans son dos, on eût détruit ce pont, il mena contre la troupe entière des ennemis un combat sans fatigue et la retint ; puis, dès qu'il vit que sa patrie était à l'abri du danger qui la menaçait, il se jeta tout armé dans le Tibre. Son courage inspirant aux dieux immortels de l'admiration, ils lui assurèrent un succès sans danger. Ainsi la hauteur du plongeon qu'il fit n'entraîna pas de fracture, le poids des armes qu'il portait ne l'écrasa pas, la violence d'un tourbillon ne l'emporta pas, même les projectiles qu'on lançait de toute part sur lui ne le blessèrent pas et il réussit en toute sécurité à s'échapper en nageant. C'est donc sur lui seul qu'une foule si grande, du côté de ses concitoyens comme de ses ennemis, concentra ses regards, ceux-ci saisis d'admiration, ceux-là entre l'allégresse et la crainte qui les partageaient, et à lui seul, quand deux armées s'étaient affrontées dans une bataille si acharnée, en repoussant les uns, en couvrant les autres, il les sépara. Enfin à lui seul il procura à notre ville, autant par le bouclier dont il se servait que par le Tibre dont il utilisa le lit, un rempart également efficace. Voilà pourquoi les Étrusques en s'éloignant purent dire : "Nous avons vaincu les Romains, Horatius nous a vaincus". »
>
> Valère Maxime, *Faits et dits mémorables*, 3, 2, 1, le courage (*De fortitudine*), traduction de Robert Combès.

Pour ailleurs, une autre figure chère aux rhétoriciens semble avoir nourri la réflexion politique sous l'Empire : celle du tyran. Un nombre conséquent de sujets de controverses portaient sur la figure du tyran et la lutte contre la tyrannie : il fallait défendre l'assassin d'un tyran, condamner ses abus – vols, viols, meurtres – et ces exercices scolaires semblent avoir nourri la réflexion sur le bon roi et la bonne constitution sous les Antonins. Dans ses *Pensées* (1, 11), Marc Aurèle remercie ainsi son professeur de rhétorique, le grand orateur et sénateur Fronton, de lui avoir enseigné la haine des tyrans, et l'on s'est interrogé sur le sens de cette expression. Peut-être Marc Aurèle faisait-il référence aux exercices de rhétorique latine qui faisaient intervenir des figures de tyran en soulignant tous les maux produits par leur mode de gouvernement égoïste.

L'éducation philosophique

Depuis la fin des années 90 av. J.-C., des philosophes grecs remplissaient à Rome le rôle de « philosophes domestiques » auprès de certains sénateurs, habitant chez eux et leur dispensant des entretiens, des conseils et du soutien lors des moments critiques. Les aristocrates cultivés de la génération de Cicéron avaient aussi l'habitude de compléter leur éducation philosophique et rhétorique par des voyages dans les grands centres intellectuels grecs, à Athènes, Rhodes et Alexandrie. Vers le milieu du Ier siècle av. J.-C. était apparue l'école des Sextii, la première école philosophique identifiée comme étant bien romaine, même si son fondateur, Quintus Sextius père, enseignait et écrivait en grec. La réflexion politique grecque fut adaptée au contexte tardo-républicain par Cicéron, en particulier dans la *République* et le traité *Pour Marcellus*, et par Philodème de Gadara qui écrivit sans doute dans les années 50 av. J.-C. un traité sur le bon roi dédié à Pison, le beau-père de César, consul en 58 av. J.-C., dans lequel il proposait des normes éthiques et politiques valables pour les *principes*, les grands sénateurs. L'association entre de grands *imperatores* hellénisés et des philosophes – comme celle de Pompée le Grand et de Posidonios de Rhodes – apparaissait comme un modèle.

César et Auguste prirent leurs distances à l'égard de la philosophie et des philosophes grecs et, au début du Haut-Empire, l'intérêt de cet enseignement philosophique pour les jeunes aristocrates était discuté[3]. Sénèque l'Ancien s'est efforcé de détourner ses fils Sénèque et Méla de la philosophie (*Controverses*, 2, pr., 3 ; *Lettre*, 17-18, 108, 22). Agrippine la Jeune agit de même avec son fils Néron qu'elle destinait à l'Empire (Suétone, *Néron*, 52, 1), et la mère d'Agricola aussi (Tacite, *Agricola*, 4, 5-6). Il semble que le chevalier stoïcien Musonius Rufus et ses élèves aient été à l'origine d'un changement d'attitude à l'égard de la philosophie. L'apaisement des relations entre le pouvoir et les philosophes au début de la dynastie antonine a certainement aussi joué un rôle. À la fin du Ier siècle, Pline le Jeune va chercher auprès d'Euphrate de Tyr, élève de Musonius, du soutien moral et un encouragement à accomplir sa charge de préfet du Trésor de Saturne. Épictète, qui fut un philosophe stoïcien très réputé au IIe siècle, avait d'abord été esclave à Rome, avant de venir ouvrir son école en Épire à Nicopolis (peut-être en 93, date à laquelle un sénatus-consulte interdit aux philosophes de séjourner à Rome et en Italie). On connaît une partie de ses leçons grâce au témoignage d'Arrien, aristocrate bithynien qui fit une remarquable carrière politique romaine, et écrivain grec. Il fréquenta dans sa jeunesse, vers 108, l'école d'Épictète et publia ses notes de cours vers 130 (*Entretiens*, *Manuel*). Les *Entretiens* contiennent de nombreuses allusions à la vie politique romaine, ce qui prouve que l'enseignement d'Épictète était adapté aux attentes de jeunes aristocrates grecs (et peut-être italiens ou occidentaux) désireux de se lancer dans une carrière équestre ou bien sénatoriale, à une époque où le Sénat s'était bien ouvert à l'élite orientale. L'éthique stoïcienne, on y reviendra au chapitre 4, était propre à l'apprentissage des devoirs et du rôle social et politique que les élites sociales devaient remplir. Elle enseignait à vaincre ses passions, notamment l'ambition et surtout la peur (celle du tyran par exemple).

Un engouement pour l'éducation philosophique paraît s'être développé au IIe siècle, sans doute par imitation de Marc Aurèle, l'empereur philosophe, qui créa quatre chaires impériales de philosophie à Athènes à la fin des années 170, une pour chacune des grandes écoles philosophiques : les écoles stoïcienne, platonicienne, épicurienne et péripatéticienne. Antonin le Pieux avait déjà donné aux philosophes les mêmes immunités (exemptions de charges civiques) que celles qui étaient accordées aux spécialistes de rhétorique et aux médecins. L'enseignement philosophique était dispensé soit dans des écoles ouvertes où les disciples venaient écouter un maître, soit auprès de professeurs privés (ainsi Plutarque avait-il pour élève à Rome le philosophe grec Lucius Calvisius Taurus, auquel il donnait des cours chez lui), soit encore auprès de conférenciers itinérants qui donnaient des conférences.

L'éducation juridique

L'éducation juridique était proprement romaine à l'origine, dispensée en latin. Au début du Haut-Empire, la formation est restée dominée par la tradition aristocratique du *tirocinium fori* (l'« apprentissage du forum ») dont Tacite regrettait dans le *Dialogue des orateurs* qu'il soit délaissé au profit de l'enseignement du rhéteur. Les jeunes gens se formaient auprès des jurisconsultes, des spécialistes qui donnaient des réponses aux plaideurs venus les consulter sur des points litigieux, qui rédigeaient des actes juridiques et assistaient plaideurs et juges dans les procès. Leurs élèves les écoutaient donner leurs réponses, les accompagnaient au tribunal et suivaient les procès. Sous la République, une bonne connaissance du droit ne pouvait donc être que le fait d'une petite élite qui, par relations familiales, accédait à l'entourage des grands juristes, eux-mêmes presque tous issus de l'aristocratie romaine. Depuis la fin de la République, le droit tendait à devenir un *ars*, une science, qui associait des techniques et des connaissances issues d'autres disciplines comme la rhétorique et la philosophie. Les jurisconsultes les plus qualifiés bénéficiaient d'une reconnaissance officielle : le *jus publice respondendi* (« droit de donner des réponses en public »), privilège conféré par l'empereur, mis en place par Auguste. Leurs consultations étaient publiques et servaient sans doute de leçons. Les apprentis juristes pouvaient aussi profiter des ouvrages de droit contenus dans la bibliothèque constituée par Auguste dans le Temple d'Apollon à côté de sa maison palatine, puis sans doute de ceux présents dans la bibliothèque de Trajan. Il faut souligner que dans les procès privés, les juges n'étaient pas des professionnels mais des particuliers choisis sur l'album des juges : or Auguste, puis Caligula, augmentèrent le nombre des décuries de juges, ce qui contraignit à recourir à des juges qui n'étaient plus issus des ordres sénatorial ou équestre, qui provenaient de l'Italie, voire des provinces, et avaient parfois peu d'expérience. Le savoir juridique devenait donc nécessaire à un plus grand nombre de citoyens, et ce nombre a augmenté encore avec l'accession des provinciaux à la citoyenneté romaine et avec le modelage du droit local, dans les municipes, sur le droit romain : la loi d'Irni, qui date de l'époque flavienne, montre la complexité du système judiciaire qui contraignait les notables espagnols, duumvirs (magistrats supérieurs des municipes ou des colonies) et décurions (membres des « curies » locales), à connaître la procédure formulaire.

Au IIe siècle se mettent en place des bureaux de consultation qui semblent avoir joué aussi le rôle d'écoles publiques de droit (Aulu-Gelle, 13, 13, 1), en même temps que furent rédigés des grands manuels de droit romain, comme les *Institutes* de Gaius, écrits par le juriste pour ses élèves à la fin du IIe siècle. À partir des Antonins, les empereurs eux-mêmes sont devenus de bons connaisseurs du droit. Dans sa réorganisation de l'administration impériale, Hadrien a attribué de nombreux postes à des juristes. Ceux-ci ont tenu une place accrue dans le Conseil du prince : les grands juristes de l'époque des Sévères, Papinien, Paul et Ulpien, ont compté parmi les principaux conseillers. Le droit est ainsi devenu de plus en plus important dans la formation des élites politiques au IIIe siècle, car les juristes étaient associés à l'élaboration du droit impérial dans les rescrits (qui sont les réponses de l'empereur aux requêtes des habitants de l'Empire) et dans les édits impériaux.

L'enseignement juridique a donc évolué aux deux premiers siècles, en passant d'une formation par l'exemple et la pratique à l'acquisition d'une méthode adossée à un savoir. Mais il est resté longtemps moins organisé et spécialisé que les formations rhétorique et philosophique : les privilèges et exemptions de charges accordées à certains spécialistes par Vespasien et Antonin ne concernaient pas ceux qui enseignaient le droit, et les créations de chaires impériales par Vespasien et Marc Aurèle n'impliquaient pas non plus l'enseignement du droit. Au IIIe siècle, celui-ci tendit à se figer et à se simplifier pour mieux se transmettre et s'enseigner, tandis que se développait un enseignement plus structuré par des écoles et des professeurs, encadré par l'État. À Rome en particulier s'est mis en place un enseignement officiel du droit, avec des professeurs recrutés et payés par l'État, qui bénéficiaient d'exemptions. Une constitution de Caracalla évoque les avantages offerts aux étudiants en droit, dispensés des charges civiles (comme la tutelle, la curatèle) pendant toutes leurs études à Rome, en prévision de leurs futures charges administratives. Ces étudiants venaient de tout l'Empire : ils commençaient souvent leur formation rhétorique dans les provinces pour venir à Rome la compléter en étudiant le droit.

D'autres écoles se sont développées dans les provinces : on connaît bien celle de Beyrouth qui exista dès le début du IIIe siècle au moins et eut un rayonnement important jusqu'à sa disparition au VIe siècle. Elle dispensait sous le Haut-Empire un enseignement en latin, fondé sur l'étude des ouvrages des grands juristes de la fin du IIe siècle-première moitié du IIIe siècle, Gaius, Ulpien, Papinien, Paul et Modestin, qui ont constitué la jurisprudence classique. Il semble aussi que l'étude du droit ait attiré des jeunes gens de familles qui n'appartenaient pas à l'aristocratie : au IVe siècle, quand Libanios, le grand spécialiste de la rhétorique grecque, se plaint du succès grandissant du droit face à la rhétorique, il affirme qu'auparavant seuls les jeunes gens de familles modestes choisissaient le droit, alors que désormais même ceux qui sont issus des meilleures familles se tournent vers ces études (*Or.* 62, 21-23).

La formation militaire

La formation militaire exigeait une expérience de terrain associant entraînement militaire et charges politiques, et conduit donc à s'interroger sur la place accordée au corps dans l'éducation politique. La culture romaine s'opposait à la culture grecque en ce qui concerne l'entraînement des jeunes gens au gymnase et à la palestre, qui était méprisé par les Romains. Mais les aristocrates romains n'en attachaient pas moins une grande importance à l'entraînement physique qui pouvait prendre des formes variées : natation dans le Tibre, course ou promenade à pied, exercices à la balle, au cerceau et à la lutte (Strabon, 5, 3, 8). Pour les jeunes gens, l'entraînement physique était surtout vu comme une préparation militaire, aussi l'entraînement aux armes et l'équitation étaient-ils privilégiés. Suétone les présente comme des *exercitationes campestres* (Suétone, *Auguste*, 83, 1), qui se pratiquaient donc sur le Champ de Mars ou sur le champ d'exercice des armées romaines. Chez Cassius Dion (*Histoire romaine*, 52, 26), Mécène conseille à Auguste de veiller à ce que les enfants des sénateurs et des chevaliers reçoivent dès leur adolescence une éducation physique et qu'ils apprennent à manier les armes et les chevaux. Selon lui, il s'agit d'une tâche si importante qu'elle doit être encadrée par l'État : les professeurs d'éducation physique doivent être publics et salariés. L'importance de l'équitation apparaît lors des fêtes, notamment lors des jeux troyens qui se déroulaient au cirque : sous la présidence ou la direction des jeunes princes héritiers, les enfants des plus grandes familles de Rome donnaient une représentation de cavalcade qu'on appelait troyenne.

La formation militaire physique pouvait se compléter par la lecture d'ouvrages contenant des récits de guerres, de batailles et de stratégies (Quintilien, *Institution oratoire*, 2, 5, 15) : ainsi le livre sur les tactiques militaires des successeurs d'Alexandre le Grand qu'Élien dédia à Trajan en affirmant qu'il lui serait utile.

La carrière des sénateurs débutait sous le Haut-Empire, nécessairement, par des fonctions préparatoires accomplies à partir de 18 ans. Elles se répartissaient en trois degrés :

- être membre d'un des quatre collèges du vigintivirat créé par Auguste : les dix qui jugent les litiges, les trois qui président aux exécutions capitales, les trois qui surveillent les ateliers de frappe monétaire à Rome et les quatre chargés de l'entretien des rues de la Ville. Chacune de ces fonctions préliminaires durait un an, une seule était nécessaire ; le triumvirat monétaire ouvrait plus de perspectives que les deux autres ;
- être à la tête d'une des six turmes de cavaliers défilant dans Rome le 15 juillet, ce qui était purement honorifique ;

– faire le tribunat des soldats laticlave, qui consistait en un an de service militaire à l'état-major d'une légion. C'était la seule préparation militaire du futur sénateur.

L'ensemble constitué par ces fonctions n'était donc pas très lourd, d'autant que très vite les candidats au Sénat se contentèrent d'une ou deux fonctions avant d'entrer au Sénat.

Il existait aussi un service militaire pour les chevaliers et, depuis Claude, ceux-ci devaient en théorie accomplir des fonctions préparatoires qui étaient les trois milices équestres, qui leur ouvraient une carrière de dignitaire. La hiérarchie de ces milices fut fixée par les Flaviens : préfet ou tribun de cohorte d'infanterie auxiliaire quingénaire (commandement de cinq cents fantassins), tribun de légion angusticlave (à l'état-major d'une légion), préfet d'une aile de cavalerie auxiliaire quingénaire (commandement de cinq cents cavaliers). Certains chevaliers obtenaient de l'empereur le privilège de faire une quatrième milice, une préfecture d'aile milliaire (commandement de mille cavaliers) qui accélérait leur carrière. Des fonctions accomplies antérieurement – de nombreuses procuratèles étaient envisageables – pouvaient raccourcir ce service qui était long, chaque milice durant trois ans. La minorité qui le faisait en tirait de réelles aptitudes au commandement opérationnel, car les troupes auxiliaires étaient en général stationnées dans des zones frontalières et exposées.

L'éducation du prince héritier

L'éducation des princes héritiers « nés dans la pourpre » se distinguait-elle de l'éducation des autres aristocrates sous le Haut-Empire, et en quoi consistait-elle ? Jusqu'à la brève prise de pouvoir de Maximin le Thrace (235-238), les familles impériales provenaient en effet du milieu aristocratique dont la formation politique vient d'être décrite.

Un rôle d'éducation politique était dévolu aux spécialistes de rhétorique et de philosophie, comme on l'a vu plus haut, mais aussi, dans le cas des princes, aux préfets du prétoire qui avaient peut-être part à la formation militaire du prince héritier. Celle-ci semble avoir été soignée et mise en avant : Néron, encore enfant, fut applaudi aux jeux troyens et au début de son règne il pratiquait les *exercitationes campestres* auxquels il admettait même la plèbe ; Germanicus et Titus étaient très habiles à l'équitation et au maniement des armes, Hadrien se distinguait particulièrement dans ce dernier domaine, Caracalla était un cavalier accompli et un excellent nageur (Suétone, *Néron*, 7, 1 et 10, 5 ; *Caligula*, 3, 2-3 ; *Titus*, 3, 2 ; *Histoire Auguste, Hadrien*, 14, 10 ; Cassius Dion, *Histoire romaine*, 77, 11, 2-3).

Les princes étaient formés par des enseignants choisis par l'empereur ou par son épouse, qui étaient les meilleurs ou les plus prestigieux spécialistes de l'époque : ainsi Sénèque pour Néron, Quintilien pour les petits-neveux de Domitien, Fronton, les sophistes Alexandre de Cotyaion et Hérode Atticus pour Marc Aurèle. Certains professeurs étaient aussi nommés pour leur expérience politique, leur place à la cour ou leur prestige social. Ce fut le cas du sénateur Sénèque qui était déjà un auteur réputé quand Agrippine le fit rappeler d'exil, vers 50, pour enseigner l'éloquence latine à Néron. On peut aussi mentionner Fronton, autre grand orateur et sénateur qui fut le professeur de rhétorique latine de Marc Aurèle et Lucius Vérus. Le choix d'Hérode Atticus pour enseigner la rhétorique grecque à ces deux princes a également une dimension politique évidente : sa prodigieuse richesse et ses réseaux sociaux en faisaient une figure de premier plan dans le monde grec. Sa famille avait entretenu des relations avec le pouvoir impérial depuis les Julio-Claudiens, lui-même avait vécu durant son enfance à Rome dans la maison du grand-père de Marc Aurèle, Publius Calvisius Tullus Ruso, et épousé vers 140 Appia Annia Regilla, issue d'une famille patricienne de rang consulaire et apparentée par les Annii à l'épouse d'Antonin, Faustine l'Ancienne.

L'importance d'imiter le modèle paternel et de se former en se frottant à son expérience a perduré. L'éducation qu'Auguste fit donner à ses petits-fils, qu'il avait adoptés, était en partie traditionnelle, très républicaine dans la mesure où il s'est attaché lui-même à leur apprendre les premiers rudiments (alphabet, écriture, natation). Il leur avait choisi lui-même ensuite un professeur de grammaire, Verrius Flaccus, réputé pour sa pédagogie innovante (Suétone, *Grammairiens et rhéteurs*, 17 ; *Auguste*, 64, 5). Dans une perspective proche, le sophiste Pollux de Naucratis affirmait, dans la préface de l'*Onomastique* qu'il dédia au jeune Commode, que celui-ci devait apprendre la vertu à partir de l'exemple de son père, qui aurait aussi pu lui enseigner l'éloquence si la préservation de l'*oikoumène*, le monde habité, lui en avait laissé le loisir (Pollux de Naucratis, *Onomastique*, 1, 1-2).

Les princes héritiers étudiaient les mêmes disciplines que les autres jeunes aristocrates, mais leur formation était adaptée aux futurs devoirs qui les attendaient, comme le montrent les exemples de Macron, le préfet du prétoire qui donnait à Caligula des conseils de comportement approprié à son rang (Philon d'Alexandrie, *Ambassade à Caius*, 41-51), et de Fronton préparant Marc Aurèle à prononcer des discours d'éloge et de remerciement devant son père adoptif Antonin (Fronton, *Correspondance* : *Lettres grecques*, 6 ; *À M. Caesar*, 3, 7 ; 3, 8 ; *À Antonin*, 2, 2, éd. Van den Hout 1999). On attendait d'un empereur qu'il ait une culture large, à la fois physique et intellectuelle, mais les goûts des jeunes princes pour la musique ou la peinture, par exemple, semblent avoir été respectés, pourvu que l'enseignement rhétorique de base fût dispensé. Il est difficile de savoir, en raison du manque de sources, si cet enseignement a évolué dans le temps.

Les professeurs se déplaçaient normalement au palais impérial, mais ce n'était pas toujours le cas : Apollonios de Chalcédoine, le professeur de philosophie de Marc Aurèle, imposa à son élève de venir à son école comme le faisaient ses autres disciples (*Histoire Auguste, Antonin le Pieux*, 10, 4 ; *Histoire Auguste, Marc Aurèle*, 3, 1). Les professeurs ne renonçaient pas non plus à avoir d'autres élèves. Au moins sous les Julio-Claudiens, les héritiers étaient d'ailleurs éduqués avec d'autres princes ou bien avec des enfants de l'aristocratie, comme ce fut le cas pour Titus et pour Britannicus, ce qui leur permettait de nouer des amitiés utiles pour leur avenir.

Dans le sillage des débats sur la possibilité – très contestée dans l'Antiquité – d'enseigner les vertus, une question fondamentale était posée relativement à l'éducation des princes : l'art royal peut-il s'enseigner ? Horace, louant l'éducation reçue par Tibère et son frère Drusus dans le cadre de la Maison d'Auguste (*Ode*, 4, 4), affirme que si les vaillants engendrent les vaillants, c'est l'éducation qui développe les vertus innées. Le témoignage le plus évocateur du débat qui existait sur ce point essentiel est fourni par la mise en scène du rejet de Macron par Caligula, au début de son règne, dans l'*Ambassade à Caius* de Philon d'Alexandrie.

> « Telles étaient les leçons qu'il serinait, le malheureux, pour amender Caius. Celui-ci, chicaneur et querelleur, détournait son esprit dans le sens contraire, comme si c'était de ce côté qu'il y était invité, et il s'enhardissait jusqu'à faire la tête en face à son précepteur ; parfois même du plus loin qu'il le voyait arriver, il tenait à ceux qui étaient près de lui des propos tels que celui-ci : "Voilà le professeur de celui qui n'a plus besoin d'apprendre, le pédagogue de celui qui n'est plus un enfant, l'administrateur de qui est plus sensé que lui, l'homme qui demande à l'empereur d'obéir à celui qui est son sujet ; qui se donne pour un maître expérimenté et un maître dans la science du gouvernement, pour avoir appris l'art de gouverner auprès de je ne sais trop qui. Moi, dès mes langes j'ai

eu une foule de maîtres : parents, frères, oncles, cousins, grands-pères, ancêtres jusqu'aux chefs de la famille, qui par le sang tous, des deux côtés, paternel et maternel, ont été dotés de pouvoirs impériaux, sans préjudice du fait que dès leur conception il y avait en eux ces puissances d'ordre royal qui font les chefs. De même que les ressemblances physiques et spirituelles, pour la beauté, les attitudes, les gestes, les tendances et les actes se maintiennent dans les divers atavismes, de même est-il vraisemblable que s'esquisse de façon plus caractéristique encore dans ces mêmes atavismes la ressemblance qui concerne l'exercice de l'autorité. Et après cela, à moi qui, dès avant ma naissance, alors que j'étais encore dans l'officine de la nature, fus façonné empereur, on a la prétention de me donner des leçons ; un ignorant, à moi qui possède le savoir ? Un de ces jours les simples particuliers auront le droit, ma parole, de s'occuper des questions qui exigent une âme faite pour gouverner ? Ils osent avec un toupet sans vergogne jouer les hiérophantes [prêtres dans les cultes à mystères] et donner l'initiation aux mystères du gouvernement, eux qu'on admettrait à peine au rang de mystes [ceux qui ont commencé l'initiation]". »

Philon d'Alexandrie, *Ambassade à Caius*, 52-56, traduction d'André Pelletier légèrement modifiée.

Dès Caligula, un professeur comme Macron avait pour objectif d'entraîner le prince à jouer son rôle de chef politique de l'Empire en se comportant en public comme on l'attendait d'un futur empereur. À côté de l'enseignement proprement dit d'une discipline, les professeurs du prince lui dispensaient des conseils ou bien le faisaient profiter de leurs discussions, nourries de leur propre expérience du jeu politique.

Le rôle de ces professeurs dans la transmission et la fixation de normes du pouvoir se mesure surtout à l'époque antonine, en raison des sources qui sont parvenues jusqu'à nous, mais aussi parce que c'est à cette période que se cristallise la figure du bon empereur, comme on le verra dans le chapitre 4. Ce rôle apparaît clairement dans le cas des professeurs de rhétorique grecque, étroitement liés entre eux, qu'on peut considérer comme les vecteurs d'une culture politique cohérente, caractérisée par le même vocabulaire et des idées politiques très proches.

On peut prendre comme point de départ l'*Onomastique* de Pollux de Naucratis, ouvrage lexicographique en dix volumes, dédié à Commode du vivant de Marc Aurèle. La lettre liminaire adressée au prince ne permet pas d'affirmer de façon assurée que Pollux fut son professeur officiel, mais elle met en avant la volonté qu'avait l'auteur de participer à l'éducation du fils de Marc Aurèle en contribuant à sa formation rhétorique. Pollux obtint de

Commode la chaire impériale d'Athènes – où il succéda peut-être à son maître Hadrien de Tyr qui reçut, vers 180, la chaire impériale de Rome – et mourut, âgé de 58 ans, sous le règne du même Commode.

Dans l'*Onomastique*, les listes de mots pour l'éloge du roi et le blâme du tyran renvoient à la figure du bon empereur qui s'est dessinée sous les Antonins, par opposition à la figure du tyran et par analogie avec le roi des dieux. Cette figure apparaissait déjà dans le premier discours *Sur la royauté* composé par le sophiste Dion de Pruse pour Trajan vers 100. Pollux propose de louer le bon roi avec les qualificatifs de « Père, bienveillant, doux, courtois, prévoyant, équitable, philanthrope, magnanime, libérateur, au-dessus de l'argent, à l'abri des passions, maître de soi, dominant les plaisirs, usant de la raison, pénétrant, vif, avisé, de bon conseil, juste, tempérant, serviteur des dieux et gardien des hommes, constant, solide, infaillible, doté de pensées élevées, doté de pensées fortes, énergique, qui mène à terme, qui se soucie des sujets, sauveur, enclin aux bienfaits et lent à punir, sûr, à l'abri des erreurs, ferme, très attentif à la justice de l'autorité, facile d'abord, facile d'accès, affable, agréable, qui adoucit, plaisant, qui prend soin de ses sujets, qui aime l'armée, bon guerrier qui n'aime pas la guerre, pacifique, qui fait la paix, gardien de la paix, pédagogue, apte au pouvoir, législateur, né pour faire de bonnes actions, semblable aux dieux » (*Onomastique*, 1, 40-41). Cette liste dessine donc la figure d'un empereur idéal, protecteur et bienfaisant, tempérant, juste, pieux, ferme, accessible, bon chef de guerre préservant la paix, capable de gouverner, qui ressortait déjà au tournant du Ier/IIe siècle dans les portraits élogieux de Trajan composés par Dion de Pruse (premier *Discours Sur la royauté*) et Pline le Jeune (*Panégyrique de Trajan*).

Cette continuité des idées et des mots repose sur des liens forts entre les acteurs de la transmission. Hadrien de Tyr, le maître de Pollux, fut en effet l'élève favori d'Hérode Atticus, le professeur de Marc Aurèle. Or Hérode Atticus avait pour modèle Favorinus d'Arles qui était lui-même l'élève de Dion de Pruse. Hadrien de Tyr était admiré par Marc Aurèle et reçut de Commode, juste avant sa mort, le poste de procurateur chargé de la correspondance grecque.

Hadrien de Tyr et Pollux furent à leur tour les maîtres du sophiste Antipater de Hiérapolis qui devint le professeur de Caracalla et de Géta (Philostrate, *Vies de sophistes*, 606-607). Septime Sévère, dont il écrivit une histoire des hauts faits, le chargea de sa correspondance grecque avant de l'élever au consulat et de le choisir comme gouverneur de la province de Pont-Bithynie, dans la première décennie du IIIe siècle. Dans une lettre envoyée à Éphèse probablement en 200 ou 201, le jeune co-empereur Caracalla désigne Antipater comme son professeur (*didaskalos*) et son « ami » (*philos*) – ce qui signifie que le sophiste était membre du Conseil impérial – et comme le responsable de la correspondance impériale en grec, poste qui justifiait sa participation au Conseil (*I. Ephesos* 2026, l. 16-17).

De même qu'il y avait des dynasties impériales, il y eut donc une sorte de dynastie de professeurs des princes en rhétorique grecque, si bien que le lien de filiation fictive que Septime Sévère créa avec Commode et Marc Aurèle, en se prétendant le fils adoptif de ce dernier, existait aussi dans le domaine de la culture rhétorique. Entre Marc Aurèle et Caracalla, les sophistes professeurs des princes, qui enseignaient aux futurs empereurs le langage grec du pouvoir, ont parfois aussi été chargés de la correspondance impériale en grec. Ces postes étaient peut-être parfois honorifiques et l'on ne connaît pas bien le fonctionnement des bureaux de correspondance, on ne sait pas quel contrôle exerçait le procurateur sur les esclaves qui rédigeaient les réponses. Cependant, dans le cas d'Antipater au moins, Philostrate affirme que c'est son habileté épistolaire qui lui avait valu d'exercer cette fonction : on ne peut pas exclure l'existence d'un lien entre les compétences rhétoriques et la fonction. L'exercice de cette charge valait en tout cas à son détenteur une position de conseiller du prince. Cette continuité fut rompue brutalement à la fin de 211 par le meurtre de Géta, qui fut suivi par le suicide d'Antipater : ce dernier avait publiquement désavoué ce fratricide qu'il considérait comme contraire à son enseignement (Philostrate, *Vies de sophistes*, 607).

L'éducation rhétorique et militaire du prince héritier lui permettait donc d'être formé par des membres de l'aristocratie sénatoriale et de l'élite des cités grecques, qui étaient les principaux collaborateurs politiques de l'empereur. Du IIe siècle à la première moitié du IIIe siècle, il a existé une homogénéité culturelle forte entre les empereurs et le milieu sénatorial dont ils étaient issus, et les élites civiques hellénophones. Pour ceux qui n'appartenaient pas à cette élite, les principaux vecteurs de diffusion de la culture politique impériale furent les fêtes et les spectacles.

Figure 2.1 – Les sophistes et la formation rhétorique des princes antonins et sévères.

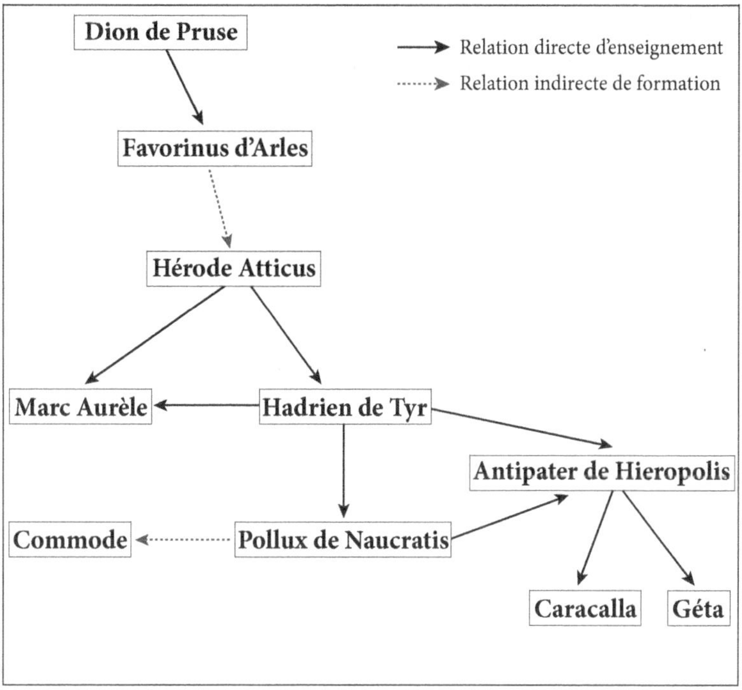

Calendrier et fêtes

Dès le début du Haut-Empire, le calendrier contribua à célébrer les empereurs et leurs victoires. En raison de sa dimension informative, il participait naturellement à l'éducation politique des peuples habitant l'empire. Il témoigne également de la maîtrise que l'empereur exerçait sur le temps et de sa capacité à instaurer un âge d'or.

La mainmise des empereurs sur le calendrier

Dans le monde romain existait un calendrier naturel, qui est un calendrier agraire et astronomique, et un calendrier civil, qui était celui des magistrats et des citoyens. À côté du calendrier naturel, chaque cité avait son propre calendrier construit par les magistrats principaux, en collaboration avec le sénat local. Le calendrier civil à Rome a posé un fameux problème d'intercalation jusqu'aux réformes de César et d'Auguste. Il comprenait trois cent cinquante-cinq jours et tous les deux ans, les pontifes devaient intercaler alternativement vingt-deux ou vingt-trois jours, soit un petit mois, entre le 23 et le 24 février. Mais la négligence et les manœuvres politiques engendrèrent de gros dérèglements : l'année naturelle et l'année civile ne correspondaient plus depuis le IIIe siècle avant J.-C. Le problème fut réglé à l'initiative de Jules César : le calendrier julien naquit en 45 av. J.-C., puis il fut corrigé par Auguste en 8 av. J.-C. Ce calendrier a fonctionné presque comme le calendrier moderne, avec un jour intercalaire ajouté tous les quatre ans après le 24 février. Il se diffusa rapidement : dans la province d'Asie où coexistaient différents calendriers locaux, civiques, parfois fondés sur un cycle lunaire, beaucoup furent remplacés par un nouveau calendrier basé sur celui qui avait été mis au point par Jules César et Auguste, pour honorer ce dernier. Il commençait en effet avec l'anniversaire du prince, le 23 septembre, considéré ainsi comme le début d'un nouvel ordre des choses.

Les interventions de César et d'Auguste, les deux fondateurs de l'Empire, montrent leur mainmise sur le temps civique. César donna son nom au mois de juillet (*Julius*), Auguste son surnom au mois d'août, où il avait remporté notamment la victoire sur l'Égypte, à Alexandrie, en 30 av. J.-C. Tibère refusa la proposition des sénateurs de donner son nom au mois de novembre, son mois de naissance, en leur demandant comment ils feraient quand il y aurait treize Césars (Cassius Dion, *Histoire romaine*, 57, 18, 2). Ensuite seul Commode aurait voulu, à la fin de son règne en 192, s'approprier le calendrier si totalement qu'il aurait renommé les douze mois à partir de ses différents prénoms, noms et surnoms : *Amazonius, Invictus, Felix, Pius, Lucius, Aurelius, Commodus, Augustus, Heracleus, Romanus, Exsuperatorius* (Cassius Dion, *Histoire romaine*, 72/73, 15, 3).

Le calendrier civil partageait les jours du mois : d'un côté les jours institués pour les dieux, appelés néfastes (on y célébrait des *feriae*, des fêtes qui étaient la propriété des dieux) et de l'autre les jours réservés aux hommes, fastes : sous la République, le rapport était d'un peu moins d'un tiers contre un peu plus de deux tiers. Mais cet équilibre entre jours fastes et néfastes a varié dans le temps parce que les empereurs ont créé de nombreuses fêtes publiques officielles pour célébrer leurs victoires, ce qui était un moyen de les faire connaître et de diffuser leurs hauts faits. Ainsi, sous le règne d'Auguste, des jeux du cirque avaient lieu chaque année le 1er août pour célébrer la prise d'Alexandrie (1er août 30 av. J.-C.). En 19 av. J.-C., après le retour d'Auguste de l'Orient, le Sénat consacra un temple à *Fortuna Redux* et institua une nouvelle fête, les *Augustalia*, qui étaient célébrées chaque année du 5 au 12 octobre. La consécration du temple de Mars *Ultor* sur le forum d'Auguste, le 12 mai 2 avant J.-C., a donné lieu à des *ludi Martiales*. On peut prendre un autre exemple situé dans le monde grec, celui des *Actia*, concours quinquennaux créés par Auguste après la victoire d'Actium en 31 av. J.-C. Ils avaient lieu tous les quatre ans à Nicopolis en Épire. C'étaient de prestigieux concours, sacrés et isolympiques, c'est-à-dire considérés comme étant de même rang et de même statut que les concours olympiques. Ainsi, dans les provinces aussi, le temps était rythmé par des fêtes célébrant le pouvoir impérial.

Aux fêtes relatives aux victoires vinrent s'ajouter, dans une période comprise entre le Principat de Tibère et celui de Caligula, les vœux publics annuels prononcés le 3 janvier par les frères arvales à l'intention des dieux pour le salut du prince, les dédicaces de grands monuments, les cérémonies liées aux naissances, adoptions, grands événements politiques... Les actes des frères arvales, qui étaient des comptes rendus gravés sur plaques de marbre de leurs rituels, étaient affichés dans le bois sacré dédié à Dea Dia, la déesse dont ils célébraient le culte, près de la via Campana, à proximité de Rome. Ces inscriptions s'échelonnent entre 28 av. J.-C. et 240, voire 304 apr. J.-C. Elles montrent à quel point les vœux prononcés par les arvales, leurs sacrifices, constituaient un reflet de l'actualité politique : ainsi, pour le règne de Néron, les vœux extraordinaires pour la conservation et la bonne santé de l'empereur en 54 (date incertaine ; *CIL*, VI, 2034, l. 22-26 = 32348), les vœux extraordinaires pour sa santé en avril/mai 66 (*CIL*, VI, 2044 gh, l. 6–9 = 32355) permettent de connaître les maladies du prince qui constituaient des événements politiques, tandis que l'inscription de 66 nous apprend que la découverte de la conspiration de Pison avait donné lieu à des sacrifices pour remercier différentes divinités. À côté de la triade capitoline constituée de Jupiter, Junon et Minerve, apparaissent *Felicitas* (Succès) qui a exercé sa protection sur l'empereur, et *Clementia* – sans doute en raison du souhait des sénateurs que cesse la répression (*CIL*, VI, 2044 = *CIL*, VI, 32355).

L'investiture des pouvoirs impériaux et leur renouvellement, périodique sous Auguste (en 18, 13, 8 av. J.-C., 3 et 13 apr. J.-C.), étaient placés sous le patronage des dieux et dans une atmosphère de réjouissances festives. Cette célébration se poursuivit sous ses successeurs, tous les dix ans, bien que le renouvellement ne soit plus validé par le Sénat et le peuple. À partir du IIe siècle, les dixième et vingtième anniversaires de règne furent célébrés systématiquement sous le nom de *decennalia* et *vicennalia*, et annoncées largement, à travers tout l'Empire, par des émissions monétaires.

Le développement du culte des *divi* (empereurs divinisés), puis des *divae* fut encore l'occasion d'ajouter de nouvelles fêtes à Rome et dans les provinces. Les sodales (prêtres membres d'un collège religieux portant le nom de sodalité) chargés du culte des empereurs divinisés honoraient ceux-ci à Rome le jour anniversaire de la dédicace du temple, ou celui de l'apothéose, ou encore celui de victoires ou de la naissance des empereurs. On peut prendre l'exemple du premier vrai sanctuaire provincial en Occident, qui est le sanctuaire des Trois Gaules organisé par Drusus I, fils de Livie et beau-fils d'Auguste : les délégués des soixante « cités » gauloises se réunissaient à Lyon le 1er août, qui était la date du suicide d'Antoine et le premier jour du mois qui portait le nom d'Auguste.

Le culte impérial, que nous évoquerons plus longuement au chapitre suivant parce qu'il a joué un rôle important dans la perception qu'avaient les habitants de l'Empire du pouvoir impérial, pouvait donc renvoyer à divers événements de la vie du prince : les naissances, les adoptions, les mariages, l'accession au pouvoir, les guerres et les victoires militaires, les décès et la divinisation (*consecratio*). Il constituait en cela une source d'information pour tous les habitants de Rome et des provinces. En effet, les magistrats supérieurs des colonies et des municipes, s'ils avaient la main haute sur le calendrier de leur cité, devaient respecter les jours de fête du culte impérial qui leur étaient imposés par une loi ou par sénatus-consulte.

Calendriers et fêtes comme sources d'information sur l'histoire du Principat

Cette mainmise des empereurs et des membres de leur famille sur le temps des cités a été matérialisée au début du Principat, entre les règnes d'Auguste et de Claude, par la diffusion de calendriers monumentaux en marbre, les « fastes ». On en connaît une quarantaine, attestés surtout à Rome et en Italie, qui constituent la version épigraphique des *Fastes* d'Ovide dont chaque livre est consacré à un mois. On peut prendre l'exemple des fastes de Préneste (*Fasta Praenestini*), calendrier rédigé à l'époque augustéenne par le grammairien et antiquaire Verrius Flaccus, qui fut choisi par Auguste comme professeur de ses fils adoptifs Lucius et Caius. Ce calendrier, qui comporte des mises à jour postérieures à sa première édition, était affiché sur une table de marbre dans le forum de Préneste. Les notations de janvier datées d'avant la mort d'Auguste ont été retranscrites par Augusto Fraschetti[4] :

- 7 janvier : première prise des faisceaux par César fils ayant reçu l'*imperium* comme propréteur en 43 av. J.-C., lors des préparatifs de la guerre de Modène ; dans une mise à jour : nomination de Tibère au collège des *septemviri epulonum* (prêtres chargés de contrôler les grands banquets organisés pour la triade capitoline et les jeux) ;
- 8 janvier : dédicace de la statue de la Justice d'Auguste, en 13 apr. J.-C. (mise à jour) ;
- 10 janvier : notation mutilée sur Tibère (mise à jour) ;
- 11 janvier : fermeture du temple de Janus par César fils, en 29 av. J.-C. ; notation mutilée sur Auguste et Tibère (mise à jour) ;
- 13 janvier : attribution au prince de la couronne de chêne, en 27 av. J.-C., pour avoir rendu « la République au peuple romain » ;
- 14 janvier : jour *vitiosus ex s(enatus) c(onsulto)*, car jour de la naissance d'Antoine ;
- 16 janvier : attribution à César fils du nom d'Auguste en 27 av. J.-C. ; dédicace du temple de la Concorde d'Auguste, en 10 apr. J.-C. (mise à jour) ; retour de Tibère de Pannonie en 9 apr. J.-C. (mise à jour) ;
- 17 janvier : sacrifice des quatre grands collèges sacerdotaux sur l'autel que Tibère dédia au *numen* d'Auguste en 9 apr. J.-C. ;
- 27 janvier : reconstruction par Tibère du temple de Castor et Pollux en 6 apr. J.-C. ;
- 29 janvier : *feriae ex s(enatus) c(onsulto)* pour commémorer un événement inconnu auquel participa Auguste, grand pontife ;
- 30 janvier : dédicace de l'autel de la Paix d'Auguste en 9 av. J.-C. et *feriae ex s(enatus) c(onsulto)*.

Cet extrait témoigne ainsi d'un véritable envahissement des notices et fêtes liées à Auguste et son héritier Tibère dans le calendrier public, qui permettait aux habitants de Préneste de connaître précisément l'histoire de la constitution du Principat.

Or, ces calendriers mettent aussi en lumière une concurrence entre les fêtes traditionnelles des dieux et les fêtes nouvelles, relatives aux princes et à leur famille, en opérant une sélection qui s'exerce au bénéfice de ces dernières, sans doute en partie à titre informatif. Ainsi les fastes d'Amiternum, en Italie centrale, datés du règne de Tibère, mentionnent-ils pour les ides de septembre (le 13) la mort de Libon Drusus, accusé en 16 apr. J.-C. d'avoir conspiré contre l'empereur, et non la grande fête qui honorait Jupiter ce jour-là, l'*epulum Jovis*, qui était une fête fixe.

Au fur et à mesure que le temps passait, en fonction des actualités politiques et de la mise en place puis de la redéfinition du pouvoir impérial, les nouvelles fêtes impériales devenaient plus nombreuses. On peut penser que des fêtes plus anciennes disparurent progressivement devant les nouvelles, mais certaines eurent une pérennité remarquable, à Rome comme dans les provinces. Les *ludi Martiales* et les *Augustalia* ont été célébrées très longtemps car on les retrouve dans le calendrier de Philocalus, un calendrier latin daté du milieu du IVe siècle qui mêlait des fêtes polythéistes et des fêtes chrétiennes. Un autre exemple de cette longue durée apparaît dans le *Feriale Duranum*, calendrier des fêtes religieuses établi sous Sévère Alexandre, daté des années 223-227 apr. J.-C. et conservé sur un rouleau de papyrus. Il était en usage dans la vingtième cohorte des Palmyréniens stationnée à Doura-Europos en Syrie. À côté de la célébration de fêtes traditionnelles et des anniversaires des empereurs de la dynastie des Sévères et des Antonins, il mentionnait la date de naissance de Germanicus le 24 mai (16 ou 15 av. J.-C.), toujours honorée par des supplications à sa mémoire, sans doute parce qu'il avait administré la province de Syrie pendant sa mission en Orient de 17 à 19. On voit donc comment l'intégration dans le calendrier civique permettait au souvenir des membres de la *domus Augusta* de perdurer sur le temps long.

Le culte qui s'est mis en place pour honorer les membres défunts de la *domus Augusta* a permis de faire connaître plus largement la famille impériale. Certaines cérémonies, certains rites étaient spécialement adaptés au personnage honoré. On peut prendre encore une fois l'exemple de Germanicus, membre de la famille impériale particulièrement populaire, et du concours qui lui fut consacré à Athènes. Fils adoptif de Tibère, Germanicus mourut prématurément au cours de sa mission en Orient, le 10 octobre 19 ; son décès provoqua une crise dynastique qui aboutit à la condamnation à mort d'un proche de Tibère, Pison, soupçonné d'avoir empoisonné le jeune prince, et à la mise en place d'un culte héroïque autour de celui-ci. Au début de sa mission en Orient, en 18, Germanicus avait fait un court séjour à Athènes où il avait été reçu avec enthousiasme. Sa mémoire a été perpétuée à Athènes dans la longue durée par l'institution des éphèbes, qui a célébré un concours annuel appelé les *Germanikeia*, qui avait été instauré en l'honneur de Germanicus après son passage à Athènes et peut-être après sa mort, comme honneur funéraire : la première attestation par les listes éphébiques ne nous permet pas d'en juger précisément car elle date de 45/46. La création de ce concours est assez exceptionnelle, car les concours et fêtes éphébiques, relativement rares sous Tibère, se multiplient plus tard sous l'Empire. C'est le seul concours éphébique en l'honneur d'un membre de la *domus Augusta* qui s'est perpétué du Ier au IIIe siècle. L'établissement et la durée de ce concours supposent ainsi qu'Athènes entretenait pour Germanicus une dévotion qui va bien au-delà de la flatterie ou du cadre des relations diplomatiques avec la *domus Augusta*. Un rapport similaire semble avoir déjà existé entre la cité et le père de Germanicus, Drusus I. Peu après la mort de ce dernier (le 14 septembre 9 av. J.-C.), les Athéniens ont en effet créé un sacerdoce en l'honneur de Drusus consul. Cette prêtrise annuelle n'est attestée qu'à Athènes, par des catalogues d'archontes et des listes éphébiques montrant qu'elle était assumée par des archontes éponymes et qu'elle a perduré jusqu'à l'époque de Trajan. Les raisons expliquant la longue durée, inhabituelle, de ce culte nous échappent, mais celle-ci implique un rapport privilégié entre la cité et ce prince julio-claudien.

La mémoire de Germanicus était donc prise en charge par l'éphébie athénienne, qui était à l'époque impériale une institution aristocratique. Elle portait la mémoire du glorieux passé militaire athénien, qu'elle réactualisait notamment lors des concours qui rappelaient sans doute les prouesses militaires de ce passé. Elle a peut-être reconnu dans ce commandant victorieux une figure qui pouvait représenter ses valeurs car Germanicus, encore jeune, était un cavalier accompli, auréolé d'une réputation de bon chef militaire. L'éphébie a perpétué la mémoire de Germanicus au moins jusqu'en 255/256, qui est la date du dernier catalogue éphébique mentionnant le concours. Et cette mémoire avait une présence forte, puisque la commémoration était répétée d'année en année et que le souvenir était transmis par un petit groupe homogène au sein d'une institution prestigieuse.

On n'a conservé que des indications éparses concernant le programme des *Germanikeia* : jusqu'au début du IIe siècle, les listes contiennent des épreuves encore originales par rapport aux suivantes. La liste de 45/46 mentionne une épreuve de pugilat (*pugmè*), sport particulièrement violent qui n'apparaît plus ensuite (*IG* II² 1969, l. 24-25). Celle de 111/112 fait référence à un éloge qui devait sans doute raviver de manière explicite le souvenir de Germanicus (*IG* II² 2024, l. 132), et à une course de flambeau ou lampadromie. Ce type d'épreuve était une course traditionnelle, spécialement réservée aux éphèbes, présente aussi aux *Theseia* et aux *Epitaphia* (une fête des morts en lien avec Thésée qui était le patron des éphèbes) : c'est donc avec une épreuve très ancienne et propre à leur institution que les éphèbes célébraient Germanicus. En revanche, à partir de la seconde moitié du IIe siècle, les programmes des *Germanikeia* semblent s'être alignés sur ceux des autres concours, notamment ceux des *Hadrianeia* et des *Antinoeia* en l'honneur de l'empereur Hadrien et de son favori Antinoüs qui fut héroïsé ou divinisé après sa mort le 30 octobre 130. Ce phénomène correspond à une tendance générale des concours du monde grec à cette époque. Pour les *Germanikeia*, la liste d'épreuves la plus complète que nous possédions, qui est datée entre 170/171 et 192/193, mentionne les épreuves de poésie, course de stade, lutte, pancrace (*IG* II² 2120, l. 16-20). On peut sans grand risque d'erreur la compléter par rapprochement avec le programme des autres concours, tel qu'il apparaît dans une liste de 191/192 (*IG* II² 2119) : héraut, éloge, poésie, course de fond (*dolichos*), course simple (ou stade), course double (*diaulos*), lutte, pancrace, course en armes (*hoplon*). L'uniformisation des concours éphébiques a certainement eu des conséquences sur le souvenir de Germanicus, sur la forme de sa mémoire, mais nous ne pouvons naturellement pas les apprécier : peut-être a-t-elle conduit à des rapprochements entre les figures de Germanicus et d'Antinoüs, mort jeune et, selon certaines rumeurs, « héroïquement », pour sauver la vie d'Hadrien par son sacrifice (Cassius Dion, *Histoire romaine*, 69, 11, 3 ; *Histoire Auguste, Hadrien*, 14, 6).

Ainsi, à Athènes, le souvenir de Germanicus était conservé par une mémoire fortement civique et identitaire, de type héroïque, grâce à une institution aristocratique dont l'une des fonctions était de représenter et de perpétuer les valeurs militaires de la cité. Le culte impérial n'était pas homogène : s'il a uni tous les habitants de l'Empire dans la dévotion à la figure impériale et aux membres de la *domus* impériale, il les a intégrés dans les traditions locales, privilégiant telle ou telle facette du pouvoir impérial. Mais il a constitué un vecteur important de diffusion des informations et de la mémoire politique à long terme.

Maîtres du temps, les empereurs ont aussi exercé une fonction de *renovatio temporum* : par le biais de certaines grandes fêtes, ils sont apparus comme les auteurs du « renouvellement des temps » qui permettait à Rome de vivre dans un éternel retour de l'âge d'or. Ils organisaient ainsi les jeux séculaires, censés avoir lieu chaque *saeculum*, c'est-à-dire qu'une génération d'hommes ne pouvait en voir qu'un, qui avaient eu lieu sous la République en 453 et en 348 avant J.-C. selon la tradition, puis en 249 et 146 av. J.-C. Auguste les célébra en 17 av. J.-C. pour perpétuer toujours la tradition républicaine et pour commencer un nouveau cycle de prospérité dont il était l'origine et le garant. Claude fit un nouveau calcul pour pouvoir les organiser en 47, ce qui correspondait au huit-centième anniversaire de la fondation de Rome. Domitien reprit la datation augustéenne en choisissant l'année 88, de même que Septime Sévère qui célébra les jeux séculaires deux cent vingt ans après Auguste, en 204. Entre-temps, Antonin les avait peut-être associés à nouveau avec l'anniversaire (le neuf-centième) de la fondation de Rome, en 148. L'empereur apparaissait donc comme le responsable de l'éternité cyclique de Rome et éventuellement, selon la date choisie, comme le refondateur de la capitale impériale. La fête de fondation de l'*Urbs* avait lieu le 21 avril et elle était célébrée traditionnellement par les *Parilia*, fondées sur des rites agraires et sur la commémoration de Romulus. Elle prit le nom de *Romaia* sous Hadrien qui fit construire un temple de l'*Urbs* abritant une statue cultuelle de la ville de Rome et le Palladium (statue de Pallas qui protégeait Troie, fut emportée par Énée en Italie et placée dans le temple de Vesta à Rome, symbole d'éternité). En 248, Philippe l'Arabe célébra le millénaire de

Rome avec des jeux d'une richesse extraordinaire, signalés à travers tout l'Empire par les monnaies, non seulement par l'empereur mais aussi par ses successeurs Dèce, Hostilien, Trébonien Galle, Volusien, qui insistèrent sur les notions de victoire, de concorde et surtout de renouveau.

Comme l'a bien souligné Stéphane Benoist[5], les empereurs utilisèrent ces fêtes – jeux séculaires, *Romaia* et jubilés – pour s'associer encore plus étroitement avec la Ville (le culte impérial était également lié au culte de *Roma* dans tout l'Empire), mettre en avant leurs successeurs et donc la continuité du pouvoir impérial, et offrir ainsi « l'image d'un prince garant de l'éternité de Rome ».

Spectacles, rumeurs et opinion populaire

Les spectacles comme lieux privilégiés d'échanges politiques pour le peuple

Cicéron expliquait déjà au Iᵉʳ siècle avant J.-C. que le peuple romain exprimait son opinion et sa volonté politique pendant « les réunions publiques, les comices, les rassemblements attirés par les jeux et les gladiateurs » (*Pour Sestius*, 50, 106 ; *Lettres à Atticus*, 2, 19, 3). Sous l'Empire, avec la fin des *contiones* et le rôle de plus en plus symbolique des comices, le cirque et les autres lieux de spectacles sont devenus naturellement à Rome des espaces privilégiés de l'expression de la volonté du peuple romain rassemblé et en particulier de la plèbe.

Il s'agit d'un élément bien connu. Ce qui l'est moins, c'est que d'autres lieux de spectacles ont pu jouer ce rôle à travers l'Empire, où les grands rassemblements à l'occasion des concours ou des jeux ont pu permettre aux habitants des cités d'exprimer leur satisfaction ou leur mécontentement envers les magistrats de leur cité ou de Rome. En Achaïe en particulier, les grands concours traditionnels qui étaient toujours des lieux de réunion des Grecs étaient associés à des panégyries, sortes de foires où les orateurs pouvaient s'exprimer assez librement, en tout cas sous Trajan si l'on en juge par le *Discours Olympique* de Dion de Pruse, prononcé probablement en 105. Ce discours contient une critique de la politique impérialiste de Trajan et de la seconde guerre dacique, énoncée clairement (*Or.* 12, 12) et probablement aussi de manière masquée, par référence au caractère trop belliqueux du Zeus homérique qui est longuement évoqué. Un entretien d'Épictète (Arrien, *Entretiens*, 3, 4) à peu près contemporain évoque un incident au théâtre entre le procurateur d'Épire et les habitants de Nicopolis, cité en partie libre. Le procurateur qui avait voulu faire couronner de force un comédien auquel la foule n'était pas favorable s'était fait insulter. Il était venu se plaindre à Épictète qui lui reprocha de s'être comporté comme un tyran : il avait voulu imposer son désir à la population dont il ne respectait pas la liberté d'expression. Il aurait dû au contraire, comme sa charge l'y engageait, se comporter en modèle pour le peuple, car les relations idéales entre celui-ci et son dirigeant reposaient sur une imitation à visée éducative (elles sont formalisées ainsi par la plupart des sources philosophiques et rhétoriques sous l'Empire). Ces exemples montrent que dans les provinces aussi, les lieux de spectacles étaient des lieux d'expression, ouverts à la critique, et les théâtres en particulier permettaient un face-à-face entre les habitants des cités et les représentants de l'autorité impériale.

À Rome, ils autorisaient un face-à-face direct entre l'empereur et son peuple, en tout cas aux deux premiers siècles ; dans la deuxième moitié du IIIe siècle, les empereurs n'étaient plus très présents dans la Ville, pour des raisons militaires. Les empereurs qui, comme Tibère ou bien Marc Aurèle, n'aimaient pas les jeux, étaient critiqués : ils semblaient mépriser les goûts de la plèbe et leur attitude empêchait la création d'un consensus qui passait, lors des jeux, par une communion émotionnelle.

Les spectacles concernaient les citoyens, mais aussi les non-citoyens, les femmes, les étrangers, les esclaves auxquels ils étaient ouverts. Auguste souligna leur importance civique et politique en instituant l'obligation du port de la toge, des places réservées pour les chevaliers et les sénateurs, et en interdisant les excès de licence. Dorénavant le théâtre et l'amphithéâtre, qui étaient comme le reflet de la société face au prince, étaient devenus des lieux du politique à Rome, où se testait le consensus impérial. L'empereur contrôlait la construction des édifices aussi bien que l'organisation des spectacles, qui témoignait de sa générosité et de sa puissance : il apparaissait dans les spectacles en tant que « prince-évergète » pour reprendre une expression de Stéphane Benoist. Dès les Julio-Claudiens, mais de manière occasionnelle seulement à cette époque, le prince et sa famille pouvaient assister aux jeux du cirque qui achevaient beaucoup de grandes fêtes romaines à partir d'une loge particulière, appelée *pulvinar*. Celle-ci contenait les statues des dieux auxquels le spectacle était offert. Comme l'a souligné Sylvain Forichon[6], c'est sans doute le lien filial entre Auguste et le divin César qui a justifié cet usage occasionnel du *pulvinar* par l'empereur. Le prince et sa famille, puisqu'il s'agissait d'un lieu de représentation dynastique, y apparaissaient aux yeux du peuple dans une proximité physique avec les statues des dieux.

Zvi Yavetz, dans son livre précurseur sur les relations entre l'empereur et la plèbe, avait déjà signalé le cirque et le théâtre comme des lieux privilégiés d'interaction, en attirant l'attention sur les réactions des spectateurs[7]. Paul Veyne est le premier, dans son ouvrage *Le pain et le cirque* (pp. 660-664), à avoir mis en évidence l'importance de ce face-à-face entre l'empereur et la foule dans une perspective sociologique. Il a évoqué plusieurs éléments importants : des modalités d'interaction particulières (acclamations, applaudissements, sifflets, dialogues), l'assouplissement de la relation de domination entre le prince et son peuple, voire son inversion, le caractère politique des revendications populaires et la recherche de popularité de la part du prince.

> « Il s'ensuit que, de plusieurs manières, les spectacles deviennent une arène politique, parce que la plèbe et son souverain y sont face à face : la foule romaine y honore son prince, lui réclame des plaisirs, lui fait connaître ses revendications politiques, enfin acclame ou attaque le prince sous couleur d'applaudir ou de siffler les spectacles. C'est ainsi que le Cirque et l'amphithéâtre ont pris une importance disproportionnée dans la vie politique romaine. Même quand l'empereur n'assistait pas en personne à quelque spectacle (Commode lui-même s'absentait quelquefois), les insignes impériaux étaient toujours, semble-t-il, déposés sur son siège et visibles à tous : le spectacle était une cérémonie officielle. Or la foule sait que le spectacle est fait pour elle, qu'elle est la reine de la fête et que les autorités veulent lui plaire ; la foule se sent chez elle au Cirque et aux théâtres (aussi bien, les jours d'agitation politique, c'est là qu'elle court pour se rassembler et manifester). Les spectacles étaient sa fête, l'éditeur des jeux, quand il serait l'empereur, se met ces jours-là à son service et s'humilie devant elle : Claude appelait les spectateurs "Messieurs" ou "Maîtres" (*domini*) – lui que, comme souverain, la foule appelait normalement "notre maître" (*dominus noster*) ; quand Auguste s'absentait des spectacles (il lui arrivait de le faire "pendant de longues heures, parfois pendant des journées entières"), il demandait pardon au public et lui recommandait le président effectif qu'il chargeait de le remplacer. Les souverains mettent leur complaisance à accorder au public les suppléments de plaisir qu'il demande ; Domitien assistait très régulièrement aux combats de gladiateurs édités par les questeurs, de manière à permettre au peuple de lui demander d'y produire quelques-uns de ses gladiateurs impériaux, qui se produisaient devant leur peuple en leur costume de Cour. Le prince se rend particulièrement populaire

en acceptant de récompenser les acteurs ou les champions que le public préfère. Quand les spectateurs désiraient que l'empereur récompensât une de leurs vedettes en envoyant une bourse sur la piste, ils s'y prenaient, semble-t-il, de la manière suivante : ils criaient à la vedette elle-même, en guise de souhait : "Puisse l'empereur t'être propice !" (*habeas propitium Caesarem*). Mais la foule profite aussi de l'occasion pour manifester politiquement, et les spectacles sont le lieu de troubles politiques. C'est au spectacle que la foule arrache à Galba l'exécution de Tigellin, qu'elle se plaint de la cherté du blé, qu'elle "demande avec insistance à Caligula de réduire le poids des impôts", qu'elle réclame la paix sur l'air des lampions. Les spectacles sont un cérémonial de cour et un tête-à-tête du prince et de sa cour de citoyens. »

P. Veyne, *Le pain et le Cirque. Sociologie historique d'un pluralisme politique*, Paris, 1976, p. 664.

Pour Cyril Courrier aussi[8], théâtres, amphithéâtres et cirques ont représenté dans ce sens un creuset de la culture politique de la plèbe à Rome. Il remet en question le lieu commun selon lequel les spectacles ont constitué une sorte de « soupape de sécurité », le pouvoir profitant de l'excitation du spectacle pour calmer la foule. Il souligne en effet la difficulté de manipuler une foule et insiste plutôt sur les tensions entre demandes émanant des spectateurs et réponses de l'empereur. On sait que ce dialogue était exprimé par différents modes de communication comme des cris et des gestes de la part de la foule, des messages écrits circulant sur une tablette et le recours à un héraut de la part de l'empereur.

Cyril Courrier a mis en balance, d'un côté, l'existence de revendications socio-économiques et politiques du peuple aux spectacles (comme les demandes pour l'exécution de Tigellin, préfet du prétoire et principal conseiller de Néron entre 62-68), mais aussi, de l'autre côté, le recours, relativement rare, du pouvoir à la violence. Ainsi en 15, à l'occasion de désordres occasionnés par des discordes entre acteurs, Tibère fit intervenir la troupe ; il introduisit ensuite des règlements visant à empêcher les désordres au théâtre et autorisa les préteurs à condamner à l'exil les spectateurs qui troubleraient l'ordre (Tacite, *Annales*, 1, 77). Les théâtres, amphithéâtres et cirques étaient en effet des lieux d'ordre. Auguste, puis Claude, ont veillé à ce que les différents groupes sociaux (sénateurs, soldats, plébéiens mariés, jeunes gens) soient bien séparés. Des troupes étaient stationnées dans les théâtres, sauf pendant le règne de Néron, ce qui aggrava les désordres dans la foule. Dans ce cadre, les empereurs, en général, ont plutôt fait preuve de tolérance envers les demandes du public, afin de favoriser ce contact direct avec le peuple. Celui-ci a contribué à créer un lien privilégié entre le prince et la plèbe romaine, qui voyait celui-ci comme une figure tenant du père et du patron.

Selon Suétone, Claude semble avoir été particulièrement conscient des potentialités communicatives des spectacles et il en a exploité une gamme variée. Il a fait donner de nouveaux spectacles, a ajouté des jeux de gladiateurs qui étaient un spectacle prisé, a fait effectuer des travaux d'embellissement dans le *Circus Maximus*, distribuer des repas à la plèbe, remplissant ainsi son rôle de protecteur et bienfaiteur de la plèbe. Il s'est efforcé d'entretenir les meilleures relations avec les spectateurs, s'adressant à eux avec respect, se montrant accessible et de bonne humeur. Le travail qu'il a fait pour se construire une image publique favorable a aussi consisté à donner une représentation de sa victoire sur les Bretons. Enfin, il s'est ponctuellement efforcé de donner une éducation politique au peuple, en rappelant par exemple, à l'occasion d'une faveur rendue à un gladiateur père de famille nombreuse, l'intérêt qu'il attachait au fait d'avoir des enfants.

> « Il distribua souvent des gratifications au peuple, et donna un grand nombre de magnifiques représentations ; car il ne se contentait pas de spectacles ordinaires célébrés dans des lieux consacrés à cet usage, il en imaginait ou plutôt il en empruntait à l'antiquité, et les faisait jouer sur des emplacements tout à fait nouveaux... Il orna le grand cirque de barrières en marbre et de bornes dorées, tandis que les premières étaient jadis de tuf et les autres de bois. Il assigna des places aux sénateurs qui, auparavant, étaient confondus dans la foule... Il multiplia les spectacles de gladiateurs. Il en fonda un annuel dans le camp des prétoriens, mais sans combat de bêtes et sans appareil. Il établit un autre combat régulier dans l'enceinte des élections, et dans le même lieu, il en donna un extraordinaire qui ne dura que peu de jours, et qu'il appelait "Sportule", parce qu'en l'annonçant il avait dit qu'il invitait le peuple à un petit repas improvisé et sans façon. Il n'y avait point de genre de spectacle où il se montrât plus accessible et plus joyeux. Il avançait la main gauche, comme faisait le peuple, et comptait tout haut sur ses doigts les pièces d'or offertes aux vainqueurs. Ses exhortations et ses questions excitaient à la gaieté les spectateurs qu'il appelait sans cesse "messieurs", en mêlant quelquefois à ses propos des plaisanteries froides et recherchées... Il avait accordé à un gladiateur de chars le congé que ses quatre fils demandaient pour lui avec instance. Voyant que tout le monde s'intéressait à cette grâce, il fit aussitôt courir une tablette dans laquelle il représentait au peuple combien il lui importait d'avoir des enfants, puisqu'un gladiateur même en retirait tant de profit et de faveur. Il fit représenter militairement dans le Champ de Mars la prise et le pillage d'une place forte, ainsi que la soumission de la Bretagne, et il y présida en habit guerrier. »

Suétone, *Claude*, 1-2, 4-5, 7-11, traduction de M. Cabaret-Dupaty, légèrement modifiée.

Cette communication directe entre le peuple et l'empereur a pris elle-même un caractère spectaculaire. C'est ce qui peut expliquer le choix de certains empereurs comme Néron et Commode de se faire acteurs des spectacles, Néron comme histrion et cocher et Commode comme gladiateur et chasseur (Suétone, *Néron*, 20-24 ; Cassius Dion, *Histoire romaine*, 72/73, 19-21 et *Histoire Auguste, Commode*, 11, 10-12 ; 15, 3-4 et 8). Mais il ne s'agit pas d'une simple dérive : la possibilité de développer cette forme de communication politique fut présente dès l'origine du Principat. Auguste appréciait en effet de voir les enfants de l'élite faire preuve de leurs qualités lors des jeux troyens, qui n'étaient pas sans danger, et il fit paraître au cirque et au théâtre des jeunes gens de l'ordre sénatorial et équestre, pour la même raison certainement, pour qu'ils puissent s'y distinguer, jusqu'à ce qu'un sénatus-consulte s'y oppose (Suétone, *Auguste*, 43) : outre la question des dangers encourus lors des combats contre les gladiateurs et les animaux, la plupart des sénateurs ont dû défendre une autre conception de leur *dignitas*.

Dans l'autre sens (du peuple au prince), on peut prendre l'exemple d'une émeute qui eut lieu à Rome en 190, dans le contexte d'une disette dont le préfet de l'annone faisait courir le bruit qu'elle était due à Cléandre, le tout-puissant et détesté préfet du prétoire de Commode, un ancien affranchi. Cassius Dion (*Histoire romaine*, 72/73, 13, 1-6) rapporte que la sédition commença au Cirque Maxime lors de jeux, peut-être ceux de Cérès du 12 au 19 avril. Des enfants menés par une jeune fille de haute stature, qu'on prit ensuite pour une divinité, pénétrèrent sur la piste en scandant des slogans contre Cléandre, repris par les spectateurs. La foule partit ensuite vers une résidence impériale, la villa des Quintili sur la Via Appia. Cléandre envoya des cavaliers contre les manifestants, mais Commode choisit d'appliquer une autre stratégie pour apaiser les émeutiers : il décida de faire exécuter Cléandre et son fils et d'abandonner le corps de son préfet du prétoire à la fureur de la foule. Il est évident que la manifestation initiale avait été préparée, et elle a pris au début, pour faire passer le message à l'empereur, une forme spectaculaire bien adaptée au lieu de la communication politique privilégiée par le peuple.

L'assassinat de Commode, dans la nuit du 31 décembre 192 au 1er janvier 193, ouvrit une période d'instabilité propice aux revendications populaires dans les lieux de spectacle. Le successeur de Commode, Pertinax, connut en effet le même sort l'année suivante, et le peuple manifesta de manière sonore son approbation ou son désaveu des candidats successifs à l'Empire – Didius Julianus, Pescennius Niger, Septime Sévère et Clodius Albinus – au Cirque Maxime en particulier. C'est sans doute la raison pour laquelle Septime Sévère semble avoir renforcé la police des spectacles, attribuée au préfet de la Ville comme on le lit chez Ulpien (*Digeste*, 1, 12, 12) : « Il convient que la tranquillité du peuple et la discipline lors des spectacles soient assurées par le préfet de la Ville. Et assurément il doit faire stationner des soldats pour surveiller la tranquillité du peuple et lui rapporter ce qui se passe » (traduction d'Hélène Ménard). Mais cela n'empêcha pas les manifestations d'opposition à la politique suivie par Caracalla de se produire assez souvent au cirque.

On voit donc que la politisation de la plèbe à Rome, peut-être particulièrement forte par rapport aux autres cités de l'Empire, a perduré jusque dans la première moitié du IIIe siècle, comme en témoignent Cassius Dion et Hérodien. En particulier, en dépit de la neutralisation des comices, le peuple romain s'est senti pendant toute cette période le droit d'intervenir pour exprimer son avis sur certains préfets du prétoire tout-puissants et sur la succession impériale, c'est-à-dire, dans l'un et l'autre cas, sur la question de qui devait détenir le pouvoir impérial – qu'il soit écouté ou non. En effet, il a manifesté publiquement contre Séjan (Cassius Dion, *Histoire romaine*, 58, 11, 3-4, 12, 1), Tigellin (Plutarque, *Galba*, 17, 4), Cléandre (Cassius Dion, *Histoire romaine*, 72/73, 13, 1-6 ; Hérodien, *Histoire des empereurs romains*, 1, 12-13). Il s'est mobilisé en 41 après la mort de Caligula, en faveur de Claude (Suétone, *Claude*, 10, 5 et 8), contre la décision de Néron de divorcer d'Octavie pour épouser Poppée (Tacite, *Annales*, 14, 59-62), en 68 ou 69 après la mort de Néron pour exprimer son attachement au défunt empereur, en 193, 196 et 238 pendant les guerres civiles, pour la succession. La plèbe urbaine s'est exprimée à travers des protestations et des émeutes qui se sont souvent produites dans le cadre des spectacles, contrairement aux manifestations de la période tardo-républicaine qui avaient lieu en général au forum.

Les demandes ponctuelles qui étaient faites aux empereurs, ou bien les rumeurs qui circulaient dans les lieux de spectacle comme dans les autres lieux de rassemblement, étaient-elles l'expression d'une opinion politique propre à la plèbe ? Il est difficile de répondre à cette question, car un certain nombre de manifestations que les historiens nous ont rapportées semblent être le résultat d'une orchestration préalable, ainsi l'apparition de la troupe d'enfants menés par une grande jeune femme d'apparence divine, évoquée plus haut à propos de l'émeute qui entraîna la mort de Cléandre, détesté par des sénateurs puissants. Des meneurs issus de l'aristocratie pouvaient s'appuyer sur leurs réseaux personnels, leurs clients, des associations structurées comme des collèges, pour planifier des acclamations. Mais il fallait quand même que celles-ci rencontrent suffisamment d'écho chez la majorité des spectateurs composée par la plèbe pour trouver une assise suffisante. Il est d'autant plus difficile d'analyser la question des meneurs, de l'organisation et de la participation à ces manifestations que les sources littéraires tendent à considérer le peuple (ou la foule) comme un être irrationnel et porté à la violence.

Il paraît logique aussi que les lieux de spectacles aient favorisé la circulation des rumeurs politiques en tant que lieux de rassemblements de masse.

Rumeurs politiques

Parallèlement aux échanges verticaux avec l'empereur dans le cadre des spectacles, les rumeurs sont aussi utilisées par les historiens contemporains pour montrer la circulation, verticale mais aussi et surtout horizontale, des informations politiques au sein du peuple. Elles jouent un rôle particulièrement important chez Tacite qui les associe à la plèbe de Rome. Elles apparaissent dans les moments de crise, qui sont par excellence les moments où se constituent les opinions parce que chacun est impliqué et que les émotions jouent un rôle de catalyseur. Elles nous apprennent que les informations politiques pouvaient emprunter des circuits non officiels et difficiles à contrôler, Rome n'étant pas un état policier. Qui faisait circuler les rumeurs ? Les marchands et voyageurs sont mentionnés par Tacite (*Annales*, 2, 82, 4), Suétone (*Caligula*, 6) et Philon d'Alexandrie (*Ambassade à Caius*, 15 et 18) à propos de la maladie de Germanicus en 19 et de celle de Caligula en 37. Chez Juvénal, ce sont les barbiers, les patrons de tavernes. Elles étaient diffusées dans les lieux de rassemblement comme les boutiques, les *atria* des maisons des patrons, les carrefours, le forum et les jardins publics où les gens se rassemblaient en petits cercles, selon leurs réseaux de sociabilité.

Cassius Dion a lui aussi souligné l'importance nouvelle prise par les rumeurs sous le Principat, mais à une autre échelle, qui témoigne d'un changement de culture politique : selon lui, c'est parce que les décisions des princes et de leurs proches n'étaient pas rendues publiques et étaient, pour la plupart, prises en secret, que les rumeurs sont devenues un mode d'information par défaut, ce qu'il regrette car elles entravent sa démarche historique de recherche de la vérité (*Histoire romaine*, 53, 19, 2-6). La rumeur explique dans son œuvre le comportement de certains acteurs politiques, et pas seulement de la plèbe : ainsi Racius ou Raecius Constans, le gouverneur de Sardes, fut-il puni en 204 pour avoir fait briser des statues de Plautien, parce qu'il avait fait confiance à une rumeur rapportant prématurément la chute et la mort du préfet du prétoire (*Histoire romaine*, 75/76, 16, 2-3). Cassius Dion fait donc de la rumeur, plus généralement, un élément fondamental d'une culture politique monarchique où tout dépendait, en dernier ressort, d'un individu dont très peu connaissaient les intentions réelles, ce qui laissait libre cours aux rumeurs[9].

Les maladies des empereurs, en particulier, ont suscité des rumeurs vraies ou fausses, qui pouvaient troubler l'ordre public et politique. Les maladies graves ont provoqué des épisodes d'instabilité politique en plaçant les émotions sur le devant de la scène politique. Elles ont été l'occasion pour le peuple de Rome et plus largement pour les habitants de l'Empire de manifester leur attachement ou leur hostilité à l'empereur, ainsi que leurs craintes vis-à-vis d'une vacance du pouvoir, avec en arrière-plan le spectre des guerres civiles. On le voit bien dans les réactions passionnées que rapporte Philon d'Alexandrie à propos de la maladie qui affecta Caligula au début de son règne, en octobre 37, quand sa popularité n'avait pas encore été écornée : les peurs et la joie collectives traduisent la dimension sotériologique de la figure du prince.

> « Toutes les parties du monde tombèrent malades avec lui, et d'une maladie plus grave encore que celle qui s'était emparée de Caius ; car celle-là n'était qu'une maladie du corps, mais celle-ci affectait absolument tout : vigueur de l'âme, paix, espérances, possession et jouissance des biens. On ressassait la multitude de maux immenses que produit l'anarchie : famine, guerre, destruction des arbres, campagnes dévastées, confiscation des biens, arrestations, l'intolérable crainte de l'esclavage ou de la mort, maux pour lesquels il n'était pas de médecin, le seul remède étant la bonne santé de Caius... Par les gens qui débarquaient, on apprit l'heureuse nouvelle de son complet rétablissement : aussi se livra-t-on de nouveau aux mêmes réjouissances, car aussi bien les populations de tous les continents que

celles de toutes les îles considéraient son salut comme leur propre salut. De mémoire d'homme, il n'est pas une nation, pas un peuple qui ait jamais connu pour le salut et le rétablissement d'un prince une joie pareille à celle qu'éprouva le monde entier au sujet de Caius lors de son avènement à l'empire et quand il fut rétabli de sa maladie. »

Philon d'Alexandrie, *Ambassade à Caius* 16-20, traduction légèrement modifiée d'André Pelletier.

La maladie de Germanicus en Syrie, qui dura entre le printemps et le 10 octobre 19, date de sa mort, suscita de nombreuses rumeurs à Rome qui ont créé de vrais désordres publics dans les rues et menacé le pouvoir de Tibère, accusé notamment d'avoir empoisonné son héritier trop populaire.

« Cependant à Rome, une fois connue la maladie de Germanicus, toutes les nouvelles, exagérées, en raison de l'éloignement, dans le sens du pire, provoquaient la douleur, la colère et faisaient éclater les plaintes : voilà donc pourquoi on l'avait relégué au bout du monde, voilà pourquoi on avait livré la province à Pison, tel était le résultat des entretiens secrets entre Augusta et Plancine [épouse de Pison et amie de Livie]. Les vieillards avaient bien raison de dire à propos de Drusus [fils de Tibère] que déplaisent aux monarques les sentiments démocratiques de leurs fils ; tous deux n'avaient été emportés avant l'âge que pour avoir conçu le projet d'accorder au peuple romain l'égalité des droits en lui rendant la liberté. Ces propos de la foule furent encore avivés par la nouvelle de sa mort, au point que, avant l'édit des magistrats, avant le sénatus-consulte, le cours des affaires fut arrêté, les tribunaux désertés, les maisons fermées... Le hasard fit que des négociants, partis de Syrie quand Germanicus vivait encore, annoncèrent une amélioration de son état. La nouvelle fut aussitôt crue, aussitôt divulguée : le premier venu, au moindre bruit, la transmet à d'autres, qui la répandent en l'exagérant sous l'effet de la joie. On court par la ville, on force l'entrée des temples ; la nuit favorise la crédulité et, dans les ténèbres, l'affirmation est plus hardie. Tibère ne mit pas obstacle à ces faux bruits, attendant qu'à la longue le temps les dissipât ; et le peuple, comme s'il eût perdu Germanicus une seconde fois, ressentit plus cruellement sa douleur ».

Tacite, *Annales*, 2, 82, 1-4, traduction de Pierre Wuilleumier.

Tacite ne précise pas l'origine de qu'il appelle des « propos de la foule » (*vulgi sermones*). Ce qui l'intéresse est leur caractère hostile à Livie et à Tibère, celui-ci étant implicitement accusé de meurtre et de tyrannie (Suétone, *Tibère*, 52). Cette animosité fait ressortir par contraste l'adoration que la plèbe romaine éprouvait envers Germanicus. Les rumeurs apparaissent ainsi comme l'expression de ce que le peuple (ou une partie du peuple) pensait de tel ou tel membre de la *domus Augusta*. Tibère était accusé du meurtre de Germanicus parce qu'on l'en jugeait capable, et il en est allé de même pour Néron accusé d'avoir incendié Rome en 64. Les rumeurs ont dans ce sens constitué une forme de communication politique avec le prince, qui était obligé de réagir quand son propre pouvoir était contesté : Tibère laissa le Sénat condamner son ami Pison, le légat propréteur de Syrie, pour conspiration, et Néron désigna comme boucs émissaires les chrétiens.

Elles posent cependant plusieurs problèmes. D'abord, les historiens anciens qui les rapportent peuvent les utiliser pour faire valoir leur propre point de vue, au premier chef Tacite qui détestait Tibère. Ensuite, ils ne se sont pas intéressés à la source précise des rumeurs ou au processus de formation des opinions. Ils ont considéré la plèbe urbaine comme un tout, et ont eu généralement tendance à distinguer trois groupes unitaires, le peuple, l'armée et le Sénat, agissant séparément et de manière souvent conflictuelle. Ainsi, dans la majorité des cas et en l'absence d'études précises qui viendraient compléter les recherches menées par Cyril Courrier pour le Iᵉʳ siècle de notre ère[10], il faut se borner à constater que les rumeurs révélaient la popularité ou l'impopularité d'un membre de la famille impériale. Les revendications de la plèbe urbaine aux spectacles montrent qu'elle n'était parfois pas d'accord avec des décisions politiques, le plus souvent relatives à ses conditions matérielles, et qu'elle avait donc une certaine idée de ses droits et de sa dignité. Certaines de ses réactions sont en lien avec le comportement du prince : ainsi les protestations et la manifestation de la foule à Rome en 62, quand Néron relégua puis rappela son épouse Octavie (Tacite, *Annales*, 14, 60-61). Ceci montre que la plèbe avait aussi une certaine idée de ce que le prince devait être. Mais il est difficile d'aller au-delà et de dégager des opinions plus précises.

S'il est probable que la plèbe ait été plus politisée à Rome, centre du pouvoir, qu'ailleurs, Dion de Pruse et Épictète ont souligné que tous les habitants de l'Empire s'intéressaient à l'exercice du pouvoir impérial et le critiquaient parfois. Dion évoque les activités des voyageurs qui allaient de cité en cité, fréquentaient les auberges, se faisaient de nouvelles connaissances avec qui ils parlaient « des affaires de l'empereur ou d'un tel » (*Or.* 20, 3). Épictète affirme que les gens ne cessaient d'insulter le prince (*Entretiens*, 3, 4, 7). Cet intérêt pour la figure de l'empereur sous le Haut-Empire contraste avec l'ignorance que Théodoret met en évidence au premier tiers du IVᵉ siècle, en affirmant dans la *Thérapeutique des maladies helléniques* (8, 67) que la plupart des gens ne connaissaient même pas le nom des empereurs.

On sait donc qu'il existait une culture politique populaire mais qui est en grande partie inaccessible. Comme la plèbe urbaine n'était pas homogène socialement, il faut plus probablement parler de cultures populaires au pluriel. Celles-ci étaient constituées par les canaux que l'on vient de voir, mais aussi par imprégnation d'autres vecteurs de la communication politique et par des rituels, cérémonies, qui sont évoqués dans les deux chapitres suivants.

Chapitre 3

La figure de l'empereur

La figure de l'empereur est très rapidement devenue le noyau central de la culture politique romaine sous le Haut-Empire, comme on l'a vu dans le premier chapitre : la différence la plus importante, la plus immédiatement perceptible pour l'ensemble des habitants de l'Empire, qui fut suscitée par le passage de la République au Principat, fut la « révolution » opérée dans les principaux médias de la culture politique, les cérémonies publiques, les inscriptions, la statuaire, la monnaie, l'éloquence et l'écriture de l'histoire. Ces vecteurs de la communication politique nous fournissent une masse de documents pour enquêter sur la manière dont était vu et perçu l'empereur par ses concitoyens et ses sujets, et pour comprendre quels rapports les habitants de l'Empire pouvaient entretenir avec lui, entre proximité et accessibilité du prince – ce qui était, rappelons-le, la norme républicaine pour les magistrats à Rome – et éloignement, ce qui fut l'évolution historique. Cet éloignement, devenu une réalité sensible au IIIe siècle, s'explique aussi bien par la taille de l'Empire romain que par une sacralisation de la fonction impériale, qui se met en place dans la seconde moitié du IIIe siècle.

Empereur et *res publica*

La notion de *res publica* n'a pas disparu sous le Haut-Empire (même s'il y a eu des évolutions de sens) : l'empereur apparaît lui-même comme le produit d'un choix effectué par les représentants traditionnels (républicains) de la *res publica*, l'armée, le Sénat et le peuple. On connaît en effet les rituels et les mesures légales d'investiture, qui ont fonctionné dans leur séquence complète (mais avec des variantes et pas dans un ordre fixe pour les troupes et le Sénat) jusqu'à la fin du

Ier siècle : l'empereur était acclamé par les troupes, son pouvoir était reconnu par un sénatus-consulte du Sénat et, à partir de ce sénatus-consulte, était rédigée une *lex de imperio* votée par les comices, dont on possède un précieux exemple, incomplet, pour Vespasien.

> « Que [Vespasien] soit autorisé à faire des traités avec qui il voudra, comme le divin Auguste, Tibère Jules César Auguste, et Tibère Claude César Auguste Germanicus. Qu'il puisse aussi présider le Sénat, faire ou écarter des propositions, faire [voter] des sénatus-consultes par *relatio* ou *discessio*, comme y avaient été autorisés le divin Auguste, Tibère Jules César Auguste, Tibère Claude César Auguste Germanicus. Lorsque sur sa volonté, son autorisation ou son ordre le Sénat tiendra séance soit devant son représentant soit devant lui-même, que l'on tienne pour droit tout ce qui s'y fera et qu'on l'observe, comme si le Sénat avait été convoqué ou avait tenu séance conformément à la loi. Les candidats à une magistrature ou à une charge importante soit *potestas* soit *imperium*, ou à une *curatio*, qu'il aura recommandés au Sénat ou au peuple romain ou auxquels il aura donné ou promis son suffrage, qu'on en tienne compte en dehors de l'ordre normal des élections. Qu'il lui soit permis de restreindre ou d'étendre les limites du *Pomerium* lorsqu'il le croira nécessaire au bien public ainsi que cela a déjà été permis à Tibère Claude César Auguste Germanicus. Qu'il possède le droit et le pouvoir d'accomplir et de faire tout ce qu'il pensera utile au bien public et à la majesté des choses divines, humaines, publiques ou privées, de même que ce droit a été accordé au divin Auguste, à Tibère Jules César Auguste, et à Tibère Claude César Auguste Germanicus. Que l'empereur César Vespasien soit dispensé des lois et des plébiscites dont le divin Auguste, Tibère Jules César Auguste, Tibère Claude César Germanicus n'étaient pas tenus et tout ce qu'en vertu d'une *lex rogata* le divin Auguste, Tibère Jules César Auguste ou Claude César Auguste Germanicus pouvaient faire, qu'il soit permis à César Vespasien Auguste de le faire. Et que les actes accomplis, les décrets commandés par l'empereur César Vespasien Auguste, soit par son commandement, soit par l'un de ses délégués avant cette *lex rogata*, que tous ces actes soient tenus pour conformes au droit et ratifiés, comme s'ils avaient été faits par ordre du peuple ou de plèbe. »
>
> Loi d'investiture de l'empereur Vespasien, *lex de imperio Vespasiani* (69-70 apr. J.-C.), traduction de Jean Imbert, *Histoire des Institutions*, Paris, 1957, pp. 181-183, n° 101 (*ILS* 244).

Cette loi énumère tous les pouvoirs de l'empereur, tous ses privilèges qui sont les mêmes que ceux des empereurs précédents, afin qu'il puisse réaliser « tout ce qu'il pensera utile au bien public et à la majesté des choses divines, humaines, publiques ou privées ». Elle définit ainsi la position légale de l'empereur « au-dessus des lois » républicaines, justifiée parce qu'il est le bienfaiteur de la *res publica*. Il s'agit de l'idéal augustéen, bien étudié par Jean Béranger, de l'empereur au service de la *res publica*, qui se dévoue pour le bien commun[1]. Paul Veyne[2] a également souligné le fait que l'empereur

– c'est ce qui faisait toute l'instabilité de la charge – était considéré comme le mandataire, le délégué du Sénat et du peuple. Claudia Moatti[3] a quant à elle bien montré que la « chose publique » a toujours reçu des interprétations diverses, qui ont évolué avec le temps ; elle a mis en lumière l'ambiguïté du rapport, indéniable dans les sources littéraires, entre le prince et la *res publica*. Tantôt les deux sont bien distincts, tantôt la seconde tend à devenir la chose du prince. Cette confusion tient à la fois à l'absence de constitution et à la reprise du langage républicain par les aristocrates, à l'intertextualité omniprésente dans l'expression du discours politique ; c'est le langage républicain qui constituait le langage officiel de la légitimité politique.

Très rapidement, dès les Julio-Claudiens, on observe cependant que la *res publica* est de plus en plus étroitement associée à la personne de l'empereur, qui en devient le protecteur attitré, le représentant. On le voit notamment dans les vœux formulés pour le salut du prince : les *vota pro salute* nous sont bien connus grâce aux témoignages des frères arvales et aux études modernes de John Scheid sur le collège des arvales ou de Lorenz Winkler sur le culte et la notion de *Salus*[4]. Parallèlement aux vœux annuels prononcés par les consuls sous la République pour le salut de la *res publica*, ont été mis en place, et institutionnalisés entre le règne de Tibère et celui de Caligula, des vœux annuels pour le salut du prince, prononcés par les frères arvales ; ils ont occulté rapidement les vœux pour le salut de la *res publica*. À la fin du Ier siècle apr. J.-C., le lien de dépendance entre salut de la *res publica* et salut du prince n'était plus remis en question. Il est par exemple exprimé clairement dans la formulation des vœux des frères arvales du 22 janvier 86 : « Lui dont le salut de tous repose sur sa sauvegarde » (*CIL*, VI, 2064, l. 39-40 : *ex cujus incolumitate omnium salus constat*).

On le voit aussi dans les vœux du 3 janvier 100 évoqués dans le *Panégyrique de Trajan* de Pline le Jeune. Suite à la construction qu'il avait lui-même orchestrée de la figure de Domitien en « tyran » châtié par les dieux, Trajan avait demandé aux sénateurs qui élaboraient les vœux d'ajouter une clause conditionnelle : « S'il a bien gouverné la *res publica* et dans l'intérêt de tous » (*Panégyrique*, 67, 4, traduction de Marcel Durry, légèrement modifiée). Le sénateur Pline a commenté ainsi ce changement : « Par une entente avec les dieux, sur ta propre initiative, César, la *res publica* leur a demandé d'assurer ta vie et ta sauvegarde si tu assurais celle des autres ; si non, eux aussi détourneraient de ta tête leurs regards qui la protégeaient et t'abandonneraient aux vœux qu'on ne forme point ouvertement » (*Panégyrique*, 67, 5, traduction de Marcel Durry, légèrement modifiée).

Une telle clause, comme le souligne Pline (*Panégyrique*, 67, 6), unissait étroitement le salut de l'empereur à celui de la *res publica*, dans un sens proche ici de « bien commun », ce qui renforçait à la fois la personnalisation du pouvoir et sa dimension éthique. À la fin du Iᵉʳ siècle apr. J.-C., cela ne semble pas poser de problème, mais ce phénomène de personnalisation du pouvoir est déjà sensible plus tôt, sous Tibère qui fut sans doute le plus républicain des princes (après Auguste), et qui a tenté de mettre les choses au clair au moment de la crise qu'a constituée la mort en Syrie du prince héritier, Germanicus, très apprécié par le peuple romain. Durant la cérémonie de la déposition des cendres de Germanicus dans le mausolée d'Auguste au début de l'année 20, les participants s'écrièrent que la *res publica* était perdue et que la mort de Germanicus avait réduit à néant toute espérance (Tacite, *Annales*, 3, 4, 1). Tibère réagit en promulguant un édit qui demandait le retour à la normalité après la déposition des cendres. L'empereur s'y opposait aux réactions liant le salut ou la mort du prince à la sauvegarde ou à la fin de la *res publica*, à l'aide d'une formule fameuse : *principes mortales, rem publicam aeternam esse*, « les princes sont mortels, mais la *res publica* est éternelle », ce qui montre bien, *a contrario*, que la notion de *res publica* était déjà largement attachée à la personne du prince (*Annales*, 3, 6, 1-3).

Même si le peuple ne faisait pas la nuance, *res publica* et empereur restaient, en théorie, deux éléments distincts, et ils le sont restés sous le Haut-Empire. Le prince romain n'incarnait pas la *res publica*, au sens où Louis XIV a peut-être dit : « L'État, c'est moi », ou bien au sens de la théorie des « Deux corps du roi » qui fut développée par Ernst Kantorowicz au sujet de la monarchie médiévale[5]. Selon cette théorie, le corps naturel, physique du roi, se double d'un corps politique, idéel, celui du souverain appelé à incarner son royaume. Mais cette construction intellectuelle aurait été rendue possible par le développement du christianisme et ne fonctionne que très imparfaitement dans le cas du Haut-Empire (voir *infra*, sur le culte impérial).

Cette figure de protecteur et de bienfaiteur lie l'Occident et l'Orient, même si les traditions politiques ne sont pas les mêmes. En Orient, l'empereur a succédé aux rois hellénistiques, qui sont des figures de bienfaiteurs (ou évergètes, qui aident les cités en finançant des institutions publiques comme le gymnase, des temples, etc.). Il est appelé dans les inscriptions évergète, sauveur, « fondateur », il est donc désigné dans ce que John Ma a appelé le langage de l'évergétisme[6]. Mais les sources littéraires politiques grecques le qualifient de *basileus*, roi : pour elles l'Empire romain est une *basileia*, une royauté, dont l'empereur est simplement le maître.

Présence et éloignement de l'empereur

L'idéal de la *civilitas*

La *civilitas* est une qualité essentielle du bon prince sous les Antonins, qui est attribuée par Suétone à Auguste, Tibère, Claude, Vespasien et Titus. Elle se manifeste dans le comportement de l'empereur agissant « comme un citoyen », c'est-à-dire par une certaine simplicité, par l'abord facile, par l'accessibilité du prince, qui le font apparaître aux yeux des autres aristocrates comme un *primus inter pares*. Cette qualité repose sur l'idéal d'accessibilité des magistrats républicains, et les sources littéraires en font un trait essentiel du bon empereur, protecteur et bienfaiteur de ses concitoyens et sujets. Ainsi Hérodien affirme-t-il à propos de Marc Aurèle, dont le portrait en tant qu'empereur idéal ouvre l'*Histoire des empereurs romains* (1, 2, 4, traduction de Denis Roques) : « À l'égard de ses sujets il se montra un empereur doux et modéré, accueillant ceux d'entre eux qui venaient le trouver et empêchant sa garde personnelle d'éconduire ceux qui sollicitaient une audience. »

La *civilitas* est caractérisée notamment par le fait de se laisser approcher sans garde du corps, sans exercer de fouilles, de participer aux repas des autres sénateurs, de visiter ses amis malades, de donner des audiences (ainsi Auguste donnait-il des audiences publiques même aux plébéiens), plus largement même d'exercer le pouvoir avec modération. Mais il est clair que son application était soigneusement pesée dans la réalité de l'exercice du pouvoir : elle s'est heurtée aussi bien aux contraintes liées à la sécurité du prince – qui était le plus souvent entouré de gardes – qu'aux activités du gouvernement impliquant que le prince était amené à collaborer avec les sénateurs et chevaliers plutôt qu'avec la plèbe, et plus précisément avec un cercle étroit de collaborateurs de confiance, ce qui incite Pascal Montlahuc à parler d'« inaccessible accessibilité du prince[7] ». Même à Rome le prince n'était, le plus souvent, visible et accessible à la plèbe que lors des spectacles et des cérémonies comme l'*adventus* par exemple, qui marquait l'entrée triomphale de l'empereur dans la Ville. Les campagnes fournissaient au prince l'occasion d'être proche de ses soldats qui appréciaient qu'il partage avec eux certains repas et entraînements, la vie simple et rude des camps. Il s'agit d'un élément récurrent dans les sources au sujet de Trajan, Hadrien, Lucius Vérus, Caracalla et Sévère Alexandre : c'est un trait qui participait donc à l'idéal antonin. Quant à Germanicus, dont Tacite souligna le « caractère citoyen » (*civile ingenium*, *Annales*, 1, 33, 2), il offre l'un des rares exemples de *civilitas* vis-à-vis des habitants des provinces : celle-ci s'exprimait par le respect du statut des cités libres et de certaines coutumes locales. Ainsi, il entra à Athènes en 18 avec un seul licteur, alors que son rang de consul lui donnait droit à douze. Il respectait par-là la liberté de la cité qui échappait à son *imperium*, ce qui lui valut un accueil très enthousiaste (*Annales*, 2, 53). En 19, il fit un séjour en Égypte où il plaisait au peuple en se déplaçant sans être précédé de soldat, vêtu et chaussé à la grecque (*Annales*, 2, 59). Dans la même perspective, au début du IIe siècle, Trajan répondit à Pline le Jeune qui souhaitait le voir fixer une règle valable pour toutes les cités, qu'il fallait tenir compte de la législation de chacune et des privilèges locaux (Pline le Jeune, *Correspondance*, 10, 109).

Les sources présentent la *civilitas* comme étant particulièrement appréciée par les sénateurs, heureux d'avoir un accès à un prince qui, jusqu'au premier tiers du IIIe siècle, venait de leur propre milieu. Elle se manifeste en particulier dans la pratique républicaine de la *salutatio*, continuée par Auguste pour les familles de chevaliers et de sénateurs : en se présentant à la salutation quotidienne, celles-ci marquaient leur loyauté envers le prince. Dans le *Panégyrique de Trajan*, Pline loue l'empereur de respecter de bon gré ce rituel républicain (*Panégyrique*, 23, 1 et 24, 2). Marc Aurèle recevait ses visiteurs les plus proches dans sa chambre à coucher où le plus grand honneur était d'être admis en premier, pour recevoir l'accolade et le baiser sur la bouche, gestes qui mettaient en scène une égalité entre pair (Cassius Dion, *Histoire romaine*, 71/72, 35, 4). Puis l'empereur se déplaçait de pièce en pièce pour aller saluer les autres visiteurs, répartis en petits groupes, en fonction de leur proximité avec le prince, dans différents espaces du palais : la hiérarchie sociale et politique était ainsi traduite spatialement. On voit donc que cette *civilitas*, qui est par excellence une qualité du bon prince antonin, que Suétone attribue au fondateur de l'Empire, était soigneusement contrôlée, pesée, et ambivalente puisqu'elle avait une fonction hiérarchisante au sein de ceux qui étaient censés être pairs. La verticalité ne cessa pas de se développer, et dès le IIIe siècle peut-être, apparurent les baisers des aristocrates sur le bas du manteau impérial et la pratique de la proscynèse, qui ne fut introduite à la cour impériale que sous Gallien, voire sous Dioclétien. La salutation fut alors remplacée par l'*adoratio*.

Cette *civilitas* est une qualité politique également utilisée dans le gouvernement, qui est proche de la *moderatio* ou de la *modestia*. Le prince *civilis* agit comme un *privatus*, un simple citoyen, alors même qu'il ne l'est plus. La *civilitas* se manifeste alors, notamment, dans le refus ritualisé de l'Empire, à chaque début de règne depuis celui de Tibère, et aussi dans le refus des honneurs excessifs, soit des éléments de la titulature impériale comme *pater patriae*, *optimus*, dont l'acceptation est repoussée dans le temps, soit des honneurs à valeur religieuse (statues en or, cultes de vertus impériales). Plusieurs princes comme Auguste, Caligula, Vespasien, Trajan, Hadrien et Antonin, ont ainsi différé le fait d'accepter le titre de *pater patriae*, et Trajan n'intégra celui d'*optimus* dans sa titulature officielle qu'en 114. Quant aux honneurs religieux, les exemples sont nombreux : Tibère, Germanicus, Claude, Néron, Hadrien et Marc Aurèle refusèrent plusieurs honneurs divins, de crainte de s'attirer une mauvaise réputation.

L'enjeu du refus de l'Empire est que les sénateurs supplient le prince et le « contraignent » d'accepter le pouvoir, ce qui souligne le consensus entre le Sénat et le peuple comme fondement du pouvoir impérial. Ce refus traduit la *modestia* de l'empereur, qui est une vertu politique fondamentale aux yeux des sénateurs, car elle atteste la capacité du prince à contrôler ses désirs et ses ambitions pour se consacrer au bien commun. Il renvoie donc aussi à la conception du pouvoir impérial comme un fardeau accepté pour le bien de tous, et place les sénateurs qui semblent forcer le prince en position d'abaissement et de gratitude... Dénoncé comme une « comédie » par Suétone et Tacite, ce refus constitue une comédie subtile du pouvoir et une mise en scène des relations entre le prince-sénateur et ses « collègues », soulignant à la fois la proximité entre eux et l'évidente supériorité du *princeps*.

> « Puis on adressa des prières à Tibère. Celui-ci discourait en termes variés sur la grandeur de l'empire et ses propres limites : seul le génie d'Auguste pouvait embrasser un tel ensemble ; lui-même, appelé par ce prince à assumer une partie des affaires, il avait appris par expérience combien il est difficile et combien hasardeux de porter le poids d'un pouvoir absolu. Aussi, dans une cité qui s'appuyait sur tant d'hommes illustres, ne fallait-il pas tout conférer à un seul : plusieurs auraient moins de peine, en associant leurs efforts, à remplir les charges publiques. Il y avait dans un tel discours plus de dignité que de franchise ; Tibère, même dans les cas où il n'avait rien à dissimuler, employait toujours, soit par nature, soit par habitude, des expressions flottantes. Cherchant alors à rendre sa pensée impénétrable, il l'enveloppait encore plus d'indécision et d'ambiguïté. Mais les sénateurs, qui n'avaient qu'une crainte, avoir l'air de comprendre, se répandaient en plaintes, en larmes, en vœux ; tournés vers les dieux, vers la statue d'Auguste, vers les genoux de Tibère, ils tendaient les bras, quand il fit apporter et lire un mémoire ; on y trouvait l'inventaire des ressources publiques, le nombre des citoyens et des alliés sous les armes, la liste des flottes, des royaumes, des provinces, l'état des impôts directs ou indirects, des dépenses nécessaires et des libéralités. Auguste avait écrit tous ces détails de sa main, et il avait ajouté le conseil de ne pas reculer les bornes de l'empire, sans qu'on sache si c'était par crainte ou sous l'effet de la jalousie. Sur ces entrefaites, comme le Sénat s'abaissait aux plus humbles supplications, Tibère en vint à déclarer que, s'il ne pouvait suffire à l'ensemble des charges publiques, il assumerait cependant la charge de toute partie qu'on lui confierait. »
>
> Tacite, *Annales*, 1, 11-12, 1, traduction de Pierre Wuilleumier légèrement modifiée.

> « Quoiqu'il n'eût hésité ni à s'emparer aussitôt du pouvoir ni à l'exercer, car il se donna même une garde, c'est-à-dire la force et les dehors de la souveraineté, il le refusa longtemps : jouant la comédie la plus impudente, tantôt il répondait aux exhortations de ses amis en leur reprochant de ne pas savoir « quel monstre est l'empire, tantôt, comme le Sénat le suppliait en se jetant à ses genoux, il le tenait en suspens par ses réponses équivoques et son hésitation astucieuse, au point que certains perdirent patience [...]. Enfin, comme par contraire, en déplorant la misérable et lourde servitude qu'on lui imposait, il accepta l'empire, mais ce ne fut qu'en exprimant l'espoir de s'en décharger plus tard. »
>
> Suétone, *Tibère*, 24, traduction d'Henri Ailloud.

Le refus des honneurs excessifs, quant à lui, rappelle l'ambiguïté de la position du prince à côté et au-dessus des sénateurs, ou bien, quand il s'agit d'honneurs à valeur religieuse, entre les hommes et les dieux. En ce sens, la *civilitas* est bien une composante politique essentielle du Principat : comme l'a montré Pascal Montlahuc, elle constitue l'une des bases du charisme et de l'*auctoritas* impériales.

Elle se manifeste également dans le respect de l'institution sénatoriale, que le « bon prince » est tenu de consulter régulièrement. D'une part, les décisions des sénateurs avaient force de loi après l'affaiblissement constitutionnel des comices sous Tibère ; d'autre part, son autorité pesait de moins en moins lourd par rapport à celle de l'empereur, tandis que d'autres lieux de décisions politiques se constituaient en parallèle et en concurrence : la cour et le *consilium principis*, le Conseil du prince. Cet idéal de respect pour l'institution sénatoriale perdura longtemps, puisqu'on le voit encore exprimé dans *l'Histoire Auguste* datée de la fin du IVe siècle, à propos d'Hadrien, empereur dont le règne fut pourtant grevé par de mauvaises relations avec le Sénat, dès le début, suite à la condamnation à mort de quatre grands consulaires qui auraient pu être des concurrents au trône (Caius Avidius Nigrinus ; Aulus Cornelius Palma Frontonianus ; Lucius Publius Celsus ; Lusus Quietus). Cette attitude exemplaire d'Hadrien, si elle a réellement existé, s'explique justement par ces relations compliquées, qu'il fallait éviter surtout de dégrader. Elle peut se comprendre aussi comme une tentative vaine pour désamorcer l'hostilité du Sénat à son égard. Elle se traduit par la gestion délicate des honneurs et surtout du plus grand d'entre eux, le consulat. Hadrien a évité de l'accaparer (contrairement à Domitien par exemple) et a tenu à ce que d'autres sénateurs proches de lui puissent jouir aussi, comme lui-même l'avait fait (en 118), de l'honneur d'un troisième consulat.

> « Il fit entrer l'élite des sénateurs dans l'intimité de la majesté impériale. Il refusa que des jeux du cirque fussent décrétés en son honneur, en dehors de ceux célébrant ses anniversaires. Il répétait souvent dans l'Assemblée du peuple ou au Sénat que sa mission était de gouverner l'État en sachant que l'État appartenait au peuple et non à lui. Nombreux furent ceux qu'il nomma à un troisième consulat, ayant lui-même géré cette magistrature à trois reprises, et plus nombreux encore ceux auxquels il accorda l'honneur d'un second consulat. Quand il fut consul pour la troisième fois, il exerça la charge seulement pendant quatre mois et, dans ce laps de temps, rendit souvent la justice. Lorsqu'il se trouvait à Rome ou aux environs de Rome, il assistait toujours aux séances « ordinaires » du Sénat. Il prit beaucoup de précautions en créant de nouveaux sénateurs et, par là, il exalta à tel point le prestige du Sénat que, lorsqu'il nomma sénateur Attianus - un ancien préfet du prétoire qui avait été décoré des ornements consulaires - il expliqua qu'il n'avait pas à sa disposition de dignité plus grande qu'il put lui conférer. Il ne permit pas que des chevaliers romains jugent des sénateurs, qu'il fût présent ou non. C'était en effet l'habitude à ce moment que, lorsque le prince était amené à juger une cause, il appelait à son Conseil des sénateurs et des chevaliers romains et rendait la sentence après avoir délibéré avec tous. Il réprouvait au reste les princes qui n'avaient pas eu une déférence suffisante envers les sénateurs. »
>
> *Histoire Auguste*, *Hadrien*, 8, 1-10, traduction d'André Chastagnol.

Antonin le Pieux et Marc Aurèle se sont efforcés d'entretenir avec le Sénat des relations courtoises, d'autant plus que, depuis Hadrien, l'idée que la décision de l'empereur faisait loi avait été exprimée clairement : il fallait donc veiller à ne pas exercer de manière trop autocratique les prérogatives impériales devenues encore plus évidentes.

L'empereur proche

La cour et le Conseil du prince

Les aristocrates les plus importants, les affranchis les plus influents avaient la possibilité de côtoyer l'empereur à la cour qui s'est développée à Rome, le terme *aula* (« cour ») apparaissant sous le règne de Claude[8].

Le prince était entouré par plusieurs cercles. Le cercle familial (la *domus Augusta* ou *divina* à partir de la divinisation d'Auguste) en était le noyau, dont faisait partie le personnel domestique composé d'esclaves et d'affranchis impériaux. Puis venait le cercle d'aristocrates proches de la famille impériale car, dès Auguste, la cour permit en effet d'associer les vieilles familles sénatoriales au pouvoir.

Parmi les conseillers du prince, les plus proches recevaient le titre d'*amici principis*, « amis du prince », ou, à partir de Marc Aurèle, celui de *comites*, désignant ceux qui accompagnaient l'empereur dans ses campagnes militaires. Ils faisaient partie du Conseil du prince (*consilium principis*) qui fut d'abord informel, avant de se structurer au IIe siècle, mais sa composition semble être restée souple. On y trouvait le préfet du prétoire et des titulaires des grandes préfectures (ravitaillement de Rome, vigiles), des juristes de plus en plus nombreux à partir du IIe siècle, des sénateurs arrivés au terme du *cursus honorum*, ayant donc fait la preuve de solides compétences militaires ou administratives, mais aussi des affranchis impériaux, depuis l'empereur Claude qui développa les grands bureaux administratifs à la tête desquels il nomma des affranchis, détestés par les sénateurs forcés de côtoyer et parfois de courtiser ces anciens esclaves. C'est l'une des raisons pour laquelle l'historiographie a laissé de lui une image négative, au mieux ambivalente. Parmi ces grands affranchis on peut mentionner Polybe, chargé des enquêtes (*a studiis*), auquel le grand orateur et philosophe Sénèque envoya une *Consolation* après la mort de son frère, pour lui demander d'intercéder auprès de Claude afin de lui permettre de revenir de son exil corse. Pallas, chargé des finances impériales (*a rationibus*), était devenu grâce à son habileté financière l'un des hommes les plus riches de son temps (Pline l'Ancien, *Histoire naturelle*, 33, 47). Il fut l'allié politique de l'*Augusta*, Agrippine la Jeune qui l'entraîna dans sa chute : Néron l'écarta en 55 et le fit tuer en 63. La situation changea sous les Flaviens et les Antonins, où les chevaliers remplacèrent les affranchis à la tête des services administratifs de la cour. Toutefois, sous le règne de Commode (180-192), les affranchis Saotérus, Cléandre et Eclectus, qui dirigeaient le personnel domestique attaché à la chambre à coucher (*a cubiculo*), comptèrent parmi les hommes les plus puissants de la cour et Cléandre devint même préfet du prétoire, particulièrement détesté. On sait, grâce à l'inscription de la Table de Banasa (qui accorde en 177 la citoyenneté romaine à la famille d'un chef de tribu en Maurétanie tingitane), que les responsables des bureaux de la correspondance et des requêtes faisaient partie du Conseil du prince.

Les voyages de l'empereur

Pour les habitants des provinces, les voyages de l'empereur constituaient la meilleure occasion de voir en chair et en os celui qui les gouvernait et d'avoir avec lui une relation concrète. Les voyages pouvaient être l'occasion pour l'empereur de faire preuve d'évergétisme ; en échange, la cité lui manifestait sa reconnaissance ou sa loyauté en l'honorant : un éloge était prononcé en sa présence par un orateur local, une inscription honorifique et des statues peuvent parfois (pas toujours) être mises en relation avec les déplacements des princes. On peut prendre l'exemple du voyage de Germanicus, fils adoptif de Tibère et cohéritier de l'Empire, envoyé en mission par l'Empereur en Orient (où il mourut prématurément) en 18-19. Faisant étape à Athènes, Germanicus s'y montra particulièrement prévenant : en réponse, il reçut un accueil très enthousiaste de la part des Athéniens qui lui décernèrent des honneurs « très recherchés » (Tacite, *Annales*, 2, 53).

Le meilleur exemple est naturellement celui des voyages d'Hadrien qui a passé douze ans de son règne sur les routes de l'Empire : avec lui le voyage devient un mode de gouvernement, permettant une réorganisation de l'Empire. Ainsi, il fonda des cités comme Hadrianouthérai en Mysie, intervint dans le statut juridique ou les lois de certaines cités comme à Stratonicée de Lydie qui obtint de lui le statut de cité. Il inspectait les armées et fit construire en Bretagne, en 122, le fameux « mur d'Hadrien », une frontière fortifiée dans le nord du pays, qui marquait la fin de l'ère d'expansion territoriale des Romains commencée par Trajan. Il fit œuvre d'évergétisme dans les cités qu'il visita : il fit par exemple construire un aqueduc à Carthage qui devint Hadrianopolis ; Smyrne obtint une seconde néocorie (droit de construire un temple pour le culte impérial) en 123 et, d'après Philostrate d'Athènes, elle reçut aussi de l'argent et des dons de matériaux pour son embellissement, grâce au sophiste Polémon de Laodicée qui était proche de l'empereur. Polémon aurait obtenu dix millions de drachmes, qui servirent à achever la construction d'un entrepôt à grains, d'un gymnase et d'un temple pour le culte impérial. Les bienfaits n'étaient pas toujours matériels, ils prenaient aussi la forme de privilèges : Cyzique aussi obtint le droit de construire un temple néocore après le passage de l'empereur.

Les voyages d'Hadrien impliquaient aussi, ce qui est essentiel, la reconnaissance de la place et du rôle des provinces au sein de l'Empire, et notamment des provinces orientales, ce qu'avait commencé à faire Néron à la fin de son règne. Mais ses pérégrinations ne furent pas appréciées par les sénateurs à Rome et, dans les *Pensées* (1, 16) de Marc Aurèle, Antonin le Pieux est loué pour être resté à Rome, par opposition implicite avec les voyages de son prédécesseur. Il en va de même dans l'*Éloge de Rom*e d'Aelius Aristide (§ 33), prononcé vers 144 à Rome-même, en présence de l'empereur.

Si les voyages de l'empereur permettaient à celui-ci d'être visible et présent dans les provinces, son absence de Rome, centre du pouvoir, pouvait poser problème sous le Haut-Empire étant donné les liens très forts entre l'empereur et « sa » Ville. Comme Frédéric Hurlet l'a souligné[9], l'absence de Rome, au tout début du Haut-Empire, pouvait épargner à l'empereur un face-à-face plein de tensions avec les aristocrates romains : ce fut peut-être une des raisons non officielle de la tournée d'inspection réalisée par Auguste entre 27 et 24 av. J.-C., juste après avoir assis son pouvoir. Elle lui faisait néanmoins perdre le contrôle direct de certains éléments décisifs du jeu politique comme les campagnes électorales et les élections, et Auguste chercha à s'appuyer sur des alliés et amis fidèles, placés par exemple au poste de préfet de la Ville, avant de rester à Rome à partir de 8 av. J.-C. et d'envoyer en mission dans les provinces les membres de sa famille investis de pouvoirs extraordinaires et placés en position de « co-régents ».

Les difficultés de gouverner l'Empire loin de Rome sur une longue durée furent clairement démontrées par l'exemple de Tibère, qui partit faire une longue retraite en Campanie puis à Capri depuis 26 jusqu'à son décès en 37. Les oppositions se développèrent, car les sénateurs voyaient leur pouvoir diminuer : l'empereur gérait l'Empire de loin en s'appuyant sur son préfet du prétoire Séjan. D'où une crise politique : les agissements de Séjan conduisirent Tibère à l'éliminer, lui et ses partisans, en 31, et des procès de majesté se multiplièrent, qui déstabilisèrent le fonctionnement du Sénat. L'éloignement et l'isolement de Tibère, qui à Capri n'était entouré que d'une suite peu nombreuse et ne comportant pas de sénateurs, contribuèrent pour beaucoup à la fabrication de sa légende noire : nombre de rumeurs circulèrent sur sa vie de « tyran » complètement dépravé à Capri. De son côté, Néron repoussa une première fois, en 65, son voyage en Achaïe à cause des inquiétudes de la plèbe qui était, de manière générale, très attachée à la présence du prince à Rome et qui, dans ce cas particulier, manifestait de l'inquiétude au sujet des approvisionnements en blé pendant son absence (Tacite, *Annales*, 15, 36, 4). Son séjour en Grèce de la fin de l'année 66 au début de l'année 68 contribua à renforcer la crise politique qui aboutit à la révolte, puis au suicide forcé de l'empereur.

La situation changea au IIe siècle, avec les campagnes de Trajan qui l'emmenèrent loin de Rome, notamment la dernière contre les Parthes qui dura quatre ans, puis avec les voyages d'Hadrien, les guerres de Lucius Vérus et Marc Aurèle dans le nord de l'Empire. Mais elle ne changea pas tant que cela : la succession de Trajan ne fut pas facile et c'est Plotine qui parvint, semble-t-il, à imposer Hadrien ; celui-ci était détesté par les sénateurs et le modèle reste, dans les *Pensées* de Marc Aurèle, celui d'Antonin le Pieux qui n'a presque pas quitté Rome, et pas du tout l'Italie après son avènement. Le successeur de Sévère Alexandre, Maximin le Thrace, de basse extraction, passa son court règne (235-238) à guerroyer sur le Rhin puis le Danube, sans même aller à Rome, ce qui le coupa du Sénat et entraîna sa chute. L'historien hellénophone Hérodien (env. 175-env. 250), qui avait bien conscience du changement de gouvernement induit par la mobilité forcée des empereurs contemporains, fait dire au beau-frère de Commode, qui est un vieux sénateur, que « Rome est là où est l'empereur » pour convaincre Commode de rester loin de Rome afin de défendre l'Empire (*Histoire des empereurs romains*, I, 6, 5).

De fait, après Tibère, les princes prirent soin quand ils voyageaient loin de Rome de s'entourer de nombreux sénateurs, susceptibles de les conseiller mais qu'ils pouvaient aussi surveiller, ce qui préfigurait la cour itinérante du IIIe siècle. Les Sévères et leurs successeurs furent en effet contraints de quitter régulièrement Rome pour mener des campagnes militaires aux frontières orientales et septentrionales de l'Empire.

Les ambassades

Une autre occasion qui permettait aux représentants des cités de l'Empire d'approcher l'empereur était constituée par les ambassades, à Rome ou dans les provinces. Celles-ci avaient trois objectifs principaux. Le premier était honorifique, puisque l'ambassade venait féliciter le prince et sa famille au moyen d'un éloge et de cadeaux, par exemple lors de son avènement qui donnait lieu à la remise de l'or coronaire accompagnée d'un éloge spécifique, ou bien pour une victoire, une naissance, un mariage, à l'occasion d'un jubilé etc., voire simplement pour le remercier d'un important bienfait. Le deuxième objectif était de faire appel à la justice du prince au sens large, pour lui demander d'intervenir comme arbitre ou juge à propos de relations conflictuelles avec un gouverneur, avec un membre éminent de l'aristocratie locale, ou encore avec une cité rivale. Enfin, le troisième objectif consistait à demander un privilège, ou bien une aide (acte d'évergétisme ou exemption fiscale) pour faire face à des difficultés internes, aux conséquences d'une catastrophe naturelle ou d'une guerre. Dès le début de l'Empire, certaines cités situées dans une province publique préférèrent s'adresser directement au prince pour lui demander de l'aide, plutôt qu'au Sénat dont elles dépendaient normalement.

L'ambassade était habituellement une charge assez lourde et dangereuse, non seulement à cause des risques du voyage, mais aussi parce que les légats n'étaient pas assurés du succès de leur mission dont ils devaient rendre compte, au retour, à leurs concitoyens. En théorie, le recrutement devait s'opérer par tirage au sort et rotation au sein du corps civique, pour faire tourner la charge. En pratique, comme le succès reposait en grande partie sur la capacité à persuader l'empereur, c'est-à-dire sur le talent oratoire et le prestige des ambassadeurs, ceux-ci étaient toujours des membres de l'élite civique : riches décurions, membres de l'ordre équestre ou sénatorial, prêtres du culte impérial, athlètes et surtout sophistes réputés.

On pouvait aussi recourir au patron de la cité concernée au moment de l'audience.

Les délais pour obtenir cette audience variaient selon le rang et le statut de la cité et de ses représentants ou patrons, de même que les délais d'attente pour la réponse du prince. L'audience en elle-même se déroulait dans des cadres divers, soit à Rome devant le Sénat, au Palatin, dans des temples, des jardins, ou bien là où séjournait l'empereur. Les légats se présentaient selon leur rang, accompagnés de la statuette du dieu patron de leur cité, avec les cadeaux qu'ils apportaient au prince. Ils étaient introduits par le chambellan ou par un membre de la chancellerie devant l'empereur et son Conseil. Le prince devait donner la preuve de sa *civilitas*, écouter patiemment le discours, manifester son intérêt pour l'affaire – tout le contraire du comportement de Caligula face à l'ambassade d'Alexandrie en 40, relatée par Philon dans son discours sur l'*Ambassade à Caius* ! Les légats juifs y furent tournés en ridicule par Caligula et son entourage, et l'empereur s'intéressait ostensiblement aux tableaux plus qu'à l'entrevue. On connaît les règles de codification rhétorique du discours d'ambassade en grec pour aider une cité dans le besoin à la fin du IIIe siècle (*presbeutikos logos*, Ménandre le rhéteur, 2, 13) : il s'agissait d'un éloge supplicatoire qui faisait appel à la *philanthropia* de l'empereur, bienfaiteur des hommes. À travers cet éloge on lui rappelait les attentes civiques, on lui rappelait ses responsabilités vis-à-vis de chaque cité dont l'histoire, l'identité et le prestige, c'est-à-dire finalement la place au sein de l'Empire, étaient également évoqués. Le discours s'achevait par la présentation du décret civique qui était à l'origine de l'ambassade.

Les *Annales* de Tacite et la *Correspondance* de Pline le Jeune et Trajan montrent que les ambassades au prince étaient nombreuses au Ier siècle et au début du IIe siècle apr. J.-C., en Occident comme en Orient. Pline le Jeune tente d'ailleurs d'éviter les ambassades inutiles, qui grevaient le budget des cités. On connaît également des lois municipales et impériales destinées à limiter le nombre des représentants au sein des délégations. Mais cette régulation ne paraît pas avoir été efficace, les cités préférant le rituel de l'ambassade qui permettait un contact direct avec l'empereur plutôt qu'une procédure purement administrative passant par l'intermédiaire du gouverneur et des bureaux de la chancellerie impériale. Ce système politique a été qualifié par Antony Hostein[10] de « diplomatie intérieure », par analogie au concept de « paradiplomatie » utilisé par les politistes pour désigner la capacité des États fédérés – ou autres entités subétatiques – à poursuivre des activités dans le domaine des relations internationales. Il a perduré plus ou moins jusqu'à la fin de la Tétrarchie qui marque un tournant dans le fonctionnement de l'autonomie civique.

La justice

L'empereur étant vu comme la source ultime de la justice pour tous les citoyens qui avaient la possibilité théorique de faire appel à lui pour demander d'être jugés à son tribunal ; il pouvait naturellement renvoyer au tribunal des autorités compétentes s'il ne jugeait pas nécessaire de répondre à l'appel. La plupart des empereurs ont eu à cœur d'assumer leur rôle de juge[11]. Le rôle de juge de première instance était de première importance dans les affaires criminelles, surtout depuis Claude, notamment celles qui concernaient les complots, les accusations *de majestate*, ou encore les crimes sociaux ou familiaux dans la haute société aux deux premiers siècles de notre ère : Tacite en particulier a donné de nombreux exemples de grands procès tenus à Rome sous les Julio-Claudiens, pour montrer que, dès les règnes de Tibère et de Claude, la justice impériale s'exerça au détriment de celle des sénateurs sur ce type de crimes. On connaît aussi l'exemple du procès du sophiste milliardaire Hérode Atticus jugé à Sirmium par Marc Aurèle, alors qu'il avait été accusé de tyrannie par ses adversaires à Athènes, menés par le rhéteur Tiberius Claudius Démostratos de Mélitè. Ceux-ci avaient demandé à deux consulaires proches de Marc Aurèle, les frères Sextus Quintilius Condianus et Sextus Quintilius Valerius Maximus, envoyés en Achaïe peut-être à titre de *correctores* (chargés de régler les conflits entre les cités et de vérifier leurs finances), de faire remonter leur plainte auprès de l'empereur. Hérode Atticus aurait réagi en accusant auprès du tribunal du gouverneur ses adversaires de comploter pour tourner le peuple contre lui. Mais ceux-ci, peut-être à cause de l'influence locale d'Hérode Atticus, auraient cherché refuge auprès de Marc Aurèle, alors à Sirmium où eut lieu le procès en 173/174 : l'empereur innocenta Hérode, son ancien professeur de rhétorique, et le châtiment fut détourné sur les affranchis de celui-ci (Philostrate, *Vies de sophistes*, 559-561).

De façon plus générale, même en dehors du milieu de la grande aristocratie romaine et des élites provinciales, le principe de la saisine impériale était fondamental. Son importance est soulignée, de manière idéalisée, par Aelius Aristide dans son *Éloge de Rome* (*Or.* 50, 39 :

« Devant son tribunal règne une profonde et belle égalité du petit avec le grand, de l'obscur avec l'illustre, du pauvre avec le riche et le noble », traduction de Laurent Pernot) ainsi que dans la Lettre aux Bithyniens de Sévère Alexandre (*Digeste*, 49, 1, 25), où celui-ci rappelle l'interdiction faite aux juges de s'opposer à ce qui apparaît comme une forme de relation privilégiée entre l'empereur et les habitants des provinces.

L'empereur lointain

Si l'on se place maintenant du côté des habitants de l'Empire éloignés de la capitale ou des grandes cités provinciales, quelle connaissance avaient-ils de l'empereur ? Ils entretenaient avec lui des rapports à distance, indirects, par le biais de la correspondance impériale, de l'évergétisme du prince, de ses gouverneurs et surtout des représentations iconographiques qui étaient omniprésentes.

La correspondance entre les habitants des provinces et l'empereur

Cette correspondance est de nature diplomatique et juridique, car les réponses reçues par les ambassadeurs à l'oral recevaient aussi une forme écrite sous forme d'une lettre de la chancellerie. Si les réponses étaient positives, elles étaient gravées et affichées dans l'espace public de la cité qui considérait la réponse impériale comme un honneur. Les réponses faites par l'empereur aux demandes des cités ou des particuliers prennent le plus souvent, dans l'épigraphie, la forme des rescrits et des lettres. Les premiers sont des réponses écrites de l'empereur à des demandes personnelles écrites ; les lettres sont des réponses adressées soit à des magistrats et dignitaires, ou encore à des particuliers de haut rang, soit à des collectivités (cités ou assemblées provinciales). Dans les deux cas, il s'agit d'une communication personnelle entre l'empereur et ses administrés, même si cette communication passe par des intermédiaires, notamment dans le cadre de la chancellerie impériale. Celle-ci regroupait, parmi d'autres bureaux, celui de la correspondance latine (*ab epistulis latinis*), celui de la correspondance grecque (*ab epistulis graecis*) et celui des requêtes (*a libellis*). Ces bureaux avaient évolué et s'étaient spécialisés au Iᵉʳ siècle, passant des mains des affranchis impériaux à celles de procurateurs équestres sous les Flaviens. Les bureaux de la correspondance impériale avaient des attributions étendues et variées telles que la nomination d'officiers, la concession du droit de cité, la gestion de la distribution d'eau, les rapports avec les cités étrangères ou autonomes, ou encore l'envoi d'instructions officielles. Le bureau *a libellis* recueillait les requêtes des particuliers et les présentait, après enquête, au Conseil du prince qui rendait sa décision ; le bureau informait ensuite les demandeurs de la réponse, donnée sous forme de rescrit.

L'importance que les cités attachaient à cette correspondance, regardée comme un lien privilégié avec l'empereur, apparaît dans le petit corpus des discours prononcés par le sophiste Dion de Pruse devant l'Assemblée de sa cité de Pruse de l'Olympe en Bithynie, qui sont presque tous datés entre le début du règne de Trajan (98) et les premières années du IIe siècle. On y voit le sophiste lire au peuple à trois reprises des lettres que l'empereur lui a envoyées (*Or.* 40, 5 ; 44, 12 ; 47, 13) dont l'une, sans doute lue deux fois (*Or.* 40, 5 ; 47, 13), qui concerne les privilèges conséquents que Dion avait obtenus de Trajan pour sa cité : l'augmentation du nombre des membres de la *Boulè* à cent et l'élévation au rang de centre d'assises (elle était devenue chef-lieu d'un district judiciaire où le gouverneur tenait ses assises).

Seuls les personnages les plus importants – dignitaires ou grands sophistes comme Dion – pouvaient écrire directement à l'empereur, mais tout individu avait la possibilité de lui envoyer, par l'intermédiaire du gouverneur notamment, des *libelli* contenant une demande. On n'a le plus souvent retrouvé que les réponses qui sont courtes et sèches, généralement en latin. Cette réponse est censée être personnelle, même si on ne sait pas, dans la plupart des cas, qui l'a rédigée ni quel était le rôle exact du procurateur *a libellis* et des membres de son bureau. À partir d'Hadrien, on trouve régulièrement le terme *subscriptio* pour désigner cette réponse, qui signifie que l'empereur a répondu sous la requête. Les exemples de *libelli* trouvés dans la correspondance entretenue par Pline le Jeune et Trajan montre que la requête devait être exprimée sous la forme d'une prière (ce que l'on retrouve aussi pour l'ambassade).

> « Prié (*rogatus*), maître (*domine*), par Publius Accius Aquila, centurion de la sixième cohorte de cavalerie, de t'envoyer la requête par laquelle il implore la bienveillance en ce qui concerne le statut juridique de sa fille (*libellum per quem indulgentiam pro statu filiae suae implorat*), j'ai pensé qu'il y aurait de la dureté à refuser (*durum putavi negare*), dans la mesure où je connais toute la longanimité et toute la sympathie avec lesquelles tu prends généralement en considération les prières des soldats (*scirem quantam soleres militum precibus patientiam humanitatemque praestare*). »
>
> Pline, *Lettres*, 10, 106, traduction légèrement modifiée d'Hubert Zehnacker et Nicole Méthy : Pline à Trajan.

« J'ai lu la requête (*libellum*) de Publius Accius Aquila, centurion de la sixième cavalerie, que tu m'as envoyée. Touché par ses prières, j'ai accordé (*cujus precibus motus dedi*) à sa fille la citoyenneté romaine. Je t'envoie le texte du rescrit (*libellum rescripti*) pour que tu le lui transmettes. »

Lettres, 10, 107, Trajan à Pline.

On note dans la présentation de la requête et dans la réponse impériale la présence du vocabulaire de l'émotion, qui met en scène une sorte de contact direct, personnel, une proximité compensant le caractère distancié de la communication : Pline présente la demande comme s'adressant à l'*humanitas* de l'empereur, qui est l'équivalent latin de la *philanthropia*, l'amour pour les hommes, moteur des bienfaits octroyés par le prince ; et Trajan accepte parce qu'il a été ému par la demande du centurion.

L'évergétisme impérial

Comme l'a bien montré Paul Veyne[12], sous le Haut Empire l'empereur était le principal évergète au sein de l'Empire. L'une des qualités impériales attendues du pouvoir (surtout à partir du IIe siècle), était en effet la *providentia* ou *pronoia*, c'est-à-dire la capacité à pourvoir aux besoins des habitants de l'Empire en leur accordant des bienfaits, en faisait preuve de générosité. Dans les cités des provinces, il manifestait donc aussi sa « présence » par ses actions évergétiques qui laissaient des traces concrètes dans le paysage urbain, à la fois grâce aux constructions et grâce aux inscriptions honorifiques rappelant la générosité du prince.

Les inscriptions tendent à attribuer tout le mérite des reconstructions à l'empereur, mais Anne-Valérie Pont[13] a bien montré que celles qui attestent précisément un financement impérial étaient en fait assez peu nombreuses en Asie, où l'ornement des cités était essentiellement une affaire civique, sauf dans le dernier tiers du IIIe siècle où le relais a été pris par l'administration provinciale. L'empereur y restait donc une figure de bienfaiteur un peu lointaine, en puissance pourrait-on dire, à part dans un cas où elle s'actualisait : celui des cités dans le besoin après une catastrophe naturelle – les séismes étaient particulièrement fréquents en Asie – ou bien une guerre. Il s'agissait alors d'un devoir pour le prince auquel les cités faisaient naturellement appel. Même l'empereur Tibère, qui mena une politique de restriction budgétaire dans le domaine de l'évergétisme (par rapport aux spectacles et constructions notamment), et qui était présenté comme peu généreux par les sources littéraires qui ne l'appréciaient pas, n'a pas manqué de se porter au secours de cités affectées par un désastre. Le début de son règne (17 apr. J.-C.) fut marqué par un impressionnant séisme – le plus puissant que les hommes aient connu selon Pline l'Ancien (*Histoire naturelle*, 2, 200) – qui ravagea douze cités d'Asie. Alors que la province était publique, c'est l'empereur qui intervint en promettant des sommes conséquentes aux cités, en particulier dix millions de sesterces pour Sardes qui était la plus touchée. Sardes bénéficia aussi d'une exemption des impôts qu'elle devait à l'*aerarium* (le trésor public géré par le Sénat) et au fisc pour cinq ans, afin qu'elle puisse utiliser ces sommes pour se relever.

Comme l'a souligné Agnès Bérenger[14], l'aide de l'empereur était mise en lumière par deux types d'inscriptions : celles où le pouvoir impérial (ou ses représentants) célébrait sa propre générosité, celles où la communauté lui exprimait sa reconnaissance en l'honorant, et qui mettaient en avant le lien qui s'était noué à cette occasion entre l'empereur et elle. Il s'agissait d'un lien personnel que l'on s'efforçait de faire connaître et durer dans le temps car il était source de prestige.

Ainsi, pour revenir à l'exemple des cités d'Asie aidées par Tibère, sous son règne et sous celui de Claude, Sardes portait le nom de *Kaisaréia*, comme Hyrcanis qui se nommait encore ainsi sous Domitien. Une série d'inscriptions provenant de ces cités honoraient l'empereur en le qualifiant de « fondateur », et ce sur un long terme : une inscription de Sardes sur une base de statue est datée du règne de Claude (*SEG*, 36, 1092). Ces hommages furent aussi collectifs, notamment par la dédicace par les douze cités d'Asie, auxquelles s'associèrent Cibyra et Éphèse (secourues plus tard par l'empereur), d'une statue colossale de Tibère placée sur le forum de César, à côté du temple de Vénus. Une base de Pouzzoles copierait l'inscription qui accompagnait cette statue ; elle appartenait à un monument élevé en 30 apr. J.-C. par les *Augustales* (prêtres du culte impérial) de Puteoli (Pouzzoles) pour rappeler la restauration des cités d'Asie Mineure détruites et pour glorifier Tibère, soit en raison des liens entre Puteoli et les cités d'Asie, soit parce que la cité italienne était aussi située sur une zone sismique et craignait le même sort, en espérant alors recevoir la même aide. Le monument fut en effet restauré par la suite, sans doute après le séisme de 62 ou l'éruption du Vésuve en 79.

Dans les inscriptions des cités pour honorer l'empereur, celui-ci est le plus souvent qualifié de sauveur, *restitutor* en latin, *sôter* en grec, ou bien de fondateur, *conditor* ou *ktistès/oikistès*. Les deux termes soulignent l'importance considérable de son action qui, dans certains cas, a contribué au sauvetage de la cité, comme ce fut le cas des cités d'Asie relevées par Tibère, dont le changement de nom montre que c'est bien l'action impériale qui leur a permis de renaître.

Ce rôle d'empereur bienfaiteur et sauveur des cités repose sur une tradition hellénistique, et c'est la raison pour laquelle il est particulièrement visible dans l'Orient grec, où les rois venaient en aide aux cités par des dons. Auguste s'en est emparé et l'a inscrit à son tour parmi les tâches propres au prince en le faisant apparaître dans les *Res gestae divi Augusti* (App. 4) : le prince donne de l'argent aux colonies, municipes, *oppida* ravagés par un tremblement de terre ou un incendie. À la suite d'Auguste et de Tibère, des interventions des empereurs pour secourir selon différentes modalités des cités d'Asie dévastées ont été attestées sous Claude, les Flaviens, les Antoniens, Gordien III et peut-être Sévère Alexandre. Gallien prit des mesures, poursuivies par Claude le Gothique, pour faire fortifier les cités d'Asie, de Bithynie et du Pont dans le contexte des invasions gothiques.

Les gouverneurs

Les gouverneurs apparaissaient comme des représentants des empereurs, ce qui semble évident pour les légats d'Auguste propréteurs, qui partaient gouverner pendant deux ou trois ans les provinces impériales au nom de l'empereur, mais paraît avoir été plus largement le cas, aux yeux des provinciaux, pour tous les gouverneurs, comme tendent à le montrer les *mandata* et le témoignage de Ménandre le rhéteur mentionné plus bas.

Les empereurs remettaient aux gouverneurs, avant leur départ en province, des *mandata* qui contenaient leurs instructions et que l'on voit parfois dans la statuaire, sous forme de rouleaux tenus à la main par le gouverneur honoré. Leur existence est attestée dès le règne de Tibère pour les légats d'Auguste propréteurs. Pour les proconsuls chargés des provinces sénatoriales, qui ne dépendaient pas des princes en théorie, rien ne le prouve avant le règne de Trajan : en revanche, à partir du début du IIe siècle, il y a bien eu remise systématique de *mandata* par le prince à tous les gouverneurs, y compris les proconsuls. Les consignes portaient sur la conduite des représentants du pouvoir, pour limiter tout risque de concussion et de partialité (limitation des cadeaux, des achats, interdiction de se lancer dans des activités économiques au sein de la province, d'épouser une femme originaire de la province) aussi bien que sur leurs compétences, essentiellement en matière de justice et de maintien de l'ordre.

Dans le cas des légats d'Auguste, les instructions étaient périodiquement renouvelées et précisées par la correspondance entretenue par le prince et son représentant, comme le montre l'exemple de Pline le Jeune, légat impérial dans la province de Bithynie-Pont entre 110-112 ou 111-113. La riche correspondance qui a été conservée au livre 10 des *Lettres* de Pline prouve qu'à bien des égards celui-ci, qui disposait pourtant d'une puissance consulaire ou proconsulaire, n'a été que l'exécutant fidèle des décisions prises par Trajan, consulté à chaque fois que le gouverneur hésitait et ne pouvait pas s'appuyer sur la jurisprudence antérieure. Fergus Millar a utilisé cet exemple pour parler de « gouvernement par correspondance ». En effet, les lettres de Pline ne témoignent pas, comme cela a été dit, de l'excessive prudence de leur auteur, ni de son inexpérience en matière de gouvernement. Si cette correspondance a été publiée, c'était pour servir de modèle. Le rôle du gouverneur, tel qu'il y apparaît, était de donner à l'empereur le plus d'informations possible et de présenter de manière claire les différents problèmes, parfois complexes, comme l'attitude à avoir vis-à-vis des chrétiens. Pline propose parfois des solutions, qui pouvaient être acceptées par l'empereur, mais celui-ci préférait parfois mettre en œuvre une nouvelle manière de régler le problème, qui venait alors enrichir la législation impériale.

Lorsque leur province était agitée par des troubles (d'origine interne ou externe), les gouverneurs en situation de chefs de guerre remportaient des victoires sous les auspices de l'empereur. Leur activité judiciaire était effectuée en présence des images des membres de la famille impériale, comme on le voit dans les basiliques de Carthage où l'on a trouvé les têtes de Julie et de l'un de ses deux fils aînés, ou de Sabratha dans laquelle ont été découvertes une tête de Caligula, une statue cuirassée de Titus et d'un autre empereur (Vespasien ?) ainsi qu'une statue de Flavia Domitilla. Le rôle même du gouverneur dans la diffusion de ces images impériales et des informations relatives à la famille impériale était central.

Par ailleurs, dans le second traité épidictique attribué au rhéteur Ménandre et daté probablement de la fin du IIIe siècle, on apprend que l'éloge du prince était fait lors de l'accueil ou du passage des gouverneurs, parce que ceux-ci étaient considérés comme les représentants du pouvoir impérial et comme les principaux intermédiaires entre celui-ci et les cités, et que le choix d'un bon gouverneur témoignait des qualités de l'empereur. Dans l'éloge du gouverneur, les vertus mises en avant sont nominalement les mêmes que celles qui étaient louées chez le prince, même si leur définition diffère. Le gouverneur, qui était naturellement l'interlocuteur principal des habitants des provinces, était donc perçu comme une image du prince ; il devait aussi représenter l'empereur au sens où l'on attendait qu'il fasse preuve, face aux habitants des provinces, de qualités très proches de celles qui étaient attendues du bon prince.

Les représentations iconographiques de l'empereur

Dans l'Empire romain, les images visuelles étaient omniprésentes et leur importance n'est plus à démontrer. Les représentations iconographiques de l'empereur circulaient partout par le biais du monnayage et de la statuaire.

Auguste créa un système monétaire reposant sur quatre métaux et alliages différents, qui perdura jusqu'aux réformes monétaires de Dioclétien en 294 : les monnaies d'or (*aurei*), les monnaies d'argent (deniers), les monnaies de bronze, en fait en orichalque (c'est-à-dire en laiton : sesterces, *dupondii* et semisses) et en cuivre (as et quadrantes). Les monnaies en or étaient plutôt réservées aux grandes occasions (triomphes, naissances, avènements), mais circulaient dans tout l'Empire, comme celles en argent qui étaient utilisées pour payer la solde des soldats ou les grosses transactions ; pour les usages quotidiens et à l'échelle locale on utilisait le bronze. Le buste de l'empereur figurait sur un grand nombre de droits (sauf sur les petites dénominations), associé à différentes représentations sur les revers. Cela permettait, quand la gravure était bonne, de familiariser les habitants de l'Empire avec les traits de l'Empereur et de diffuser différents évènements de son règne, ou bien des valeurs programmatiques. La question est de savoir si les habitants de l'Empire ont prêté davantage attention à l'iconographie monétaire que nous. Le principal argument pour répondre de manière positive est que les monnaies romaines portaient plus d'informations que nos monnaies. Ces messages étaient véhiculés à la fois par l'image et par les légendes, et comme on l'a dit les monnaies étaient susceptibles de véhiculer des informations variées au sujet des victoires, des naissances et des deuils dans la maison impériale, etc. Ainsi, pour ne prendre qu'un exemple, en 20 av. J.-C., le roi parthe Phraatès IV restitua les enseignes et étendards auparavant perdus par les Romains : la soumission des Parthes fut diffusée et célébrée pendant quinze ans (19-4 av. J.-C.) par l'émission à Rome de deniers représentant sur le revers un Parthe venu apporter un étendard, à genoux, en position de suppliant.

Figure 3.1 – Rome, denier, 19 av. J.-C.

Droit : M(arcus) DVRMIVS III VIR HONORI,
« M. Durmius triumvir monétaire (magistrat chargé de la frappe monétaire), à l'Honneur », tête d'Honos, tournée à droite.
Revers : CAESAR AVGVSTVS SIGN(IS) RECE(PTIS),
« César Auguste, les étendards ayant été reçus », Parthe agenouillé à droite, brandissant de la main droite un étendard.

Les monnaies constituaient ainsi une source d'information à l'échelle de l'Empire, en même temps qu'elles représentaient un honneur pour le prince. Le monnayage impérial était produit à Rome, ou à Lyon au début de l'Empire, et le Sénat avait été associé à la réforme d'Auguste pour les monnaies de bronze, comme on le voit à partir de la légende S.C. (*Senatus Consulto*) qui est demeurée sur ces monnaies. Il existait aussi un monnayage provincial qui prenait le relais du monnayage impérial dans les provinces. Il était produit aussi bien par les cités (municipes, colonies, cités grecques) que par des ligues, des provinces ou des assemblées provinciales, et ce indépendamment du statut des provinces. La production de monnaies locales cessa rapidement en Occident, dès Claude, tandis qu'en Orient elle perdura jusque sous Tacite (275-276), car les monnayages civiques (argent ou bronze) y avaient une valeur identitaire forte. L'apparition du portrait impérial sur le droit a représenté un changement radical pour les cités grecques, car cette face était traditionnellement dédiée à une divinité importante. Les allusions à des événements contemporains étaient assez rares et le programme monétaire des colonies et municipes a généralement reflété celui du monnayage impérial.

Si l'on considère maintenant les statues : dans sa synthèse sur l'image de l'empereur, Thomas Pekáry[15] a relevé une liste des évènements ponctuels qui pouvaient occasionner l'érection de statues impériales à l'échelle de l'Empire : avènements, décès de l'empereur ou d'un membre de la famille impériale, victoires militaires importantes, anniversaires rappelant les jours comme la naissance de l'empereur, sa prise de toge virile, actes d'évergétisme, de promotion ou de création d'une cité... Il y avait aussi d'autres raisons plus générales, comme l'expression du loyalisme envers Rome ou de l'attachement d'un notable prêtre du culte impérial à tel empereur. On trouvait des statues des empereurs dans les temples, sur les forums, dans les camps militaires, sur les arcs, dans les bibliothèques, les thermes, sanctuaires, théâtres, ports, portes des villes, et maisons privées.

Peter Stewart utilise dans son livre *Statues in Roman Society* (Oxford, 2003) l'expression de « langage des statues », qu'il justifie pour son usage heuristique. Il souligne le fait que les provinces impériales ont globalement partagé le même langage statuaire – comprenant le plus souvent à la fois l'effigie et l'inscription – en dépit des différences locales que l'on trouve surtout dans l'iconographie. Il existait donc une homogénéité des pratiques honorifiques dans les cités d'Orient et d'Occident, ce qui l'a conduit à affirmer l'existence d'une « culture romaine des statues ». À l'échelle de la Gaule, l'étude d'Emmanuelle Rosso[16] confirme ce constat à propos des statues des empereurs depuis le début du Principat jusqu'au IVe siècle. Elle souligne une normalisation des formes d'hommage et des portraits, dans leur gestuelle et dans leurs vêtements, en même temps que se constitue, notamment avec les Antonins, la figure du prince et de ses vertus. Il existait ainsi des modèles de portraits officiels, qui permettaient de faire connaître les caractéristiques physiques de tel empereur et les facettes de son image publique qu'il voulait souligner. Ces portraits étaient ensuite adaptés dans les provinces, plus ou moins librement et dans des représentations de plus ou moins bonne qualité. Différents types d'images soulignaient diverses facettes du rôle de l'empereur comme protecteur dévoué de la République. On peut distinguer notamment le type militaire représenté par les statues cuirassées, le type civil figurant l'empereur revêtu d'une toge comme un magistrat *primus inter pares*, parfois coiffé d'un voile pour rappeler sa charge de grand pontife et le caractère sacré de la *res publica*, ou encore, surtout sous les Julio-Claudiens, le type en « nudité héroïque », caractérisé par une esthétique idéalisante en référence à l'art grec.

Figure 3.2 – Statue cuirassée de Trajan, Gabies, 75/125. Sur un corps d'époque flavienne, on a placé au XVIIIe siècle la tête datée du premier quart du IIe siècle apr. J.-C. L'empereur porte le *paludamentum*, le manteau pourpre des généraux républicains : il apparaît comme le garant de la stabilité de l'Empire.

Figure 3.3 – Statue de Tibère en toge, Capri, après 32.

Figure 3.4 – Statue de Claude demi-nu, Gabies, vers 44 (portrait de Caligula retravaillé en Claude).

Le Claude de Gabies faisait partie d'un groupe familial peut-être constitué de Tibère, Drusus I, Germanicus et Caligula, représentés avec un manteau drapé à la taille, sur le modèle de statues divines grecques (notamment Zeus) des Ve-VIe siècles av. J.-C.

La statuaire des groupes dynastiques mettait en exergue l'importance de la continuité du pouvoir et de sa transmission au sein d'une même *gens*, qui était également exprimée dans les inscriptions sous les Antonins et les Sévères. On le voit par exemple dans cette dédicace d'une statue de Marc Aurèle retrouvée avec une dédicace d'une statue de Lucius Vérus à Glanum, près de Saint-Rémy-de-Provence : *Imp(eratori) Caes(ari) M(arco) Aurelio/Antonino Aug(usto) Armi/niaco pontif(ici) max(imo) /trib(unicia) potest(ate) XX imp(eratori) III/co(n)suli III divi Antonini f(ilio)/divi Hadriani nepoti, divi Traiani Parthic(i)/pronepoti divi/Nervae abnepoti*, « À Imperator Caesar Marcus Aurelius Antoninus Augustus Arminiacus, grand pontife, ayant revêtu la puissance tribunicienne pour la vingtième fois, acclamé *imperator* trois fois, consul pour la troisième fois, fils du divin Antonin, petit-fils du divin Hadrien, arrière-petit-fils du divin Trajan Parthicus, arrière-arrière-petit-fils du divin Nerva[17]. » Une telle liste donne l'idée d'une continuité sans interruption du pouvoir impérial et exprime l'*aeternitas imperii*, masquant la difficulté de certaines successions comme celle de Trajan et soulignant ici l'image d'une *domus divina*.

Pour tous les habitants de l'Empire, l'image impériale était fortement présente, et pas seulement par le biais de la belle statuaire en marbre. Une lettre de Fronton au début du règne de Marc Aurèle et Lucius Vérus (*À Marc Aurèle*, 4, 12, 6) souligne en effet la très large exposition dans divers lieux publics et privés (boutiques, vestibules, encadrement de fenêtres) d'images des empereurs de différentes sortes (peintes, modelées, sculptées, parfois en argile) et de mauvaise qualité. Les images privées semblent avoir joué peut-être un rôle de talisman, en tout cas un rôle protecteur en relation avec le droit d'asile, comme le montre un épisode rapporté par Tacite, situé au début du Principat, en 21, au sujet d'une femme, Annia Rufilla, qui attaquait publiquement un sénateur l'ayant fait condamner en justice en s'abritant derrière une image de Tibère.

« Ensuite on donna cours à des plaintes, que beaucoup exprimaient dans le secret de l'intimité. En effet, le dernier des vauriens avait pleine licence de lancer impunément l'opprobre et la haine contre les gens de bien, pourvu qu'il saisît

> une image de César ; les affranchis mêmes et les esclaves, en insultant un patron ou un maître de la voix ou du geste, réussissaient à se faire craindre. Aussi le sénateur C. Cestius exposa-t-il que sans doute les princes étaient comme des dieux, mais que les dieux eux-mêmes n'écoutaient que les justes prières des suppliants et que personne ne se réfugiait au Capitole ou dans les autres temples de la Ville pour faire de cette protection un usage criminel. Les lois étaient abolies, détruites de fond en comble du moment qu'en plein forum, au seuil de la curie, une Annia Rufilla, condamnée pour fraude à sa requête, répandait contre lui les insultes et les menaces, sans qu'il osât lui-même recourir à la justice parce qu'elle opposait une image de l'empereur. »
>
> Tacite, *Annales*, 3, 36, traduction de Pierre Wuilleumier.

Le droit d'asile était reconnu aux statues des princes divinisés depuis le Ier siècle. Ainsi, par le biais des statues, statuettes, gemmes, médaillons et peut-être même des monnaies, la présence efficace et protectrice de l'empereur était-elle sensible dans tout l'Empire. Par ce truchement, l'empereur, même au loin, était proche de ses concitoyens et sujets, quelle que soit leur origine sociale.

Le prince était donc au centre des regards, et son rôle de modèle social et politique est aussi démontré par le phénomène d'imitation bien attesté dans la statuaire des élites provinciales. Les statues de notables réalisées à l'imitation de celles du prince – que cette ressemblance soit voulue par le commanditaire ou bien issue du savoir-faire du sculpteur – constituent un phénomène bien étudié, en particulier par Paul Zanker[18].

Le culte impérial

À l'échelle de l'Empire, le culte impérial permettait à la fois de construire une certaine perception de la figure du prince et de l'aspect familial et dynastique du Principat, tout en développant des rapprochements entre les habitants des provinces et le Principat. C'est dans cette double perspective que nous présenterons ici le culte impérial et certaines formes de son développement.

Le culte impérial est un culte public adressé aux empereurs divinisés (les *divi*), au *genius* (double divin et protecteur) et au *numen* (puissance divine) de l'empereur vivant, et parfois, dans la partie orientale de l'Empire, à l'empereur vivant et aux membres de sa famille. Il manifeste l'union de tous les habitants de l'Empire (citoyens romains et pérégrins) autour de la figure impériale, peut s'interpréter comme une attestation de loyauté, mais s'exprime dans des pratiques locales diversifiées qui ont été respectées par le pouvoir romain. Dès le début, Auguste a interdit aux citoyens romains de vouer un culte à l'empereur vivant, mais a permis aux habitants de l'Orient grec d'appeler celui-ci *theos*, pour signifier non pas qu'il était un dieu, mais qu'il était semblable aux dieux et qu'on pouvait l'honorer « comme » un dieu, comme l'a bien montré Simon Price[19].

Comme l'a dit John Scheid à propos des débuts de ce culte, il s'agissait de « définir le pouvoir exceptionnel réuni entre les mains d'Auguste et de ses successeurs », le pouvoir impérial apparaissant alors comme « l'épiphanie d'un pouvoir divin entre les mains d'un mortel »[20].

> « Pendant ce temps, Octavien, entre autres affaires qu'il réglait, permit notamment qu'il y eût à Éphèse et à Nicée des sanctuaires dédiés à Rome et à son père César auquel il donna le nom de divus Julius. Ces villes étaient alors les plus importantes en Asie et en Bithynie. Il ordonna aux colons romains qui y résidaient d'honorer ces divinités et il autorisa les étrangers qu'il appelait « Grecs » à lui consacrer un sanctuaire à lui-même, pour les Asiatiques à Pergame, pour les Bithyniens à Nicomédie. Cet usage se perpétua depuis lors sous les autres empereurs, non seulement chez les populations helléniques, mais encore chez toutes celles qui sont soumises aux Romains. »
>
> Cassius Dion, *Histoire romaine*, 51, 20, 6-7, traduction de Marie-Laure Freyburger-Galland et Jean-Michel Roddaz.

Ce culte a pris différentes formes selon le statut des cités, les cités pérégrines étant plus libres d'organiser le culte à leur convenance, selon les habitudes locales. Il permit donc d'appréhender l'empereur à partir de traditions locales (d'où des conceptions sans doute variables) comme une figure sacrée, plus ou moins proche des dieux.

Le culte impérial pour l'empereur vivant (*genius*, *numen* et Lares) : la dimension paternelle du pouvoir impérial

À partir de 12, et surtout 8 av. J.-C., le culte du *genius* d'Auguste a fait partie de la religion publique. Cet élargissement du culte domestique du *genius* du pater familias faisait apparaître le prince comme le père de l'ensemble des citoyens, d'autant plus qu'il reçut le titre de « père de la patrie » (peut-être en 2 av. J.-C. pour Auguste). On offrait des sacrifices et on prêtait serment sur le *genius* d'Auguste, sans que cela implique la divinisation de l'empereur vivant.

Dans une optique très proche, à Rome, après la réorganisation administrative de la ville en *vici* (quartiers, au nombre de 265), Auguste associa le culte de ses propres Lares familiaux (identifiés aux âmes des défunts de la famille) à celui des Lares *compitales*, traditionnellement honorés au sein de chaque quartier. Le culte des *Lares Augusti*, les Lares de l'Auguste, fut donc organisé aux carrefours situés au centre de chacun des *vici* de Rome, dotés d'un autel laraire. L'une des faces de l'autel du Belvédaire au Vatican montre le prince remettant deux statuettes de Lares à trois personnages parfois identifiés comme des membres de la *plebs* du *vicus*. Au moins à partir de Trajan, le culte des *Lares Augusti* fut associé à celui du *genius Augusti*. Les Lares et le *genius* de l'empereur sont donc devenus les divinités protectrices de l'ensemble des quartiers de Rome.

Par ailleurs, un culte rendu au *numen Augusti*, « la puissance divine de l'Auguste », se diffusa dans les cités de l'Empire. Ce culte est considéré par certains historiens comme la véritable expression du culte de l'empereur vivant, ou, pour le dire autrement, comme la preuve que l'empereur, de son vivant, apparaissait aux yeux des habitants de l'Empire comme un être divin[21]. En effet, alors que tout citoyen ordinaire était doté d'un *genius* éphémère particulier, chargé de veiller sur lui le temps de sa vie, seuls les empereurs, depuis Auguste, avaient un *numen*, un type de pouvoir possédé par les dieux, qu'ils se transmettaient de l'un à l'autre. Christophe Goddard a fait le parallèle entre l'invisibilité des dieux et celle de l'empereur, figure lointaine aux yeux du plus grand nombre, mais dont l'omniprésence pérenne était manifestée par les statues. Si dieux et empereurs étaient invisibles, leurs décisions affectaient tout un chacun : le *numen* impérial traduirait alors cette invisible source de pouvoir divin.

La divinisation du prince après sa mort : l'empereur entre les hommes et les dieux

La divinisation du prince intervient officiellement, à partir d'un sénatus-consulte, après sa mort, selon un schéma mis en place par Auguste. Les sources évoquant les funérailles impériales posent problème car elles sont postérieures et seules certaines funérailles – celles d'Auguste, de Pertinax, de Septime Sévère – sont décrites précisément. Les étapes et l'évolution ont été bien dégagées par Stéphane Benoist[22].

Le corps, ou une image en cire (la seule mention de l'effigie au IIIe siècle s'explique peut-être par la disparition du corps, l'empereur étant mort loin de Rome ou bien avant la cérémonie), était d'abord exposé au public dans la résidence impériale. Un cortège emportait ensuite le lit funéraire jusqu'au forum romain. Il comprenait les images des ancêtres, sauf celles des divinisés, et même celles des grands hommes du passé, dans la continuité desquels Auguste s'était inscrit. Éventuellement un acteur (mentionné pour Vespasien) jouait aussi le rôle du défunt. Des éloges funèbres (*laudationes funebres*) étaient prononcés à la tribune des Rostres par le ou les héritiers, ce qui était l'occasion de montrer la légitimité familiale du pouvoir impérial et la continuité de celui-ci dans le temps. Puis un cortège se dirigeait vers le Champ de Mars, à l'extérieur du *pomerium*, en passant peut-être par la *porta triumphalis*. La procession comprenait des sénateurs, des chevaliers, des magistrats, des prêtres et les membres de collèges religieux. Le défunt était brûlé sur un très haut bûcher, décoré de guirlandes et de draperies, sur le Champ de Mars. Une *decursio*, cavalcade menée par les chevaliers, avait lieu autour du bûcher, auquel des centurions – ou bien le successeur de l'empereur – mettaient le feu ; les soldats de la garnison urbaine y jetaient des récompenses qu'ils avaient obtenues du prince défunt. Un aigle était lâché pour s'envoler depuis le bûcher, symbolisant la montée vers le ciel de l'âme de l'empereur, appelée apothéose.

Il s'agissait donc d'une cérémonie (un spectacle) parfaitement réglée, dérivée des funérailles publiques réservées aux grands aristocrates républicains (voir le célèbre texte de Polybe, *Histoires*, 6, 52-54 à ce propos), comme on le voit bien pour le début. Elle incluait aussi des éléments du triomphe et de l'*adventus*, ce qui s'explique parce qu'il pouvait s'agir du retour triomphal à Rome d'un empereur mort loin de la Ville, comme ce fut le cas pour Trajan en 117. La participation du peuple et des deux grands ordres aristocratiques mettait en scène le consensus de la cité impériale au fondement du pouvoir du *princeps*. La cérémonie évolua en fonction des circonstances politiques et de l'évolution du régime. Au IIIe siècle, les éléments triomphaux prirent plus de poids, de même que la dimension militaire (bien visible à la fin de la cérémonie), et il semble que la place du peuple ait été désormais occupée par les soldats et les corporations religieuses.

Au fur et à mesure que la pratique de la divinisation s'est répandue, elle semble être devenue plus « naturelle » : pour Auguste, il fallut recourir au témoignage d'un ancien prêteur, Numerius Atticus, qui jura avoir vu l'image d'Auguste monter vers le ciel, ce qui lui valut d'obtenir de Livie la récompense d'un million de sesterces (Suétone, *Auguste*, 100, 4 ; Cassius Dion, *Histoire romaine*, 56, 46, 2). Au IIe siècle, l'envolée de l'aigle, que tous les spectateurs pouvaient voir, suffisait. C'est peut-être aussi la raison pour laquelle, alors que le sénatus-consulte déclarant la *consecratio* (divinisation) n'était d'abord produit qu'après la cérémonie et l'apothéose, il précède semble-t-il les funérailles au IIe siècle. C'est dans tous les cas le Sénat qui fabrique officiellement le *divus* ou la *diva*. L'âme de l'empereur rejoint ainsi les dieux dans les astres : il y occupe une position intermédiaire comparable à celle des héros chez les Grecs. Au IIe siècle, il est acquis que l'empereur est un *divus* en puissance, un être supérieur appelé à la fin de son règne à rejoindre les dieux dont il était le principal relais auprès des hommes pendant sa vie.

La *consecratio* est aussi la récompense des « bons » empereurs, ceux qui, comme les dieux, ont apporté protection et prospérité aux habitants de l'Empire. Tous les représentants de cet Empire sont unis dans une cérémonie symbolique pour lui offrir le plus grand des honneurs, qui lui apportera une bonne réputation éternelle. La différence avec les véritables dieux semble avoir toujours été nette, car on n'a pas d'exemple de particulier demandant l'aide d'un *divus*. Des aristocrates comme Sénèque, l'auteur de l'*Apocoloquintose* qui critique la divinisation de Claude, ou Vespasien qui plaisante au moment de sa mort en affirmant qu'il se sent devenir dieu, expriment leur distance avec cette pratique qui, au Ier siècle, n'était pas encore aussi bien implantée. Les philosophes, orateurs et historiens grecs – Épictète, les sophistes, Plutarque et Lucien, Cassius Dion – ont toujours manifesté une distance critique vis-à-vis de cette pratique romaine, qui semble s'être développée à partir de la réception par les Romains de l'époque tardo-républicaine des héroïsations répandues dans le monde grec. Ainsi, on trouve chez Cassius Dion (*Histoire romaine*, 52, 35, 5) l'idée que « la vertu en rend beaucoup semblables à des dieux, mais, par le vote, nul n'est jamais devenu dieu ». L'approche « philosophique » de la divinisation, fondée sur le principe stoïcien bien répandu selon lequel les sages étaient divins par leur vertu, permettait à l'élite romaine et grecque de composer avec la *consecratio*.

Si la pratique resta exceptionnelle sous les Julio-Claudiens (elle s'appliqua seulement à Auguste et Claude), elle devint habituelle sous les Flaviens et les Antonins ; seuls Domitien et Commode ne furent pas divinisés par le Sénat qui les jugeait tyranniques. Elle devint moins systématique ensuite en raison des circonstances politiques plus troublées : furent divinisés Pertinax, Septime Sévère, Caracalla, Sévère Alexandre, les trois Gordiens, Trajan Dèce, Claude le Gothique, Gallien, Aurélien, Probus, Carus. Dès le Iᵉʳ siècle, elle concerna aussi les princesses, plus tardivement et plus difficilement que les empereurs : Livie, divinisée aussitôt après sa mort en 29, mais la décision ne fut appliquée qu'en 41 par Claude ; Drusilla, la sœur adorée de Caligula, en 38 ; Claudia, la fille de Néron, morte à trois mois, en 63, et Poppée, sa femme, en 65. Seule la divinisation de Livie s'ancra durablement, mais ces divinisations féminines consacraient d'une certaine manière le principe de la légitimité familiale et posèrent les bases de ce qui se produisit sous les Antonins : la construction d'une *domus divina*. Au IIᵉ siècle, en effet, toutes les impératrices furent divinisées (Plotine, Sabine, Faustine I et II), ainsi que la sœur et la nièce de Trajan (Marciana et Matidia). Ce principe de légitimité familiale, associé à la légitimité d'être le successeur d'un *divus*, conduisit Septime Sévère à présider la cérémonie de divinisation de Pertinax dont il prit le *cognomen* en 193, à accorder la *consecratio* à Commode en 195, à « adopter » Marc Aurèle comme père en 197, et devenir ainsi le frère adoptif de Commode.

Cette dimension dynastique est visible aussi à la fin des funérailles impériales. Quelques jours après, les cendres étaient récupérées et déposées dans le mausolée dynastique : celui d'Auguste au nord du Champ de Mars, puis celui d'Hadrien sur le site du futur château Saint-Ange, en face, sur la rive droite du Tibre (qui accueillit les restes de tous les Antonins sauf ceux de Trajan, déposés de manière exceptionnelle dans la base de sa colonne, sur son forum, ainsi que ceux des Sévères jusqu'à Caracalla).

L'usage particulier de l'effigie à la fin IIᵉ et du IIIᵉ siècle a retenu l'attention des historiens : lors de l'exposition du mannequin, les Romains ont fait comme s'il s'agissait d'un corps toujours vivant, endormi pour Pertinax, malade pour Septime Sévère. Leur mort, qui avait eu lieu plusieurs mois avant, et en Bretagne pour Septime Sévère, était d'une certaine manière rejouée et replacée dans la contiguïté temporelle de l'apothéose (comme celle d'Auguste). Le texte d'Hérodien (*Histoire des empereurs romains*, 4, 2) sur les funérailles de Septime Sévère a beaucoup influencé les théoriciens des royautés anglaise et française aux XVe et XVIe siècles. Lors de l'enterrement du roi, un mannequin remplaçait celui-ci, comme s'il était vivant, jusqu'à l'inhumation où le successeur prenait le relais, ce qui a constitué la base de la théorie de Ernst Kantorowicz sur « les deux corps du roi » : le mannequin symbolise le corps éternel de l'État, distinct du corps périssable du roi. Ernst Kantorowicz n'a cependant jamais cherché à appliquer sa théorie à l'Antiquité, même s'il estimait qu'elle avait des racines dans l'Antiquité tardive, car il la fondait sur le développement de la réflexion chrétienne, notamment sur la notion de « corps mystique » de l'Église. La plupart des historiens romanistes ne la considèrent pas comme appropriée à l'idéologie romaine, car l'empereur, comme on l'a vu, n'est pas une incarnation de la *res publica*.

> « Les Romains ont l'habitude de diviniser ceux de leurs empereurs qui, à leur mort, laissent la succession à leur fils. Un tel honneur s'appelle apothéose. À travers la ville tout entière c'est un mélange de deuil, de fête et de dévotion. Le corps du défunt est enseveli à l'occasion d'obsèques grandioses, quoique conformes à l'usage établi chez les mortels. On façonne une effigie de cire en tous points semblable au disparu, on l'installe sur un très grand lit d'ivoire placé en surélévation, puis on l'expose dans l'entrée du palais impérial sur des draps brodés d'or. Cette effigie, qui évoque un malade, y gît toute pâle. De chaque côté du lit se tiennent assis la plus grande partie de la journée, à gauche, le Sénat dans sa totalité, dont les membres sont habillés de vêtements noirs, et à droite toutes les femmes auxquelles le rang de leur mari ou de leur père confère honneur et célébrité [...] Le spectacle qui vient d'être décrit dure sept jours. À intervalles réguliers des médecins arrivent, s'approchent du lit, simulent un examen du malade et proclament à intervalles réguliers les progrès du mal. Dès que, selon eux, la mort est intervenue, les personnages les plus nobles de l'ordre équestre et une élite de jeunes sénateurs enlèvent le lit, le transportent par la Voie Sacrée jusqu'au Vieux Forum [c'est là que les magistrats romains se déchargent de leurs fonctions] et l'y exposent. De chaque côté se trouvent deux tribunes en forme de gradins. Sur l'un des côtés se tient un chœur d'enfants issus des familles patriciennes, les plus nobles de la cité, et de l'autre côté prend place un chœur de femmes, composé de celles qui passent pour illustres. Tous deux chantent en l'honneur du défunt des hymnes et des péans au rythme solennel et funèbre. Sur ce, on emporte le lit et on le conduit en dehors de la ville jusqu'à ce qu'on appelle le Champ de Mars.
> Là, dans la partie la plus large de ce dernier, on a construit un édifice carré, en forme d'habitation, fait uniquement d'un assemblage de très grandes poutres, à l'exclusion de toute autre matière. L'intérieur en est rempli de bois combustible, l'extérieur, orné de draps brodés d'or, de statues d'ivoire et de peintures variées. Sur cet édifice s'en élève un second – de forme et d'ornementation semblable, mais plus petit, avec des fenêtres et des portes ouvertes –, puis un troisième et un quatrième, de dimensions toujours inférieures à celles de l'étage précédent. L'ensemble se termine par une toute petite structure [...] On monte donc le lit jusqu'au deuxième étage, où on le dépose. On apporte aussi tous les aromates, tous les encens que produit la terre et toutes les autres substances – fruits, herbes ou sucs – de caractère odoriférant, puis on les y déverse en tas. Aucune province,

aucune cité, nul personnage illustre, nul dignitaire ne refusent d'adresser à l'Empereur, avec empressement, ces présents destinés à l'honorer pour la dernière fois. Dès que l'endroit en est rempli, on entame une cavalcade autour de cet édifice, et tout l'ordre équestre l'encercle en décrivant, au rythme d'une course pyrrhique, des circonvolutions qui répondent à un cérémonial déterminé. Des chars aussi en font le tour, en respectant le même cérémonial. Leurs conducteurs sont revêtus de la toge prétexte et portent des masques qui représentent tous les généraux ou empereurs romains célèbres. Ces rites accomplis, le nouvel empereur prend un flambeau et enflamme la construction, puis de tous côtés les assistants viennent à leur tour y mettre le feu [...] Alors, de la dernière structure, la plus petite, prend son essor, comme des créneaux d'une tour, un aigle qui monte dans les airs avec les flammes et dont les Romains croient qu'il emporte de la terre au ciel l'âme de l'empereur. Et dès lors on associe l'empereur au culte des autres dieux. »

Hérodien, *Histoire des empereurs romains*, 4, 2, traduction de Denis Roques.

Figure 3.5 – Sesterce, Rome, 211.

Droit : DIVO SEPTIMIO SEVERO PIO, « Au *divus* Septime Sévère le Pieux », tête à droite
Revers : CONSECRATIO/S(enato) C(onsulto), bûcher funéraire surmonté d'un quadrige.

Culte impérial et rapprochements entre le pouvoir et les habitants des provinces

Le culte impérial se développa rapidement, tantôt à l'instigation des représentants du pouvoir, tantôt à celle des élites locales : il était inséparable du cadre civique et parfois de structures fédérales et provinciales, comme le sanctuaire des Trois Gaules à Lyon ou les *koina* dans l'Orient grec. Le *koinon* était une assemblée composée de délégués envoyés par les principales cités de la province. Il était le maillon essentiel de l'implantation du culte impérial dans l'Orient grec, l'instance qui réceptionnait la demande de telle ou telle cité de pouvoir aménager un temple fédéral pour le culte impérial, et donc de devenir néocore. Le *koinon* transmettait cette demande à Rome, puis, après accord de l'empereur, assurait la mise en œuvre du culte. Le grand prêtre du culte impérial fédéral était aussi le président du *koinon* ; parmi les autres dignitaires figuraient le sébastologue, chargé de célébrer l'empereur par un éloge rhétorique, et le sébastophante, qui portait les portraits impériaux lors des processions religieuses (comme le faisait le hiérophante à Éleusis).

Les fêtes grecques du culte impérial comprenaient des concours, pour certains nouveaux, mais beaucoup étaient adossés à des concours déjà anciens et prestigieux. Le meilleur exemple est celui des *Caesarea*, organisés au lendemain d'Actium au sanctuaire de l'Isthme et associés aux *Isthmia* : ils ne se déroulaient pas en même temps, mais en alternance tous les deux ans, d'abord sous la responsabilité de Sicyone, puis sous celle de Corinthe, colonie romaine et capitale provinciale de l'Achaïe (entre 7 av. J.-C. et 3 apr. J.-C.). Dès le Ier siècle, des combats de gladiateurs se répandirent aussi dans le cadre du culte impérial. Les structures théâtrales furent aménagées, de même que les traditions culturelles grecques qui condamnaient le sang versé au sein de la cité comme une souillure. Si les intellectuels grecs des Ier-début du IIe siècle comme Dion de Pruse, Plutarque et Épictète y furent résolument hostiles, les attestations épigraphiques témoignent de la progressive inclusion de ces combats au sein des cérémonies en l'honneur de l'empereur, ce qui constitue l'un des grands exemples de l'acculturation des Hellènes, qualifiée parfois de « romanisation ».

Autour du titre de néocore se nouaient des négociations, un dialogue entre le pouvoir impérial et les élites civiques grecques. Il s'agit d'un honneur qui s'inscrit dans la logique évergétique caractérisant les relations entre pouvoir impérial et gouvernés, comme l'a bien montré Paul Veyne. C'était un privilège, distribué avec parcimonie par le pouvoir, qui générait la reconnaissance des administrés, déjà automatiquement impliquée par le culte en lui-même. Celui-ci produisait et diffusait à l'échelle des habitants de la province une image du pouvoir la plus glorieuse et la plus honorifique possible à travers les éloges, la procession portant les images de l'empereur et de sa maison, les concours et les combats de gladiateurs, les rites. Simon Price[23] a bien souligné le fait que le culte impérial, à travers ces différentes manifestations, engageait la participation à des degrés divers de toute la population, et non des seules élites : c'était particulièrement vrai dans le monde grec où la cité demeurait l'unité principale au sein de laquelle se déroulaient les grandes célébrations.

L'obtention du titre de néocore constituait une source de prestige considérable pour la cité, assortie de bénéfices économiques. Les concours entraînaient en effet une grande affluence et donnaient lieu à des foires, occasions d'activités culturelles (les sophistes y produisaient leurs discours) mais aussi de transactions commerciales dont la cité récupérait des dividendes, sous forme de taxes. Comme l'a bien montré Anna Heller[24], ce nouvel enjeu vint alimenter la traditionnelle compétition entre les grandes cités grecques, au profit de Rome qui jouait le rôle d'arbitre.

Le culte impérial est donc bien la marque de l'intégration du pouvoir impérial dans les structures culturelles locales. Celle-ci était parfois matérialisée dans l'espace, comme on le voit sur l'ancien forum de Lepcis Magna. Après la mort d'Auguste, entre 14 et 19, le temple central du *forum vetus* fut attribué à *Dea Roma* et à Auguste, alors que Lepcis Magna était une cité pérégrine ; elle obtint le statut de municipe de droit latin sous Vespasin, vers 73/74, et celui de colonie romaine sous Trajan en 110. Le temple (restauré au IIᵉ siècle) était dès le début conçu comme un lieu d'exposition de la dynastie julio-claudienne. Dans la *cella* étaient placées les statues monumentales de *Dea Roma* et d'Auguste. À l'extérieur, de chaque côté de la porte, se trouvaient une statue de Tibère et une de Livie. Sur le podium on pouvait peut-être voir (l'ordre est reconstitué à partir d'une inscription monumentale, *IPT* 22) : au centre, un quadrige portant Germanicus et Drusus II, les héritiers de Tibère ; de chaque côté, les statues d'Agrippine I et de Livilla, leurs épouses respectives, ainsi que celles d'Antonia II et de Vipsania Agrippina, la première étant la mère de Germanicus et de Livilla, la seconde la mère de Drusus et la première épouse de Tibère. Le groupe fut sans doute complété sous Caligula par les statues de Tiberius Gemellus, fils de Drusus et de Livilla, adopté par Caligula au début de son règne, et de Julia Livilla, la plus jeune fille de Germanicus et d'Agrippine I. Sous Claude, en 45/46, deux statues furent encore ajoutées, celles du *divus Augustus* et de Claude, tous deux assis. Le temple était relié par une plateforme, à gauche, au temple de Liber Pater-Shadrapah, dieu tutélaire de la cité, assimilé à Dionysos, et à droite, à celui de Melqart-Hercule. Le culte des dieux ancestraux de la cité encadrait donc le nouveau culte (qui bénéficiait du temple le plus imposant), illustrant l'intégration de la cité dans l'Empire romain. Si la puissance impériale était mise en exergue, elle l'était au cœur de l'identité civique.

L'adhésion des élites civiques fut parfois si complète qu'elle a pris la forme de l'imitation, ce qui signifie que ces élites se sont mises à exprimer, à penser peut-être leur propre domination sur le modèle de celle de la famille impériale. Un exemple bien connu est celui de l'« édifice d'Eumachia », situé à côté du temple d'Auguste sur le forum de Pompéi. Avec son fils, Eumachia, qui était une « prêtresse publique », dédia à la Concorde Auguste (*Concordia Augusta*) et à la Piété (*Pietas*) ce monument dont elle avait financé la construction à ses frais (*CIL*, X, 810 et 811) et qui avait sans doute aussi des fonctions commerciales. Elle a probablement imité Livie qui avait dédié avec Tibère en 7 av. J.-C. un portique sur l'Esquilin. Un petit temple situé à l'intérieur de ce portique était dédié à *Concordia*. En établissant un culte à des vertus augustéennes caractéristiques comme la concorde qui avait suivi la guerre civile, et la piété qui avait conduit Octavien/Auguste à fonder l'Empire en vengeant son père, Eumachia et son fils affirmaient leur adhésion à l'idéologie impériale. En imitant Livie, Eumachia se serait présentée comme une sorte de Livie locale, justifiant à son tour, ainsi que l'a souligné William Van Andringa[25], l'implication des matrones de l'aristocratie locale dans la vie politique et économique de Pompéi.

Le corps et les insignes du prince

Comme on l'a vu pour les statues, le corps du prince permet d'identifier celui-ci aussi bien que de manifester une certaine forme de pouvoir et d'autorité. Les études récentes sur le corps ont souligné le fait que celui-ci est un intermédiaire entre soi-même et les autres, et donc un important vecteur de communication, participant non seulement à la construction d'une image publique du pouvoir, mais aussi au dialogue informel entre le gouvernant et les gouvernés.

Le corps du prince au Iᵉʳ siècle de l'Empire, entre tradition républicaine et tentations hellénistiques

Le corps du prince au début du Haut-Empire (Iᵉʳ siècle) a été étudié dans la continuité de celui des sénateurs de la fin de la République par Jan B. Meister[26]. La problématique de son livre est centrée sur le paradoxe d'un « corps monarchique sans monarchie », c'est-à-dire d'un corps monarchique dans le contexte d'une *res publica*. Il a démontré que le corps du prince romain se définissait largement comme

« républicain », ce qu'on peut opposer au corps royal des souverains hellénistiques, plutôt caractérisé par l'apparat.

Les sources littéraires soulignent l'existence de tentations hellénistiques dans la représentation physique de certains princes, même celle d'Auguste. Suétone (*Vie d'Auguste*, 73, 79-80) le présente ainsi comme le mélange réussi entre l'image traditionnelle du citoyen romain et l'image royale hellénistique qui relève de la majesté divine (*semnotès*). L'apparence du fondateur du Principat est caractérisée par la simplicité, ses vêtements sont fabriqués par les femmes de sa maison, son visage est plein de tranquillité, si bien que la vision du prince est apaisante. Mais Auguste utilise aussi certains accessoires théâtraux pour compenser les défauts de son corps : des chaussures surélevées pour se grandir, des sangles et des éclisses pour renforcer sa hanche et sa jambe gauche afin de ne pas boiter. Les références astrales qui figuraient dans la parure de Démétrios de Phalère et Démétrios Poliorcète font désormais partie du corps d'Auguste : ses yeux vifs et brillants, dans lesquels le prince voulait qu'on voie une force divine, faisaient baisser les yeux des flatteurs comme devant le soleil ; sa poitrine et son ventre étaient marqués de taches de naissance disposées comme les sept étoiles de l'Ourse. Suétone a peut-être été sensible aux différents aspects de l'iconographie augustéenne, et notamment à la différence entre, d'une part, l'image d'un monarque de type hellénistique dans les portraits de jeunesse datés de l'époque des guerres civiles et, d'autre part, les représentations postérieures d'un *princeps* vertueux, en général idéalisé.

Parmi les empereurs du Iᵉʳ siècle, Caligula est le seul à être accusé par des auteurs de langue latine et grecque (Philon d'Alexandrie, Suétone, Athénée et Cassius Dion) de chercher à revenir au modèle de l'apparat hellénistique d'Alexandre le Grand et des Diadoques, ce qui n'a toutefois pas laissé de trace dans son iconographie officielle. Il aurait porté des tenues orientales, des robes luxueuses, des manteaux colorés, des chaussures montantes et des bijoux ; il avait aussi recours à des attributs ou costumes divins, comme Alexandre.

Les sources littéraires semblent donc en décalage avec les statues des empereurs, à l'exception de celles qui sont dites en « nudité héroïque », à l'imitation des statues divines grecques, ou encore des statues colossales et de celles qui étaient « théomorphes », c'est-à-dire qui représentaient un empereur avec les attributs d'un dieu ou un dieu avec les traits d'un empereur. Domitien, accusé par Pline le Jeune dans le *Panégyrique de Trajan* d'avoir voulu se faire honorer comme un dieu de son vivant, avait installé dans la salle du trône de la *domus Augustana* sur le Palatin une statue colossale d'Hercule en basalte vert, dotée de traits rappelant les siens. Il avait fait bâtir sur la voie appienne un temple à Hercule abritant une statue conforme à ses propres traits (Martial, 9, 64-65). L'interprétation de ce type de représentation divine est délicate : elle suggère de considérer Domitien comme une incarnation, ou plutôt comme une épiphanie d'Hercule, une sorte de *neos Herakles*.

L'idéal antonin du corps qui s'efface derrière les vertus

Sous les Antonins s'est développé un nouvel idéal du corps impérial, caractérisé par une image idéalisante qu'on retrouve aussi bien dans la statuaire que dans certaines descriptions littéraires.

Figure 3.6 – Buste de Marc Aurèle, Rome, vers 161.

> « Sa force, la haute taille de son corps, la beauté de sa tête, la dignité de ses traits, sans compter cette inflexible maturité, sa chevelure qu'un don des dieux a orné des marques prématurées de la vieillesse qui ne fait qu'accroître sa majesté, tout cela n'annonce-t-il pas aux quatre coins de l'univers un souverain ? »
>
> Pline le Jeune, *Panégyrique de Trajan*, 4, 7, traduction de Marcel Durry.

Le portrait de Trajan dans le *Panégyrique* montre l'adéquation parfaite entre qualités du corps et vertus morales de l'empereur, en même temps que le retour à l'idéal traditionnel de la *majestas*, caractérisée par la chevelure blanche. Le corps du prince incarne ses vertus et celui de Trajan rend visible sa *firmitas* (fermeté, qualité à la fois morale et physique), son *honos* et sa *dignitas*. Un tel portrait, où les vertus l'emportent sur les caractéristiques physiques, aboutit à l'idée d'une désincarnation, d'une idéalisation du corps qui devient dès lors surhumain. C'est peut-être aussi la volonté de traduire une vertu supérieure qui explique l'iconographie idéalisante des Antonins : en effet, selon Cicéron (*Des devoirs*, 2, 36-37), la vertu supérieure produit le prestige de la dignité (*praestantia dignitatis*), qui force l'admiration des hommes et par là les conduit à collaborer et à obéir.

Au IIIe siècle, le corps des empereurs guerriers

Le IIIe siècle marque une rupture avec l'iconographie impériale précédente, en premier lieu avec Caracalla. À partir du moment où celui-ci a régné seul (à la toute fin 211), un changement radical s'est opéré dans son iconographie statuaire : le jeune empereur a rompu avec l'iconographie antonine idéalisante pour apparaître avec une physionomie intimidante, aux traits marqués.

Il se fait représenter avec une expression tendue, des sourcils contractés et des plis sur le front. Selon Cassius Dion (*Histoire romaine*, 78, 11, 1^2), l'empereur s'efforçait aussi au quotidien d'adopter une expression résolue qui le faisait ressembler à un homme en colère. Cette physionomie est probablement à mettre en rapport avec le caractère martial et la victoire militaire. Des comparaisons ont été faites avec les représentations des soldats de Trajan sur la frise de l'arc de Constantin, et avec celles d'Alexandre le Grand, l'un des principaux modèles de Caracalla. On pourrait aussi suggérer une analogie avec les portraits « réalistes » des premiers *imperatores* de la fin de la

Figure 3.7 – Buste en marbre de Caracalla. Musée du Louvre.

République, Marius et Sylla, dont on ne possède plus que les descriptions de Plutarque qui a vu leurs statues (*Marius*, 2, 1 ; *Sylla*, 2, 1-2) : celles-ci traduisaient la dureté et la sévérité de leur caractère et renvoyaient à la virilité militaire ; le visage de Sylla était même effrayant. Caracalla semble s'être rattaché à l'idéologie du chef de guerre protégé des dieux, qui avait été élaborée par les *imperatores* de l'époque tardo-républicaine et en particulier par Sylla, surnommé *felix* et protégé par Vénus.

Le corps de ceux qu'on appelle les « empereurs-soldats » – qui ne furent pas des sénateurs ni de grands administrateurs équestres, mais bien des chefs militaires qui avaient gravi les échelons des commandements – exprime encore davantage l'importance des capacités militaires. Maximin le Thrace et Claude II, qui fondèrent la lignée de ceux qu'on présente comme des empereurs-soldats, sont en effet dépeints comme des athlètes dans les sources historiques du IIIe et du IVe siècles. Ces dernières font une large place à leurs capacités physiques, notamment pour expliquer leur accès au pouvoir impérial.

« Car aussitôt qu'il [Maximin] avait reçu l'Empire, il avait commencé à s'occuper de la guerre : comme on paraissait l'avoir choisi pour sa robustesse physique, ses capacités militaires et son expérience des combats, il cherchait à confirmer par des actes sa réputation et l'opinion qu'avaient de lui les soldats, et il tentait de prouver qu'il avait à juste titre condamné les atermoiements d'Alexandre et sa lâcheté dans la conduite de la lutte. »
« Ajoutons que, par son apparence extérieure, l'empereur suscitait de très vives craintes et que, physiquement, il avait une très haute stature, si bien qu'on eût du mal à trouver, parmi les athlètes grecs ou les barbares les plus belliqueux, un homme dont la taille pût se comparer à la sienne. »

Hérodien, *Histoire des empereurs romains*, 7, 1, 6 et 7, 1, 12,
traduction de Denis Roques.

« Mais sa taille, sa corpulence, sa beauté, ses grands yeux et l'éclat de son teint assuraient sa supériorité sur tous les autres. »

Histoire Auguste, *Maximin*, 3, 6, traduction d'André Chastagnol.

« Il avait une haute stature, des yeux brillants, un visage large et plein ; ses doigts étaient si vigoureux qu'il lui arriva souvent, d'un coup de poing, de briser des dents à des chevaux ou à des mulets. »

Histoire Auguste, *Claude*, 13, 5, traduction d'André Chastagnol.

Le premier à mettre en avant le corps et les capacités physiques des empereurs-soldats est Hérodien, contemporain de Maximin, qui a vécu sans recul et avec consternation la rupture qu'a constituée l'avènement d'un prince issu du milieu militaire en 235. Maximin apparaît comme une seconde étape dans l'éloignement de cet idéal sénatorial du prince « premier des sénateurs » qui avait été entériné sous la dynastie des Antonins. La première étape avait été représentée par le court règne de Macrin (217-218), empereur issu du milieu équestre, auquel Hérodien, appartenant au même milieu ou à un milieu plus modeste, ne reproche pas son origine – contrairement au sénateur Cassius Dion – mais son attentisme et sa mollesse. En revanche, Hérodien condamne sans appel la nouvelle figure impériale constituée par l'« empereur-soldat » Maximin. Il accorde une grande place aux caractéristiques physiques de cette figure, en soulignant la haute taille et la robustesse de Maximin, qu'il associe à son origine barbare ou à l'image de l'athlète, ainsi qu'à la carrière et l'expérience militaires qui le portèrent au pouvoir, ou encore à la peur qu'il inspirait, à sa dureté et à sa cruauté qui le définissent comme un tyran (*Histoire des empereurs romains*, 6, 8, 1-2 ; 7, 1, 2 ; 7, 1, 6 ; 7, 1, 12). La robustesse physique peut s'expliquer par l'entraînement militaire et la pratique des combats, mais dans le cas des empereurs-soldats elle revêt un évident caractère idéologique. Or, ce caractère qui est interprété de manière négative par Hérodien reflète le choix politique de Maximin au début de son règne, de même que l'image qu'il a voulu renvoyer de lui-même au Sénat, au peuple de Rome et plus largement aux habitants de l'Empire. Il s'agissait en effet d'affirmer sa légitimité en prenant le contre-pied de Sévère Alexandre, assassiné le 18 mars 235 lors d'une mutinerie de soldats furieux de le voir négocier la paix avec les Alamans. Peu après son avènement, Maximin entra donc en campagne contre la ligue des Alamans sur la rive droite du Rhin, en pénétrant profondément dans le territoire barbare. Il envoya à Rome de grands tableaux qui figuraient ses prouesses militaires, pour qu'ils soient exposés devant la Curie. Le monnayage impérial le représente en prince combattant protégé par Hercule, héros physique qui parcourait le monde en s'attaquant aux monstres et en rétablissant l'ordre. Sa titulature souligne ses victoires et les acclamations impératoriales : à sa mort en mai 238, il est appelé *Imperator Caesar Caius Julius Verus Maximinus Pius Felix Invictus Augustus Germanicus Maximus Sarmaticus Maximus Dacicus Maximus, Pontifex Maximus, Tribunicae Potestatis IV, Imperator VII.*

Dans la représentation des « empereurs-soldats », les capacités militaires et physiques apparaissent donc comme l'un des principaux fondements de la légitimité. Une étonnante statue en bronze attribuée à l'empereur Trébonien Galle (251-253) le montre également. Elle représente un empereur nu, portant le *paludamentum* sur l'épaule gauche. Mais il ne s'agit plus d'un corps en « nudité héroïque », car ce n'est pas un corps divin : le corps représenté est celui d'un athlète surentraîné et suralimenté, comme le montre en particulier son torse, disproportionné par rapport aux bras.

L'effacement du corps derrière les insignes : l'empereur « lointain »

L'apparence du pouvoir fut dès le début du Principat l'objet d'un soin particulier. Dès 36 av. J.-C., Octavien avait reçu le droit de porter la couronne de laurier. Ensuite, le Sénat lui conféra l'honneur de porter la toge blanche brodée d'or des triomphateurs et la couronne d'or qui était traditionnellement tenue au-dessus de leur tête lors de la cérémonie triomphale, le premier janvier de chaque année. À partir de Domitien, l'empereur a pu revêtir la tenue triomphale devant le Sénat. Le costume d'apparat impérial comportait aussi le *paludamentum*,

Figure 3.8 – Statue en bronze attribuée à Trébonien Galle, Rome, 251-253.

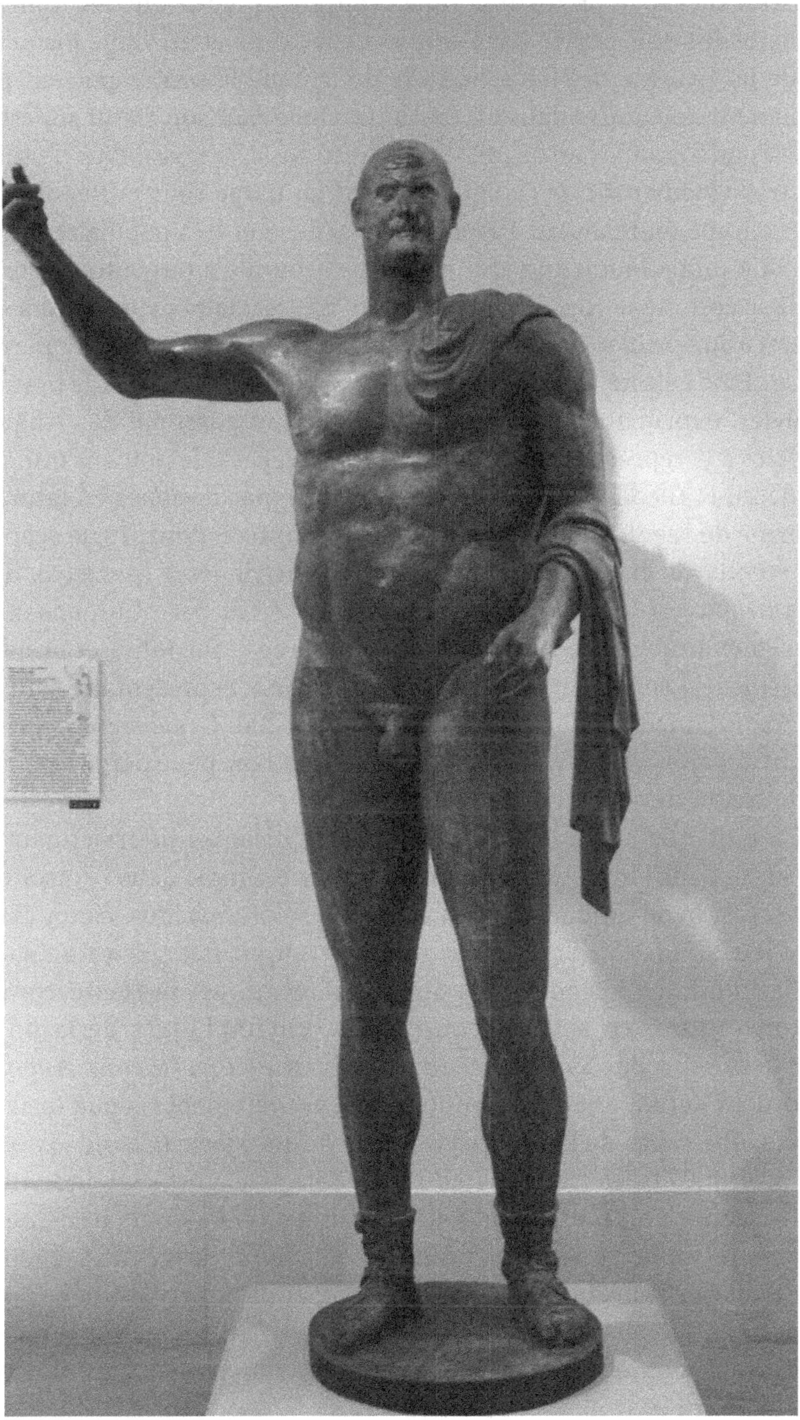

manteau de pourpre des chefs militaires. En fait, comme l'a souligné Jan Meister, si la toge prétexte semble avoir été la tenue que les Romains souhaitaient voir porter par l'empereur à Rome et en Italie jusqu'à la fin de la dynastie des Sévères, hors de la Ville le prince pouvait plus facilement apparaître dans un costume soulignant son statut supérieur et ses pouvoirs extraordinaires[27]. Il avait aussi la possibilité d'utiliser d'autres vêtements que ceux qui étaient en usage sous la République, par exemple un manteau appelé *lacerna*, devenu très populaire sous la dynastie julio-claudienne, qui n'était pas soumis à des restrictions de couleur comme la toge. Dès le IIe et IIIe siècles, la pourpre tend à être réservée aux princes et à leurs proches et à devenir la couleur impériale.

Le globe céleste, lié à l'idée de domination universelle, et la branche d'olivier, exprimant la victoire ou la paix, ont aussi été dès Auguste associés à la représentation impériale. Petit à petit, le pouvoir impérial fut défini et reconnu par un ensemble d'insignes désignés en latin par le terme de *regalia*, qui comprenaient le manteau pourpre, le sceptre, des étendards et des lances comme ceux, attribués à Maxence, dont on a découvert les restes sur le Palatin en 2005, parmi un ensemble d'insignes impériaux. Pourpre, couleur dorée, couronnes et sceptres figurent déjà sur le fameux « tondo de Berlin » représentant Septime Sévère, Julia Domna, Caracalla et Géta vers 200. Ces insignes participaient à l'apparat du pouvoir impérial, que l'on peut définir comme l'expression de son éclat.

En tant que symboles du pouvoir, ces insignes interviennent au IIIe siècle dans l'investiture du pouvoir, par exemple dans l'épisode de la succession de Gallien, assassiné en 268 : selon Aurélius Victor (*Livre des Césars*, 33, 28), l'empereur mourant aurait fait porter à Claude le Gothique les insignes du pouvoir, acte qui est présenté comme une investiture en soi. Les sources historiographiques de la fin du IVe siècle (Aurélius Victor, pseudo-Aurélius Victor, *Histoire Auguste*) accordent nettement plus d'importance aux vêtements et aux insignes royaux que celles de la première moitié du IIIe siècle (Cassius Dion et Hérodien). Cette différence traduit le passage du corps nu, individualisé – encore présent pour identifier le pouvoir impérial chez Cassius Dion et Hérodien – au corps politique et symbolique, essentiellement construit par les vêtements et l'apparat, parallèlement au développement de la sacralisation de la fonction impériale, qui est sensible dès la seconde moitié du IIIe siècle. Le modèle du *civilis princeps* accessible et humble avait bel et bien vécu.

Figure 3.9 – Tondo de Berlin représentant la famille de Septime Sévère à la fin du IIe siècle/début du IIIe siècle.

Chapitre 4

Communication, pratiques et pensée politiques

La pensée politique antique est en général identifiée comme étant grecque, et non romaine : Cicéron s'est inspiré de Platon pour développer la première réflexion politique en latin sur la constitution et les lois d'une République idéale. Sous l'Empire, les idées politiques ont circulé grâce à différents vecteurs et sous des formes variées : sous la forme de simples mots (dans les légendes monétaires, les inscriptions) qui renvoyaient à des valeurs et à des idées politiques, ou sous la forme développée de discours et de programmes iconographiques. Les *exempla*, si importants dans l'éducation civique romaine, ont aussi fonctionné pour construire une tradition politique : les principaux modèles d'empereurs furent ainsi Auguste, Trajan et Marc Aurèle ; aux IIIe et IVe siècles, selon Eutrope (*Abrégé de l'Histoire romaine*, 8, 2), les sénateurs acclamaient un empereur en lui souhaitant d'être « plus heureux qu'Auguste, meilleur que Trajan ». Les *exempla* renvoyaient naturellement à des pratiques du pouvoir qui ont évolué dans le temps. Valeurs, idées, modèles, réflexions politiques grecques, puis romaines, diffusées par les poètes, philosophes, orateurs et historiens, constituent au IIIe siècle un substrat assez développé, assez nourri de références antérieures, pour pouvoir être qualifié de pensée politique gréco-romaine sur le pouvoir impérial.

La diffusion des idées et des valeurs du pouvoir

Aux trois premiers siècles, les idées et les valeurs politiques associées au pouvoir impérial sont diffusées par le biais de différents vecteurs : elles sont affichées sur des inscriptions, des monnaies, sont diffusées par des programmes iconographiques et des discours publics. Dans la seconde moitié du IIIe siècle, les inscriptions, la statuaire et les monnayages provinciaux tendent à devenir moins nombreux, en raison notamment du contexte politique et économique troublé. Étudier ces idées et ces valeurs nécessite de porter la plus grande attention à l'émetteur du message : il faut distinguer entre le pouvoir impérial et ses représentants d'une part, qui diffusent les idées et valeurs officielles, les cités et les habitants de l'Empire d'autre part, qui les interprètent et transmettent également leurs attentes.

L'affichage sur les inscriptions

Les fonctions et les qualités du prince étaient mises en avant dans la correspondance impériale que nous ont conservée les inscriptions, de manière explicite ou bien (pour les qualités souvent) implicite. Frédéric Hurlet a fait le relevé des principales qualités du prince qui apparaissent dans cette correspondance au Ier siècle de notre ère[1]. Quatre principaux aspects ou qualités du bon empereur sont ainsi mis en avant : l'empereur comme bienfaiteur, le premier des évergètes ; sa justice ; sa modération par rapport aux honneurs religieux excessifs ; sa piété, attachée à la qualité précédente. Justice, modération et piété sont trois des cinq grandes qualités philosophiques depuis Platon (avec la sagesse et le courage) qui sont omniprésentes dans les miroirs au prince et les éloges rhétoriques de l'empereur.

Dans l'inscription, un élément ne doit pas être sous-évalué, même s'il est répétitif, c'est la titulature impériale constituée par les noms et les titres de l'empereur, qui exprime ses fonctions civiles et militaires (consul, puissance tribunicienne, *imperator*, salutations impériales), religieuses (*Augustus*, fils du divin, grand pontife), son rôle (*pater patriae*), ses victoires (*Germanicus, Parthicus*, etc.). On peut prendre l'exemple du nom de Trajan à la fin de son règne, à partir de 116 : *Imp. Caesar Divi Nervae filius Nerva Traianus Optimus Augustus Germanicus Dacicus Parthicus*, « Imperator Caesar, fils du divin Nerva, Nerva Traianus Optimus Augustus, vainqueur des Germains, vainqueur des Daces, vainqueur des Parthes ». Dès 97, adopté par Nerva, Trajan avait pris le titre de Germanicus ; en 102, à l'issue de la première guerre dacique, celui de *Dacicus*. En 114, il accepta officiellement le titre *Optimus* que lui offrait le Sénat, ce qui soulignait le parallélisme bien mis en évidence sous son règne entre l'empereur et Jupiter *Optimus Maximus*, le grand patron de Rome. En 116, il prit le titre de Parthicus, après s'être emparé de la capitale des Parthes et avoir atteint le golfe persique.

À partir de Commode, *Pius* et *Felix* sont ajoutés aux *cognomina* impériaux et, à partir de Septime Sévère, la formule est complétée par *Invictus* : *Pius Felix Invictus* vient revivifier le charisme militaire de l'empereur après le règne de Marc Aurèle qui avait mis en évidence la possibilité d'invasions de peuples iraniens et germaniques ; c'est aussi l'une des expressions de l'intérêt affiché par Septime Sévère et Caracalla pour les grands *imperatores* tardo-républicains comme Sylla. À partir du IIIe siècle, on note une amplification dans la façon dont les inscriptions qualifient les empereurs, avec l'ajout d'adjectifs et de superlatifs comme *fortissimus* et *indulgentissimus* pour les Sévères par exemple.

Aux trois premiers siècles, en Occident comme en Orient, qualificatifs et titres font apparaître l'empereur comme un « fondateur » au sens politique du terme (*conditor*, *fundator*, *ktistès*, *oikistès*), un bienfaiteur (*euergetès*), un protecteur (*conservator*, *restitutor*, *sôter*). Sont soulignées son autorité (*rector*, *despotès*) dotée d'une dimension universaliste (*propagator*), sa valeur militaire (*fortis*, *felix*, *inuictus/aettètos/aniketos*, *victor*) et son action pacifique (*pacator*), ainsi que sa piété. Dans l'Orient hellénophone, les titres utilisés le font apparaître comme le successeur des rois hellénistiques, mais aussi des héros fondateurs de cité. De l'enquête quantitative sur les titres menée par Anna Heller en Asie Mineure[2], il ressort que le terme bienfaiteur est l'un des deux titres les plus fréquemment employés pour désigner l'empereur et les membres de sa *domus*, avec celui de sauveur.

Les « slogans » monétaires

Les monnaies font apparaître des idées de base, des notions très importantes pour les citoyens de l'Empire, de manière à répondre à leurs attentes, ou encore à proposer des idées, des valeurs qui correspondaient à des événements du règne ou à des pratiques du pouvoir, et que les numismates ont qualifiées de « vertus monétaires ». Chaque empereur a adapté à son propre règne le discours monétaire qui repose sur un langage complexe, formé à la fois par les images et par les légendes. À partir de Claude, la frappe du monnayage fut supervisée à Rome par le chef du *fiscus*, le procurateur *a rationibus*, qui fut d'abord un affranchi impérial puis un chevalier sous les Flaviens. Concernant le monnayage autonome, les cités pouvaient choisir assez librement les thèmes à connotation locale, mais pour les thèmes qui étaient en lien avec le pouvoir, comme celui des vertus, elles copiaient souvent les monnaies impériales ; elles étaient de toute façon sous le contrôle des autorités romaines, même si on a peu de traces d'interventions de la part de ces dernières dans la frappe monétaire.

Ces idées ou valeurs sont exprimées à la fois par des légendes et par les personnifications en général féminines qui les représentent : SALUS ou SECURITAS, PAX, PIETAS, LIBERTAS, AEQUITAS (équité dans le domaine économique), CONCORDIA, FELICITAS, FORTUNA, FIDES, VICTORIA, VIRTUS. Beaucoup de ces valeurs sont traditionnelles : *fides, victoria, virtus, pietas* sont déjà les éléments essentiels d'un message répandu pendant les conquêtes de Rome sous la République. Les Romains, par leur *virtus*, mais aussi par leur *pietas* envers les dieux, qui est récompensée par ceux-ci, obtiennent la *victoria* sur les champs de bataille, et leur *fides*, « loyauté/fidélité, capacité à établir une relation de confiance », a aussi été un important moyen d'attirer des alliés, ou de convaincre des ennemis de se rendre sans craindre de trahison.

Certaines de ces notions abstraites étaient si importantes aux yeux des Romains qu'ils les ont divinisées et leur ont rendu un culte sous la République et sous l'Empire. Au début de la République, entre les guerres samnites et la défaite d'Antiochos III (188 av. J.-C.), des cultes publics furent établis à *Concordia, Fors Fortuna* (Chance), *Salus, Victoria, Spes* (Espoir), *Fides* (Bonne Foi), *Libertas, Honos, Mens, Juventas, Virtus* (Courage militaire) et *Pietas*. Un culte à *Felicitas* (Succès) apparut au milieu du IIe siècle avant J.-C., puis on n'observe plus de nouveau culte rendu à une vertu jusqu'à l'introduction en 44 av. J.-C de *Clementia Caesaris, Victoria Caesaris* et *Fortuna Caesaris*, premiers exemples de personnalisation de vertus divinisées. Dans la majorité des cas, ces cultes avaient été établis à la suite de vœux prononcés par les consuls, ou bien après la consultation des livres sibyllins, dans un moment critique. Des dédicaces à certaines vertus divinisées, surtout à *Victoria* et *Fortuna*, sont attestées à Rome et en Italie sous la République, ce qui prouve que ces cultes avaient trouvé un écho auprès d'individus et de communautés divers, y compris des esclaves et des affranchis. Sous l'Empire, en Occident, ce sont surtout *Felicitas*, *Victoria*, *Salus* et *Concordia* qui reçoivent un culte public et privé. Des ex-voto sont dédicacés à *Felicitas Aug.* (*Augusti*, « de l'Auguste », ou *Augusta*, « auguste »), à *Victoria Aug.*, suite à des bienfaits ou bien à des succès personnels, ce qui renvoie à la fonction de l'empereur comme protecteur et défenseur des habitants de l'Empire. En Orient en revanche, les vertus divinisées ont laissé peu de traces dans le culte privé. La vertu la plus honorée est *Dikaiosunè* (Justice), et elle n'apparaît pas spécialement comme une vertu impériale. On trouve aussi des cultes à *Homonoia* et *Sébastè Homonoia* (Concorde et Concorde auguste), *Nikè* et *Sébastè Nikè* (Victoire et Victoire auguste), *Eubosia* et *Sébastè Eubosia* (Abondance et Abondance auguste).

Ces vertus étaient considérées comme des forces (*vires*) utiles, bienfaisantes ou plaisantes, et à ce titre les plus importantes d'entre elles étaient divinisées, de même que les grands hommes ayant possédé ces vertus ou bien réalisé ces valeurs, comme l'a expliqué Cicéron dans le traité sur *La nature des dieux* (2, 61-62), dans une perspective stoïcienne. Sous l'Empire, elles ont de plus en plus été rattachées à la figure de l'empereur. Alain Villaret interprète ces vertus (en particulier *Victoria Aug.*, *Fortuna Aug.*, *Virtus Aug.*, *Pax Aug.*, *Libertas Aug.*, *Salus Aug.*, *Concordia Aug.* pour l'Occident) comme différents aspects du *numen* impérial : elles manifestaient des facettes variées – reconnues et attendues par les cités et leurs notables – de la puissance protectrice de l'empereur conçu comme un intermédiaire des dieux[3]. Ainsi, le retour d'Auguste de ses campagnes en Hispanie et en Gaule fut célébré par l'édification de l'autel à *Pax Augusta* entre 13 et 9 avant J.-C. (*Res gestae divi Augusti*, 212). Cette nouvelle déesse était la personnalisation de la vertu divinisée de *Pax* qui avait agi à travers le *princeps* pour rétablir la paix, la stabilité et la prospérité dans l'Empire romain. Ce sont les sénateurs qui avaient proposé cet honneur pour le prince : ils reconnaissaient ainsi son rôle dans l'action de cette vertu divine, et l'encourageaient à poursuivre dans cette voie. Il y a naturellement une cohérence entre les vertus impériales sur les monnaies et ces appropriations d'une vertu divinisée par l'empereur, mais pas de parallélisme strict : les vertus monétaires ne sont pas forcément divinisées, ou du moins on n'a pas toujours connaissance d'un culte correspondant à une vertu personnifiée sur le monnayage et liée à l'empereur. Cependant la monnaie, en associant sur le droit l'image de l'empereur et au revers une notion fondamentale renvoyant à une qualité, un bienfait, une attente en particulier ou en général, crée un lien implicite entre eux.

Les vertus de *Virtus*, *Pietas*, *Justitia* et *Clementia* étaient mentionnées sur le bouclier offert par les sénateurs au *princeps* en janvier 27 av. J.-C., au moment où lui furent offerts aussi le titre d'*Augustus* et le partage des provinces avec le Sénat, que l'on considère le plus souvent comme le moment fondateur de l'Empire. Ce bouclier, symbole de pouvoir (dans l'histoire mythique de Rome, Jupiter avait envoyé à Numa, le deuxième roi de Rome, qui passait pour avoir organisé le culte public à Rome, un bouclier comme emblème légitimant sa souveraineté), portait donc les vertus dont le Sénat espérait qu'elles seraient à la base du gouvernement d'Auguste, auquel il venait de confier l'essentiel du pouvoir militaire.

Figure 4.1 – Denier, Caesaraugusta, 19-18 av. J.-C.

Droit : CAESAR AVGVSTVS, « César Auguste », tête d'Auguste nue, à droite.
Revers : S(enatus) P(opulus)Q(ue) R(omanus), « Le Sénat et le peuple romain » – CL(ipeus) V(irtutis), « bouclier de la vertu », inscrit sur le bouclier, Victoire ailée portant une couronne, à droite, au-dessus du bouclier des vertus qui est adossé à une colonne.

Dans un contexte de guerre civile, le discours monétaire peut naturellement être utilisé par les prétendants au pouvoir à des fins de propagande. On peut prendre l'exemple des guerres civiles qui ont suivi l'assassinat de Pertinax par les prétoriens fin mars 193. Septime Sévère fut proclamé empereur à Carnuntum par les légions de Pannonie Supérieure le 9 avril 193. En juin 193, il associa au pouvoir le gouverneur de Bretagne Clodius Albinus en le nommant César : celui-ci devait maintenir l'ordre en Occident pendant que lui-même partait en Orient en 194 pour combattre Pescennius Niger, qui fut éliminé durant l'hiver 194/195. En 195, Septime

Sévère se rattacha artificiellement à la dynastie des Antonins, en se prétendant frère de Commode et fils adoptif de Marc Aurèle : il devint Imperator Caesar Lucius Septimius Severus Pius. Fit-il apparaître trop visiblement ses propres ambitions dynastiques ? Il s'ensuivit en tout cas une rupture avec Clodius Albinus vers la fin de l'année 195 : celui-ci fut proclamé Auguste en Gaule et en Bretagne. Albinus passait pour avoir soutenu Marc Aurèle en 175 face à l'usurpateur Avidius Cassius, et il était populaire à Rome auprès du peuple et du Sénat. Son monnayage de Lyon daté entre 195/196 et 197 se démarque de ceux de tous les autres prétendants à l'Empire d'une façon intéressante : il fait apparaître une importante série de vertus impériales parmi lesquelles se trouvent la *Virtus*, l'*Aequitas* et la *Clementia*. C'est donc lui qui s'est approprié le discours des vertus morales impériales renvoyant à Marc Aurèle. Le lien avec Hercule, revendiqué dans le monnayage en argent des deux empereurs, montre bien à la fois la concurrence entre Septime Sévère et Clodius Albinus et la différence des discours monétaires. Pour Albinus, Hercule est le symbole de la *fortitudo* (FORTITVDO AVG INVICTA), qui peut renvoyer à la vaillance physique du héros mais aussi, dans ce contexte, à la notion de courage moral, centrale dans le stoïcisme. L'Hercule de Septime Sévère n'a pas de dimension éthique explicite. Il est caractérisé comme défenseur (HERCVLI DEFENS[ORI]), ce qui plaçait Albinus dans la position de l'agresseur et suggérait qu'Hercule était le protecteur particulier de Septime Sévère : il était l'un des principaux patrons de Lepcis Magna, la patrie de celui-ci.

Figure 4.2 – Denier, Septime Sévère, Rome, 197.

Droit : L(ucius) SEPT(imius) SEV(erus) PERT(inax) AVG(ustus) IMP(erator) VIIII, « L. Septime Sévère Pertinax Auguste, acclamé *imperator* neuf fois », tête laurée de Septime Sévère, à droite.
Revers : HERCVLI DEF(ensori), « À Hercule Défenseur ».
Hercule debout, à droite, tenant sa massue de la main droite et son arc de la main gauche.

Les programmes iconographiques

Des messages éventuellement plus complexes étaient diffusés par le biais des programmes iconographiques, qui posent davantage de problèmes de lisibilité, notamment aux modernes qui ne sont pas toujours capables d'identifier telle ou telle figure abstraite (Génie, personnification d'une vertu ?). Dans un article célèbre, Paul Veyne a posé la question de la lisibilité de la colonne de Trajan sur le forum de celui-ci, et a proposé d'interpréter cette œuvre en termes d'apparat plus que de propagande[4]. Paul Veyne y a souligné la force des images du pouvoir, sur deux points en particulier : ces images occupent l'espace public qui, à Rome, a été monopolisé par le prince, et ce dès le règne d'Auguste ; elles se signalent par leur force expressive. L'apparat (que l'on retrouve dans les insignes du pouvoir impérial, voir chapitre 3) manifeste en effet la splendeur impériale et a pour objectif d'impressionner plus que d'informer. L'apparat rend sensible la présence en majesté du prince et ne traduit pas un message idéologique, une propagande – le terme, qui qualifie un message politique visant à persuader les masses de la légitimité d'un pouvoir et d'une doctrine, apparaît par ailleurs anachronique pour l'Empire romain, sauf peut-être pour des périodes particulières comme le règne d'Auguste ou bien les guerres civiles.

La position de Paul Veyne a été très débattue et les archéologues sont notamment revenus sur la question de la lisibilité de la colonne Trajane (dont la partie supérieure aurait pu être déchiffrée depuis les deux édifices traditionnellement identifiés à des bibliothèques qui étaient situés de part et d'autre de la colonne). Il n'en demeure pas moins que l'idée d'apparat qu'il a mise en évidence paraît très pertinente. Lui-même, par ailleurs, a reconnu que certaines images étaient faciles à déchiffrer, d'autres compliquées. Le message présent sur l'autel de la Paix est simple et largement accessible : tout un chacun pouvait comprendre qu'il était question de piété, de prospérité et d'ordre social. Celui des panneaux de l'arc de Trajan à Bénévent était nettement plus complexe, avec une dimension cosmologique (Jupiter tendant son foudre à Trajan) qui n'était cependant pas hors de portée pour des gens habitués aux allégories et qui connaissaient bien l'*Iliade*, dans laquelle Zeus confère le pouvoir aux rois, ou bien avaient pu voir sur des monnaies le roi des dieux protégeant l'empereur. Il y avait par ailleurs différents niveaux de lecture, et indéniablement la compréhension du message n'était pas la même pour l'élite que pour la majorité illettrée. L'apparat, en revanche, pouvait fonctionner pour tous de la même façon (sauf pour quelques esprits hypercritiques et réfractaires).

Les programmes iconographiques représentant le pouvoir impérial et exposant une facette de sa légitimité ou bien de son rôle existaient sous la forme de groupes statuaires et de reliefs réalisés localement (ainsi ceux qu'on a trouvés à Aphrodisias), à l'instigation des élites ou du gouverneur, d'arcs honorifiques disséminés dans tout l'Empire, dont les commanditaires étaient le Sénat ou le prince. C'est dans les forums de Rome qu'on en a le plus d'exemples, adressés aux habitants de la capitale pour célébrer les victoires impériales (les colonnes de Trajan et de Marc Aurèle, les reliefs du Palais de la Chancellerie à Rome datés de la fin du règne de Domitien, alors en mauvaise position face au Sénat) ou des bienfaits du prince. Un bon exemple de ce dernier type de relief est constitué par les anaglyphes de Trajan (*Plutei Traiani*, mais on a récemment attribué la réalisation des reliefs au successeur de Trajan), deux panneaux de marbre d'une longueur d'environ cinq mètres, datés du début du IIe siècle, qui étaient exposés, on ne sait précisément où, sur le forum romain. Les faces internes représentent une scène de sacrifice, tandis que les faces externes sont décorées de scènes qui font référence à des événements historiques du règne de Trajan. Le premier panneau renvoie probablement à une scène de distribution du congiaire ou bien aux *alimenta*, une institution alimentaire pour les enfants libres d'Italie qui fut inaugurée par Nerva et développée par Trajan : à gauche, l'empereur se tient sur les Rostres, entouré de licteurs, et semble distribuer de l'argent à une foule ; au centre, il siège sur une tribune en levant la main droite vers une figure maternelle qui porte un bébé. La main droite est celle de la *fides* et le geste renvoie à la protection assurée par un puissant auquel s'est remis un plus faible. Le second panneau figure une scène de remise de dettes, qui a pu prendre place en 102 lorsque Trajan, après sa victoire sur les Daces, avait fait annuler les dettes des débiteurs de l'État, ce qu'a fait aussi Hadrien en janvier 118 : l'empereur, tout à fait à droite et qu'on ne peut plus identifier, fait brûler les registres des impôts non payés (des tablettes liées deux à deux par une courroie) devant les Rostres. Les deux scènes reflètent donc des actions politiques de l'empereur à destination des couches sociales démunies de l'Italie ou de Rome. Ces activités avaient lieu sur ce forum, représenté de manière stylisée en arrière-plan sur les panneaux. Sur une extrémité de chaque relief figure la statue de Marsyas près du figuier du Ruminal : la première était le symbole de la liberté civique, le second était un lieu de mémoire de la *res publica* romaine, étroitement associé au destin de celle-ci.

Ainsi présenté, il était clair que le message, très simple d'accès, s'adressait au peuple romain et notamment à la plèbe pour montrer, rappeler et célébrer la protection et la prospérité assurées par l'empereur à son peuple par l'intermédiaire de sa bonne administration. Cette approche administrative du gouvernement impérial est une nouveauté propre au règne de Trajan, qui est très présente aussi dans le *Panégyrique* de Trajan composé par Pline le Jeune.

Celui-ci y a également fait une description très précise du premier congiaire distribué par Trajan, peu après son entrée à Rome en octobre 99, à deux cent mille citoyens et à cinq mille enfants libres (*Panégyrique*, 25-26). Par ailleurs un type de sesterce a aussi été consacré à la distribution de ce premier congiaire. Enfin, on peut rapprocher le premier panneau des anaglyphes du forum d'une scène de l'arc de Bénévent qui fut dédié en 114 par le Sénat à Trajan. Cet arc faisait peut-être partie des honneurs décrétés à l'occasion du triomphe lié à la seconde guerre dacique en 107 ; il avait aussi pour objectif de remercier l'empereur d'avoir financé la via *Appia Trajana* qui reliait Brindes à Bénévent. Sur la face interne des piles, à droite, Trajan était représenté avec des enfants à ses côtés, ce qui renvoyait sans doute à sa politique sociale des *alimenta*, qui a donc été largement diffusée à Rome et hors de Rome par des vecteurs variés.

Figure 4.3 a. – *Plutei Traiani*, scène de congiaire, Forum romain, début du IIe siècle.

Figure 4.3 b. – *Plutei Traiani*, scène de remise des dettes, Forum romain, début du IIe siècle.

« Tu as raison, César, de prendre à ta charge les espoirs du nom romain. Aucune dépense n'honore mieux un grand prince qu'attend l'immortalité que celle qu'il fait au profit des hommes à venir. Les riches sont incités à avoir des enfants par des récompenses considérables et des peines équivalentes ; les pauvres n'ont qu'une raison d'élever des enfants, la bienfaisance du prince. Si d'une main généreuse il ne protège, ne pourvoit, n'adopte ces enfants qui ont dû le jour à la confiance qu'on a mise en lui, il hâte la chute de l'empire, la chute de la république ; et c'est en vain, s'il néglige la plèbe, qu'il soutient la noblesse, tête privée de corps et que son déséquilibre fera choir. On imagine sans peine la joie que tu as ressentie quand t'accueillaient les acclamations des parents et des enfants, des vieillards et des jeunes. Ce cri fut le premier dont remplirent tes oreilles ces petits citoyens à qui tu as donné, avant même de leur faire des distributions, ce bonheur suprême de n'avoir pas à les solliciter. »

Pline, *Panégyrique de Trajan*, 26, 4-7, traduction de Marcel Durry.

Les discours publics

À côté des images, les discours publics conservaient naturellement une grande importance sous l'Empire. Certains permettaient à l'empereur, à ses conseillers, ou bien à des philosophes et orateurs, d'exposer des idées sur le bon gouvernement de l'Empire. On peut distinguer deux grandes catégories : la première comprend les discours prononcés par l'empereur devant le Sénat et l'armée.

Les discours tenus en début de règne devant le Sénat, en particulier, étaient dotés d'un caractère programmatique, même s'il ne faut naturellement pas y chercher un programme électoral moderne : il s'agissait d'annoncer de grandes directions de règne, essentiellement augustéennes aux deux premiers siècles, puis sous les Sévères relatives au modèle de Marc Aurèle, dans tous les cas propres à rassurer les sénateurs. Le début du règne de Néron fut ainsi marqué par l'annonce d'un retour au gouvernement augustéen fondé sur les vertus et sur un partage des pouvoirs avec le Sénat, qui reposait sur une critique évidente du prince précédent, Claude : « [Néron] déclara qu'il gouvernerait suivant les principes d'Auguste, et ne laissa passer aucune occasion de manifester sa générosité (*liberalitas*) et sa clémence (*clementia*), voire son amabilité (*comitas*) » (Suétone, *Néron*, 10, traduction d'Henri Ailloud légèrement modifiée). Tacite affirme que le jeune prince prononça devant le Sénat, en octobre 54, un discours programmatique composé par Sénèque, considéré comme le meilleur orateur de son temps, qui avait été son précepteur depuis l'âge de ses onze ans.

> « Une fois accomplis les faux-semblants de la tristesse, il entra dans la curie et, après avoir évoqué la décision des sénateurs et l'unanimité des soldats, il rappela que les conseils et les exemples ne lui manquaient pas pour exercer brillamment le pouvoir et que sa jeunesse n'avait pas trempé dans la guerre civile ou les dissensions domestiques ; il n'apportait ni haines ni rancunes ou désir de vengeance. Puis il traça les lignes de son futur Principat, écartant surtout les abus dont l'odieux souvenir restait brûlant ; il ne se ferait pas le juge de toutes les affaires, enfermant à l'intérieur de sa seule demeure accusateurs et inculpés pour faire progresser la puissance de quelques hommes ; rien dans ses pénates ne serait vénal ou accessible à la brigue ; sa maison serait distincte de l'État. Le Sénat devait conserver ses antiques fonctions ; l'Italie et les provinces du peuple romain s'adresser à la juridiction des consuls ; ceux-ci donner accès auprès des sénateurs ; lui-même, ayant la charge des armées, y consacrerait tous ses soins ».
>
> Tacite, *Annales*, 13, 4, 1-2, traduction de Pierre Wuilleumier.

Le fait que de tels discours étaient attendus et, d'une certaine façon, stéréotypés, n'enlève rien à l'importance qui leur était attachée pour encadrer le pouvoir du prince, bien au contraire : par sénatus-consulte, les sénateurs décidèrent de faire graver le texte du discours sur une plaque d'argent et de le faire lire chaque année lors de l'entrée en charge des nouveaux consuls, pour que soient réactivées les promesses inaugurales au moment où le prince était invité à partager le pouvoir (Cassius Dion, *Histoire romaine*, 61, 3, 1). Ces discours constituaient une forme particulière de rituel du pouvoir, celui-ci étant conçu par les sénateurs comme un pacte. Ils affirmaient à la fois le pouvoir du prince et son autolimitation. Ce pacte fut mis à mal par Septime Sévère : quand celui-ci prit le pouvoir après l'assassinat de Didius Julianus le 1er juin 193, il prononça devant le Sénat le discours attendu, promettant de mettre en place un « gouvernement aristocratique » qui imiterait celui de Marc Aurèle, sans faire exécuter de sénateurs ni confisquer leurs biens sans jugement (Hérodien, *Histoire des empereurs romains*, 2, 14, 3). Mais quand il revint à Rome après avoir éliminé son rival Clodius Albinus, quatre ans plus tard, il procéda à une sévère répression qu'il justifia par un autre discours lu au Sénat, dans lequel il légitimait sa conduite à partir de la nécessaire cruauté dont avaient fait preuve Marius, Sylla et Auguste pendant les guerres civiles, et fit l'éloge de Commode qu'il avait fait diviniser (Cassius Dion, *Histoire romaine*, 75/76, 8, 1-3).

Des discours étaient aussi régulièrement prononcés par les empereurs devant les *contiones* (assemblées) militaires, qui sont un motif très fréquent sur le monnayage impérial. Certains, recomposés par les historiens, ont un caractère politique évident, ainsi le discours tenu par Pupien à l'armée de Maximin le Thrace, qui lui était majoritairement hostile, juste après le meurtre de ce dernier lors du siège d'Aquilée, au printemps 238. Il s'agit d'un discours républicain affirmant que l'Empire est la propriété du peuple romain, le rôle de l'empereur étant d'administrer et de gouverner l'État avec la collaboration de l'armée. Il montre que la notion de pacte était aussi utilisée pour qualifier la relation entre l'empereur et l'armée. Ce pacte est entériné par les généreuses distributions d'argent dont l'empereur gratifiait régulièrement ses troupes depuis Claude, et il est fondé sur une garantie rituelle qui est le serment militaire (Hérodien, *Histoire des empereurs romains*, 8, 7, 4-7).

La seconde catégorie est celle des discours prononcés par des spécialistes de rhétorique ou de philosophie, soit devant le prince (à la cour ou bien au Sénat), soit devant un autre auditoire. Ces discours sont précieux pour comprendre les attentes des élites aristocratiques ou civiques dont était issu l'orateur.

On a conservé deux traités *Sur la clémence* du philosophe stoïcien Sénèque, le premier adressé au prince, que l'on peut considérer comme le premier « miroir au prince » romain, c'est-à-dire un discours adressé à un souverain par un conseiller qui dresse un portrait de roi idéal auquel le destinataire du discours est incité à s'identifier. Le second traité est plus philosophique et inachevé, peut-être en raison de l'échec de son auteur qui perdit toute son influence sur le prince en 62. Il se retira alors dans une semi-retraite et fut contraint de s'ouvrir les veines en avril 65, lors de la répression qui suivit la conjuration de Pison.

On peut aussi mentionner l'exemple des quatre discours *Sur la royauté* du sophiste (un orateur professionnel célèbre, à la tête d'une école) Dion de Pruse, adressés aux empereurs ou aux élites grecques, et susceptibles d'être répétés avec des variantes devant différents publics. Le premier discours *Sur la royauté* (*Or.* 1) fut prononcé probablement vers 100, devant Trajan et sa cour, pour proposer également de grandes règles à partir d'un modèle mythologique qui était revendiqué par l'empereur comme une divinité tutélaire, Hercule/Héraclès. Ce discours est à la fois empreint de culture grecque et très bien adapté au Principat de Trajan et à la figure de ce prince : il s'inscrit dans le contexte d'une intégration accrue de l'élite du monde hellénophone dans l'Empire, avec l'ouverture relativement récente du Sénat romain à l'élite sociale grecque (depuis les Flaviens). Ce discours est à peu près contemporain du *Panégyrique de Trajan* prononcé par Pline le Jeune devant le Sénat le premier jour de son consulat, le 1er septembre 100, en remerciement à l'empereur : il s'agit d'un discours d'éloge appelé « action de grâces » (*actio gratiarum*), traditionnel depuis Auguste, qui s'intègre dans une communication ritualisée entre sénateurs et empereurs. Ces discours ont été publiés (celui de Pline avant 103) et ensuite diffusés, stockés dans des bibliothèques, jugés suffisamment importants pour être transmis jusqu'à nous.

Après Pline le Jeune et Dion de Pruse s'est développée une riche tradition rhétorique d'éloges à l'empereur : les panégyriques latins et les *basilikoi logoi* (« discours royaux ») grecs. Des premiers on n'a pas conservé d'exemplaire daté d'avant la fin du IIIe siècle. Les seconds sont apparus sous les Antonins et ont été formalisés dans le second traité attribué à Ménandre le rhéteur, daté de la toute fin du IIIe siècle. On a gardé un éloge d'un pseudo-Aelius Aristide, qui fut sans doute composé pour Philippe l'Arabe (244-249).

L'évolution des pratiques du pouvoir et des modèles

Auguste et les Julio-Claudiens

Les pratiques politiques de la première dynastie ont oscillé entre la mise en avant de la tradition républicaine et les tentations vers des modèles de monarchie hellénistique, sensibles chez Caligula qui a revendiqué le double héritage de Marc Antoine et d'Auguste, et chez Néron, deux empereurs qui ont entretenu des relations particulièrement tendues avec le Sénat. La construction d'une succession gentilice a engendré des conflits entre les différentes branches familiales qui ont abouti, à la fin du règne de Néron, à la quasi-disparition d'héritiers par le sang.

L'idéologie augustéenne a été exprimée à la fin du règne d'Auguste dans les *Res gestae divi Augusti*, diffusés à Rome et dans les provinces – on en a retrouvé des fragments à Ancyre, à Apollonie de Pisidie et à Antioche – pour servir de modèle politique. Elle a été bien analysée par Jean Béranger[5]. Le *princeps* apparaît essentiellement comme un *privatus* qui a mis ses ressources privées au service de la *res publica* et qui se dévoue pour le bien commun. Il possède une autorité (*auctoritas*) supérieure fondée sur la reconnaissance officielle et publique, par le Sénat et le peuple, de son mérite et de ses vertus, depuis qu'il a obtenu le surnom d'*Augustus*, l'honneur que les montants de sa porte soient surmontés de laurier et de la couronne civique, ainsi que le bouclier des vertus (courage, clémence, justice et piété) en janvier 27 av. J.-C. Mais il n'a pas de pouvoir (*potestas*) extraordinaire que n'auraient pas les autres magistrats (*Res gestae*, 34).

Le premier traité *Sur la clémence*, écrit par Sénèque vers la fin 55, propose un modèle politique très différent de *rex clemens*, « roi clément ». La toute-puissance reconnue de l'empereur est contrebalancée par le fait que celui-ci cultive une qualité centrale, la clémence. Celle-ci est un gage de sécurité pour ses sujets dont il obtient en retour l'affection et la loyauté. La relation entre le roi et le peuple (les sénateurs étant quasiment absents du texte) repose donc sur un pacte politique fondé sur une idée de réciprocité qui était essentielle dans les rapports sociaux des Romains, notamment dans les rapports que les aristocrates entretenaient entre égaux ou bien de supérieur à inférieur, auxquels Sénèque avait déjà réfléchi dans le traité *Des bienfaits*. Ce roi sage et protecteur, comparé au père de famille et aux dieux, est guidé par un philosophe. Mais il semble d'une part que ce modèle du roi clément n'ait pas été accepté par les sénateurs, notamment par Thrasea Paetus et ses partisans, car la clémence était sous la République une prérogative du Sénat. D'autre part, dès 59 (l'année de la mort d'Agrippine), Néron s'émancipa en imposant à Burrus et Sénèque sa propre politique de communication par les spectacles, qu'il justifiait par un rapprochement avec Apollon citharède.

Trajan et la rupture avec Domitien

Quand il arriva au pouvoir en juillet 69, après plus d'un an de guerres civiles, Vespasien revint au modèle politique augustéen, tout en imposant très vite aux sénateurs réticents le principe d'une succession héréditaire, car il avait deux fils adultes. Le règne de Domitien (81-96), moins bien préparé que celui de son frère aîné Titus mort prématurément (79-81), avait un caractère autoritaire qui fut mal accepté : après 89 et jusqu'à son assassinat, les dernières années de son règne furent marquées par des complots et des répressions. C'est Domitien qui fut à l'initiative de deux éléments repris par la dynastie antonine : d'une part le renforcement du parallèle entre l'empereur et Jupiter, d'autre part celui de la divinisation des membres de la famille impériale.

Lui succéda Nerva (96-98), un sénateur âgé et sans enfant qui fait figure d'empereur de transition. Le Sénat joua un rôle déterminant dans ce choix ainsi que dans l'adoption par Nerva de Trajan, qui disposait de puissants appuis parmi les sénateurs et dans l'armée, étant à la tête des légions de Germanie Supérieure. L'avènement de Trajan (98-117) est une période de renouveau de la réflexion politique, à l'initiative de l'empereur lui-même qui incitait les sénateurs à critiquer Domitien, ce qui a abouti à nous en transmettre une figure de « tyran », opposée au bon empereur Trajan. On a la chance de posséder des discours en latin et en grec, datés du début du IIe siècle, qui exposent les attentes politiques de l'élite sénatoriale d'une part et des élites grecques de l'autre. Ces attentes sont bien sûr adaptées à la personnalité et aux pratiques du pouvoir de Trajan : elles soulignent ainsi sa simplicité mais aussi ses compétences et ses ambitions militaires. Il s'agit du *Panégyrique de Trajan* de Pline le Jeune et des discours *Sur la royauté* du sophiste Dion de Pruse.

L'éloge de Pline est caractérisé par son caractère très républicain. Trajan y est présenté comme le meilleur des sénateurs, celui qui a le plus de vertus et de compétences dans la gestion de l'Empire. Le parallèle entre Jupiter *Optimus Maximus*, qui avait son temple sur le Capitole, où Trajan avait été adopté en octobre 97, et l'*optimus princeps* est mis en avant : le pouvoir impérial a été confié à Trajan par Jupiter *Optimus Maximus*, il est conçu sur le modèle paternel du roi des dieux, et préservé par les dieux tant que le prince le mérite, ce qui en constitue la principale limite. Pline le Jeune loue le respect de l'empereur à l'égard du Sénat et des magistrats ainsi que sa bienfaisance, son sens de la justice et sa modestie envers ses concitoyens, qui est conforme à l'idéal de la *civilitas*.

Les quatre discours *Sur la royauté* de Dion de Pruse (*Or*. 1-4), dont le premier a été adressé à Trajan vers 100, ont un caractère monarchique plus affirmé, car dans la partie orientale de l'Empire, l'Empereur apparaît comme le successeur des souverains hellénistiques. Le modèle de bon roi proposé par le sophiste est beaucoup plus grec : le roi est choisi par Zeus et doit imiter le roi des dieux qui le protège tant qu'il est un bon roi ; il est accompagné par un philosophe qui le légitime ; c'est une figure de bienfaiteur qui protège ses sujets, y compris par ses capacités militaires, même s'il recherche la paix.

Les discours de Pline et de Dion semblent avoir exercé une certaine influence sur Hadrien et Marc Aurèle[6], et les quatre premiers discours *Sur la royauté* ont été à l'origine d'une tradition grecque de « miroirs au prince » bien représentée au IVe siècle par les discours de Thémistios et Synésios.

L'« âge d'or » des Antonins

La période des Antonins est caractérisée par un renforcement du principe dynastique et des divinisations familiales. Les représentants de la dynastie étaient unis par des liens de parenté, renforcés par des adoptions et par des mariages, comme c'était déjà le cas pour les Julio-Claudiens. Comme on l'a vu, c'est la méritocratie qui était mise en avant, dans la mesure où l'empereur régnant adoptait le parent qu'il estimait le plus compétent en cherchant l'accord de la classe dirigeante. Il s'agit en outre d'une *domus divina* – bien plus que ne l'étaient les *domus* julio-claudienne et flavienne – dont les pratiques funéraires liées à l'apothéose marquent encore davantage la continuité : les cendres de Trajan ont été déposées au bas de sa colonne, et celles de ses successeurs dans le nouveau Mausolée construit par Hadrien sur la rive droite du Tibre (actuel Château Saint-Ange).

Cette période, qui est restée dans l'historiographie antique et moderne comme celle d'un « âge d'or », est celle où se cristallise la figure du bon empereur à partir de nouveaux modèles qui s'ajoutent à celui d'Auguste : ceux de Trajan, Antonin le Pieux (138-161), Marc

Aurèle (161-180). Dans les *Pensées* de Marc Aurèle, l'idéal du bon prince, qui est représenté par la figure d'Antonin, a des points communs avec celui de Pline le Jeune et avec le bon roi de Dion de Pruse. Ce prince pieux, ferme dans ses devoirs envers les dieux et envers les hommes, tient à la fois du sage stoïcien et du bon administrateur. Mais il est dépourvu de toute supériorité charismatique et caractérisé au contraire par la simplicité, la modestie, une profonde humanité. Marc Aurèle, bien conscient que le pouvoir corrompt et se corrompt, voulait éviter surtout de « se césariser » et de devenir un tyran caractérisé par l'orgueil (*Pensées*, 6, 30).

Le règne de Commode (180-192), fils biologique et successeur de Marc Aurèle, constitua une rupture : le nouveau prince prit très vite ses distances vis-à-vis des conseillers de son père et du Sénat, rechercha le soutien de l'armée et celui de la plèbe (au moyen d'une politique spectaculaire qui fit scandale), et fut assassiné par ses proches qui se sentaient menacés. Le Sénat choisit pour lui succéder l'un de ses membres, Pertinax, qui avait été un proche de Marc Aurèle. Mais le nouvel empereur fut assassiné au bout de trois mois, ce qui entraîna une guerre civile de 193 à 197.

Les Sévères

La victoire de Septime Sévère (193-211) établit une nouvelle dynastie en place jusqu'en 235. Celle-ci a exercé le pouvoir de manière plus monarchique, avec le soutien de grands juristes présents dans le Conseil du prince aussi bien que dans l'administration, comme procurateurs impériaux et préfets. Les trois principaux furent Papinien, avocat du fisc, procurateur au bureau des requêtes (*a libellis*) et préfet du prétoire de 205 à 211 ; Ulpien, préfet de l'annone sous Élagabal et préfet du prétoire en 222/223-224 ; Paul, dont on connaît mal la carrière qui couvre toute la dynastie (il fut peut-être préfet du prétoire). Ces juristes affirment clairement que l'empereur est délié des lois et source du droit, et soulignent sa *majestas* divine. La *majestas* désignait traditionnellement à Rome une supériorité personnelle, le plus souvent sociale et politique : proche de l'*auctoritas*, elle conférait à celui qui la possédait un caractère sacro-saint.

Les Sévères ne parvinrent pas, cependant, à entretenir de bons rapports avec le Sénat et recherchèrent l'appui de l'armée. Le sénateur Cassius Dion s'est fait l'écho de l'opinion des sénateurs qui reprochaient à Septime Sévère et à Caracalla d'avoir privilégié l'armée par rapport au Sénat. Septime Sévère, qui était parvenu au pouvoir grâce à l'armée, aurait dit à ses fils sur son lit de mort : « Entendez-vous, enrichissez les soldats, méprisez tout le reste » (Cassius Dion, *Histoire romaine*, 76/77, 15, 2). Le monnayage en argent de son règne était particulièrement bien adapté à l'armée, car il mettait en évidence le thème de la victoire et de la puissance militaire, et l'épithète d'« invaincu », *invictus* ou *attètos*, caractérise Septime Sévère et Caracalla dans les papyrus et les inscriptions. Selon Cassius Dion, c'est sa politique militaire que les sénateurs ont surtout reprochée à Septime Sévère : elle a conduit à multiplier à Rome et dans ses environs la présence des soldats (une nouvelle légion, la *legio II Parthica*, fut postée à Albanum sur la rive du lac Albano, à environ vingt kilomètres au sud-est de Rome) et a pesé lourdement sur le budget de l'État. Selon Hérodien (*Histoire des empereurs romains*, 3, 13, 4), il avait quadruplé les troupes stationnées à Rome ou dans ses environs. Il a aussi ravivé l'intérêt pour la carrière militaire par une série de mesures : augmentation de la solde, possibilité de contracter des mariages légitimes, droit de constituer des associations. Mais le principal grief portait sur le principe de cette politique : l'empereur « a placé l'espoir de son salut non dans la bienveillance (*eunoia*) de ceux qui l'entouraient, mais dans la force (*ischus*) des soldats » (Cassius Dion, *Histoire romaine*, 74/75, 2, 2-6).

Ce manque de consensus engendra une grande instabilité politique. Caracalla (211-217) et Élagabal (218-222) furent assassinés et dépeints en tyrans. Sévère Alexandre (222-235) fit marche arrière et revint à l'idéologie antonine du bon prince plus proche du Sénat que de l'armée. Mais sa volonté d'acheter la paix extérieure lui valut d'être tué par des officiers alors qu'il menait une expédition sur le Rhin.

Les successeurs des Sévères

Les deux derniers tiers du IIIe siècle sont caractérisés par l'instabilité très forte du pouvoir dans le contexte d'une multiplication des invasions. Entre la mort de Sévère Alexandre en 235 et l'avènement de Dioclétien en 284, plus de vingt-cinq empereurs se succédèrent. La plupart furent assassinés, certains moururent au combat ou victimes d'une épidémie. Il devint donc impossible de construire une dynastie, malgré les nombreuses tentatives. Les empereurs continuèrent en effet d'associer à leur pouvoir leurs fils, comme le firent Dèce (249-251) et Carus (282-283), ou même leurs petits-fils pour Valérien (253-260), afin de transmettre le pouvoir à leur descendance.

Toute cette période est marquée par une évolution de l'image des empereurs, surtout dans la seconde moitié du IIIe siècle. Au milieu du IIIe siècle, on peut encore constater la persistance de l'idéal antonin dans le discours *En l'honneur de l'empereur* du pseudo-Aelius Aristide, probablement daté sous Philippe l'Arabe (244-249). Il s'agit d'un éloge en grec (un *basilikos logos*) d'un empereur, attribué à tort à Aelius Aristide. Ce discours décline les grandes vertus de l'empereur, qui forment la base du consensus censé légitimer son pouvoir. On y trouve l'idée de méritocratie, l'imitation de Zeus et l'idéal du prince *civilis* qui renvoient au bon prince antonin. Mais l'accessibilité de l'empereur est désormais juxtaposée au caractère sacré de sa personne.

> « La modération de son langage, le fait qu'il n'est nul besoin de se donner la peine pour l'approcher et qu'on a la possibilité de s'avancer, comme à l'intérieur d'un périmètre de lustration, du moment qu'on a si peu que ce soit bonne conscience, comment cela n'est-il pas au-delà de toute douceur et de toute humanité ? »
>
> Pseudo-Aelius Aristide, *En l'honneur de l'empereur*, 23, traduction de Laurent Pernot.

Cette sacralisation du prince est l'une des deux nouvelles caractéristiques qui émergent au IIIe siècle, l'autre étant le développement de l'idéologie de la victoire. La fonction impériale s'est en effet militarisée et l'empereur devait désormais donner la preuve de ses qualités de commandant et de combattant. L'état-major a obtenu un rôle de plus en plus important dans la désignation et l'élimination de l'empereur, comme on le voit lors de l'assassinat de Gallien en septembre 268 suivi par l'avènement de Claude II le Gothique. Mais l'investiture par le Sénat était toujours nécessaire sur le plan juridique, et certains empereurs continuaient à se poser en défenseurs des institutions.

La croyance en la fortune de l'empereur chef de guerre se développa : le règne de Gallien, puis celui de ses successeurs, ont imposé la figure de l'empereur-guerrier charismatique qui apparaît dans l'éloge de l'empereur formalisé dans le second traité attribué à Ménandre le rhéteur à la fin du IIIe siècle. Cet idéal condamnait l'empereur à la victoire, car en cas d'échec il courait le risque de n'être plus obéi par les officiers supérieurs ou même par les notables locaux, et de voir surgir des usurpations qui se sont multipliées au IIIe siècle. La capture de Valérien par les Perses en 260, par exemple, fut suivie de trois usurpations, en Gaule, sur le Danube et en Syrie.

Les liens privilégiés entre l'empereur et la divinité qui l'a choisi et le protège sont à l'origine d'une sacralisation de l'empereur. Des pouvoirs sont reconnus à son image physique ou bien à sa personne : droit d'asile, action apotropaïque, fascination exercée par son comportement exemplaire ou par ses prouesses à la guerre. Cette sacralisation va de pair avec l'affirmation de son rôle accru dans la destinée de l'Empire, et accompagne le développement d'un pouvoir monarchique renforcé. Jamais n'a été autant soulignée l'idée que le bonheur des habitants de l'Empire dépendait des vertus de l'empereur, et l'idée que la bonne régulation cosmique découle de ses vertus est mise en évidence à la fin du IIIe siècle. Les habitants de l'Empire plaçaient toutes leurs espérances dans les vertus providentielles du souverain.

L'éloge en grec de l'empereur (le *basilikos logos*) construisait un univers de représentation très cohérent, en mettant en parallèle la divinité, l'empereur et son représentant dans le monde des cités, c'est-à-dire le gouverneur, et en établissant entre eux une claire hiérarchie. L'empereur est envoyé par la divinité à cause de ses vertus, pour sauver les hommes et leur apporter le bonheur, de même que le gouverneur est choisi par l'empereur pour protéger et sauver les sujets. Cette belle organisation conduit au monde idéalisé qui est décrit dans l'épilogue du *basilikos logos* formalisé par Ménandre le rhéteur, à partir des motifs de la *Felicitas Temporum* (« Bonheur des temps ») et de l'âge d'or. Il s'agit d'un monde de paix, caractérisé par la prospérité, la sécurité, l'harmonie dans les relations entre les hommes et les dieux et entre les hommes eux-mêmes grâce à la piété et à la justice, un monde où les « barbares » ne sont présents que comme esclaves.

L'éloge de l'empereur semble ainsi avoir été doté d'une dimension utopique, qui est devenue au IIIe siècle une composante à part entière du langage du pouvoir. Le thème de l'âge d'or est apparu dès la mort de Pertinax comme une référence obligée dans le monnayage des candidats au pouvoir entre 193 et 197, où il semble avoir eu la fonction d'une promesse. Sous Philippe l'Arabe, il a rencontré des préoccupations eschatologiques, religieuses et philosophiques, qui se sont concrétisées lors de la célébration du millénaire de Rome en 248. Puis, chez ses successeurs, chaque rétablissement militaire est devenu l'occasion de reprendre ce discours et de mettre en avant dans les monnaies et les inscriptions la paix et le renouveau de l'Empire obtenus par l'empereur victorieux, ce qui a été particulièrement marqué sous Gallien, Aurélien, Probus et Tacite. En parallèle, pour compenser le caractère court et incertain des règnes, les anniversaires d'avènement étaient célébrés avec insistance. Dès Gordien III (238-244), et surtout avec Aurélien (270-275) et Probus (276-282), la titulature des empereurs proclamait le caractère perpétuel ou éternel de leur autorité.

Faut-il y voir une « propagande d'optimisme » – selon l'expression employée par Michel Christol pour désigner les messages diffusés par les monnaies et les inscriptions à propos du pouvoir impérial[7] – qui aurait été relayée par les élites des cités grecques, désireuses de préserver la stabilité du monde dans lequel elles vivaient ? C'est tout à fait possible, car les élites civiques grecques se sont de plus en plus fortement identifiées avec l'Empire à partir de la fin du IIe siècle, dans le contexte des guerres aux frontières orientales sous les règnes de Marc Aurèle et Lucius Vérus. Peut-être ces élites ont-elles partagé avec les dirigeants, à la fin du IIIe siècle, l'espoir d'un rétablissement de l'Empire. Le discours sur l'âge d'or avait une fonction de stabilisation politique, car il était susceptible de compenser la réalité dans des périodes critiques où les cités étaient menacées des conséquences de la guerre (famines, rapines, épidémies) ou de catastrophes naturelles comme les tremblements de terre, et il garantissait la pérennité d'un système politique auquel aucune alternative n'apparaissait.

« Dans l'épilogue tu parleras de la prospérité et du bonheur des cités : les marchés sont pleins de denrées, les cités de fêtes et de panégyries [foires], la terre est cultivée dans la paix, sur la mer on circule sans danger ; la piété envers la divinité va croissant, les honneurs sont rendus à chacun selon ce qu'il mérite ; "nous ne craignons pas les barbares ni les ennemis, nous sommes plus sûrement protégés par le rempart des armes du roi que les cités par leurs remparts, nous avons acquis des prisonniers comme esclaves non pas en combattant nous-mêmes, mais en les recevant de la main victorieuse du roi. Quelles prières les cités doivent-elles faire à la puissance supérieure, si ce n'est pour l'éternité du roi ? Que demander de plus important aux dieux que de préserver le roi ? Car les pluies au bon moment, les produits de la mer, les bonnes récoltes de fruits nous échoient grâce à la justice de l'empereur. C'est pourquoi, en réponse, cités, peuples, familles (*genè*), tribus, nous tous lui offrons des couronnes, des hymnes, des inscriptions, les cités sont pleines d'images qui sont les unes des tableaux peints, les autres peut-être même en matière plus précieuse". Après cela, tu formuleras une prière, en demandant à la divinité que sa royauté se prolonge très longtemps, qu'elle soit transmise à ses enfants, transmise à sa descendance. »

Ménandre le rhéteur, traité épidictique II, *Discours royal*, 377, 10-30, traduction personnelle.

La constitution d'une pensée politique gréco-romaine

Sous le Haut-Empire, la philosophie politique, bien qu'elle fût en partie cosmologique et donc physique, était essentiellement éthique. Deux philosophies ont joué un rôle particulier dans la constitution d'une pensée politique gréco-romaine : le platonisme et le stoïcisme. L'héritage de la pensée de Platon a fourni le substrat de base, pour ainsi dire, d'autant plus que la philosophie politique latine – celle de Sénèque notamment – fut profondément marquée par celle de Cicéron[8]. Le stoïcisme a exercé une influence prépondérante aux deux premiers siècles non seulement par son succès auprès de certains membres influents du Sénat, d'un empereur même, mais aussi parce qu'il était susceptible d'apporter les meilleurs éléments de définition et de légitimité à l'Empire romain. Au IIIe siècle, c'est le néoplatonisme qui semble avoir connu le développement le plus dynamique. Tendu vers le monde des idées et le mysticisme, il n'a pas laissé un apport notable dans le domaine de la philosophie politique.

Concernant les autres grandes écoles philosophiques, l'adaptation de l'épicurisme par Lucrèce avait mis en avant l'idée du philosophe qui se tient à l'écart des troubles politiques, comme l'ont plus ou moins fait Atticus, l'ami de Cicéron, et Mécène, celui d'Auguste, qui ne se lancèrent pas dans le *cursus honorum* en dépit de leur richesse, de leur réseau social et, pour Mécène, d'une origine très prestigieuse. Dans les années 50 av. J.-C., l'épicurien Philodème de Gadara dédia cependant au beau-père de César, Pison, un traité sur le bon roi. Même si César a pu adhérer à l'épicurisme, on ne peut établir aucun lien entre son œuvre politique et son engagement philosophique personnel. Le cynisme était encore beaucoup plus difficile à utiliser en politique : pas seulement en raison des provocations du cynique qui troublent l'ordre public, mais surtout à cause de l'idéal trop exigeant du philosophe-roi, selon lequel seul le philosophe peut être un véritable roi.

Les philosophes n'ont naturellement pas été les seuls penseurs du politique à Rome et dans l'Empire romain. Ils ont été précédés par les poètes augustéens, comme l'a notamment montré Philippe Le Doze[9]. Horace et Virgile, surtout, ont proposé un modèle politique et moral propre à ressouder une élite civique qui avait été divisée par les guerres civiles, autour de valeurs communes. Comme Cicéron avant eux, ils ont insisté sur la nécessité d'un guide. Ils ont mis en avant la figure du conseiller doté d'une expertise qui avait émergé à la fin de la République (voir chapitre 1). L'idéal du bon roi, essentiellement dessiné dans l'*Énéide* de Virgile par l'intermédiaire d'Énée – apparenté à Romulus et aux *Julii* – était caractérisé par un train de vie modeste, la primauté du service de l'État sur l'ambition personnelle, une dimension paternelle, la *pietas* envers les dieux et le père, le respect de la *fides*. Ces poètes ont également participé à l'héroïsation du prince, Auguste, dont les traits servaient de base pour construire cet idéal politique.

Les philosophes furent relayés par des aristocrates spécialistes de rhétorique et historiens ou bien par les sophistes grecs. Il n'est d'ailleurs pas facile ni utile de distinguer trop strictement entre philosophes et rhéteurs, car certaines élites avaient une formation poussée aussi bien en rhétorique qu'en philosophie. Les relations entre les penseurs qui ont cherché à adapter la réflexion philosophique grecque sur la monarchie à l'Empire romain et les empereurs n'ont jamais été simples ni univoques. À part peut-être Sénèque au début du règne de son élève Néron (dans le premier traité *Sur la clémence*), ils n'ont jamais été purement au service du pouvoir, mais ont toujours représenté et porté les intérêts de leurs milieux et cités d'origine.

Dans le monde grec, à l'époque hellénistique (depuis Alexandre le Grand), s'était constituée une tradition du bon prince guidé par un philosophe. À Rome, à la fin de la République, un engouement pour les philosophes grecs s'est aussi développé chez les grands aristocrates. Mais ces philosophes étaient cantonnés dans le singulier rôle de « philosophes domestiques », c'est-à-dire qu'ils étaient des conseillers privés, des sortes de directeurs de conscience. Alors que les philosophes, dans le monde grec, avaient un rôle social et politique indéniable au sein de la vie civique, comme le montre déjà la biographie de Socrate, à Rome leur rôle était beaucoup plus problématique, contrairement à celui des spécialistes de rhétorique. Au IVe siècle le rhéteur et philosophe Thémistios, lui-même honoré par tous les empereurs depuis Constance II jusqu'à Théodose Ier, qui l'a fait préfet de Rome et tuteur de son fils, le futur empereur Arcadius, a donné des listes vraisemblablement exagérées de ses « prédécesseurs » conseillers des princes (Thémistios, *Or.* 13, 173 b-c ; voir *Or.* 5, 63 d ; *Or.* 11, 145 b ; *Or.* 34, 31-32) : elles associent ainsi Auguste et Areios d'Alexandrie, Tibère et Thrasyllos, Titus et Musonius Rufus, Trajan et Dion de Pruse, Antonin ainsi que Marc Aurèle et Épictète. De telles listes sont en porte-à-faux avec la réalité beaucoup plus complexe des relations entre le pouvoir impérial et les philosophes, orateurs, historiens qui ont construit des modèles politiques.

Au Ier siècle, on note une certaine méfiance de l'élite sénatoriale romaine pour la philosophie. C'est surtout la rhétorique qui apparaît – comme c'était déjà le cas sous la République – comme la science la plus utile aux dirigeants politiques. Agrippine aurait ainsi tenté de détourner Néron de la philosophie qu'elle jugeait nuisible à un futur souverain (Suétone, *Néron*, 52) et Tacite condamne aussi comme vaine l'opposition, née sous Caligula, des sénateurs « stoïciens », sur laquelle on reviendra dans le dernier chapitre. Les philosophes Sénèque, Philon d'Alexandrie, Musonius Rufus, Plutarque, Épictète ont entretenu des relations à distance, ou heurtées, avec le pouvoir.

Le début du règne de Trajan représente en ce sens une rupture, parce que l'empereur, qui a construit son image publique par opposition à celle du « tyran » Domitien, affirma le retour de la liberté de parole, y compris d'une parole philosophique comme l'était aussi celle de Dion de Pruse et, à un moindre degré, celle de Pline le Jeune. Cette période a suscité une réflexion intense au sujet du pouvoir politique, des qualités et vertus attendues du bon prince, qui déterminent de grands principes de gouvernement et des pratiques de pouvoir. Dans ce contexte, Dion de Pruse et Pline le Jeune ont tenté de trouver des adaptations à l'Empire de la culture grecque pour le premier, de la républicaine pour le second. Ils ont aussi démontré que les discours rhétoriques au prince constituaient sans doute la voie la plus facile et la plus sûre pour construire un discours sur le pouvoir politique dans le monde romain. Aucune source de la fin du Ier-début du IIe siècle ne permet de considérer Dion de Pruse comme un *amicus* du prince, contrairement à ce qu'on lit souvent. Si Pline le Jeune a bien fait partie des conseillers de Trajan, il n'était pas non plus l'un de ses plus proches collaborateurs. Tacite et Suétone, amis de Pline, ont également participé à cette réflexion en centrant leur œuvre historique sur les empereurs du Ier siècle.

Marc Aurèle offre ensuite la meilleure image de la réconciliation entre philosophie et exercice du pouvoir, même si ses *Pensées*, qui représentent un exercice d'ascèse, c'est-à-dire un entraînement philosophique, propre à l'aider à supporter le poids de sa fonction impériale, ne reflètent pas leur contexte d'écriture. Il s'agit probablement des dix dernières années difficiles de son règne (entre 170 et 180), marquées par les campagnes contre les Quades et les Marcomans (169 à 175), l'usurpation d'Avidius Cassius (avril 175), à laquelle a fait suite un voyage en Orient durant lequel l'impératrice Faustine est morte (hiver 175/176), puis la reprise du combat à la frontière danubienne à la fin de l'été 178. Il n'est pas non plus possible de rapporter les décisions politiques prises par l'empereur Marc Aurèle à ses convictions stoïciennes.

Dans la première moitié du IIIe siècle, les réflexions politiques sont surtout le fait des historiens Cassius Dion et Hérodien, et du sophiste Philostrate d'Athènes. Elles restent nourries de l'idéal du bon prince antonin qui s'est construit au siècle précédent. Cassius Dion fut relativement proche de plusieurs princes de la dynastie sévérienne, qu'il apprécia diversement : il fut gratifié du titre d'*amicus* par Septime Sévère et Caracalla, et obtint en 229 l'honneur d'exercer un second consulat, ordinaire, avec Sévère Alexandre pour collègue. Philostrate d'Athènes a fait partie de ces sophistes, philosophes, qui fréquentaient Julia Domna et c'est à la demande de celle-ci qu'il composa sa *Vie d'Apollonios de Tyane* (achevée après la mort de l'*Augusta*).

La réflexion platonicienne sur le bon roi et le tyran

La réflexion politique qui a été développée par ces spécialistes de philosophie, de rhétorique et d'histoire qui ont écrit en latin ou en grec a pour base l'antithèse platonicienne entre le bon roi et le tyran. Cette opposition a un caractère systématique : le premier est défini par un comportement, des qualités opposés au comportement et aux vices du tyran. Fondamentalement, le bon roi est celui qui maîtrise ses passions et le tyran celui qui n'y parvient pas, mais qui donne libre cours à son désir. Ainsi, aussitôt après son avènement, en 41, Claude, qui était un érudit mais qui semble avoir été plus porté sur l'histoire ancienne que sur la philosophie, fit paraître un édit dans lequel il promettait que ses emportements seraient brefs et inoffensifs, et que sa colère ne serait pas injuste (Suétone, *Claude*, 38). Par là il prenait ses distances avec son prédécesseur Caligula, beaucoup mentionné par Sénèque dans son traité *Sur la colère* (*De ira*), et revenait à un modèle augustéen, car le fondateur de l'Empire était réputé pour ne pas céder à la colère.

Sous le Principat, une attention toute particulière a été portée à la cruauté qui caractérise le mauvais prince. Elle est au centre de la réflexion politique de Sénèque qui oppose ce vice à la clémence dans son traité *Sur la clémence* (*De clementia*). Le règne de Caligula a joué un rôle important dans la réflexion sur la cruauté, liée à la colère.

On sait, grâce aux recueils composés par Sénèque l'Ancien et par le pseudo-Quintilien, que les déclamations dépeignaient les tyrans comme des individus corrompus par leur pouvoir, défini comme la possibilité de réaliser tous leurs désirs. Ils étaient représentés comme les pires des criminels, des violeurs et des assassins, qu'il était légitime d'éliminer. L'historiographie latine, dès la fin du Ier siècle av. J.-C., a été tributaire de cette tradition qui est très présente chez Salluste, Tite-Live et Tacite.

On trouve aussi d'autres idées ou images platoniciennes dans la réflexion gréco-romaine impériale, les plus importantes étant la définition du bon roi comme un berger soucieux de protéger son peuple (le tyran est alors qualifié de boucher), et l'idéal du roi-philosophe, roi sage qui sait se gouverner lui-même, ce qui est la condition préalable pour gouverner les autres. Mais à l'idéal platonicien, jugé inaccessible – après tout, en trois siècles, Marc Aurèle fut le seul empereur philosophe – était préféré le modèle tempéré par Aristote du roi éduqué, conseillé par le philosophe. Les sources littéraires en général attestent l'intérêt qui était porté à la formation du prince sous le Haut-Empire et, sous les Sévères, le Conseil de l'empereur prend une importance accrue.

Il faut faire une place à part à la réflexion politique néopythagoricienne qui était largement empreinte de platonisme (mais on y trouve aussi des éléments aristotéliciens et stoïciens) et dont le compilateur Stobée (fin du ve siècle) a conservé des extraits. Ceux-ci sont attribués à Diotogène, Sthénidas et Ecphante. Cette réflexion est difficile à contextualiser, car les noms des auteurs sont des pseudonymes, la langue est un dorien artificiel qui ne renvoie pas à une région ou à une époque précises, mais pourrait être la marque d'une école philosophique. Cependant, des indices laissent penser que le « traité » de Diotogène pourrait être contemporain du début du Principat (fin de la République, début du ier siècle) et celui de Sthénidas avoir été composé au iie siècle après J.-C. Quant au « traité » d'Ecphante, qui possède un caractère mystique qui lui est propre, il pourrait être plus tardif et dater du iiie siècle. Le pythagorisme bénéficiait d'un prestige considérable à Rome et dans l'Empire, où l'on connaît un roi, Juba de Maurétanie, et un empereur, Hadrien, qui collectionnaient des écrits (néo)pythagoriciens. Ces traités, qui prônent de grandes vertus sociales et politiques appropriées au bon gouvernement comme la justice, la maîtrise de soi, la philanthropie et la piété, semblent avoir pour caractéristique de définir le roi comme une loi vivante. Cette notion, qu'on retrouve aussi chez Musonius Rufus et Plutarque, est difficile à définir car elle n'a pas le même sens selon le contexte : elle peut signifier que l'empereur produit la loi, ou qu'il est indépendant, supérieur à la loi écrite. Toujours est-il qu'elle va dans le sens des prérogatives impériales en matière de légifération, qui se sont développées sous les Antonins. Elle a peut-être été utilisée comme argument par les juristes ; on la trouve dans les *Novelles* de l'empereur byzantin Justinien. Ces textes mettent aussi en avant le parallélisme entre le roi des dieux et le roi des hommes, et l'idée que la relation entre le roi divin et le roi humain d'une part, celui-ci et ses sujets d'autre part, repose sur l'imitation.

De manière plus générale, cette notion d'imitation est un leitmotiv dans la réflexion politique impériale qui rappelle que la royauté est surtout une affaire d'imitation : le bon roi doit imiter le roi des dieux et être imité à son tour par ses sujets. La monarchie est ainsi replacée dans un ordre universel éternel, harmonieux et divin : elle reçoit de la philosophie une justification cosmique.

Importance du stoïcisme aux deux premiers siècles de l'Empire

Ce parallélisme entre macrocosme et microcosme est bien présent dans le stoïcisme. Le grand avantage de cette école, qui explique certainement son succès auprès des sénateurs, est qu'elle attribue au sage des valeurs qui étaient celles que revendiquait le Sénat républicain : la *libertas*, la *dignitas* et la *gravitas* (un sérieux empreint de majesté). Au Ier siècle après J.-C., la *libertas* sénatoriale fut de fait réduite par l'*imperium* supérieur du prince, ce qui produisit des conflits et une évolution de la notion, bien étudiés par Isabelle Cogitore[10]. Cette *libertas* était incarnée par Caton d'Utique et son suicide exemplaire pour refuser la clémence de César en 46 av. J.-C.

Il n'est donc pas anodin que la première tentative d'écrire un traité sur le bon roi adapté à l'empereur romain l'ait été par Sénèque au sujet précisément de la clémence, qualité « royale » par excellence et prérogative traditionnelle du Sénat. Sénèque fut certainement influencé par les traités hellénistiques *Sur la royauté* aussi bien que par le rôle des philosophes grecs comme conseillers des rois. Le premier traité *Sur la clémence* dépeint un modèle de roi (*rex*) dont la toute-puissance est canalisée par la clémence, vertu qui s'oppose au vice de la cruauté qui définit le tyran (à partir notamment de la figure de Caligula).

Le stoïcisme faisait porter l'accent sur la notion du rôle à jouer par chaque individu et sur l'acceptation de ce rôle fixé par la providence divine. Cette caractéristique apparaît aussi comme l'une des raisons de son succès dans l'Empire. C'est en tout cas une raison qui peut expliquer le succès paradoxal d'Épictète : il fut le philosophe le plus influent du IIe siècle et pourtant ses cours ont produit l'écrit le plus critique que l'on connaisse sur les valeurs et les dignités romaines, et même sur le pouvoir impérial (les *Entretiens* composés par Arrien). Les leçons d'Épictète avaient pour objectif d'aider ses auditeurs à accepter les épreuves liées aux honneurs et à les supporter sereinement. C'est également ce que Pline le Jeune recherchait auprès du stoïcien Euphratès de Tyr, dont il suivit les leçons à Rome, après 98, alors qu'il était préfet de l'*aerarium Saturni* (le trésor public) : le stoïcien jouait le rôle de soutien moral et de directeur de conscience, encourageant Pline à accomplir sa fonction publique en dépit des tracas qu'elle lui causait (Pline, *Lettres*, 1, 10, 10).

C'est aussi dans cette perspective que Marc Aurèle faisait ses exercices d'ascèse, pour s'entraîner sans cesse à bien remplir son rôle de prince, en suivant les traces de l'empereur idéal que représentait pour lui son père adoptif Antonin le Pieux, dont il a connu le règne pendant vingt-trois ans et dont il a brossé le portrait à deux reprises dans ses *Pensées* (1, 16 ; 6, 30).

> « Agis en tout comme le disciple d'Antonin : vois son effort pour conformer ses actes à la raison, son égalité en toutes choses, sa piété, sa physionomie calme, sa douceur, son mépris d'une vaine réputation, son désir de saisir les réalités ; il n'aurait rien laissé passer, sans en avoir d'abord une vue nette et une idée claire ; il supportait les reproches injustes, sans y répondre par des reproches ; il ne mettait de hâte en rien ; il n'admettait pas les calomnies, mais il appréciait avec exactitude les caractères et les actes. Il n'était ni injurieux ni poltron ni soupçonneux ni phraseur ; il se contentait de peu pour son habitation, ses couvertures, son vêtement, sa nourriture et son service ; il était laborieux et patient ; grâce à la simplicité de son régime, il pouvait rester jusqu'au soir, sans même avoir besoin de rendre les résidus de ses aliments en dehors de l'heure habituelle ; il était sûr et constant dans ses amitiés ; il supportait qu'on s'opposât en toute franchise à ses opinions et il était content si on lui montrait un meilleur parti ; il était pieux sans superstition ; puisse la dernière heure survenir pour toi avec une conscience aussi bonne que la sienne. »
>
> Marc Aurèle, *Pensées*, 6, 30, traduction d'Émile Bréhier.

Par ailleurs, la notion stoïcienne de providence (ou raison divine) qui organise le monde pour le bien des hommes a été exploitée pour légitimer le pouvoir impérial, de deux façons. Elle a été assimilée à la providence de l'empereur (*Providentia Augusta/Augusti*) qui se dévoue pour le bien commun. Le prince apparaît aussi comme

Figure 4.4 – Dupondius en orichalque (laiton), Hadrien, Rome, 119-120.

Droit : IMP(erator) CAESAR TRAIANVS HADRIANVS AVG(ustus) P(ontifex) M(aximus) TR(ibunicia) P(otestas) CO(n)S(ul) III, « *Imperator* César Trajan Hadrien Auguste, grand pontife, ayant la puissance tribunicienne, consul pour la troisième fois », buste lauré d'Hadrien, à droite.
Revers : PROVIDENTIA DEORVM – S(enatus) C(onsulto), « la Providence des dieux », Hadrien debout de face, la tête tournée à gauche, en toge, tenant un rouleau dans sa main gauche et levant la main droite vers un aigle, en haut à gauche, qui lui apporte du ciel un sceptre dans ses serres.

l'instrument de la providence divine, il a été choisi par les dieux pour répandre ses bienfaits chez les hommes. À partir de la fin du Ier siècle après J.-C., cette vertu de providence est de plus en plus présente dans les discours et sur le monnayage impérial.

Enfin, comme on l'a vu dans le chapitre 3, le principe stoïcien selon lequel le sage était divin par ses vertus fut le socle théorique de la divinisation des empereurs.

Vestiges du débat sur la meilleure constitution : constitution mixte et utopie

La réflexion politique grecque et romaine sous le Haut-Empire est caractérisée par une focalisation sur la *persona* du prince et sur la dichotomie entre le bon prince et le tyran. Elle se distingue ainsi de la réflexion grecque de la fin de l'époque classique et du début de l'époque hellénistique, qui avait développé une analyse des différents régimes, même si Platon, aux livres 8-9 de la *République*, associait déjà l'évolution logique des régimes et le passage d'un régime à l'autre (de l'aristocratie, le gouvernement des meilleurs, à la timocratie basée sur l'honneur, à l'oligarchie basée sur les richesses, à la démocratie basée sur l'égalité, pour aboutir à la tyrannie, fondée sur le désir) à l'analyse de l'homme politique qui était à leur tête : l'homme aristocratique, timocratique, oligarchique, démocratique et le tyran. La réflexion politique grecque qui a accompagné le passage du monde grec des cités à celui des royaumes créés par les successeurs d'Alexandre le Grand s'est exprimée dans des traités *Sur la royauté* que l'on a presque tous perdus, à l'exception des traités néopythagoriciens attribués à Diotogène, Ecphante et Sthénidas, qui semblent cependant tardifs, datés de l'époque romaine ou impériale.

La célèbre analyse que fait Polybe de la Rome républicaine du IIe siècle s'inscrit encore dans le débat sur les meilleures constitutions (*Histoires*, 6, 11-18). Envoyé comme otage à Rome, Polybe y fit un long séjour de 17 ans, de 167 à 150 av. J.-C., durant lesquels il fréquenta les plus illustres aristocrates, notamment les Scipions. Il a décrit dans ses *Histoires* les institutions romaines comme un modèle d'équilibre et un mélange harmonieux entre royauté (l'*imperium* consulaire), aristocratie (les prérogatives sénatoriales) et démocratie (les prérogatives des comices). Il les a présentées comme la clef du succès politique de Rome et de sa domination universelle.

Cicéron, dans *La République*, a également développé un modèle de régime mixte, de type aristocratique, qui serait à même de réaliser la concorde sociale qu'il appelle de ses vœux pour sortir Rome de la situation de crise politique qu'il connaît.

L'Empire romain a été couramment pensé par les Grecs comme une monarchie ou une royauté, et l'empereur est le plus souvent qualifié dans les sources littéraires grecques de *basileus*, roi. Sénèque avait tenté dans ses traités *Sur la clémence* de s'inscrire dans cette tradition en recourant, de manière prudente, aux termes de *rex* et de *regnum*, mais sa philosophie politique s'était heurtée à un double échec : la résistance des sénateurs, notamment le groupe autour de Thrasea, et l'évolution du règne de Néron vers la recherche d'une popularité qui passait par une politique des spectacles très éloignée des idéaux philosophiques stoïciens. On trouve néanmoins des traces des réflexions constitutionnelles grecques chez différents penseurs grecs comme les sophistes Dion de Pruse, Aelius Aristide, Philostrate d'Athènes, et l'historien Cassius Dion.

La pensée politique de Dion de Pruse, que l'on résume souvent aux quatre premiers discours *Sur la royauté* (1-4), est en réalité plus diversifiée : le sophiste a développé dans *L'Agamemnon* (*Or.* 56) une réflexion théorique sur un régime original, qui pourrait être datée, à cause de son caractère utopique, du règne de Domitien sous lequel Dion fut exilé. On peut le qualifier de régime mixte même si la base est celle d'une royauté. Il repose sur l'idée du roi imparfait soumis à reddition de comptes. Le roi, qui n'est pas supérieur aux lois, est contrôlé par trois instances : un sage conseiller, un conseil des Anciens dont le rôle est délibératif, et une instance judiciaire. Les modèles de référence sont la royauté homérique de l'*Iliade*, le modèle de la royauté laconienne théorisé par Aristote, et la *boulè* des cités grecques impériales de la fin du Iᵉʳ siècle.

En 144, sous le règne du « bon roi » Antonin, Aelius Aristide prononça à Rome, devant l'empereur, le discours *En l'honneur de Rome*, dans lequel il présentait le Principat, de manière idéalisée, comme une démocratie universelle dont les caractéristiques rappellent la fameuse définition de la démocratie sous Périclès selon Thucydide : un gouvernement du meilleur pour le bien du peuple. La dimension méritocratique de ce gouvernement est soulignée. Il est également qualifié de régime mixte, démocratique car son enjeu est de réaliser le bien du peuple, aristocratique en raison du rôle délibératif et administratif du Sénat – dont l'importance est surévaluée – et royal.

> « Ni mer, ni distance terrestre n'excluent de la citoyenneté, et entre l'Asie et l'Europe il n'y a pas de différence sur ce point. Tout est mis à la portée de tous ; nul n'est étranger s'il mérite une charge ou la confiance. Une démocratie commune à la terre est instaurée sous l'autorité unique du meilleur gouvernant et ordonnateur, et tous convergent ici, comme vers une commune agora, pour obtenir chacun ce qu'il mérite. »
> « À l'intérieur de votre cité également, vous avez instauré, me semble-t-il, un régime sans équivalent dans le reste de l'humanité. On considérait auparavant qu'il existe trois régimes parmi les hommes, deux portant deux noms chacun, si on les envisage suivant le caractère de leurs dirigeants - tyrannie et oligarchie, royauté et aristocratie -, et un troisième qu'on nomme démocratie, qu'il soit administré bien ou mal. Les cités se les sont répartis comme l'imposaient, pour chacune, la préférence ou le hasard. Mais votre gouvernement n'a rien de semblable à cela : il est comme un mélange de tous les régimes, sans la mauvaise fortune de chacun. C'est précisément pourquoi cette sorte de régime s'est imposée. Par conséquent, en regardant la force du peuple et la facilité avec laquelle il obtient tout ce qu'il veut et tout ce qu'il demande, on pensera que c'est une démocratie, à laquelle rien ne manque, sinon les errements populaires ; en voyant le conseil des anciens, qui délibère et détient les magistratures, on pensera qu'il n'est pas d'aristocratie plus parfaite que celle-ci ; enfin lorsqu'on regarde l'homme qui veille et préside à tout cela, celui grâce auquel le peuple obtient ce qu'il veut et le petit nombre exerce magistratures et pouvoir, on voit exactement le détenteur de la monarchie la plus achevée, exempt des défauts d'un tyran et supérieur à la majesté d'un roi. »
>
> Aelius Aristide, *En l'honneur de Rome*, 60 et 90, traduction de Laurent Pernot.

Au IIIe siècle, Cassius Dion et Philostrate d'Athènes mettent en scène des débats sur le meilleur régime, entre différentes figures de conseillers des princes. Chez Cassius Dion (*Histoire romaine*, 52, 2-40), alors qu'Octavien pense à renoncer au pouvoir au lendemain des guerres civiles (en 29 av. J.-C.). Agrippa lui conseille le retour à la démocratie, mais Mécène le persuade qu'il est nécessaire d'instaurer une monarchie. Celle-ci est décrite comme un régime mixte : c'est une royauté qui tait son nom, qui fonctionne avec un conseil de consultation et avec la participation des meilleurs au gouvernement de l'État. Le discours de Mécène est beaucoup plus long (§ 14-40) que celui d'Agrippa (§ 2-13) et il lève tous les arguments que ce dernier opposait à la monarchie. Mais il faut souligner que les solutions proposées par Cassius Dion aux problèmes de son époque ne relèvent pas de la problématique constitutionnelle. Elles se situent sur un autre plan, politique et administratif. Il propose ainsi de formuler un bilan comptable qui enregistre le montant global des recettes fiscales et le budget prévisionnel des dépenses ; de réformer les impôts pour établir une répartition plus équilibrée des charges fiscales ; et de soutenir l'agriculture en tant que base de l'économie et principale source de richesse.

Philostrate d'Athènes, dans la *Vie d'Apollonios de Tyane* (5, 35), décrit un débat politique sur le meilleur régime entre Dion de Pruse, le philosophe néopythagoricien Apollonios de Tyane et le stoïcien Euphratès de Tyr. Ce débat est situé à Alexandrie, le lendemain de l'incendie du Capitole à Rome, soit le 20 décembre 69, en présence de Vespasien qui a été acclamé empereur par les légions du préfet d'Égypte Tiberius Julius Alexander six mois plus tôt (le 1er juillet 69) et qui demande conseil aux trois sages sur le type de gouvernement qu'il devrait instaurer. Euphratès défend la démocratie, Dion l'aristocratie et Apollonios la monarchie. Celui-ci condamne cette discussion dépassée (qui est de fait la réécriture du fameux débat au livre 3, 80-83, d'Hérodote entre les aristocrates perses Otanès, Mégabyze et Darius, au sujet de la meilleure constitution). Il affirme que Vespasien doit exercer la monarchie parce qu'il le mérite, et que le gouvernement d'un seul homme, quand celui-ci veille au bien de tous, est la véritable démocratie.

Il n'y a donc pas de vrai débat d'idées sur les constitutions sous le Haut-Empire : les débats du passé subsistent encore sous forme de traces, visibles dans les discours et les livres de sophistes et d'historiens, et non développées et actualisées par des spécialistes de philosophie. L'idéal du régime mixte survit dans le modèle largement partagé d'une monarchie mesurée, collaborative. Démocratie et aristocratie sont considérées comme des attributs de la monarchie romaine : les références à ces modes de gouvernement renvoient en effet à l'idéal antonin d'une monarchie « démocratique » ou bien « aristocratique ». Le premier qualificatif fait référence au gouvernement du meilleur pour le bien de tous, le second soit à la collaboration avec le Sénat et les élites provinciales, soit aux principes de la méritocratie, de l'isonomie et de la justice ; les deux, démocratique et aristocratique, ont tendance à se confondre. C'est donc, en dernière tentative, le comportement du prince, et non les institutions, qui détermine la forme du Principat. Or, comme l'affirmait déjà Tacite avec son pessimisme ou son réalisme habituel, le régime mixte est plus facile à louer qu'à établir, et, quand il est établi, il ne dure pas longtemps (*Annales*, 4, 33, 1) : le modèle possède une dimension utopique.

L'Empire romain a-t-il laissé place à l'utopie ?

Il faut signaler l'alternative originale initiée par le Sénat après la mort des Gordiens. Le Sénat romain avait pris parti pour eux, contre l'empereur Maximin porté au pouvoir par la mutinerie des soldats qui avait abouti à l'assassinat du « bon » empereur Sévère Alexandre. Sévère Alexandre s'était efforcé, durant tout son règne, de produire une image publique correspondant au plus près aux attentes sénatoriales. Arrivé au pouvoir très jeune, il aurait gouverné avec un Conseil de seize sénateurs qui permettait à l'aristocratie de participer au pouvoir. Il s'était coulé dans le moule sénatorial de l'idéal antonin : éducation soignée, vertus philosophiques traditionnelles, mise en place d'un régime aristocratique (ou démocratique) mixte. Son arrivée se traduisit en effet par la mise à l'écart des éléments de l'entourage d'Élagabal les plus compromis et par une remise en ordre religieuse : il renvoya à Émèse la fameuse pierre noire, le bétyle avec lequel son cousin était arrivé à Rome en été 219. Il manifesta aussi le souci de limiter les dépenses de l'État pour restreindre le poids de la fiscalité sur les provinciaux et, ce qui va de pair – de reprendre en main l'armée. Des tensions s'ensuivirent avec cette dernière, jusqu'à l'assassinat de l'empereur et la proclamation de Maximin, choisi par l'armée seulement. Le Sénat tenta donc, après la mort des Gordiens I et II, d'affirmer sa prééminence dans le choix du candidat à l'Empire, ainsi que sa place dans le gouvernement, en imaginant une alternative institutionnelle qui s'éloignait du modèle consensuel augustéen pour mettre en exergue le partage du pouvoir et la collaboration entre prince et Sénat.

L'assemblée se réunit, pour plus de solennité et pour rappeler son rôle traditionnel de garante du culte public, dans le temple de Jupiter Capitolin, protecteur et modèle de l'Empereur ; la légitimité religieuse de l'investiture était ainsi soulignée, et l'on retrouve les composantes essentielles de l'idéologie impériale à tendance républicaine développée dans le *Panégyrique* de Pline le Jeune (100-103). Les sénateurs choisirent d'abord vingt d'entre eux qui furent nommés « vigintivirs de rang consulaire ayant la responsabilité de l'État par décision du Sénat » (*CIL*, XIV, 3902 *vigintiviros ex senatus consulto rei publicae curandae*). Puis, au sein de ce collège de magistrats chargés de gérer la *res publica*, bien distincts des conseillers du prince, deux personnes furent élues et nommées empereurs (Augustes), Marcus Clodius Pupienus Maximus et Decimus Caelius Calvinus Balbinus, tous les deux patriciens d'après Hérodien. La famille de Balbin, les Caelii, était apparentée à Trajan et Hadrien. Pupien et Balbin avaient chacun reçu le titre de père de la patrie et le grand pontificat. Le monnayage impérial de Rome qui fut frappé à cette occasion insistait non seulement sur la concorde, mais aussi sur la réciprocité des liens d'affection et de confiance unissant les deux empereurs (*fides mutua augg, pietas mutua augg, caritas mutua augg, amor mutuus augg*). Même si Pupien était plus âgé et qu'il avait une dignité supérieure issue de sa longue carrière, les deux hommes étaient placés sur le même plan, ce qui différait de la « corégence » inégale qui existait dans le modèle augustéen. Cette corégence avait pu inspirer celle de Marc Aurèle et de Lucius Vérus. En prenant le pouvoir, Marc Aurèle y associa en effet étroitement son jeune frère : celui-ci reçut le titre d'Auguste, l'*imperium* et la puissance tribunicienne, ainsi que le surnom de Marc Aurèle, Vérus. Ils n'avaient pas tout à fait le même rang, car Marc Aurèle exerçait seul la charge de grand pontife et était doté d'une plus grande autorité ; c'est lui qui resta à Rome et fit partir en Orient Lucius Vérus en hiver 161-162. La collégialité construite par Septime Sévère avec ses deux fils repose aussi sur la prééminence, plus nette, d'un seul homme : Caracalla avait reçu le titre d'Auguste en 198 quand Géta recevait celui de César ; il ne devint Auguste qu'en 209, mais à la mort de Septime Sévère le 4 février 211, le frère aîné détenait toujours une autorité supérieure à celle du cadet. La solution du Sénat impliquait une transformation plus profonde du régime qui, de monarchique, devenait dyarchique et était fondé sur une collaboration plus étroite avec le Sénat (même si on n'a pas assez d'éléments pour comprendre précisément les fonctions des vigintivirs, notamment après l'élection des Augustes).

> « Ils résolurent de soutenir une guerre en mettant à leur tête deux empereurs qu'ils auraient élus et entre qui ils voulaient partager l'Empire, afin que le pouvoir souverain, cessant d'incomber à un seul personnage, ne se transformât plus, de nouveau, en tyrannie. Ils se rassemblèrent donc, non pas dans le lieu habituel de leurs séances, mais au temple de Jupiter Capitolin, que les Romains honorent dans leur citadelle. Ils s'enfermèrent seuls dans ce temple comme s'ils voulaient prendre Jupiter à témoin, l'associer à leurs délibérations et faire de lui le surveillant de

leurs actions, puis ils choisirent, parmi les sénateurs à qui leur ancienneté et leurs mérites donnaient une prééminence, des candidats à l'Empire. Ils procédèrent ensuite à un vote. Beaucoup de sénateurs recueillirent des suffrages, mais au bout du compte, comme la majorité des voix s'était portée sur Maxime et Balbin, on les proclama empereurs. »

Hérodien, *Histoire des empereurs romains*, 7, 10, 2-3, traduction de Denis Roques.

Cette tentative se heurta d'abord au peuple venu encercler le Capitole : il s'opposait à l'élection de Pupien car celui-ci avait été en 234 un préfet de la Ville impopulaire, jugé trop sévère. Sous la pression du peuple, le petit-fils de Gordien I, âgé de treize ans, fut alors associé au pouvoir et nommé César. Ensuite, ce Principat original avait une faiblesse interne qui tenait au respect de l'égalité entre les deux Augustes, c'est-à-dire d'abord à la bonne volonté de ces derniers. Une rivalité semble avoir surgi entre eux en raison des prétentions de Pupien, fort de sa victoire contre Maximin en avril 238. Mais ce sont finalement les prétoriens, furieux d'avoir été tenus à l'écart du choix des co-empereurs et voyant d'un mauvais œil la nouvelle garde impériale constituée d'auxiliaires germains, qui mirent un terme au nouveau régime, lequel survécut à peine plus de trois mois. Ils envahirent le palais pour mettre à mort Pupien et Balbin de manière brutale et dégradante, après les avoir torturés et humiliés en public. Puis, faute d'un autre candidat, ils acclamèrent le jeune Gordien III. Cet épisode semble donc avoir fait éclater, en condensé, les rivalités entre le Sénat, le peuple et l'armée dans la désignation de l'empereur. Leurs rôles, inscrits dans la coutume et non dans une constitution, étaient de fait évolutifs, car le *mos majorum* n'a pas cessé de se transformer, comme cela a bien été démontré. Cette expérience montre bien que la nature du régime dépendait de la forme de l'investiture et du choix du candidat : le Principat avait un caractère très personnel aux trois premiers siècles de l'Empire. Sans surprise, l'armée l'emporta et le Sénat sortit vaincu de la crise. Celle-ci souligna aussi le rôle politique du peuple, secondaire mais incontestable, dans la Rome du IIIe siècle.

Si le règne de Pupien et Balbin a donc un caractère inédit, il est profondément marqué par la pensée politique antonine et le modèle qu'a représenté le règne de Marc Aurèle, ce qui n'a rien d'étonnant car on retrouve la prégnance de l'idéal politique antonin dans l'œuvre du sénateur Cassius Dion (et, à un moindre degré, dans celle d'Hérodien qui était peut-être chevalier ou d'origine modeste). Plus étonnante, plus utopique encore, fut l'expérience tétrarchique qui tenta de faire la synthèse des diverses expériences politiques précédentes.

En 211, Caracalla et Géta auraient projeté, à cause de leur mésentente, de diviser l'Empire en deux parties occidentale et orientale, séparées par la Propontide, mais ce dessein fut combattu par leurs conseillers et leur mère (*Histoire des empereurs romains*, 4, 3, 5-8).

La tradition historiographique des bons et des mauvais empereurs

La tradition historiographique opposant de manière systématique des bons et des mauvais empereurs entre en résonance, sur le plan théorique, avec l'antithèse platonicienne entre bon roi et tyran et, sur le plan des pratiques, avec la divinisation (*consecratio*) et la condamnation de mémoire (*damnatio memoriae* ou *abolitio memoriae*) qui étaient les prérogatives du Sénat à la mort du prince. Mais elle reflète cette dernière de manière souple, avec un décalage : les mauvais princes sont plus nombreux que ceux qui ont été condamnés officiellement, dès le Ier siècle, et il s'agit au contraire de dire leur nom et de l'attacher à leurs vices et mauvaises actions, c'est-à-dire de leur construire une mauvaise réputation qui est le châtiment des mauvaises relations qu'ils ont entretenues, de leur vivant, avec le Sénat. Tacite et Suétone, qui participent au renouvellement de la réflexion politique marquant le début de la dynastie antonine, apparaissent comme les fondateurs de cette tradition historiographique qui représente le bon prince ou les bons débuts de règnes comme pleins de qualités et de vertus, et les tyrans comme étant motivés par les vices inverses.

Leurs écrits font aussi émerger une autre idée forte, à savoir que le pouvoir corrompt : ils semblent l'un et l'autre convaincus du caractère nuisible du pouvoir sans limite. Tacite associe de manière générale la cruauté à la possession du pouvoir, notamment du pouvoir répressif, et il s'est particulièrement intéressé dans les *Annales* aux effets du pouvoir sur les empereurs. Il montre que les passions sont à l'origine de leur cruauté et de leur dégradation en tyrans, par exemple la colère pour Tibère ou la crainte pour Néron. Cette analyse doit beaucoup à la pensée de Sénèque. La cruauté et la dégradation du pouvoir sont comme une tentation qui menace tous ceux qui détiennent un pouvoir de vie et de mort, s'ils ne sont pas capables de maîtriser leurs passions.

Quant à Suétone, la structure de ses biographies, qui oppose de manière récurrente un bon début de règne à une dégradation des pratiques du pouvoir, suppose une corruption du pouvoir presque inévitable, dont certains facteurs sont parfois mis en lumière. Ces facteurs peuvent être extérieurs, ainsi la mauvaise influence des femmes ou bien des conseillers, notamment des affranchis. Il peut s'agir aussi d'accidents de la vie privée, comme le décès de son fils Drusus pour Tibère en 23, la maladie et le décès de sa sœur pour Caligula en 37-38. Les causes sont également intérieures, comme la faiblesse, le manque d'énergie du prince qui ne résiste pas aux mauvaises influences de son entourage ou à ses propres penchants pour le plaisir. Le désir et les passions apparaissaient, dans l'Antiquité, comme un puissant ressort de la corruption du pouvoir personnel.

Cassius Dion rompt avec ce *topos* de l'évolution d'un règne vers le pire, peut-être parce qu'à son époque, les empereurs n'étaient plus tous des sénateurs *optimi* et qu'on s'éloignait du modèle de l'*optimus princeps* capable de se gouverner soi-même (même s'il subsiste toujours comme un horizon idéal). Ce *topos* est remplacé par l'idée du prince indigne d'exercer le pouvoir : Caligula est un dissimulateur dont le vrai visage se révèle progressivement, Commode est mauvais, Caracalla paranoïaque, etc. L'idée de dégradation n'est plus exploitée à l'échelle des règnes individuels, mais à celle des dynasties, selon un modèle organique (celui de la jeunesse suivie par la maturité, puis par la vieillesse) ou bien selon le schéma du mythe des âges et de la corruption des races humaines.

Chez Hérodien, le principal danger de la corruption du pouvoir est représenté par la jeunesse d'empereurs héritiers comme Commode, Caracalla, Géta, Sévère Alexandre, Gordien III, dont le manque de maturité et d'expérience apparaît comme l'une des raisons majeures de l'affaiblissement du pouvoir central. Le premier livre de l'*Histoire des empereurs romains* développe de façon exemplaire la corruption du pouvoir exercé par Commode, par opposition au modèle que représentait son père Marc Aurèle. D'emblée, la jeunesse de Commode est présentée comme une période fragile, où la maîtrise des passions est difficile. Ensuite, le jeune prince a été perverti par de mauvais conseillers comme le chevalier et préfet du prétoire Sextus Tigidius Perennis, l'affranchi et chambellan Marcus Aurelius Cleander, devenu préfet du prétoire en 189-190. Enfin, il a été éprouvé par plusieurs complots fomentés par sa sœur Lucilla fin

181, par Perennis condamné en 185, par le déserteur Maternus en 187. Selon Hérodien, les conséquences se sont enchaînées : retrait du pouvoir, défiance, déraison et tyrannie qui contraignent son entourage proche à l'éliminer fin 192.

Pour montrer la construction systématique et topique de l'opposition entre bon roi et tyran, on peut prendre l'exemple de la *pietas* qui est une qualité fondamentale du peuple romain, considérée dans les textes républicains comme la clef du succès inédit de Rome (Cicéron, *Sur les réponses des haruspices*, 19), présente dans la titulature impériale de manière indirecte (grand pontife) et directe à partir d'Antonin et de Commode (qualificatif de *pius*). Tous les bons modèles d'empereurs sont caractérisés par la piété, à commencer par le fondateur du Principat Auguste : sa piété « envers les dieux et la patrie » est soulignée sur le bouclier des vertus qu'il a reçu du Sénat en janvier 27 av. J.-C., et c'est elle qui a auparavant justifié sa lutte contre les Césaricides pour venger son père adoptif. La piété caractérise également Trajan, Antonin, Marc Aurèle et Sévère Alexandre, par opposition à l'impiété de Caligula, Néron, Domitien, Commode, Caracalla, Élagabal, qui se manifeste sous différentes formes. Car pour les Romains, la piété est définie comme le respect des obligations envers les dieux, les parents et la patrie.

Les tyrans sont donc responsables d'impiétés commises envers les membres de leur propre famille. Néron aurait fait tuer Britannicus en février 55, sa mère Agrippine en mars 59, sa première épouse Octavie en juin 62. Il aurait abandonné, selon Suétone, le culte de Claude (ou plus vraisemblablement il arrêta de faire construire son temple sur le mont Caelius, et il n'aurait pas fait preuve d'un grand zèle dans l'entretien de son culte). Le deuxième grand exemple est Caracalla qui fit mettre à mort son frère Géta en 211 en alléguant un complot. Ce fratricide avait naturellement choqué les habitants de l'Empire. Caracalla fit condamner à mort fin 212/début 213 quatre vestales accusées de n'avoir pas respecté leur vœu de chasteté, probablement dans une entreprise de purification de Rome (Cassius Dion, *Histoire romaine*, 77/78, 16, 1 et 3 ; Hérodien, *Histoire des empereurs romains*, 4, 6, 4). Cassius Dion, ou plus précisément son abréviateur byzantin, suggère que l'empereur souffrait d'une maladie, un châtiment divin dont il aurait tenté de se purifier en multipliant les visites aux sanctuaires pendant son voyage en Orient (*Histoire romaine*, 77/78, 15, 3 et 6-7). Mais on n'a pas de trace de cette maladie, à part dans la version attribuée à Cassius Dion. En revanche, le témoignage des monnaies confirme la mise en avant par l'empereur d'une grande piété envers les dieux. Caracalla a cherché en particulier la protection d'Apollon, d'Asklépios et de Sérapis en accomplissant des rites dans les sanctuaires locaux. Plutôt qu'un indice de maladie, ne pourrait-on y voir une tentative d'imiter Sylla qu'il admirait ? L'*imperator* républicain avait en effet mis en avant la protection des dieux qui lui assuraient ses victoires, surtout après avoir été déclaré ennemi public par le Sénat en 87 av. J.-C.

Les mauvais empereurs sont le plus souvent accusés d'impiété envers les dieux. La norme érigée par Auguste étant que l'empereur ne doit pas être divinisé de son vivant à Rome, le bon prince refuse les honneurs divins (en tout cas en Occident), alors que les mauvais princes commettent des excès. Dans les sources littéraires, les statues en or et argent, considérées comme des honneurs divins, sont ainsi associées au tyran. Celui-ci est châtié pour tenter de rivaliser avec le divin, comme ce fut le cas de Domitien. Dans son *Panégyrique de Trajan* (52, 2-7), Pline le Jeune mentionne en effet la destruction des statues en or et en argent de Domitien suite à la condamnation de sa mémoire, en précisant que Trajan se contente de statues en bronze. Cassius Dion mentionne une statue d'or d'un poids démesuré pour Commode, les statues d'or et d'argent de Caracalla, une statue d'or, remarquable par ses ornements, représentant sans doute Élagabal en grand-prêtre du Soleil (*Histoire romaine*, 72/73, 15, 3 ; 78/79, 18, 1 ; 79/80, 12, 2[2]). La réalité était plus souple, puisque même le prince modèle Marc Aurèle avait eu des statues en or ; mais il avait pris soin aussi d'en refuser publiquement pour éviter justement d'avoir mauvaise réputation. Tout était donc une question de dosage, et le bon prince devait manifester sa volonté de respecter la norme instaurée par Auguste, comme l'a fait Macrin au début de son règne, en réglementant la valeur de ses effigies en or et en argent (Cassius Dion, *Histoire romaine*, 78/79, 12, 7). C'était aussi une question d'interprétation. Comme l'a souligné Emmanuelle Rosso[11], on retrouve la même manipulation des attributs du divin dans les représentations statuaires des empereurs depuis Auguste. Mais les sources historiographiques accusent les mauvais empereurs d'accumuler les honneurs divins, de vouloir eux-mêmes s'identifier au divin : ils sont alors jugés coupables d'*hubris*, ce qui les destine au châtiment. Ce sont surtout Caligula (Suétone, *Caligula*, 52 ; Philon, *Ambassade à*

Caius, 76-79, 93-97, 103-110 ; Cassius Dion, *Histoire romaine*, 59, 26, 5-8 ; Athénée, 4, 148d) et Commode (Cassius Dion, *Histoire romaine*, 72/73, 15-17, 19-20, 22 ; Hérodien, *Histoire des empereurs romains*, 1, 14, 7-8 ; *Histoire Auguste, Commode*, 8, 5 et 9 ; 9, 2) qui sont accusés, parmi leurs « excès » orientaux, de porter des attributs et des vêtements des dieux, à l'imitation d'Alexandre le Grand et de ses successeurs.

Les tyrans sont également accusés d'être négligents envers les cultes romains les plus traditionnels et les plus importants. Élagabal avait été élevé pour être grand-prêtre du dieu solaire Élagabal (dont il tire son surnom) à Émèse : proclamé empereur par l'armée de Syrie en 218, il a transporté à Rome le bétyle de son dieu et a voulu faire accepter sa tenue de prêtre oriental dès son arrivée aux sénateurs. Il ne parvient pas à trouver un consensus et la tradition historiographique (Cassius Dion, Hérodien, l'*Histoire Auguste*) lui reproche non seulement d'avoir transporté à Rome un culte étranger, mais en plus d'avoir négligé les dieux de la religion traditionnelle, ce qui est une *impietas* au sens où la définissait Cicéron, c'est-à-dire une injustice envers les dieux (*injustitia erga deos*).

> « Mais à peine était-il rentré à Rome que, sans plus se soucier de ce qui se passait en province, il consacra Héliogabale [comme dieu] sur le mont Palatin à côté du palais impérial et lui bâtit un temple, avec l'intention d'y transférer l'idole de la Grande Mère, le feu de Vesta, le Palladium, les boucliers sacrés [des Saliens] et tout ce que vénèrent les Romains ; il voulait ainsi que ne fût adoré à Rome d'autre dieu qu'Héliogabale. Il disait qu'il fallait y transférer aussi les religions des juifs et des Samaritains et les rites chrétiens, afin que le clergé d'Héliogabale détienne les mystères de tous les cultes. »
>
> *Histoire Auguste, Elagabal*, 3, 4-5, traduction d'André Chastagnol.

Il est possible que sa dévotion personnelle ait été tournée vers sa divinité davantage que vers les dieux du panthéon traditionnel romain. Il est appelé *sacerdos amplissimus dei Invicti Solis Elagabali* (« prêtre suprême du dieu Sol Invictus Élagabal ») dans des inscriptions officielles, mais aussi *pontifex maximus*, ce qui indique toujours le respect du cadre traditionnel de la religion publique (*CIL*, X, 5827 ; *AE*, 1964, 269 ; *AE*, 1995, 1565 et 1641). Et les monnaies de son règne, à Rome et à Antioche, revendiquent au contraire son intérêt pour Vénus, Mars et Jupiter qu'il présente comme son protecteur.

Figure 4.5 – Denier, Élagabal, Rome, 218-222.

Droit : IMP(erator) ANTONINVS AVG(ustus), « *Imperator* Antonin Auguste », buste lauré et drapé à droite.
Revers : IOVI CONSERVATORI, « À Jupiter Conservateur », Jupiter debout de face, tête à gauche, tenant le foudre et un sceptre vertical, un aigle à sa gauche, un étendard à droite.

Donc, selon toute vraisemblance, Élagabal n'a pas négligé les cultes traditionnels : les historiens de son temps (Cassius Dion et Hérodien) ont exagéré son comportement pour l'accuser d'*impietas* et justifier ainsi son assassinat.

Les exemples d'Élagabal et de Caracalla invitent donc à prendre du recul avec la tradition des empereurs impies. Il était impensable qu'un empereur ne fasse pas preuve de *pietas*. Mais d'un autre côté, comme le bon empereur ne pouvait qu'être pieux, le mauvais devait passer pour impie.

L'établissement d'une tradition de pensée politique gréco-romaine

Une tradition des conseils et des miroirs au prince romaine, ou plutôt gréco-romaine, influencée par la réflexion grecque sur la royauté, apparaît au début du IIIe siècle sous les Sévères. Elle émerge en effet chez Cassius Dion et Philostrate d'Athènes qui ont lu et se sont inspirés de prédécesseurs, Sénèque et Dion de Pruse notamment. Cassius Dion et Philostrate ont bien montré dans leurs ouvrages (*Histoire romaine* et *Vie d'Apollonios de Tyane*) le décalage entre leurs attentes et le comportement de certains princes. Ces ouvrages sont donc empreints d'un idéalisme qui se tourne vers le passé historique, vers l'écriture et la réécriture de l'histoire. Une conséquence de cette rétroprojection est qu'on ne peut plus identifier exactement le prince auquel étaient destinés les conseils (si du moins il s'agissait d'un prince précis), ce qu'il était possible de faire dans les miroirs au prince de Sénèque, Pline le Jeune et Dion de Pruse : à qui s'adresse réellement le fameux débat sur le bon régime qu'Auguste doit mettre en place au début du livre 52 ? À un prince sévérien réel ou bien fictif ? Ou bien à un public de lecteurs cultivés, issu de la cour et des élites civiques, qui à cette époque était sensibilisé à ce type de réflexion politique, comme le montrent les parallèles que l'on peut tracer entre les conseils de Mécène et ceux d'Apollonios de Tyane aux empereurs ? Ainsi, la distance entre le personnage historique, avec son identité précise, et la *persona* du prince, c'est-à-dire son rôle et sa figure, se creuse, ce qui va de pair avec une institutionnalisation de la fonction d'empereur.

Cette tradition, telle que nous la possédons aujourd'hui, repose sur de grands textes qui étaient susceptibles d'emporter largement l'adhésion des élites cultivées, sénatoriales (dont faisaient partie les empereurs jusqu'à Sévère Alexandre) ou bien civiques. En effet, les propositions faites par Sénèque, Pline le Jeune, Dion de Pruse, Tacite et Suétone, étaient susceptibles de plaire à l'élite cultivée, car elles cherchaient à garantir sa sécurité et lui conféraient une place importante à côté de l'empereur (ce qui est moins vrai pour le premier traité *Sur la clémence*).

Sénèque, Dion de Pruse, Pline et Épictète s'inséraient tous dans de vastes réseaux sociaux constitués, selon les cas, de clients, de patrons, d'amis ou de disciples. Les membres de ces réseaux ont fait circuler leurs leçons ou discours, notamment sous forme écrite, ce qui permettait de les stocker. Arrien a publié ses notes des cours d'Épictète, Quintus Junius Rusticus (consul bis en 162, préfet de la Ville de 160 à 167/168 et *amicus* de Marc Aurèle) a permis à Marc Aurèle de découvrir l'enseignement d'Épictète en lui procurant peut-être ses propres notes de cours (*Pensées*, 1, 7, 8). Dion de Pruse évoque aussi la circulation de ses discours – peut-être à partir de notes prises par ses auditeurs – qui lui échappe (*Or.* 42, 4-5). Il est possible que des admirateurs de Sénèque aient publié après sa mort ses traités sur la *Clémence*, car le caractère inachevé du second traité suggère une publication posthume ; la tragédie *Octavie*, datée entre la mort de Néron en 68 et 112-113, témoigne d'une tentative de réhabilitation du philosophe auquel on reprochait d'avoir été « l'ami d'un tyran ». Quintilien (*Institution oratoire*, 10, 1, 125-131), témoigne de l'engouement de la jeunesse pour l'œuvre de Sénèque à la fin du Ier siècle. Ainsi ont émergé des figures d'autorité, mais aussi des écrits qui faisaient autorité.

La constitution d'une tradition gréco-romaine a aussi été facilitée, à partir du IIe siècle, par un meilleur apprentissage du latin par l'élite grecque susceptible de faire une carrière au Sénat ou de fréquenter la cour impériale.

Par ailleurs, le caractère syncrétique ou médiateur des propositions politiques retenues peut expliquer leur succès : Sénèque a cherché à concilier la royauté grecque et la clémence romaine, Dion de Pruse a construit ses discours *Sur la royauté* autour d'images et de modèles (Héraclès/Hercule, Zeus/Jupiter, Alexandre le Grand, Diogène) qui avaient un sens fort aussi bien pour les habitants du monde romain de son époque que dans la tradition de pensée politique grecque, et Pline le Jeune a élaboré un langage médiateur, des perspectives de collaboration ou de cohabitation entre les sénateurs et l'empereur. Il faut souligner aussi la conjonction partielle, assez rare sous le Haut-Empire, mais bien présente au début du règne de Trajan, entre le discours de l'empereur, celui du sénateur Pline et celui du sophiste Dion de Pruse.

L'équation entre les règnes des Antonins (jusqu'à Commode) et l'âge d'or a aussi joué un rôle important dans la constitution de cette tradition des miroirs au prince : les bons empereurs antonins, Trajan, Antonin le Pieux, Marc Aurèle représentent en effet de nouveaux « pères fondateurs », qui ont fixé l'image idéale du prince. Depuis Auguste, aucun modèle politique aussi fort n'avait émergé. Ce renouveau des modèles a plusieurs causes : le travail réalisé par Trajan sur son image publique, à laquelle ont contribué Pline et Dion de Pruse ; le travail sur soi-même accompli par Marc Aurèle pour reprendre le modèle d'Antonin et le faire perdurer ; les pratiques de *consecratio* et de piété ostentatoire envers l'empereur précédent, qui ont joué un rôle dans la stabilisation de la figure du *princeps* ; et enfin la floraison des éloges au prince au IIe siècle.

Pour conclure, la pensée romaine est exprimée dans un discours assez pauvre, qui tourne en boucle : le bon prince est opposé au tyran, les grandes vertus de l'un aux vices de l'autre. Ce sont ces grandes vertus qui sont des moteurs du politique et permettent à l'empereur d'assurer les principales fonctions liées à sa charge : le courage et la prudence font le chef militaire et l'homme politique habile, la bonté permet au prince de remplir son rôle d'évergète, la justice celui de juge et la piété celui de chef de la religion publique. Le bon prince est le père et protecteur de l'Empire, dont il assure la prospérité en maintenant la paix. L'idée que le pouvoir corrompt, que les vertus peuvent céder la place aux passions implique la nécessité d'un contrôle permanent et de garde-fous qui sont constitués par une éducation soignée et la présence de conseillers avisés. Le bon roi est celui qui sait contrôler ses passions grâce à sa tempérance, alors que le tyran donne libre cours à ses désirs qui nuisent à ses sujets car ils se traduisent par des viols, meurtres et dépouillements. Mais ce discours évolue cependant dans le temps, à partir du dialogue entre le pouvoir en place et les aspirations des penseurs ou des groupes qu'ils représentent. Le meilleur exemple est celui du rôle militaire de l'empereur, regardé avec méfiance au Ier-début du IIe siècle par Sénèque, Pline le Jeune, Dion de Pruse. Ce rôle est complètement intégré dans les éloges grecs du prince à la fin du IIIe siècle, comme on le voit dans le traité rhétorique attribué à Ménandre le rhéteur.

Au IIIe siècle se produit une homogénéisation du « discours impérial » en mots (textes littéraires et inscriptions) et en images (notamment les monnaies), qui a été bien mise en évidence par Michel Christol[12].

Alors qu'en Grèce, aux Ve et IVe siècles, la réflexion sur l'homme politique était fondamentalement liée à celle sur la constitution, il n'existe pas de réflexion approfondie sur le Principat romain sous le Haut-Empire. La réflexion politique en grec est centrée sur la royauté, *basileia*, tandis qu'émerge sous les Antonins un idéal de constitution mixte, définie comme démocratique ou aristocratique. Sénèque employait avec prudence les mots *rex* et *regnum*, Pline le Jeune parlait de *Principatus* mais sans définir précisément ce régime, sinon par rapport au consulat. Les penseurs hellénophones du Haut-Empire – Musonius Rufus, Épictète, Dion de Pruse – ont utilisé dans leurs réflexions politiques le terme de roi, *basileus*, et de royauté, à l'exception de la célèbre analyse de Cassius Dion au début du livre 52, où le Principat d'Auguste est présenté par Mécène comme une royauté qui tait son nom. Le mot roi est évité puisque Mécène, à la fin de son discours, conseille à Octavien d'exercer la royauté sans recourir à ce nom haï, mais en utilisant celui de César ou bien le titre d'*imperator*, traduit en grec par *autokratôr* (Cassius Dion, *Histoire romaine*, 52, 40, 1-2). L'historien a recours au terme neutre d'*archôn*, « dirigeant ». D'une part, pour tous ces penseurs, le prince a clairement le pouvoir de faire évoluer les institutions et donc la nature du régime, entre tyrannie et monarchie idéale (démocratique ou aristocratique). D'autre part, chez Cassius Dion, le Principat est défini, fondamentalement, comme une fiction constitutionnelle : cette analyse a beaucoup influencé les historiens modernes qui ont longtemps, par une sorte d'anachronisme renvoyant à la langue de bois reprochée aux hommes politiques contemporains, accusé Auguste d'avoir pratiqué une géniale hypocrisie politique. Quoi qu'il en soit, il est clair que la réflexion antique sur la figure du bon prince fut nettement plus importante que celle sur le Principat.

Chapitre 5

Loyauté, popularité, révoltes et oppositions

Beaucoup d'historiens se sont étonnés, à juste titre, de la longévité de l'Empire romain qui est parvenu à maintenir plus ou moins fermement sous son contrôle une étendue de territoires inédite sur une durée complètement inédite également, jusqu'en 476 pour l'Empire romain d'Occident et jusqu'en 1453 pour l'Empire romain d'Orient. Aucun autre Empire ancien n'avait eu un tel succès. Quelles sont les clefs de la réussite politique romaine ? On peut mentionner naturellement la fameuse inclusion romaine – pour employer un concept moderne et certainement anachronique – c'est-à-dire la capacité qu'a eue Rome d'intégrer politiquement les populations qu'elle avait conquises et de leur permettre progressivement de participer à l'Empire sur le plan politique, en bénéficiant d'un statut civique plus avantageux, d'une paix plus solide, d'une protection militaire et juridique. Cette capacité d'inclusion est au cœur de l'identité romaine : elle est un élément essentiel du mythe de fondation de Rome par Romulus qui agrégea un petit groupe de bandits et partit enlever des femmes aux Sabins pour peupler la cité de Rome. Elle constitue l'une des principales différences entre Rome et les cités grecques. Elle est démontrée de manière éclatante, dans la période qui nous concerne, par la Constitution antonine en 212 qui attribuait la citoyenneté romaine à tous les habitants libres de l'Empire.

On peut la mettre en relation avec deux autres éléments qui ont fait le succès de Rome : la politique de s'appuyer sur certaines élites locales, et l'absence de politique d'acculturation forcée. La « romanisation » – notion critiquée pour sa ressemblance avec celle de colonisation – s'est en grande partie développée sur cette collaboration entre les élites locales et le gouvernement et sur la diffusion sans trop de contrainte d'un modèle culturel et politique qui avait fait ses preuves puisqu'il était celui du vainqueur. À propos de la divinisation d'Auguste, Cassius Dion (*Histoire Romaine*, 56, 46, 3) témoigne en effet qu'un sanctuaire fut voté par le Sénat à Rome pour le divin Auguste, édifié par Livie et Tibère, et que d'autres furent construits ailleurs, dans les provinces : certaines communautés le firent volontairement, d'autres se le virent imposer.

Après avoir présenté les notions de consensus, de loyauté et de popularité qui sont essentielles pour réfléchir sur l'adhésion des communautés provinciales au pouvoir, ce chapitre porte sur les phénomènes de contestation et de résistance qui étaient naturellement présents au sein de l'empire et dont on va chercher à évaluer la portée et les enjeux.

Le système d'acceptation et la recherche du consensus

Même si l'empereur préparait la classe dirigeante, la population de la capitale et l'armée à une transmission de sa position à un héritier issu de sa famille, la filiation biologique ou adoptive ne suffisait pas à légitimer le futur prince qui avait besoin de l'assentiment du Sénat, de la garnison et de la population de Rome, voire des troupes et des notables en province. Cette reconnaissance constitue ce qu'Egon Flaig, qui a étudié les tentatives d'usurpation, a théorisé sous le terme de « système d'acceptation » (*Akzeptanzsystem*). La recherche du consensus reposait sur l'adhésion des groupes indispensables à la pérennité de l'Empire et plus encore à celle de l'empereur, et E. Flaig a fait passer cette adhésion au premier plan, avant même les légitimations d'ordre institutionnel (par exemple les pouvoirs que détenaient les empereurs). Il a désigné comme les trois piliers du consensus l'armée, l'ordre sénatorial et la plèbe urbaine, ce à quoi Frédéric Hurlet a proposé d'ajouter, à juste titre, les chevaliers dont l'importance politique n'a cessé d'augmenter durant le Haut-Empire et les élites provinciales[1].

Dans la même perspective, Paul Veyne a défini le prince « comme un mandataire de la collectivité, chargé par elle de diriger la République » et placé dans une situation inconfortable et précaire puisque le contrat que le liait aux principales forces politiques pouvait être à tout moment rompu[2].

La loyauté envers l'empereur

À l'appui de ce consensus, l'empereur et la famille impériale devaient être capables de susciter la loyauté des habitants de l'Empire, autre notion clef dans le vocabulaire de la culture politique. La loyauté est en effet à même de susciter l'obéissance, le refus de suivre un usurpateur ou d'effectuer des actes de résistance et de contestation, de maintenir la cohésion politique. Elle est exprimée par les honneurs destinés à l'empereur et aux membres de sa famille (statues et inscriptions honorifiques, éloges), par les dédicaces pour leur santé ou leur succès, par tous les actes et célébrations du culte impérial.

La communication autour de l'image de l'Empereur, de ses vertus et des bienfaits qu'il procurait à ses sujets, comme on l'a vue dans les chapitres précédents, a joué un rôle majeur pour assurer la cohésion d'un Empire très vaste et culturellement hétérogène. Clifford Ando a défendu l'idée très juste que cette communication, ainsi que les rituels liés à l'empereur, furent des éléments déterminants pour créer la loyauté des provinces[3]. Dans une perspective proche, Carlos F. Noreña a soutenu, en s'appuyant surtout sur les monnaies et les inscriptions, que l'idéologie impériale a joué un rôle unificateur dans les provinces occidentales, parce qu'elle était relayée par l'aristocratie locale qui trouvait son intérêt dans le système impérial[4]. Les deux thèses se prolongent, même si C. F. Noreña préfère à la notion de loyauté celle de l'intérêt partagé ou du bénéfice (politique, économique et social) que les élites provinciales pouvaient retirer de leur collaboration avec le pouvoir central.

Dans le dialogue entre pouvoir central et cités provinciales, un rôle moteur a été joué par des personnages-relais qui étaient à la fois proches de l'empereur et bien implantés localement : des gouverneurs, des procurateurs impériaux ou bien des familles importantes à l'échelle locale, dont certains membres ont réussi à faire carrière dans l'entourage du pouvoir impérial.

En Occident comme en Orient, sous le Haut-Empire, les relations des citoyens à l'empereur étaient fondées sur la base de la *pietas* (*eusebeia* en grec). La notion romaine est définie comme l'ensemble des devoirs que les Romains devaient rendre à leurs dieux, à leurs parents et à leur cité. Dans le *Panégyrique de Trajan* de Pline le Jeune, daté entre 100 et 103, le terme de *pietas* apparaît onze fois, le plus souvent pour définir la relation des sujets ou des sénateurs envers l'empereur, sur le modèle de la piété filiale des enfants et des héritiers envers leurs parents (*Panégyrique*, 37, 4 ; 42, 2). La même idée est exprimée dans des monnaies de bronze et d'argent dédiées à *l'Optimus princeps* en 103-112, figurant sur le revers la *Pietas* voilée et drapée, accomplissant un sacrifice au-dessus d'un autel, avec dans la légende la formule S(enatus) P(opulus) Q(ue) R(omanus) OPTIMO PRINCIPI, PIET(as), « le Sénat et le peuple romain, au meilleur des princes, la *Pietas* ». La piété est donc la vertu qui fonde les relations sociales sous le bon empereur, envisagé comme le *pater patriae :* titre que le Sénat avait décerné à Trajan à la mort de Nerva et que l'empereur avait d'abord refusé, avant de l'accepter un peu plus tard (*Panégyrique*, 21, 1-4).

Figure 5.1 – Denier, Rome, Trajan (103-111).

Droit : IMP(eratori) TRAIANO AVG(usto) GER(manico) DAC(ico) P(ontifici) M(aximo) TR(ibuniciae) P(otestati), « *Imperator* Trajan Auguste *Germanicus Dacicus*, grand pontife, ayant la puissance tribunicienne », buste de Trajan lauré, avec l'épaule gauche drapée, tourné à droite.
Revers : CO(n)S(ul) V P(ater) P(atriae) S(enatus) P(opulus) Q(ue) R(omanus) OPTIMO PRINC(ipi) PIET(as), « Consul pour la cinquième fois, père de la patrie ; le Sénat et le peuple romain, au meilleur prince, la Piété », *Pietas* drapée et voilée, debout, tournée à gauche, la main droite versant de l'encens sur un autel allumé situé à sa gauche, la main gauche tenant un sceptre.

L'un des instruments fondamentaux de la loyauté envers le prince et sa famille était le serment (*sacramentum*). Auguste fut à l'initiative de cette pratique : il a en effet mentionné dans les *Res Gestae* (25, 2) le serment que lui avaient prêté l'Italie et les provinces d'Occident en 32 av. J.-C. Ces serments, qui engageaient aussi bien les civils que les militaires, sont attestés pour Tibère, Caligula et Néron, pendant les guerres civiles, pour Trajan et Pertinax, par des témoignages littéraires et épigraphiques. Ils étaient prêtés dans l'Empire tout entier par tous les hommes libres d'une circonscription, quel que soit leur statut (sénateurs, chevaliers, simples citoyens et pérégrins), à chaque avènement d'un empereur ou bien lorsqu'un nouveau territoire était annexé. Depuis Caligula, le serment fut renouvelé chaque année le 1er janvier, puis, sous Trajan, à la date anniversaire du début de règne (le *dies imperii*). Lors de l'avènement, des ambassades venaient présenter le texte du serment à l'empereur au nom de la cité ou de la fédération. Le renouvellement lui était confirmé par une lettre envoyée par le gouverneur (c'est du moins ce que faisait Pline le Jeune quand il gouvernait la province du Pont-Bithynie : Pline le Jeune, *Lettres*, 10, 52-53). On a retrouvé quelques textes de serments : leur forme varie mais le contenu est sensiblement le même. Les prestataires s'engageaient à faire preuve de bonne volonté (*eunoia*) envers l'empereur, à avoir mêmes amis et mêmes ennemis que lui, et à mener contre ces derniers une guerre impitoyable. Ces serments encourageaient la délation et renforçaient le pouvoir de l'empereur en lui conférant dans la pratique un droit de vie ou de mort contre ceux qu'il désignait comme ses ennemis et qui devenaient des ennemis publics. Comme le rappelle Pupien en 238 dans son discours aux soldats de Maximin le Thrace qui avaient pris le parti de leur chef contre les empereurs désignés par le Sénat (Pupien et Balbin), ne pas respecter le serment militaire faisait d'eux des ennemis des dieux romains (Hérodien, *Histoire des empereurs romains*, 8, 7, 4).

D'autres types de serments attestent aussi l'implication des *divi* et du *genius Augusti* dans la vie quotidienne des municipes. D'après la « loi » d'Irni (*AE*, 1986, 333, chap. 69) et la « loi » de Salpensa (*CIL*, II, 1963, chap. 25) qui nous informent sur les statuts des municipes révisés par Domitien, le serment que les magistrats d'un municipe devaient prêter au moment de leur prise de fonction associait Jupiter, les empereurs divinisés (soit, à cette période, Auguste, Claude, Vespasien et Titus), le *genius* de l'empereur régnant et les dieux Pénates. La formulation instaurait une hiérarchie entre les divinités invoquées : Jupiter, au sommet, était suivi par les empereurs divinisés, puis par le *genius* de l'empereur régnant, et les dieux Pénates qui étaient les dieux ancestraux des Romains venaient à la fin de la liste. Les magistrats prenaient donc à témoin les grands dieux de la *res publica* romaine dans laquelle les municipes étaient intégrés, parmi lesquels les divinités du culte impérial, ce qui revenait à affirmer leur loyauté à l'égard de la famille impériale.

L'Orient grec et le pouvoir impérial

La question de l'adhésion des habitants du monde grec au pouvoir impérial a fait l'objet de nombreuses enquêtes, justifiées par l'importance que les cités grecques ont attachée historiquement à l'idéal d'autonomie.

Les écrits de Plutarque de Chéronée et du sophiste Dion de Pruse, à la fin du Ier siècle et au début du IIe siècle apr. J.-C., attestent que cet idéal d'autonomie perdurait au début du Haut-Empire, mais qu'il cohabitait, non sans tensions, avec un idéal de concorde civique. Plutarque et Dion avaient un même objectif politique pour les cités grecques : régler les conflits civiques en évitant l'intervention du gouverneur et des forces armées romaines. On trouve chez eux la même recherche de la bonne distance à instaurer avec l'autorité romaine, qui témoigne de la difficulté du dialogue que les notables grecs devaient en permanence entretenir avec les représentants de Rome et avec leurs propres concitoyens. Le meilleur exemple de cet équilibre délicat est fourni par les discours que Dion a prononcés devant l'Assemblée et le Conseil de sa patrie de Pruse de l'Olympe au début du IIe siècle. Pruse, qui était une cité de moyenne importance placée sous l'autorité du gouverneur (proconsul) de la province de Pont-Bithynie, a entretenu des relations difficiles avec deux gouverneurs, Caius Julius Bassus (vers 102-103) et Varénus Rufus (vers 105-106), auxquels les Bithyniens firent un procès après leur sortie de charge. Dion de Pruse soutint Varénus Rufus (qui fut d'ailleurs défendu avec succès par Pline le Jeune lors de son procès en 107), contre certains notables de sa cité. Dans le discours 48, prononcé par le sophiste, alors premier archonte (soit le magistrat le plus important), avant une visite de Varénus, on apprend qu'en raison de désordres civiques le gouverneur précédent avait interdit au peuple de se réunir en assemblée, ce qui constituait, pour une cité grecque attachée à son autonomie, une punition considérable. Le nouveau gouverneur Varénus venait d'autoriser le peuple à se réunir de nouveau, sur intervention de Dion qui fait l'éloge dans ce discours de la concorde civique et enjoint ses concitoyens à faire bonne figure devant le proconsul pour éviter de le mécontenter.

> « Tout d'abord, Messieurs, nous devons remercier l'éminent Varénus de toute la bienveillance qu'il a manifestée à notre cité et parce que, comme nous voulions réunir l'Assemblée, il nous y a de nouveau autorisés, non seulement sans difficulté, mais encore avec plaisir. Cette décision révèle un homme qui vous fait confiance et qui sait que vous n'abuserez nullement de sa permission. En effet personne n'entasse jamais du bois vert pour faire du feu, car on sait qu'il dégagera forcément une masse de fumée désagréable et un gouverneur sensé ne réunit pas un peuple en effervescence, à moins d'y être obligé par une raison impérieuse. Vous, maintenant, tâchez de ne pas le décevoir et de lui offrir le spectacle d'une assemblée sage et belle en commençant, à mon avis,

par arborer la parure de l'amitié mutuelle et de la concorde et, s'il vient quand nous l'inviterons, renvoyez à plus tard les autres questions, celles qui soulèvent des clameurs. Il examinera lui-même les affaires de la cité, même si vous voulez l'en empêcher. Pour le moment, rendez-lui grâce, saluez-le, recevez-le aimablement et respectueusement [...] »

Dion de Pruse, *Discours* 48 (*Discours politique tenu à l'Assemblée*), 1-2, traduction de Marcel Cuvigny.

Analyser les rapports entre Rome et le monde grec est une tâche complexe : les inscriptions, le monnayage local des cités grecques qui perdure jusque sous les Sévères attestent la loyauté civique et la recherche, la mise en avant par les notables de relations personnelles avec le prince. Mais les sources littéraires sont plus complexes et offrent parfois un décalage avec les sources issues des institutions. Par exemple, les inscriptions concernant les grands prêtres des Sébastoi montrent que le culte impérial s'était bien diffusé dans le monde grec, et que cette prêtrise était considérée comme une charge prestigieuse dès le Ier siècle. Mais Glen W. Bowersock a démontré que les élites socio-culturelles grecques, sans condamner le culte impérial, ne l'approuvaient pas[5]. Cette dissension est révélatrice d'une sorte de *realpolitik* des élites culturelles grecques, en tout cas au début du IIe siècle, quand elles ne se sont pas encore tournées vers une carrière sénatoriale.

On le constate aussi dans les *Entretiens* d'Épictète, fameux professeur de philosophie stoïcienne qui dut quitter Rome fin 93, suite au sénatus-consulte interdisant aux philosophes de séjourner dans la Ville ou en Italie, et s'installa à Nicomédie en Épire où il enseigna jusqu'en 125/130. Ses cours avaient un succès considérable et étaient fréquentés par les jeunes aristocrates grecs et certains dignitaires romains. Or, les notes de ses cours rédigées par Arrien représentent les écrits les plus critiques que nous connaissons envers les valeurs et les dignités romaines. Elles ne contiennent aucune image positive du pouvoir impérial, mais de nombreuses critiques par rapport à la vie de cour ou bien à l'existence qui attend les jeunes gens qui se lancent dans le *cursus honorum*. Mais il n'y a pas non plus de rejet de la culture politique romaine : l'idée fondamentale est que celui qui obtient un poste politique élevé doit accomplir ses charges le mieux possible, car il remplit le rôle que la divinité lui a octroyé.

De même, si le premier discours *Sur la royauté* de Dion de Pruse (vers 100) est globalement élogieux par rapport à Trajan, les deuxième et quatrième discours *Sur la Royauté* contiennent des critiques portées contre l'ambition et le caractère militaire de l'empereur (sans doute dans le contexte des guerres daciques et parthique), mais celles-ci sont faites sous une forme allusive ou masquée. Le *Discours olympique*, prononcé sans doute en 105, lors de la panégyrie des concours olympiques, critique ouvertement l'impérialisme romain qui s'attaque à des peuples – les Daces – qui défendent « leur liberté et leur patrie » (*Or.* 12, 20). La paix romaine est assimilée à la servitude et à l'indolence des cités grecques (*Or.* 12, 64 ; 31, 125 et 165) – ce qui rappelle l'opinion de son contemporain Tacite à l'égard du Principat, considéré comme un régime de compromis, dans lequel les élites romaines ont échangé leur liberté contre la paix (Tacite, *Dialogue des orateurs*, 40-41 ; *Annales*, 1, 2 et 1, 4, 1). *Le Discours aux Rhodiens* (*Or.* 31), prononcé par le sophiste au tout début du règne de Vespasien, montre à quel point la domination romaine a transformé la culture politique grecque dans une des plus grandes cités du monde grec, présentée comme le dernier bastion de l'hellénisme. À l'époque où parlait Dion, Rhodes était en effet une cité libre, qui possédait toujours des cités tributaires comme Caunos et Myndos, qui était relativement prospère, réputée pour son origine ancienne, sa glorieuse histoire militaire à l'époque hellénistique, ses monuments – notamment une parure de trois mille statues que Néron lui-même avait respectée –, et son respect des règles et des coutumes civiques. Le sophiste reproche à l'Assemblée rhodienne de bouleverser les honneurs civiques et donc le système évergétique pour honorer des aristocrates et dignitaires romains, afin de préserver la liberté fragile de la cité[6]. Mais il est possible par ailleurs que Dion soit intervenu, par exemple dans le *Discours aux Alexandrins* (*Or.* 32), à la demande des autorités romaines pour tenter de mettre fin à des troubles civiques.

Sous le règne d'Antonin, vers 144, le sophiste Aelius Aristide prononça à Rome un discours célèbre, *En l'honneur de Rome* (*Or.* 26), qui fait l'éloge des bienfaits apportés par la paix romaine. Si, à ce moment-là, les élites du monde grec participaient davantage au gouvernement de l'Empire, ce qui pourrait expliquer le ton très positif du discours, le corpus des discours du sophiste laisse apparaître ailleurs l'expression d'un malaise par rapport au pouvoir romain : tout n'était pas si simple. Le discours envers Rome des élites culturelles, qui profitaient elles-mêmes d'une situation privilégiée dans l'Empire

– immunités, prestige et chaires d'enseignement municipales et impériales – semble avoir été globalement lucide et nuancé.

Le voyage en Orient d'Auguste entre 21 et 19 av. J.-C. fut marqué par plusieurs manifestations d'hostilité. À Athènes, qui avait été loyale envers Marc Antoine à Actium, la statue d'Athéna sur l'Acropole se tourna sur sa base pour faire face à l'Occident au lieu de l'Orient et projeta du sang ; furieux, le prince refusa d'entrer dans la cité, passa l'hiver à Égine et priva Athènes de la possession de deux de ses cités tributaires, Égine et Érétrie (Cassius Dion, *Histoire romaine*, 54, 7, 2-3). À Cyzique, Auguste apprit que des citoyens romains avaient été fouettés et exécutés. À Tyr et Sidon, il trouva des conflits entre factions, qu'il considéra comme potentiellement séditieux (Cassius Dion, *Histoire romaine*, 54, 7, 6). La dernière année de son règne, il y eut une révolte à Athènes, sur laquelle on est très peu renseigné (Orose, *Histoires contre les païens*, 6, 22, 2). Mais elle fut sans doute sérieuse, car l'une des premières mesures provinciales prises par Tibère fut d'incorporer l'Achaïe et la Macédoine dans le système administratif de la province de Mésie. En Lycie, en 43, des Romains furent tués lors de conflits civiques (Suétone, *Claude*, 25, 9 ; Cassius Dion, *Histoire romaine*, 60, 17, 3). L'année suivante, à Rhodes, les autorités locales crucifièrent des Romains (Cassius Dion, *Histoire romaine*, 60, 24, 4), on ne sait pour quel motif. Mais cela valut à la prestigieuse cité grecque, très attachée à son identité et à son autonomie, de perdre son statut de cité libre, qu'elle retrouva en 53 grâce à l'intervention du jeune Néron. L'Histoire *Auguste* mentionne encore la suppression d'une obscure révolte en Achaïe sous le règne d'Antonin le Pieux (*Histoire Auguste, Antonin le Pieux*, 5, 5).

On connaît l'existence d'une opposition spectaculaire au pouvoir romain, celle de Pérégrinos qui s'immola par le feu à la fin des concours olympiques de 165 et qui aurait conseillé aux Grecs de prendre les armes contre les Romains. Lucien (*Sur la mort de Pérégrinos*), qui le présente comme un charlatan à la recherche de gloire, a décrit son parcours éclectique mais cohérent : il fut d'abord un chrétien et, à ce titre, emprisonné par les autorités romaines, puis un cynique banni de Rome, était un adepte de pratiques philosophiques orientales comme l'ascétisme (il semble aussi lié au néopythagorisme). Il fit donc partie de minorités – les cyniques et néopythagoriciens, les chrétiens – potentiellement hostiles au pouvoir impérial. Or, Pérégrinos avait une grande réputation ; des statues de culte apparurent après sa mort, un de ses disciples témoigna de sa résurrection. Il est condamné par Lucien qui le présente comme un fou, mais Aulu Gelle, qui le fréquenta à Athènes, le décrit comme un sage (*Nuits attiques*, 12, 11). La position de Lucien, qui chercha à gagner les faveurs de Lucius Vérus et finit sa carrière dans l'état-major du préfet d'Égypte, est aussi révélatrice d'une évolution : après 160 en effet, les critiques contre Rome se font plus discrètes, car les Orientaux acceptèrent l'idée que Rome défendait le monde grec contre les Parthes et les « barbares » danubiens.

La même évolution se retrouve, semble-t-il, à l'échelle institutionnelle durant le IIe siècle. Le statut de cité libre, qui plaçait la cité en dehors de la tutelle du gouverneur et l'exonérait d'impôt direct et des taxes, fut le plus envié jusqu'à l'époque d'Antonin. Ensuite ce privilège ne fut plus octroyé, soit parce que les empereurs ne souhaitaient pas multiplier les enclaves juridiques et fiscales, soit parce que ce statut devint moins réclamé, par rapport à d'autres titres qui renvoyaient à une prépondérance au sein même de la province, comme ceux de cité métropole (qui désigne une primauté, liée en général au fait d'être un centre du culte impérial), première ou encore néocore (qui abrite un temple dédié au culte impérial). Il faut souligner aussi une différence géographique qui a joué dans le rapport des habitants du monde hellénophone à Rome. Sous Septime Sévère et ses successeurs, l'élévation au statut de colonie romaine était, pour les cités hellénisées du Proche-Orient, le privilège le plus envié, et un titre mis en avant par les citoyens fiers d'habiter dans une « petite Rome ». Mais ce ne fut pas le cas pour les cités d'Achaïe – fière de son image de berceau de l'hellénisme – et d'Asie qui ne paraissent pas l'avoir réclamé : elles étaient plus attachées à leur identité de cités grecques[7].

La question de la popularité des empereurs

La popularité renvoie, dans le langage courant (dictionnaire du CNRTL) à « la manière d'agir d'une personne qui cherche à gagner la faveur du peuple, du plus grand nombre », ou bien au fait de gagner cette faveur. Le terme latin *popularitas* englobait les deux sens également. Il est relativement peu fréquent, les sources littéraires évoquant plutôt l'amour (*amor*), l'affection des habitants de l'Empire pour le prince ou certains membres de sa famille.

Dans la culture politique romaine du Haut-Empire, la notion de popularité est marquée par les luttes politiques qui se sont manifestées, à partir des Gracques (133-121 av. J.-C.), entre les *populares* qui cherchaient la faveur du peuple et notamment de la plèbe urbaine, et les *optimates*, les partisans d'une gestion plus traditionnelle de la *res publica*, attachés aux prérogatives sénatoriales. Par conséquent, la popularité d'un empereur peut être définie comme sa recherche de la faveur de la plèbe urbaine en premier lieu, et par le soutien que celle-ci lui offre en retour. Rappelons que l'action politique des *populares* de l'époque tardo-républicaine se caractérisait par plusieurs éléments : l'usage du tribunat de la plèbe et donc l'attachement à défendre la plèbe ; une éloquence engagée et véhémente dont Caius Gracchus aurait été l'initiateur ; les critiques de la noblesse associées à Marius ; des mesures pour améliorer les conditions de la plèbe urbaine et du peuple romain, notamment des distributions frumentaires à faible prix ou gratuites et des redistributions de terre ; la conquête de l'égalité civile et politique (pour l'Italie), la mise en avant de la notion de justice ; éventuellement la recherche du soutien de l'armée.

Doté de la puissance tribunicienne, l'empereur est naturellement apparu comme le protecteur de la plèbe (ce qui a pu perturber le jeu des clientèles aristocratiques, sans pour autant le faire cesser) et certains princes se sont particulièrement attachés à gagner le soutien de celle-ci.

Comment mesurer la popularité des empereurs ?

La mesure de la popularité des empereurs est difficile à évaluer, elle rejoint dans une certaine mesure l'appréciation des opinions à Rome et, ce qui est moins accessible encore, dans les provinces. Les sources historiques déforment en effet l'image des empereurs : ainsi l'idée très forte, dans l'historiographie antonine (Tacite et Suétone), d'une corruption du pouvoir, tend à généraliser l'idée que les empereurs ont fait un bon début de règne, puis une mauvaise suite ou fin. Suétone parle ainsi du début du gouvernement de Néron comme d'un âge d'or qui a duré cinq ans. Cette historiographie est surtout d'obédience sénatoriale : la tradition historiographique concernant l'empereur Claude, mal aimé par les sénateurs, le présente comme un benêt manipulé par ses femmes et par ses affranchis. Le chevalier Suétone, qui hérite de cette tradition sénatoriale, est moins sévère à son égard que le sénateur Tacite.

À Rome, le cirque dont il a déjà été question au chapitre 2 comme lieu d'échanges et de dialogue politique apparaît comme un bon indicateur pour tester la popularité du prince. Les diverses interactions et leur signification ont été mises en lumière par Sylvain Forichon : en entrant dans le cirque, l'empereur était salué par une foule de plus de cent mille spectateurs. Les applaudissements et les acclamations faisaient partie du rituel de cette *salutatio* impériale, et la durée des premiers, le caractère appréciateur des secondes constituaient un rappel de la légitimité du prince, choisi par le peuple romain : l'empereur était ainsi salué, ce n'est pas anodin, par les termes *augustus* ou *imperator* ; la foule pouvait aussi demander aux dieux de le protéger et de le guider. C'est ce qui explique la colère de Caligula après les applaudissements enthousiastes reçus par le gladiateur Porius : l'empereur, vexé, se serait écrié que le peuple maître du monde octroyait à un simple gladiateur plus d'honneur qu'aux empereurs divinisés et à lui-même ! (Suétone, *Caligula*, 35, 7). C'est aussi la raison pour laquelle Néron avait créé sa propre claque, les *augustiani* chargés de l'applaudir au théâtre (Suétone, *Néron*, 20, 6 et 25, 1 ; Cassius Dion, *Histoire romaine*, 61/62, 20, 4), tandis que Commode contraignait les sénateurs à faire son éloge pendant qu'il combattait dans l'arène (Cassius Dion, *Histoire romaine*, 72/73, 20, 2).

Les sources ne rapportent pas de manière assez systématique la durée ou bien la nature des acclamations pour nous permettre de distinguer, au moyen de cet audimat, des empereurs plus populaires que les autres. La contestation était à l'inverse exprimée au cirque, d'après l'enquête de Sylvain Forichon, par le silence, les critiques envers la faction ou bien les cochers favoris du prince, des acclamations à double sens, des protestations verbales, voire des injures, rarement la violence physique ou l'irruption de personnes sur la piste. Mais les sources montrent que les manifestations d'hostilité des spectateurs étaient le plus souvent liées à une conjoncture particulière (pression fiscale, lassitude envers la guerre, empereur trop ou pas assez impliqué dans le spectacle), sans qu'on puisse en déduire l'impopularité de tel ou tel prince. La situation paraît changer à la fin du IIe siècle : les manifestations contre Commode, Marcus Didius Julianus, Caracalla (suite à l'assassinat de Géta), Macrin, semblent traduire l'hostilité du peuple romain envers un empereur précis et son engagement dans les luttes politiques. Peut-être est-ce un effet des sources, peut-être aussi le cirque était-il devenu davantage encore un espace d'expression politique, alors que le Sénat romain l'était de moins en moins.

Les critères d'appréciation

Pourquoi un empereur était-il apprécié du peuple ou non ? Zvi Yavetz a posé la question et a apporté dans son livre des éléments de réponse pour Néron notamment, que l'on peut tenter de compléter en gardant à l'esprit les caractéristiques de l'action politique des *populares.* Néron fut un prince particulièrement soucieux de soigner sa relation à la plèbe et son image d'empereur aimé, comme le montrent les manifestations d'allégresse organisées au théâtre.

Il fut relativement populaire pendant toute la durée de son règne, malgré la relégation d'Octavie et le meurtre d'Agrippine en 59, deux actes qui furent commis en dépit de l'opposition de la plèbe ou d'une partie de celle-ci (respectivement Tacite, *Annales*, 14, 59-61 et Suétone, *Néron*, 35, 3-4 ; Tacite, *Annales*, 14, 8). Il fut pleuré à sa mort par la partie de la plèbe que Tacite qualifie de *plebs sordida et circo ac theatris sueta*, « plèbe vile habituée du cirque et des théâtres », par opposition à la *pars populi integra et magnis domibus adnexa*, « la partie saine du peuple liée d'intérêt aux grandes familles » (*Histoires*, 1, 4, 3). L'historien distingue ainsi, selon des critères moraux, la partie de la plèbe qui adhérait à la politique des spectacles de Néron, et celle qui était restée dans la clientèle de grands aristocrates hostiles à l'empereur. Pendant de nombreuses années, des membres de la première ont porté des fleurs sur le tombeau de Néron au printemps et en été ; ils exposèrent sur les Rostres des statues de l'empereur vêtues du costume impérial et ses commandements, comme s'il était encore en vie (Suétone, *Néron*, 57, 2). On peut identifier plusieurs éléments expliquant l'attachement d'une partie de la plèbe à son égard :

- il hérita de la popularité et de la clientèle de Drusus, de Germanicus et de sa mère Agrippine (Tacite, *Annales*, 11, 12, 1) ;
- Il plaisait par sa jeunesse, associée à la beauté ;
- dans sa jeunesse, Néron se perfectionna dans l'éloquence qu'il utilisait pour plaider en faveur des cités provinciales comme Ilion, Bologne, Rhodes et Apamée ;
- il mena d'abord une politique de clémence qui lui avait été suggérée par Sénèque, dont les principes théoriques ont été développés dans les deux livres (le deuxième est inachevé) du *De clementia* :

le premier traité affirme que l'amour du peuple est la meilleure protection pour le prince, et suggère que la pratique de la clémence était populaire. Le début du second livre, ainsi que Suétone, témoignent de la publicité qui était faite à cette politique.

« Ce qui m'a le plus fortement poussé à composer un écrit sur la clémence, Néron César, c'est une parole de toi : ce n'est pas sans admiration, je m'en souviens, et que je l'ai entendue, au moment où elle était prononcée, et que je l'ai ensuite rapportée à d'autres, parole généreuse, pleine de grandeur d'âme, d'une grande douceur, qui, nullement apprêtée ni émise pour les oreilles d'autrui, a surgi soudain et mis au jour le conflit entre ta bonté et ta haute fortune. En vue de sanctionner deux brigands, ton préfet Burrus, homme éminent, fait pour un prince tel que toi, te pressait de formuler par écrit un arrêt contre eux et la raison pour laquelle tu voulais qu'on les sanctionnât ; cette mesure, bien des fois différée, il insistait pour qu'elle fût enfin prise. Comme, avec de la répugnance de sa part autant que de la tienne, il t'avait présenté le feuillet en te le remettant, tu t'es écrié : "Je voudrais ne pas savoir écrire !". »

Sénèque, *De la clémence*, traité 2, 1, 1-2, traduction de François-Régis Chaumartin.

Cette politique de la clémence fut abandonnée en 62, sans doute à cause de l'opposition de certains sénateurs refusant que le prince s'approprie la clémence qui témoignait d'une forme de souveraineté, et qui était sous la République l'apanage du Sénat.

La politique de Néron est aussi caractérisée par les libéralités. Son avènement fut favorisé par les dons d'Agrippine en argent et en nature qui lui gagnèrent l'affection du peuple (Tacite, *Annales*, 11, 12, 1). Il continua lui-même à faire des dons (notamment aux spectacles) et réforma les taxes au début de son règne. Il mena une politique des spectacles qui se distinguait par la création de nouveaux jeux comme les *Juvenalia* (en 59) et les *Neronia*, par une monopolisation des grands jeux (Suétone, *Néron*, 22), et par sa participation aux représentations du théâtre et du cirque, qui déclenchait l'enthousiasme de la plèbe (Tacite, *Annales*, 13, 24-25 ; 16, 4 ; Suétone, *Néron*, 22 ; Cassius Dion, *Histoire romaine*, 61, 8, 2). Lors de l'incendie de 64, Néron fit beaucoup d'efforts pour venir en aide à la plèbe urbaine et les grands travaux qui suivirent n'ont pas eu pour seule conséquence de construire une extraordinaire villa qui serait l'écrin du pouvoir impérial : ils employèrent une vaste main-d'œuvre et permirent de réaliser de nouveaux jardins et espaces publics.

Néron possédait une qualité que Zvi Yavetz appelle la *levitas popularis*, « légèreté populaire », qui désigne une proximité avec la plèbe, opposée à la traditionnelle *gravitas* des sénateurs. Il ne s'agit pas de la *civilitas*, mais plutôt de la capacité à partager avec la plèbe certains goûts, plaisirs et pratiques, qui s'exprime en particulier pendant les spectacles. La fréquentation des tavernes par le jeune Néron en faisait aussi partie. Les sources littéraires antiques lient cette qualité à la popularité des empereurs, non sans véhiculer des lieux communs. Ainsi l'*Histoire Auguste* à propos de Balbin, éphémère empereur en 238 (*Vie des deux Maximins, des trois Gordiens, de Maxime et Balbin*, 7, 6, traduction d'André Chastagnol) : « Il était grand buveur, gros mangeur, porté sur le sexe, élégant dans sa mise ; rien ne lui faisait défaut de ce qui pouvait lui attirer les sympathies du peuple. »

Cette *levitas* allait de pair avec des attaques portées contre l'aristocratie, qui avaient lieu en public, lors des spectacles : Néron incita ou força des membres de l'ancienne aristocratie à se produire sur scène comme gladiateurs ou bien artistes, ce que beaucoup d'entre eux jugeaient humiliant. Le fait qu'on leur ait retiré la *gravitas* qui les caractérisait semble en revanche avoir provoqué le plaisir de la plèbe.

Ce dernier point souligne combien les attentes des différents groupes sociaux pouvaient être divergentes, voire opposées : plaire à la plèbe, à partir d'une certaine mesure, signifiait s'aliéner des sénateurs.

Ce qui est intéressant dans le cas de Néron est qu'on possède aussi la preuve de sa popularité en Orient, auprès des habitants d'Achaïe et d'Asie Mineure notamment, avec l'apparition de trois faux Néron qui suivit la mort de cet empereur : d'abord en Achaïe au début de l'année 69 (Tacite, *Histoires*, 2, 8-9 ; Cassius Dion, *Histoire romaine*, 63/64, 9, 3), ensuite en Asie Mineure, sous Titus (Cassius Dion, *Histoire romaine*, 66, 19, 3b-c), puis sous Domitien (Suétone, *Vie de Néron*, 57, 4). Après avoir été déclaré ennemi public par le Sénat, Néron avait en fait eu le projet de partir en Orient et les circonstances privées de sa mort et de son inhumation – ses restes furent déposés par ses nourrices et sa concubine Aktè dans le tombeau des Domitii – ont permis le développement de rumeurs et de présages, facilitées par l'éloignement de Rome (Suétone, *Néron*, 47, 2-3 ; 48-50). Tacite est le plus précis au sujet du premier faux Néron, qui était un esclave du Pont ou bien un affranchi d'Italie : il se constitua une troupe à partir de déserteurs et d'esclaves (comme un bandit). Les sentiments de la population semblent avoir été partagés : si les uns étaient pris de peur à l'idée de nouveaux conflits, beaucoup auraient été séduits. Cet intérêt peut s'expliquer par la politique philhellène de Néron. Sa popularité dans l'Orient grec découlait assurément de la proximité qu'il avait établie avec les habitants de l'Achaïe lors de son voyage en 66-67, des bienfaits qu'il dispensa à cette occasion, au premier chef l'octroi de la liberté à la province entière le 28 novembre 67 (liberté qui fut rapidement supprimée par Vespasien, soucieux de redresser les finances de l'Empire). On peut ajouter que la paix qu'il avait conclue avec les Parthes en 64 était propre à rassurer les populations d'Asie Mineure.

L'impossible consensus ?

Le prince devait s'efforcer de plaire au peuple et au Sénat et à l'armée, les trois instances qui l'amènent au pouvoir et le légitiment. Un tel objectif était difficile à réaliser, comme Néron en a fait l'expérience : il chercha à entretenir avec la plèbe urbaine des liens si forts qu'il négligea les autres grands acteurs politiques et notamment les sénateurs. Plus soucieux de cultiver la *popularitas* que la *civilitas*, ses relations avec l'aristocratie sénatoriale devinrent tendues dès les années 60. Il s'agissait de réaliser un équilibre très délicat, ce que quelques empereurs seulement ont été capables de faire : Auguste, Trajan, Antonin, Marc Aurèle. Les contre-exemples sont nombreux. Domitien, à la fin de son règne (entre 93 et 96) fut en butte à l'hostilité des sénateurs, comme on le voit très bien dans le *Panégyrique de Trajan* de Pline le Jeune qui le présente comme un « tyran ». Mais il était resté plutôt populaire au sein de l'armée. Aussitôt après sa mort, les sénateurs prirent la décision de condamner sa mémoire, alors que les milieux militaires étaient favorables à sa divinisation (Suétone, *Domitien*, 23, 1-2). Son assassinat fut en effet suivi par des troubles dans les légions, en particulier sur le Danube. À Rome, le refus de Nerva d'exécuter les meurtriers de Domitien, comme le demandaient les prétoriens, engendra une crise dangereuse dont l'issue fut l'adoption de Trajan, à la tête de la puissante armée de Germanie. Par ailleurs, l'étude des inscriptions contenant la titulature de Domitien montre qu'il n'y a pas eu de martelage systématique en Italie et dans les provinces, où les milieux locaux n'éprouvaient pas une aversion aussi violente que le Sénat pour le dernier des Flaviens. Autres exemples bien connus, ceux de Septime Sévère et de Caracalla qui furent peu appréciés par les sénateurs – surtout Caracalla – qui leur reprochaient d'avoir privilégié l'armée comme le rapporte Cassius Dion (*Histoire romaine*, 74/75, 2, 2-6).

En fait les princes les plus populaires ont été celui qui n'a pas régné, Germanicus, héritier de Tibère mort prématurément fin 19, que les textes présentent à l'unisson comme le prince idéal, et celui qui a très peu régné, Titus, décédé de maladie deux ans après le début de son règne et opposé à son « mauvais » frère Domitien. La première phrase de la biographie de Suétone est célèbre : « Titus, qui s'appelait Vespasien comme son père, fut *l'amour et les délices du genre humain, amor ac deliciae generis humani.* » Mais Titus, avant d'arriver au pouvoir, n'avait pas une aussi bonne réputation, car sous le règne de son père il exerça la préfecture du Prétoire avec rigueur et dureté. Il élimina sans ambages les potentiels adversaires ou conspirateurs, ce qui permettait à son père de rester dans le rôle du bon empereur clément (Suétone, *Vespasien*, 14 ; *Titus*, 6, 2).

Tous ces éléments permettent de comprendre que le consensus était davantage un idéal politique auquel aspirait le gouvernement romain, un horizon d'attente et une pierre de touche générale de sa communication, comme l'a souligné Frédéric Hurlet. Il est aussi un concept épistémologique utile pour comprendre pourquoi tel empereur a été contesté, et par qui.

Les formes de la contestation politique

Les contestations de l'autorité romaine furent nombreuses : en dépit de toutes les précautions prises, de tous les efforts de communication fournis et de la garde prétorienne (qui fut parfois elle-même la cause des troubles politiques), le « métier d'empereur » fut toujours très dangereux.

Après la mort du prince

La mort d'un empereur détesté par les sénateurs pouvait être suivie par une condamnation de sa mémoire, procédure qui est restée somme toute assez exceptionnelle. En 68, Néron avait été déclaré *hostis publicus*, ennemi public, par le Sénat, mais il n'y eut pas de véritable condamnation de mémoire. En 69, Vespasien avait déjà fait apparaître son adversaire Vitellius comme un tyran nuisant à la *res publica*, mais là encore sans condamnation officielle. La première fut celle de Domitien, sous la forme d'un sénatus-consulte voté par le Sénat. Ce châtiment traditionnel revenait à effacer l'image et le nom de la personne condamnée, en s'attaquant à ses maisons, ses statues, ses inscriptions à travers tout l'Empire. Mais il avait une forte valeur symbolique et dans le monde romain aussi bien que dans le monde grec où il existait également, il ne s'agissait pas de vouer le condamné à l'oubli total : car certaines statues étaient réutilisées pour honorer l'empereur suivant, les noms et titulatures étaient rayés sur les inscriptions, parfois remplacés, mais le support gardait la trace de cette intervention. La condamnation de mémoire devait être vue et connue. Le meilleur exemple est celui du Tondo de Berlin représentant la famille de Septime Sévère vers 200 (voir le chapitre 3). Dans ce portrait familial, Géta est toujours présent : seule sa face a été grattée, qui était une partie du corps très importante chez les Romains, associée à l'identité. On n'a pas voulu effacer l'existence même du jeune prince et encore moins sa condamnation : on montre en fait qu'il n'a pas mérité pas d'être commémoré, d'avoir des *monumenta*.

Cette procédure était susceptible de poser des problèmes de légitimité au successeur du prince condamné, comme on le voit au IIe siècle où les Antonins ont renforcé le principe dynastique, en liaison notamment avec la divinisation du prédécesseur. Antonin le Pieux s'est vivement opposé à la condamnation par le Sénat de la mémoire d'Hadrien, son père adoptif. Il craignait en effet que la procédure n'impliquât une annulation des actes du défunt empereur, parmi lesquels cette adoption. Il a même obtenu qu'Hadrien soit divinisé. La mémoire de Commode fut condamnée en 193 sous Pertinax, mais Septime Sévère, dans son entreprise de rattacher sa famille à la prestigieuse dynastie antonine, fit consacrer le dernier Antonin en 195. Ainsi la durée de la condamnation était variable dans le temps, sa portée difficile à mesurer. Son application différait selon les supports (les portraits étaient les plus touchés), les provinces, et n'a jamais été systématique. Au IIIe siècle, on constate un recours plus fréquent à cette condamnation contre des prédécesseurs ou bien rivaux malheureux : presque tous les empereurs à partir de Géta ont été concernés par la procédure de martelage des inscriptions. La multiplication des usurpations a produit un changement de perspective : une forme de légitimité était désormais acquise en délégitimant le prédécesseur qui s'était montré indigne du pouvoir (ce qui avait déjà été le cas, par d'autres biais, sous les Julio-Claudiens).

En parallèle, un procédé bien plus fréquent était celui de la manipulation de la mémoire, qui a affecté l'image d'un grand nombre d'empereurs dans les sources littéraires. Là aussi, les légendes du mauvais prince, du tyran, construites à grand renfort de *topoi*, ont été produites par des membres de l'aristocratie, notamment sénatoriale, à partir des archives du Sénat et de celles de la Ville : ces dernières semblent avoir aussi rapporté des faits divers ou des scandales d'après la parodie qui en a été faite dans le *Satiricon* (53, 1-10). Cette manipulation de la mémoire caractérise, comme on l'a vu au chapitre 4, le genre historiographique, mais on la trouve aussi dans la poésie satirique et dans les pamphlets. On peut prendre l'exemple de l'*Apocoloquintose*, pamphlet sans doute composé par Sénèque après la mort de Claude (octobre 54) et sa divinisation officielle, peut-être dans le cadre des Saturnales de décembre 54 : les Saturnales étaient en effet une fête gaie, qui encourageait les plaisanteries et la liberté de parole, dans le contexte de clôture de l'année. L'*Apocoloquintose* montre l'échec de la divinisation de l'empereur Claude. Conduit après sa mort dans l'Olympe, celui-ci suscite par son apparence l'étonnement des dieux qui cherchent à l'identifier, puis se livrent à un débat dans la curie divine, présidée par le *divus* Auguste, pour statuer sur son sort. Rappelant les crimes attribués à Claude, Auguste parvient à le faire chasser vers les Enfers où l'ancien empereur devient esclave d'un affranchi de Caligula, pour travailler au bureau des instructions judiciaires. Sur le plan philosophique, le message de l'*Apocoloquintose* est clair : même si Claude avait reçu l'honneur de l'apothéose pour des raisons politiques, il ne pouvait pas être placé au rang des dieux car il n'était pas un sage et s'était comporté en tyran, caractérisé par la cruauté.

> « On annonce à Jupiter l'arrivée d'un homme de bonne taille, aux cheveux bien blancs. Il fait on ne sait quelles menaces, car il remue la tête sans arrêt ; il traîne le pied droit. On lui a demandé de quelle nation il était ; il a répondu on ne sait pas quoi avec des sons brouillés et une voix indistincte. On ne comprend pas sa langue ; il n'est ni Grec ni Romain, ni d'aucun peuple connu. Alors Jupiter charge Hercule, qui avait parcouru le monde entier et passait pour connaître tous les pays, d'aller aux informations, pour savoir à quelle sorte d'hommes il appartenait. Alors Hercule, à première vue, fut très perturbé, comme quelqu'un qui n'aurait pas encore eu à craindre tous les monstres : il vit une face d'un nouveau genre, une démarche inhabituelle, une voix qui n'était celle d'aucun être terrestre, mais, comme l'est d'ordinaire celle des grosses bêtes marines, éraillée et embarrassée, et il pensa alors qu'un treizième travail lui était échu. À y regarder de plus près, il crut voir une sorte d'homme. »
>
> *Apocoloquintose*, 5, 2-4, traduction Michel Dubuisson.

Certains passages de l'*Apocoloquintose* s'apparentent à une véritable caricature moderne : ils livrent une représentation déformée, exagérée, des traits d'un personnage ou d'une situation connus, pour dénoncer leur caractère anormal en les présentant comme quelque chose de *ridiculum*, propre à susciter le rire. L'empereur est présenté comme un idiot, handicapé, un monstre qui, sur l'échelle qui va des animaux aux dieux en passant par les hommes, est situé au plus bas, du côté des animaux marins. Cette attaque *ad hominem* vise à déconsidérer complètement Claude, à le présenter comme indigne du pouvoir impérial. Or, il ne faut surtout pas la négliger car elle a pesé lourd sur la mémoire de ce prince. En effet, en raison sans doute de sa qualité littéraire, le pamphlet a très bien circulé dans le temps. Certes, Claude figure comme modèle auprès d'Auguste et de Tibère dans le sénatus-consulte relatif à la *lex de imperio Vespasiani*, mais la vision satirique que Tacite et, à un moindre degré, Suétone, ont livrée de Claude était influencée par l'*Apocoloquintose*. Elle a ensuite considérablement marqué la vision moderne de Claude, qui n'a été réhabilité que dans le premier tiers du XXe siècle.

Du vivant du prince : résistance publique et résistance cachée

Nous nous intéresserons ici essentiellement aux formes de résistance et de contestation envers la domination romaine exercées à l'intérieur de l'Empire, par ses sujets ou citoyens. Ce parti pris exclut les ennemis extérieurs de l'Empire, tous les « barbares » – les Germains et les Goths, les Parthes et les Perses –, ce qui constitue un pan passionnant de l'enquête historique, parce qu'il permet d'étudier comment d'autres populations, d'autres systèmes politiques pensaient l'Empire romain, et comment celui-ci se définissait lui-même par rapport à d'autres cultures politiques. Mais cela demanderait d'élargir trop le propos.

La dernière grande synthèse en date est celle de Ramsay McMullen, *Enemies of the Roman Order. Treason, Unrest, and Alienation in the Empire*, parue à Cambridge en 1967. Ramsay McMullen y identifie comme principaux auteurs de troubles les philosophes, magiciens, astrologues, devins et prophètes, qui ont régulièrement fait l'objet de mesures d'expulsion hors de Rome et d'Italie au Ier siècle. Il examine les désordres urbains (à Rome mais aussi à Alexandrie par exemple, réputée pour son agitation), et distingue des « outsiders », catégorie « fourre-tout » dans laquelle sont rangés ceux qui ne se sont pas intégrés dans l'Empire, notamment les brigands, les chrétiens et les « barbares ». Cet ouvrage, magistral et toujours précieux, est dépassé sur certains points par des études historiques plus récentes. L'apport des sciences sociales a aussi permis de renouveler l'approche des formes de résistance et de contestation.

On peut distinguer deux grandes formes de résistance comme le fait le politiste James C. Scott dans *La domination et les arts de la résistance. Fragments du discours subalterne* (Paris, 2009) : d'une part la résistance publique, déclarée, qui se traduit par des manifestations, grèves, occupations de terres, révoltes, et d'autre part une forme de résistance déguisée, cachée, à laquelle ont recours, de la façon la plus flagrante, les groupes qui sont les plus écrasés par la domination (les esclaves ou bien les groupes situés au bas de l'échelle sociale) mais aussi, de manière spontanée, quiconque se retrouve dans une situation de confrontation avec une autorité supérieure.

La plupart des sources antiques – littéraires, épigraphiques, archéologiques, iconographiques, numismatiques – nous permettent surtout de connaître et comprendre les phénomènes qui relèvent de la première catégorie, la résistance publique, à savoir les complots, les révoltes, les contestations politiques des philosophes, des juifs et des chrétiens, ainsi que les brigands. Certes, les sources archéologiques mettent en évidence dans les provinces des phénomènes d'attachement aux cultures locales, interprétés parfois comme une résistance à la « romanisation ». Mais, d'une part, rien n'empêche que des individus aient pu concilier sans tension culture locale et culture globale. D'autre part, la résistance à la culture romaine peut être politique mais ne l'est pas forcément (sans parler de la question de la prise de conscience de cette résistance). Il y a par exemple plusieurs manières d'interpréter les reliefs sculptés représentant l'association entre la déesse celtique Rosmerta (déesse de la fertilité) et le dieu romain Mercure en Gaule Belgique et Germanie Supérieure. On peut considérer cette union comme la « romanisation » d'un culte celtique, comme une « celtisation » d'un culte romain, ou encore comme une forme de métissage aboutissant non pas à aliéner l'identité de Rosmerta et celle de Mercure, mais à les enrichir en leur inventant une nouvelle facette.

Figure 5.2 – Relief sculpté représentant Rosmerta et Mercure, vers 200-250 apr. J.-C., Eisenberg, Rhénanie-Palatinat (Allemagne).

Parallèlement à la contestation publique, la résistance au pouvoir impérial s'exprimait aussi par d'autres biais indirects. On les a déjà évoqués pour certains : il s'agit des rumeurs, chansons, lazzis, allusions faites au théâtre, plaisanteries et surnoms, graffitis, libelles ou autres écrits louant des personnages comme Caton d'Utique, Brutus et Cassius, symboles d'opposition au principe monarchique et de défense de la *libertas*. Ils constituent ce que James C. Scott qualifie de « texte caché », mais cette expression englobe aussi des éléments autres que textuels au sens strict du terme : les faibles applaudissements lors des spectacles, voire le silence contestataire, les mimiques, les petits actes de sabotage commis au quotidien par un esclave, l'inertie, les désobéissances, les désertions, le fait pour un sénateur d'être absent du Sénat ou bien de se retirer de la vie publique, la consultation d'astrologues au sujet de la santé de l'empereur. Ils diffèrent donc selon le rang social et évoluent dans le temps. Ces éléments sont plus difficiles à analyser car ils sont connus surtout par les sources littéraires qui les évoquent souvent rapidement, ou bien on en connaît mal le contexte (notamment pour les graffitis). Mais ils sont précieux car ils permettent d'attirer l'attention sur l'existence de formes de contestation chez les dominés les plus humbles.

On sait par les textes des trois premiers siècles apr. J.-C. que ces phénomènes de « texte caché » étaient nombreux, en particulier dans les grandes villes comme Rome ou Alexandrie où le peuple dans son ensemble semble avoir eu une culture politique développée, une forte conscience de son identité. À côté des poèmes et libelles composés par des membres de l'aristocratie contre un empereur (on a la chance de posséder l'*Apocoloquintose* attribuée à Sénèque qui est un exemple de pamphlet attaquant violemment le défunt Claude), il existait des pratiques plus largement répandues, anonymes, comme des bons mots qui circulaient, des graffitis, des gestes symboliques à l'égard des effigies princières, des inscriptions dont certaines ne nécessitaient pas que leurs auteurs ou leurs lecteurs aient possédé une culture littéraire pour être produits ou compris. C'est par ce type de manifestation que s'exprima d'abord l'opposition à Néron, à Rome, après le meurtre d'Agrippine en 59 ou bien après un épisode de disette en 68. Suétone rapporte plusieurs manifestations d'hostilité contre l'empereur qui eurent lieu à l'occasion de cette disette. On s'en prit à ses statues en leur ajoutant des accessoires (une touffe de cheveux comme celle des athlètes romains, une besace renvoyant au châtiment des parricides qui étaient enfermés dans un sac et jetés dans le Tibre ou bien à la mer) et des graffitis. Les plaisanteries, écrites et orales, faisaient référence à des éléments du règne de Néron connus de tous : ses prétentions athlétiques et artistiques, le meurtre de sa mère, les révoltes des provinces. Leur contenu était accessible, les inscriptions pouvant être lues à ceux qui ne savaient pas lire ou bien (il est fait mention d'une inscription en grec) traduites facilement étant donné l'importance des hellénophones à Rome, y compris dans la population servile. Comme les premières victimes de la disette étaient les membres de la plèbe romaine, il est possible que ceux-ci aient été les principaux destinataires et les auteurs de ces attaques.

> « La haine qu'il s'était attirée en spéculant jusque sur la cherté du blé s'accrut encore, car le hasard voulut même que l'on annonçât, au milieu d'une disette publique, l'arrivée d'un navire d'Alexandrie apportant du sable pour les lutteurs de la cour. Aussi, la haine générale étant soulevée contre lui, il n'y eut sorte d'outrages qu'on ne lui fit subir. On accrocha un toupet derrière la tête d'une de ses statues, avec cette inscription en grec : "C'est maintenant que commence la lutte ; dérobe-toi donc !" Au cou d'une autre on attacha une besace portant ces mots : "Pour moi, qu'aurais-je pu faire de plus ? mais toi tu as mérité le sac." On inscrivit encore sur des colonnes : "Ses chants ont réveillé même les Gaulois." Enfin, l'on entendit souvent, la nuit, des gens, qui feignaient de se disputer avec des esclaves, réclamer avec insistance un "Vindex" ["vengeur", mais aussi nom du légat de la Gaule Lyonnaise à l'origine de la révolte contre Néron]. »
>
> Suétone, *Néron*, 45, traduction d'Henri Ailloud.

Ce type de pratiques étaient punies (ou non, selon le danger qu'elles représentaient et selon le contexte politique) par la *lex de majestate*, la loi de majesté. Sous la République, celle-ci punissait les actes considérés comme nuisibles à la *res publica* (trahison, sédition, mauvaise gestion des affaires publiques). Auguste, à la fin de son règne, l'élargit aux paroles diffamantes contre des membres de l'aristocratie romaine et elle devient rapidement le principal outil utilisé, malgré l'hostilité des sénateurs, contre la parole critique à l'encontre du pouvoir impérial.

Ces paroles et pratiques constituent ce que James C. Scott appelle l'« infrapolitique », qui est le terreau sur lequel se développe le politique et que nous ne connaissons le plus souvent, pour le Principat, que par des sources biaisées par leur origine aristocratique ou institutionnelle.

Les complots

Les complots contre le prince sont présents dès la mise en place du Principat, en dépit de l'*auctoritas* extraordinaire dont bénéficiait Auguste : ils semblent même avoir été aussi fréquents sous son Principat que sous celui des « mauvais princes » Caligula, Néron, Commode et Caracalla, ce qui s'explique aussi bien parce qu'Octavien s'était fait des ennemis personnels pendant les guerres civiles, que par l'hostilité de certains aristocrates au fait qu'il détienne un pouvoir si visiblement supérieur.

Il est difficile d'en avoir un tableau précis car les sources qui les évoquent le plus sont les sources littéraires. Or, elles sont porteuses d'une mémoire officielle retravaillée : ainsi Auguste, comme on va le voir, a-t-il manipulé les complots pour renforcer son pouvoir et son image publique. À l'inverse, sous les Antonins, la portée des conjurations a peut-être été atténuée par le pouvoir, ce qui a pu contribuer à diffuser l'idée de la stabilité de la dynastie. Antonin le Pieux laissait le Sénat rendre les sentences contre les conjurés, refusait qu'on recherche les complices, et le pseudo-Aurélius Victor lui fait dire avec humour – mais l'enjeu politique qui se dessine est bien la fabrication d'une image consensuelle – qu'il ne gagnerait rien à laisser savoir que beaucoup de citoyens le détestaient (*Abrégé des Césars*, 15, 6). Marc Aurèle eut la même attitude lors de la tentative d'usurpation d'Avidius Cassius. Celui-ci avait été exécuté par ses troupes en juillet 175. L'empereur recommanda au Sénat de ne pas approfondir les enquêtes sur ses partisans et d'épargner la vie des sénateurs. Le gouverneur de Cappadoce, Martius Verus, qui s'était opposé à Avidius Cassius, détruisit les documents relatifs à l'usurpation en entrant à Antioche, probablement à la demande de l'empereur. Sous Domitien, lors de la tentative d'usurpation de Lucius Antonius Saturninus début janvier 89, c'est le légat de Germanie Inférieure Aulus Bucius Lappius Maximus, qui avait combattu Saturninus, qui détruisit ses documents sans doute pour limiter la répression. Tout le problème est donc de savoir précisément qui était à l'initiative des complots, qui y avait participé et quelles étaient les visées des conjurés : rétablir la République au début du Principat, éliminer un mauvais prince, prendre le pouvoir.

Dans son analyse des conspirations sous les Julio-Claudiens, Isabelle Cogitore a distingué trois catégories[8]. Les complots portant sur le régime lui-même, s'inscrivant dans un idéal républicain, sont ceux que les sources historiques mentionnent le plus rarement. Plus fréquentes sont les contestations sur lesquelles on ne sait pas grand-chose, qui semblent avoir été peu dangereuses, voire inexistantes, et qui furent utilisées par le pouvoir pour réaffirmer sa position soit par la répression, soit par une mise en scène à l'honneur du prince. Les plus nombreuses sont les conspirations dynastiques qui remettaient en question non pas la légitimité du Principat, mais celle de la dynastie régnante, et qui se confondent parfois avec des tentatives d'usurpation.

Le principal complot qui remettrait en cause la nature même du Principat est celui qui fut dirigé par Cassius Chaerea et Cornelius Sabinus, tribuns de la garde prétorienne, contre Caligula, et aboutit le 24 janvier 41 à la mort de l'empereur, de sa femme et de sa fille. Flavius Josèphe qui fut contemporain des événements (*Antiquités juives*, 19, 46, 177 et 184), Aurélius Victor (*Livre des Césars*, 3, 14) et Zosime (*Histoire nouvelle*, 1, 6, 2) présentent tous les trois la conjuration comme une lutte contre la tyrannie et pour la libération de Rome. Cette conjuration se signale par le nombre et l'importance des complices, actifs ou passifs, car les deux principaux conjurés étaient soutenus par de puissants affranchis (notamment Calliste) et par le préfet du prétoire Marcus Arrecinus Clemens. Il s'agit donc d'une conspiration de palais, menée par des prétoriens qui possédaient des appuis dans le monde politique, mais non d'une conspiration populaire car certains dans le peuple et l'armée étaient restés attachés à Caligula. Le récit rapide que donne Suétone de l'avènement tragicomique de Claude qui, s'étant caché derrière un rideau en apprenant le meurtre, fut reconnu et salué empereur par un simple soldat, montre combien était hésitante la volonté, manifestée par certains sénateurs, de revenir à un régime républicain. Après avoir tergiversé pendant deux jours, le Sénat se rendit à la pression populaire, car le peuple était favorable au Principat et à la dynastie julio-claudienne, et Claude reçut les serments de l'armée. Le nouvel empereur choisit d'occulter cette timide tentative de changement de régime par une mesure d'amnistie et, surtout, par une série de mesures visant à renforcer le caractère sacré et le prestige de sa dynastie. Parmi celles-ci, il faut mentionner spécialement la divinisation de Livie et la remise en avant de deux membres très populaires de la famille, Drusus I et Germanicus, le père et le frère de Claude (Suétone, *Claude*, 10-11). L'attachement à la dynastie apparaissait comme le meilleur argument à opposer aux partisans de la République sénatoriale. On voit donc combien la distinction entre régime et dynastie était ténue, tant était importante, dès le début du Principat, l'assimilation entre l'empereur et la *res publica*, dont il a déjà été question au chapitre 3. Ce facteur explique aussi que la catégorie des conspirations dynastiques soit la plus nombreuse sous les Julio-Claudiens.

Cassius Dion (*Histoire romaine*, 60, 15) mentionne encore un complot fomenté en 42 par deux sénateurs dont les noms avaient été suggérés au Sénat comme ceux de potentiels empereurs après le meurtre de Caligula : Camillus Scribonianus et Annius Vinicianus. Le premier, qui était gouverneur de Dalmatie, pouvait compter sur le soutien de troupes importantes, mais il perdit l'appui de ses soldats en leur parlant de retour à la « démocratie » et à l'ancienne *libertas* : craignant le retour des troubles et des guerres civiles, ceux-ci refusèrent de le suivre. Il n'est pas sûr que Camillus ait songé à rétablir la République, car il est présenté comme un candidat à l'Empire, un usurpateur. Peut-être voulait-il mettre en place un régime moins monarchique, qui aurait davantage laissé de place au Sénat. Ce qui est intéressant est l'attachement des troupes, ici comme lors de l'avènement de Claude, au régime du Principat. L'armée était bien consciente des nombreux avantages – caisse de retraite et possibilités de promotion sociale en tête – que lui avait valus la politique militaire d'Auguste.

Par la suite, aucune conspiration attestée n'a plus eu pour objet un retour à la République : même si tout au long du Ier siècle des sénateurs « stoïciens » sont condamnés pour avoir manifesté leur attachement à liberté du Sénat, même si Tacite exprime toujours, à la fin du Ier siècle, sa nostalgie de la République, la crise de 68-69 qui ne laissa la place qu'à des usurpateurs et l'avènement de la dynastie flavienne imposèrent définitivement le principe monarchique.

Dans la seconde catégorie de complots, la contestation politique s'efface derrière la manipulation politique, si bien qu'on peut douter de sa portée originelle. On peut prendre ici l'exemple le plus célèbre, celui de la clémence d'Auguste envers Cinna, rapporté par Sénèque et Cassius Dion, qui a eu une postérité remarquable grâce à la tragédie de Corneille (Sénèque, *De la clémence*, 1, 9 ; Cassius Dion, *Histoire romaine*, 55, 14-22, 2). On ignore le contenu de cette conspiration « républicaine », datée entre 16 et 13 av. J.-C. Cinna ayant été pardonné, contrairement à d'autres opposants ou rivaux d'Auguste, le plus probable est qu'elle n'apparaissait pas très dangereuse, mais que le prince a voulu construire un *exemplum*. Le personnage s'y prêtait bien car Cnaeus Cornelius Cinna était petit-fils de Pompée par sa mère et son père avait été d'abord un partisan de Brutus et Cassius, puis d'Antoine. Le discours dans lequel Auguste offrit sa clémence à Cinna était inhabituellement long et il était bien connu : il avait donc reçu de la publicité. Le prince montrait ainsi qu'il respectait les principes de gouvernement affichés sur le bouclier des vertus qu'il avait reçu du Sénat en 27 av. J.-C., notamment la clémence et la justice.

Chez Cassius Dion comme chez Sénèque, le choix de la clémence, conseillé par Livie, relève du pragmatisme politique et moral. Comme la sévérité (*severitas*) n'est pas efficace pour éliminer les tentatives de complot, Auguste fait le pari de la clémence : celle-ci peut rapporter au prince la gratitude de ceux qu'il a épargnés et une bonne réputation, alors que la vengeance nourrira l'hostilité de ses adversaires. Auguste pardonne donc à Cinna et favorise même sa carrière puisque celui-ci fut consul en 5 apr. J.-C. Cette stratégie s'est avérée payante à court et à long terme. Cinna est non seulement devenu un collaborateur du pouvoir, mais à sa mort il a institué Auguste comme seul héritier de ses biens. Et l'empereur est devenu pour la postérité un modèle de clémence politique.

La dernière catégorie relève aussi de la manipulation politique, car l'enjeu est de contrôler la succession. Il s'agit, durant cette période précoce de l'Empire, de définir la composition de la *domus Augusta*, ce qui est le fait de proches du pouvoir aussi bien que de l'empereur lui-même. Cette catégorie met en lumière deux groupes d'individus, les princesses qui jouaient un rôle pivot dans la succession impériale, et donc aussi dans les complots ; et ceux qui sont appelés *capaces imperii*, « capables de régner », soit par leur origine illustre, soit par leur richesse, leur carrière et le poste qu'ils occupaient si celui-ci leur permettait de commander des forces importantes. Ces individus pouvaient être à l'origine d'un complot ou d'une tentative d'usurpation, mais ils pouvaient aussi être accusés de comploter et écartés en raison du danger qu'ils représentaient (déterminer si l'existence d'un complot est bien avérée est loin d'être évident).

Pour ce qui concerne les princesses, les exemples sont particulièrement nombreux sous les Julio-Claudiens, ce qui s'explique parce qu'Auguste avait fait reposer toute sa succession sur la descendance de sa sœur Octavie, de sa fille Julie et de sa femme Livie. On peut mentionner d'abord Julie, accusée d'adultère et exilée par son père en 2 av. J.-C., d'abord sur l'île de Pandatéria puis à Rhegium, peut-être parce qu'Auguste craignait qu'un de ses nombreux amis ou bien amants ne conteste son pouvoir. Le même sort est partagé par ses deux filles, Julia Vipsania (exilée en 8 à Pandatéria suite à une accusation d'adultère avec Decimus Julius Silanus) et surtout Agrippine I, accusée par les espions de Tibère de vouloir chercher refuge auprès des armées de Germanie avec son fils aîné Nero. Exilée à Pandatéria en 29, elle s'y laissa mourir de faim en 33. Livia Julia dite Livilla, fille d'Antonia II et de Drusus I, épouse du fils de Tibère, Drusus II, fut accusée d'avoir empoisonné celui-ci avec son amant Séjan et mise à mort en 31. Julia Livilla, la sœur de Caligula, fut compromise en 39 dans le projet de conspiration mené par Aemilius Lepidus contre l'empereur (en même temps qu'Agrippine II) et envoyée en exil dans les îles Pontines. Rappelée par Claude, elle fut à nouveau accusée en 41, au motif d'adultère avec Sénèque, renvoyée en exil puis exécutée fin 41, probablement pour des raisons politiques. Claude fit également exécuter en 48 son épouse Messaline, la mère d'Octavie et de Britannicus, après la découverte d'un complot que celle-ci avait fomenté contre lui avec son amant Caius Silius, avec qui elle avait célébré un mariage. Selon Tacite (*Annales*, 14, 10), Néron justifia le meurtre de sa mère Agrippine II en 59 en prétextant qu'elle avait conspiré pour l'assassiner. La mise en cause des princesses dans des complots ou des tentatives d'usurpation reste valable tout au long des deux premiers siècles. Ainsi, selon Cassius Dion, l'impératrice Domitia Longina aurait été impliquée dans l'assassinat de Domitien le 18 septembre 96. Des rumeurs compromettaient aussi Faustine II dans la tentative d'usurpation d'Avidius Cassius en 175. Enfin, Lucilla, la sœur aînée de Commode, veuve de Lucius Vérus et *Augusta*, complota fin 181 pour faire assassiner le jeune empereur afin qu'il soit remplacé par quelqu'un qui lui rendrait sa position.

Les deux groupes, celui des princesses et celui des *capaces imperii*, les personnages jugés « capables de régner » selon l'expression de Tacite, et qui donc étaient de potentiels concurrents de l'empereur, étaient bien évidemment liés. Ces *capaces imperii* furent d'abord des membres de la *domus* impériale, apparentés à la dynastie. Une fois que ceux-ci eurent été éliminés, ce sont les sénateurs les plus puissants ou les plus prestigieux qui firent figure d'éventuels usurpateurs.

On observe sans surprise que les conspirations sont plus fréquentes quand les règnes ont été mal préparés, ou bien quand le prince est jugé mauvais. C'est le cas par exemple au début du règne de Claude où plusieurs *capaces imperii* sont écartés, qu'ils aient ou non fomenté un complot : Camillus Scribonianus et Annius Vinicianus en 42, Asinius Gallus en 46, Valerius Asiaticus en 47. Ce fut aussi le cas pour Hadrien, dont le début de règne est marqué par plusieurs complots sur lesquels les sources ne sont pas explicites. L'un est tramé par le préfet de la Ville Baebius Maximus avec la complicité des sénateurs Manius Laberius Maximus et Caius Calpurnius Crassus Piso. L'autre concerne en 118 quatre grands consulaires – des *capaces imperii* – accusés d'avoir projeté d'assassiner l'empereur : Caius Avidius Nigrinus, ami de Pline, consul suffect en 110 et gouverneur de la Dacie sous Trajan ; Aulus Cornelius Palma Frontonianus, consul en 99 et 109 ; Lucius Publius Celsus consul en 102 et 113 ; Lusius Quietus, gouverneur de Judée en 117. Tous les quatre furent jugés en leur absence à Rome et exécutés sommairement, séparément, sur ordre du Sénat. Hadrien était encore dans les Balkans. Dans ses mémoires, il se serait défaussé sur le Sénat de la responsabilité de cette affaire qui pesa lourd sur ses relations avec les sénateurs pendant tout son règne.

Les tentatives de complot contre un mauvais prince – ainsi la conjuration de Pison contre Néron en avril 65, les conspirations de palais contre Domitien en septembre 96 et contre Commode en décembre 192 – furent justifiées progressivement, d'un point de vue moral, à la fin du Iᵉʳ siècle. La théorisation apparaît dans deux discours composés vers 100 par un sophiste grec et un sénateur romain, Dion de Pruse et Pline le Jeune, respectivement dans le premier discours *Sur la royauté* et le *Panégyrique de Trajan* : la mort du tyran est un châtiment voulu par les dieux.

Complots et tentatives d'usurpation (les deux se confondaient souvent) relèvent ainsi, aux deux premiers siècles, de la régulation du pouvoir. Ils étaient pour l'empereur ou ses familiers des moyens de renforcer leur pouvoir ou d'écarter de potentiels rivaux. Pour les proches du pouvoir, ils représentaient une possibilité de mettre fin à un règne qui s'écartait des attentes ou de la tradition. Ils permettent également aux historiens de s'interroger sur la construction d'une légitimité dynastique ou plus largement sur celle du pouvoir impérial.

Le plus souvent cette régulation était opérée dans l'entourage du prince, par le biais de conspirations fomentées au sein du palais, puis à partir du IIᵉ siècle, quand l'empereur est en déplacement loin de Rome, au sein du *comitatus*. Dès le début du Principat, la garde prétorienne est au cœur de cette régulation : des prétoriens ont joué un rôle central dans l'assassinat de Caligula en janvier 41, dans la conjuration de Pison à laquelle participe le préfet du prétoire Lucius Faenius Rufus, dans le complot qui mit fin au règne de Domitien (au moins l'un des deux préfets du prétoire, Titus Petronius Secundus), dans le complot domestique contre Commode de la fin 181 où l'on trouve le préfet du prétoire Publius Tarrutienus Paternus ; dans celui qui élimina Commode a trempé Quintus Aemilius Laetus, préfet du prétoire qui participa ensuite à une autre conspiration contre l'empereur Pertinax, assassiné par les prétoriens le 28 mars 193. Deux autres fameux préfets du prétoire furent eux-mêmes victimes d'une accusation de complot, Séjan et Perennis. Séjan, dont la puissance avait été renforcée par l'isolement de Tibère à Capri en 29, accéda au consulat en 31. Accusé de conspirer pour prendre le pouvoir, il fut exécuté à la fin de l'année, entraînant dans sa chute de nombreux « complices », notamment des délateurs qui connaissaient trop bien les intrigues de l'empereur. Sous Commode, le tout-puissant Sextus Tigidius Perennis, qui gouverna l'Empire entre 182 et 185, fut soupçonné de préparer une usurpation. Il avait confié à ses fils des commandements importants dans les provinces du Danube. Les sources sont divisées au sujet de la véracité de l'accusation, mais toujours est-il que l'empereur, effrayé, le sacrifia en le faisant déclarer ennemi public.

Au IIIe siècle, le rôle prépondérant du préfet du prétoire dans la gestion de l'Empire est confirmé par le complot dirigé par Macrin avec les tribuns de la garde contre Caracalla, assassiné le 8 avril 217. Pour la première fois, un préfet du prétoire s'emparait du pouvoir.

L'évolution est sensible : ceux qui préparaient complots et usurpations furent d'abord aux deux premiers siècles des proches de la famille, ou des sénateurs brillants jugés *capaces imperii*, puis au IIIe siècle des membres de l'État-major, parfois des officiers sortis du rang. L'assassinat de Gallien lors du siège de Milan en 268 fut ainsi l'issue d'un complot au sein de l'État-major impérial, mené par Aurélien dont les motivations ne sont pas explicitées. Les manœuvres de ses proches ont imposé Claude le Gothique (Claude II), qui n'était pas présent. Au IIIe siècle, on a surtout eu des tentatives d'usurpation reposant sur la force militaire : les complots se confondent avec cette catégorie. Des usurpations ont eu lieu au Ier siècle, notamment celles de Galba, d'Othon, de Vitellius et de Vespasien, et au IIIe siècle. Le « siècle des Antonins », période de stabilité qui va de Trajan à Marc Aurèle (98-175), ne connut que de très rares tentatives d'usurpation. Au IIIe siècle, en revanche, l'usurpation se répandit. Les critères jusqu'alors nécessaires aux candidats (venir de Rome, avoir le statut sénatorial) n'étaient plus requis, ce qui entraîna une multiplication des tentatives. L'usurpation ne fut plus alors une solution efficace pour mettre en place une dynastie, comme elle l'avait été pour Vespasien et pour Septime Sévère. Elle perdit son rôle de régulation politique et devint un facteur de crise, menaçant l'unité de l'Empire et la défense efficace contre les « barbares ».

Les révoltes

Au Ier siècle : en Occident, les refus de l'administration romaine

Des révoltes importantes eurent lieu d'Auguste à Hadrien, en Illyrie (6-9), dans la Germanie trop rapidement provincialisée (9), en Grande-Bretagne (61-64), en Gaule du Nord (69-70).

La révolte en Illyrie fut la plus grande révolte du règne d'Auguste. L'Illyrie avait été conquise à la suite de plusieurs campagnes menées par Octavien/Auguste (35-33 av. J.-C.) et Tibère (12-9 av. J.-C.). La révolte naquit de l'hostilité des Illyriens vis-à-vis du cens et des exigences fiscales romaines. Ils profitèrent de l'absence de leur gouverneur Marcus Valerius Messala Messalinus, parti avec la plus grande partie de ses légions pour appuyer Tibère dans sa campagne contre les Marcomans. Les troupes rebelles étaient constituées de soldats qui avaient combattu dans l'armée romaine comme auxiliaires, sous le commandement d'officiers formés par des Romains, qui maîtrisaient donc parfaitement l'organisation et les stratégies militaires romaines. Ceci explique la gravité de la révolte et l'importance de la mobilisation romaine (plus du tiers des effectifs de l'armée romaine en 7, sous le commandement de Tibère). La révolte engendra des tensions à Rome-même : elle fut la cause d'émeutes de la plèbe urbaine, touchée par la famine en 7, et de mécontentements chez les plus riches accablés par un nouvel impôt levé en partie pour financer la guerre, la taxe de 2 % sur la vente des esclaves.

« Le désastre de Varus » eut lieu alors même que Rome venait juste de sortir de la guerre en Illyrie. Publius Quinctilius Varus, légat de Germanie, subit une grave défaite militaire au cours de laquelle trois légions furent massacrées et leurs enseignes prises dans la forêt de Teutoburg que des fouilles archéologiques ont localisées à Kalkriese, au nord d'Osnabrück. Varus était tombé dans un piège qui avait été monté par le chef chérusque Arminius, à la tête d'une coalition contre Rome. Comme dans le cas précédent, Arminius avait auparavant servi dans les troupes auxiliaires de Rome dont il connaissait bien l'armée et les stratégies. La révolte semble avoir été déclenchée moins par les prélèvements fiscaux que par des conflits culturels, les peuplades germaniques ne connaissant pas l'organisation politique polyade et ayant un mode de vie très éloigné de celui des Romains. Les Germains se soulevèrent en particulier contre la justice du gouverneur romain (Velleius Paterculus, 2, 118, 1) : Varus appliquait avec zèle le droit romain, là où les Germains étaient habitués à un droit coutumier, privilégiant le règlement des conflits par une justice privée ou bien par les armes. La révolte mit fin à deux décennies d'efforts pour conquérir et administrer la partie de la Germanie située au-delà du Rhin et désorganisa complètement le système défensif établi en Germanie. À Rome et en Italie, elle fit ressurgir le spectre des Cimbres et des Teutons, et ébranla même la Gaule. Auguste prit toute la mesure de la défaite et l'exprima de manière théâtrale, affectant le deuil et se frappant la tête contre les portes de sa maison du Palatin en criant : « Quinctilius Varus, rends-moi mes légions » (Suétone, *Auguste*, 23, 4). Il réagit très vite en procédant à une levée exceptionnelle des troupes et envoya à nouveau un tiers de l'armée romaine (8 légions) dans la région du Rhin inférieur, sous le commandement de Tibère. Celui-ci fit campagne entre 10 et 12, mais sans victoires décisives et petit à petit s'imposa le conseil qu'aurait donné Auguste à la fin de sa vie de ne plus étendre les frontières de l'Empire. Celui-ci fut plus ou moins respecté jusqu'à Trajan.

Selon Ramsay MacMullen, les révoltes en Grande-Bretagne et en Gaule du Nord furent causées davantage par le poids de la domination romaine – levée des soldats et du tribut et des taxes, dureté des juges, exactions en Bretagne – que pour des revendications culturelles et patriotiques comme les coutumes ancestrales, les dieux, la liberté, qui lui semblent être des clichés provenant de sources grecques. Il mentionne le témoignage de Cassius Dion (*Histoire romaine*, 67, 4, 6) pour 85 et 86 : « Beaucoup des sujets de Rome se révoltèrent quand l'argent leur était ôté par force. Parmi eux les Nasamones, qui avaient tué des collecteurs de taxes et défait le gouverneur de Numidie. » Dans une province aussi récemment et faiblement romanisée que la Bretagne, conquise en 44-43 av. J.-C., il est néanmoins difficile d'écarter l'idée que les conflits culturels se seraient conjugués à la dureté de l'administration romaine pour entraîner la révolte de Boudicca. Mais toujours est-il que le soulèvement fut clairement déclenché par les abus du procurateur de Bretagne, Catus Decianus, à la mort de Prasutagus, roi des Icéniens (dans l'actuel Norfolk), en 61. Prasutagus était un fidèle allié des Romains, qui avait pris la précaution de faire un testament dans lequel il partageait ses biens entre ses deux filles et Néron. Decianus profita de sa mort pour accaparer avec la plus grande brutalité le territoire des Icéniens : les deux princesses furent violées, la reine Boudicca flagellée et certains nobles icéniens asservis. Les Icéniens se révoltèrent en entraînant leurs voisins, les Trinovantes qui reprochaient aux Romains d'avoir établi une colonie de vétérans sur le site de leur capitale, Camulodunum, et de s'approprier les meilleures terres. Le culte instauré pour le divin Claude au sein de cette colonie suscitait aussi la colère des notables, car les Romains avaient voulu mettre en place un culte impérial semblable à celui qui était rendu à l'autel des confluents en Gaule. Les prêtres élus chaque année avaient été obligés, en raison du caractère onéreux de leur charge, de s'endetter auprès de riches Romains : le philosophe Sénèque aurait ainsi prêté quarante millions de sesterces à des nobles bretons. Et Decianus, à la demande des créanciers, exigeait le remboursement des prêts. Caius Suetonius Paulinus, qui avait été envoyé comme légat par Néron au début de 58 pour pacifier le nord du pays de Galles, parvint à vaincre les insurgés menés par Boudicca, mais sans avoir pu empêcher d'importants massacres à Londres et Verulamium (Saint-Alban). Boudicca se suicida plutôt que de tomber entre les mains des Romains.

La révolte contre Néron commencée par Vindex, le légat de Gaule Lyonnaise, dont le père était probablement entré au Sénat sous Claude, fut celle d'un sénateur contre un empereur jugé indigne. Elle ne remettait pas en cause l'autorité de Rome, bien au contraire. Le discours que Cassius Dion lui fait tenir reproche à l'empereur la pression fiscale qu'il exerçait sur l'Empire, la répression établie contre les sénateurs après la conjuration de Pison (65), le meurtre d'Agrippine et son image publique qui ne convenait pas à un empereur (*Histoire romaine*, 63, 22, 2-6). Par ailleurs, Vindex fut soutenu par une partie des peuples gaulois – Éduens, Séquanes, Arvernes, la cité de Vienne – mais non par d'autres – les Trévires, les Lingons, la cité de Lyon.

La révolte des Bataves en Gaule du Nord a partie liée avec le soulèvement commencé par Vindex et avec la guerre civile qui ébranla l'Empire en 68-69. Mais elle témoigne surtout de la bonne intégration, dans l'ensemble, des élites gauloises au sein de l'Empire, et souligne l'importance de leur fidélité pour le maintien de la domination romaine. C'est un épisode particulièrement intéressant sur ce plan. En effet, les meneurs furent quatre officiers de l'armée romaine, au premier chef le batave Julius Civilis, préfet d'une cohorte régulière, puis le lingon Julius Sabinus, les trévires Julius Classicus et Julius Tutor qui étaient préfets d'aile de cavalerie. Tous les quatre étaient des aristocrates, dont les familles avaient été proches des Julio-Claudiens comme l'indique leur gentilice ; selon Cassius Dion (*Histoire romaine*, 65, 3, 1), Julius Sabinus prit même le nom de César, en se présentant comme le descendant de Jules César (qui avait sans doute octroyé à sa famille la citoyenneté romaine). Or, le soulèvement contre Néron, puis le suicide de l'empereur, mirent fin à la dynastie julio-claudienne et provoquèrent une situation d'instabilité et d'inquiétude politiques : les prises de pouvoir de Galba et de Vitellius engendrèrent en effet des règlements de compte qui touchèrent de nombreuses cités gauloises. Ces événements suscitaient aussi des tensions dans l'armée romaine, qui pouvaient bloquer les perspectives de carrière militaire des Bataves qui avaient été nombreux à être recrutés comme auxiliaires au moment de la conquête de la Bretagne. Ainsi, huit cohortes auxiliaires bataves avaient suivi la XIVe légion Martia Gemina Victrix en Italie quand Néron l'appela en Italie, mais des dissensions les opposèrent en 68, car la légion restait fidèle à l'empereur que les cohortes bataves voulaient abandonner : Julius Civilis fut envoyé à Néron couvert de chaînes, mais il fut acquitté ensuite par Galba et pu rentrer chez lui. Autre source de rancœur, Galba licencia la garde personnelle de Néron qui était constituée de nombreux Bataves. À ces mécontentements s'ajoutèrent une sécheresse et une disette dans le nord de la Gaule au printemps et à l'été 69, qui rendirent les impôts et les taxes plus difficiles à supporter. Bien qu'ayant pris le parti de Vespasien, Civilis ne déposa pas les armes après la défaite de Vitellius à la bataille de Bédriac (Crémone) en octobre 69, ni après sa mort en janvier 70. Sa rencontre à Cologne avec les trois officiers gaulois Julius Sabinus, Julius Classicus et Julius Tutor aboutit à la proclamation d'un Empire des Gaules. Les révoltés parvinrent à détruire les camps militaires du Rhin, à l'exception de Mayence et de Vindonissa. Ils se heurtèrent néanmoins à des dissensions internes, les Séquanes s'alliant par exemple aux légions romaines pour défaire les Lingons de Sabinus. Par ailleurs, l'armée romaine opéra une reprise en main de la région sous le commandement de Petilius Cerialis. Mais surtout, l'événement qui sonna le glas de la révolte fut la réunion à Reims, à l'initiative des Rèmes, des délégués de toutes les cités gauloises. Un notable rème, Julius Auspex, parvint à convaincre la plupart des délégués de demeurer loyaux envers Rome. C'est donc l'adhésion des élites locales à l'Empire romain qui mit fin à la première tentative de créer un Empire gaulois. Les talents de négociateur de Petilius Cerialis n'y furent sans doute pas étrangers. Il refusa de livrer au pillage la cité de Trèves reconquise dans l'été 70. À cette occasion, il rassura les vaincus en prononçant un discours recomposé par Tacite, qui réunit probablement les arguments produits et largement diffusés par les autorités romaines pour justifier leur domination sur les habitants des provinces à la fin du Ier siècle apr. J.-C. Il s'agit d'un discours très simple, adressé aux élites locales, qui repose sur trois idées. La première est la justification des impôts et des taxes, majoritairement employées pour financer l'armée, afin de garantir la paix. La seconde est l'intégration des élites provinciales dans la citoyenneté et le gouvernement de l'Empire. La troisième est que les provinciaux ne souffrent pas des mauvais princes comme Néron. Ils bénéficient des bienfaits des bons princes, mais leur éloignement géographique les protège (à cette époque) des mauvais. L'existence de ces derniers est un phénomène naturel, humain, qui est compensé par celle des bons princes et ne saurait remettre en cause les conséquences positives de l'Empire romain : la stabilité politique, la paix et la sécurité.

> « Nous, bien que si souvent provoqués par vous, nous n'avons usé du droit de la victoire que pour vous demander les moyens d'assurer la paix ; en effet, il ne peut y avoir de tranquillité pour les nations sans armées, pas d'armées sans soldes, ni de soldes sans tributs. Tout le reste, nous l'avons en commun : vous-mêmes bien souvent commandez nos légions, vous-mêmes gouvernez ces provinces et d'autres ; il n'y a ni privilège ni exclusion. De plus, vous profitez des bons princes autant que nous, bien que vivants loin de Rome ; la cruauté des autres s'en prend à leur entourage. De même que vous supportez les mauvaises récoltes, les pluies excessives et les autres fléaux de la nature, supportez les excès ou la cupidité des tyrans. Il y aura des vices tant qu'il y aura des hommes, mais ces vices ne sont pas continuels et ils sont compensés par l'arrivée de jours meilleurs ; à moins que par hasard vous n'espériez, sous le règne de Tutor et de Classicus, un pouvoir plus modéré, ou que des tributs réduits suffiront à lever des armées capables de repousser les Germains et les Bretons. Car, si les Romains sont chassés – que les dieux nous en gardent ! – qu'arrivera-t-il, sinon des guerres entre toutes les nations ? Huit cents ans d'heureuse fortune et de sage politique ont cimenté cet édifice, qui ne peut être renversé sans entraîner la ruine de qui voudrait le renverser, mais le plus grand péril est pour vous, qui possédez l'or et les richesses, causes principales des guerres. Ainsi donc, aimez, honorez la paix et la cité qui nous assure les mêmes droits, aux vaincus comme aux vainqueurs ; que les leçons de la bonne vie et de la mauvaise fortune vous avertissent de ne pas préférer l'esprit de résistance qui perd à l'obéissance qui donne la sécurité. »

Discours de Q. Petilius Cerialis aux Trévires et aux Lingons, été 70, d'après Tacite, *Histoires*, 4, 74, traduction d'Henri Le Bonniec.

Au IIe siècle, l'intégration réussie des provinciaux

Au IIe siècle, sauf les révoltes juives dont on va parler plus loin et qui constituent un rare exemple de conflits culturels bien attestés dans l'Empire, les sources soulignent peu de révoltes importantes.

À partir de 166 éclata la révolte des *Boukoloi* (« bouviers ») qui s'étendit à une partie importante du Delta du Nil et menaça même Alexandrie. L'insurrection se développa dans un contexte de crise socio-économique et d'épidémie, sous la conduite d'un prêtre du nom d'Isidore dont on ne connaît pas les motivations. Les *Boukoloi* sont présentés dans les sources comme des bandits, mais il est probable, étant donné le contexte de crise, qu'il s'agissait aussi, et peut-être d'abord, de contribuables ruinés, surendettés, exaspérés par les politiques romaines de gestion de leur terroir (notamment une augmentation de la pression fiscale sur les paysans pour permettre une extension et une intensification de la culture du blé), qui menaçaient leur mode de vie traditionnel et leurs moyens de subsistance. Ils furent responsables de plusieurs raids contre des villages et semblent être parvenus à vaincre un détachement romain. Leur révolte ne cessa qu'en 172, grâce à l'intervention du gouverneur de Syrie et d'Asie Caius Avidius Cassius.

Un épisode semble mettre en lumière des sentiments patriotiques dans l'Orient grec, c'est la révolte de ce dernier en 175 : il était en effet syrien et fut supporté par les Syriens. Consul suffect en 166, Avidius Cassius avait été nommé légat d'Auguste en Syrie par Lucius Vérus et commandant des légions qui combattirent les Parthes en Mésopotamie. De retour en Syrie, il s'était vu confier par Lucius Vérus un commandement étendu sur le Proche-Orient et l'Égypte. Sa tentative d'usurpation fait suite à la fausse rumeur de la mort de Marc Aurèle. Il ne fut cependant pas suivi par le gouverneur de Cappadoce, Publius Martius Verus, qui alerta l'empereur et lui barra la route. On manque d'informations sur cette révolte, à cause de la volonté de Marc Aurèle d'en éliminer toutes les traces : Martius Verus détruisit tous les documents compromettants en entrant à Antioche. Le pouvoir réagit en promulguant une loi interdisant qu'un magistrat détienne un commandement sur le peuple dont il était issu (Cassius Dion, *Histoire romaine*, 71/72, 31, 1). On n'a pas d'autre information sur cette intéressante loi, qui montre que dans une période critique, le pouvoir romain se souciait d'éviter les coalitions fondées sur une identité ethnique ; elle paraît avoir été assez vite abandonnée.

Au IIIe siècle, la résurgence des tensions à cause des menaces extérieures

D'autres révoltes du IIIe siècle s'inscrivent dans le cadre d'interprétation proposé par Ramsay MacMullen : ainsi les révoltes des civils en 238 en Afrique et à Rome contre Maximin. Celui-ci semble avoir exercé une contrainte fiscale particulièrement forte sur les habitants de la province d'Afrique pour financer ses campagnes dans le Nord. Ces derniers finirent par lui susciter un usurpateur en la personne du proconsul d'Afrique, Marcus Antonius Gordianus Sempronianus Romanus (Gordien I), un sénateur âgé. La révolte éclata vers fin janvier/début février, à Thysdrus (El-Djem), lorsqu'un procurateur rendit une sentence très dure contre certaines élites de la cité, dont il confisqua les biens.

Le récit que fait Zosime des révoltes en Orient en 248/249, qui suscitèrent l'usurpation de Jotapien contre Philippe l'Arabe, insiste sur les accablantes levées d'impôts et sur la rudesse du frère de l'empereur, Caius Julius Priscus, qui exerçait son autorité sur l'Orient au titre de *rector Orientis* (Zosime, *Histoire nouvelle*, 1, 20, 2).

Dans les années 240, sous Valérien et Gallien, de sérieuses guerres tribales éclatèrent en Afrique. C'est la faiblesse de Rome qui incitait ses ennemis du sud de la Numidie et de Maurétanie, des tribus berbères comme les Austuriens et les Musones, à se retourner contre elle. Ces tribus n'étaient pas complètement intégrées dans l'Empire ni pacifiées : elles pratiquaient le pillage, ne respectaient pas les traités, privilégiaient leurs propres rois.

Ainsi, selon Ramsay MacMullen, les éléments agités de l'Empire étaient animés par des intérêts personnels, ce qui empêcha toute coalition, toute possibilité de faire appel à une fierté collective et à une histoire ou à une culture communes. Sans doute s'est-il produit la même chose dans l'Orient grec, dont la culture politique était caractérisée par l'*agôn* : Anna Heller[9] a bien montré que la compétition entre les cités a continué sous l'Empire, pour obtenir des honneurs dont les plus importants étaient dispensés par les Romains, comme les néocories (privilège d'abriter un temple du culte impérial), ou bien pour des titres. Ces rivalités profitaient au pouvoir romain qui apparaissait, en dernier recours, comme l'arbitre des cités grecques désunies.

Dans la seconde moitié du IIIe siècle, profitant des crises politiques internes et des menaces externes, des espaces ont tenté de se détacher du pouvoir central. Du côté occidental, Salonin, le fils aîné de Gallien (253-268) fut assassiné dans l'été 260 à Cologne par les troupes du général gaulois Postumus. Celui-ci organisa un « Empire des Trois Gaules » qui avait pour capitale Cologne : il créa un Sénat, nomma deux consuls et se conduisit comme un empereur dont il avait la titulature jusqu'en 268 ou 269, date à laquelle il fut assassiné par ses propres troupes. Ses successeurs maintinrent cet « Empire gaulois » jusqu'en 274, grâce à une sorte de compromis mutuel avec les empereurs romains : Gallien n'avait pas réussi à défaire Postumus qui ne pouvait pas non plus venir en Italie le combattre, chacun étant occupé à défendre son empire contre les raids barbares. Une fois la situation militaire rétablie sur le Rhin et le Danube, Aurélien reconquit en 274 l'éphémère « Empire gaulois », presque sans résistance : malgré la sécession, il était resté par nature comme un bout de l'Empire romain, avec à sa tête des empereurs profondément romanisés. Le dernier empereur gaulois, Tétricus, se soumit à Aurélien au printemps 274 et fut épargné. On lui permet même de poursuivre sa carrière de sénateur en Italie. Certaines cités gauloises avaient d'ailleurs tenté de faire défection, comme Autun qui mit en avant le caractère ancien de l'alliance entre les Éduens et Rome. L'Empire gaulois apparaît ainsi moins comme un refus du pouvoir romain que comme une tentative de préserver sur un territoire la culture et le gouvernement romain, dans une situation de marasme.

Du côté oriental, face à la menace du roi perse Sapor Ier et au déclin des forces romaines, les cités avaient le choix entre demeurer loyales à l'empereur, tenter de retrouver leur indépendance ou bien se tourner vers les Perses. Les réponses furent ambiguës. Émèse, au milieu du IIIe siècle, se défendit à l'aide d'une troupe de paysans et gratifia un dignitaire local, Uranius Antoninus, du titre d'« Augustus et Imperator », ainsi que d'autres titres exprimant sa descendance illustre et la protection qu'il tirait de la divinité locale, Sol Elagabalus. Son monnayage copiait les usages romains en lui attribuant les éléments de la titulature impériale. Il était le représentant de la même dynastie sacerdotale des rois d'Émèse d'où provenaient Julia Domna, Élagabal et Sévère Alexandre. Il fut éliminé comme usurpateur vers 254, date où cesse ce monnayage.

Quelques années plus tard, Odénath de Palmyre devint l'homme fort de la région, reconnu par Gallien. Il s'appuyait sur des troupes d'archers montés, qui étaient utilisés pour patrouiller dans le désert et protéger les caravanes. L'aristocratie de Palmyre conservait des coutumes locales, mêlées d'éléments romains, grecs et orientaux qui apparaissent notamment dans les costumes, composés de tuniques et de manteaux (*himation*), de caftans et de larges pantalons iraniens. De la même manière, les ambitions d'Odenath semblent avoir été orientées à la fois vers Rome et ailleurs. Sa famille était de rang sénatorial. Gallien lui octroya le titre d'*imperator* suite à ses succès contre les Perses et le nomma *dux* et *corrector* de tout l'Orient. Mais il prit également le titre de « roi des rois », le donna à son fils Wahballat, étendit son pouvoir sur la Syrie. À sa mort, sa veuve la reine Zénobie (267-274) se détacha de Rome. Elle proclama son fils empereur (*Augustus*) et prit elle-même le titre d'*Augusta*. Elle parvint à réunir sous son autorité les provinces de Syrie, d'Arabie et d'Égypte, et commença la conquête des provinces d'Asie Mineure. Aurélien entreprit de lutter contre elle à la fin de 271 et mit fin à la sécession de Palmyre et d'une partie de l'Orient au bout de deux ans. Palmyre fut prise et incendiée, Zénobie et son fils emmenés captifs à Rome. L'action de Zénobie s'apparente à une tentative d'usurpation sur une partie de l'Orient romain, plus qu'à une volonté de séparatisme. Sa tentative se comprend même très bien à l'aune de la culture politique romaine, dans laquelle le fondateur de l'Empire a construit sa légitimité sur sa victoire militaire. Les ateliers monétaires d'Antioche et d'Alexandrie ont gratifié Wahballat d'une titulature comparable à celle d'un empereur romain : *Imperator Caesar Uhaballatus*.

Les émeutes à Rome et dans l'Empire

À Rome, le début du Haut-Empire fut aussi – dans le prolongement de la période précédente – propice aux émeutes, au nombre de 35 entre 31 av. J.-C. et 96 apr. Mais celles-ci changèrent de nature : ce n'étaient plus des moyens de pression entre les mains de l'élite sociale, politique et économique, mais des moyens d'expression de demandes ou de protestations de la plèbe urbaine adressées à l'empereur. Deux grandes catégories de causes ressortent des sources. La première est économique : les disettes étaient à l'origine de tensions particulièrement vives à Rome, qui devait nourrir environ un million d'habitants. D'autres motifs économiques apparaissent, par exemple la question des taxes, comme on le voit lors de la demande faite par la foule à Caligula, au cirque, d'être déchargée d'une taxation excessive (Flavius Josèphe, *Antiquités juives*, 19, 24-26). La seconde catégorie est de nature politique. Le règne d'Auguste fut ainsi marqué par des violences à propos des élections des magistrats en 21 et 19 av. J.-C., 7 apr. (Cassius Dion, *Histoire romaine*, 54, 6, 2 ; 54, 10, 1 ; 55, 34, 2).

Figure 5.3 – L'Empire romain d'Auguste à Septime Sévère.

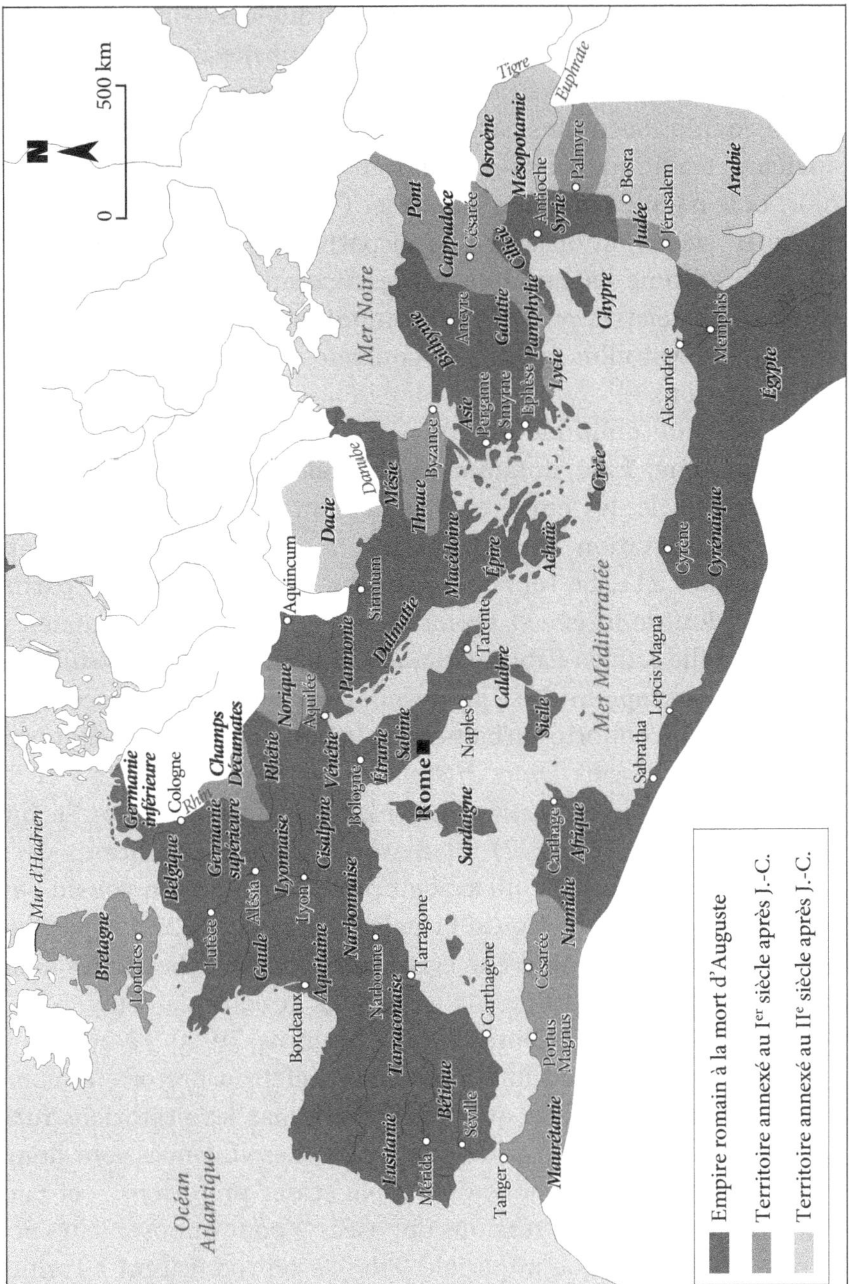

Même après que le peuple eut perdu le droit de vote, il continua à exprimer ses opinions politiques par des protestations et des émeutes, surtout lors des périodes de succession troublées, comme on l'a vu au chapitre 2. Plus rarement, il réagit contre une mesure qui lui apparaissait comme une injustice, ainsi en 61, après le meurtre du préfet de la Ville Pedanius Secundus par un de ses esclaves. Comme le voulait une ancienne tradition, tous ses nombreux esclaves furent condamnés à mort et le peuple tenta de s'y opposer (Tacite, *Annales*, 14, 42-45).

Au IIe siècle, on observe une disparition des témoignages sur les émeutes à Rome : à cause de la présence militaire renforcée dans la Ville, d'une relative prospérité économique, du gouvernement bienveillant des Antonins ou bien du contrôle qu'ils ont exercé sur ce type d'informations ?

L'instabilité politique du IIIe siècle engendra le retour de la violence à Rome, avec notamment des batailles dans les rues entre soldats et civils, les empereurs paraissant moins tolérants. La première manifestation apparut en réaction à l'assassinat de Géta le 26 décembre 211. La répression toucha de très nombreux partisans de Géta, dont le juriste et préfet du prétoire Papinien. L'ancien préfet de la Ville Lucius Fabius Cilo, qui était aussi l'ancien *tropheus* de Caracalla (précepteur de sa petite enfance), fut menacé et secouru par le peuple et les cohortes urbaines, si bien que l'empereur fut contraint d'intervenir (Cassius Dion, *Histoire romaine*, 77/78, 4, 2-5 et 5, 1 ; *Histoire Auguste*, *Caracalla*, 4, 5-6). Selon Cassius Dion, la fin du règne d'Élagabal (218-222) fut marquée par deux séditions déclenchées par les prétoriens qui avaient pris le parti de son cousin Sévère Alexandre, et l'élimination d'Élagabal le 11 mars 222 fut particulièrement violente : l'empereur et sa mère furent tués par les soldats, puis leurs cadavres traînés dans les rues et celui de l'empereur jeté dans le Tibre (Cassius Dion, *Histoire romaine*, 79/80, 17-20). L'année suivante, c'est le grand juriste Ulpien, préfet du prétoire et conseiller de Sévère Alexandre, qui fut assassiné par les prétoriens furieux qu'il ait voulu leur enlever des privilèges. Ces violences sont donc les conséquences des pressions du peuple et des prétoriens – et parfois des tensions entre ces pressions opposées – pour imposer leurs points de vue sur la politique impériale. Elles se reproduisirent à l'annonce du soulèvement africain autour des Gordiens (début 238). Hérodien (*Histoire des empereurs romains*, 7, 7, 4) évoque même des actes de guerre civile, avec le meurtre du préfet de la Ville Sabinus, tué à coups de bâtons alors qu'il tentait de réprimer les violences. La pression populaire imposa aux sénateurs de donner au petit-fils de Gordien I le titre de César. Puis, alors que les empereurs choisis par le Sénat, Pupien et Balbin, étaient impuissants à rétablir l'ordre, la plèbe et les prétoriens s'affrontèrent violemment, avec pour résultat l'incendie d'une grande partie de Rome. La mort de Gallien en septembre 268 fut aussi suivie de violences populaires. Sous Aurélien (270-275) se produisit la « révolte des monétaires », sans doute à la suite d'une fraude monétaire de la part des magistrats chargés de superviser la fabrication de la monnaie. Ces monétaires, peut-être soutenus par les clients de sénateurs opposés à l'empereur, affrontèrent les soldats qui avaient été envoyés pour les arrêter et Aurélius Victor (*Livre des Césars*, 35, 6) fait état de sept mille soldats qui auraient été tués.

Dans une certaine mesure, les émeutes à Rome ont donc aussi servi de canal de communication entre le peuple et le pouvoir impérial : elles ont, généralement, été plutôt bien tolérées, sans doute moins bien au IIIe siècle où les sources littéraires insistent sur des confrontations violentes entre le peuple et les soldats.

Les émeutes urbaines n'étaient naturellement pas propres à Rome, elles se produisaient dans les autres cités d'Italie et des provinces, souvent aussi dans les lieux de spectacles. Elles avaient fréquemment des raisons économiques, mais pas seulement : elles ont été provoquées par des rivalités entre cités, entre groupes sociaux au sein de la cité, ou bien pour des motifs religieux et identitaires, comme les émeutes anti-juives à Alexandrie sous le règne de Caligula. L'émeute qui éclata à Pompéi en 59, qui commença à l'amphithéâtre et fit beaucoup de morts, découla de la rivalité qui opposait les Pompéiens aux habitants de Nuceria (Tacite, *Annales*, 14, 17). Par ailleurs, la responsabilité des associations professionnelles est aussi soulevée dans les sources. Ulpien et les autres juristes associaient les collèges à la sédition. À Tarse, Dion de Pruse accusa les ouvriers du lin d'être une cause de *stasis*, « guerre civile », et de désordre dans la cité (*Second Tarsique*, *Or.* 34, 21-23). Trajan se méfiait des associations professionnelles dont il parlait comme de *factio*, d'*hetaeria* au sens d'associations politiques (Pline le Jeune, *Lettres*, 10, 34). Elles semblent avoir surtout fait un usage défensif de leur force politique, en tout cas aux deux premiers siècles ; au IIIe siècle eut lieu à Rome la fameuse révolte des monétaires déjà évoquée (*Histoire Auguste*, Aurélien, 38, 2). Bien que la *pax romana* ait reposé en grande partie sur les élites municipales, les pauvres ne semblent pas avoir vu les Romains comme des complices des riches. Aelius Aristide (*À Rome*, 65) rappelle que le peuple avait la possibilité de chercher refuge auprès du gouvernement romain contre le pouvoir d'un magistrat local.

Les causes des désordres ne sont parfois pas précisées et l'intervention des troupes romaines ne signifie nullement qu'il s'agissait de contestations anti-romaines. Mais c'était le devoir du gouverneur de maintenir l'ordre et la *pax*, comme l'admettaient même les auteurs hellénophones les moins favorables à l'intervention des autorités romaines (Philon d'Alexandrie, *Contre Flaccus*, 24 ; Dion de Pruse, *Aux Alexandrins*, *Or.* 32, 71-72 ; Plutarque, *Moralia*, 380b). En revanche, il y avait unanimité pour considérer que les troupes ne devaient attaquer qu'en dernier recours, car l'usage de la force était trop dangereux : l'issue pouvait être sanglante, ou bien se solder par des dégâts importants comme des incendies.

La fréquence des émeutes apparaît néanmoins comme une spécialité de Rome, ce qui était sans doute lié à sa taille et à son statut de capitale, de résidence des empereurs (pour la plus grande partie du Haut-Empire). Même Alexandrie ne peut lui être comparée. Des témoignages divers (papyrus, sources littéraires) évoquent les désordres, y compris politiques, qui caractériseraient cette ville, en raison des tensions entre les communautés grecque et juive ; une tradition culturelle de fronde et de satire politiques lui est aussi attribuée. Cependant, entre 30 av. J.-C. et 215 apr. J.-C., seulement seize émeutes ou incidents violents y ont éclaté[10].

Figures d'opposition : les brigands, les philosophes, les juifs et les chrétiens

Le brigandage comme fait politique

Le brigand est le « hors-la-loi » par excellence dans le monde romain. Il était en effet considéré comme étant en dehors de la société : il n'avait pas droit à un procès s'il était capturé et encourrait les mises à mort les plus cruelles (notamment la crucifixion ou les bêtes). D'une part, il était considéré comme un mal inévitable à l'instar des catastrophes naturelles, et Cassius Dion affirme que le brigandage et la piraterie ont toujours existé et existeront toujours tant que la nature humaine ne changera pas (*Histoire romaine*, 36, 20, 1). Le phénomène du brigandage avait donc un caractère très ordinaire dont témoignent les papyrus et les épitaphes funéraires des défunts tués par les brigands. D'autre part, la figure du brigand avait une dimension fantasmatique : c'était un personnage de roman, comme on le voit chez Achille Tatius, Héliodore, Apulée, mais aussi chez les historiens qui se sont intéressés à certaines figures qui rappellent plus ou moins notre Robin des Bois. Dans un article fondateur, Brent D. Shaw a posé la question de l'existence du bandit « social » dans le monde romain : un bandit qui défendrait les opprimés et qui, comme tel, pourrait contester la domination romaine[11].

La dualité du brigand qui vient d'être évoquée correspond à deux grandes catégories du brigandage. Il y avait les bandits de grand chemin, qui opéraient sur une petite échelle. Les historiens se sont surtout intéressés à la seconde catégorie se rapportant à ceux dont les actions avaient une plus grande échelle – leurs razzias se transformant en guerre – et une portée politique, puisque leurs raids tournaient plus ou moins à la révolte contre l'autorité centrale.

La plus grande partie des actes de brigandage a eu lieu à partir de la fin du IIe siècle et surtout dans la seconde moitié du IIIe siècle, quand les difficultés politiques ont entravé la lutte du pouvoir impérial contre les bandits et que les victimes des invasions ou la masse croissante des très pauvres se sont tournées vers cette voie. Une période d'accalmie apparaît entre le milieu du Ier siècle et le milieu du IIe siècle.

Les sources antiques soulignent trois principales causes du brigandage, qui sont liées entre elles. La plus importante est incontestablement la pauvreté, le manque de ressources qui incitait certaines populations à s'en procurer par la force ailleurs. Le fameux bandit Bulla Felix qui sévissait en Italie sous Septime Sévère affirmait que si les maîtres nourrissaient leurs esclaves, le brigandage prendrait fin. Il recrutait beaucoup d'affranchis impériaux pauvres dans sa bande (Cassius Dion, *Histoire romaine*, 76/77, 10, 5-6). Cependant, on ne peut pas interpréter le brigandage antique comme le produit d'un conflit entre les indigents opprimés et les riches oppresseurs. En effet, les brigands bénéficiaient de soutiens locaux, parfois des paysans pauvres, mais parfois aussi des notables locaux, qui jouaient le rôle de receleurs ou de patrons. Par ailleurs, même Bulla Felix – le plus proche de la figure de Robin des Bois – n'a pas redistribué de biens à l'extérieur de sa bande. Il n'existe pas à proprement parler de banditisme social dans l'Antiquité. Une autre cause du brigandage était la tradition : certains peuples passaient pour pratiquer le brigandage comme mode de vie, en particulier ceux qui vivaient en tribus dans des régions pauvres, souvent montagneuses, difficiles d'accès et boisées. Ils allaient chercher dans les villes voisines les ressources dont ils étaient privés. Ces peuples-brigands auraient surtout été constitués de bergers, dont la mobilité facilitait la pratique du banditisme – l'autre grand vivier de recrutement étant l'armée : les déserteurs et vétérans, spécialistes du métier des armes, sont souvent mentionnés parmi les brigands. La dernière raison était de s'élever contre l'ordre politique, ce que firent parfois ces peuples-brigands qui provenaient d'enclaves coupées du reste de l'Empire, ainsi les peuples du Taurus en Asie Mineure. En 6 apr. J.-C. (la date est discutée), le brigandage des Isauriens, qui vivaient sur la partie ouest du Taurus, déboucha sur une guerre très dure (Cassius Dion, *Histoire romaine*, 55, 28, 3), qui était peut-être un acte de résistance envers l'Empire romain. À la fin du IIIe siècle, des troubles sont à nouveau évoqués en Isaurie, avec peut-être aussi une tentative de soulèvement. Dans la région d'Olbia, les Ciètes se révoltèrent en 36 par hostilité au cens et à l'imposition. Ils se retirèrent sur le Taurus et résistèrent aux troupes d'Archélaos II, roi client de Rome. Il fallut l'intervention du légat Marcus Trebellius avec 4 000 légionnaires et des auxiliaires pour mettre fin à la révolte (Tacite, *Annales*, 6, 41, 1). Un nouveau soulèvement eut lieu en 52, sans qu'on en connaisse la raison (Tacite, *Annales*, 12, 55). Un autre exemple est celui des *Boukoloi* du Delta égyptien, que l'on a déjà évoqués car ils furent à l'origine d'une vraie révolte, réprimée en 172 par Avidius Cassius. Le brigandage fut aussi favorisé en Judée par les révoltes, en 4 av. J.-C. (à la mort d'Hérode le Grand), en 6 apr. J.-C. (à cause du recensement de Quirinius), et après 66 : aux brigands s'adjoignirent des paysans mécontents, incapables de payer les nombreuses taxes auxquelles ils étaient soumis, et des hommes qui pillèrent et incendièrent par mesure de rétorsion envers les juifs favorables aux Romains. Il s'agit donc d'exemples peu nombreux et particuliers, qui concernent des peuples ayant une identité culturelle forte, dont la pratique du brigandage a signifié le refus de l'intégration dans l'Empire romain.

Il faut mettre à part, comme relevant d'un phénomène très différent, quelques grandes figures charismatiques de hors-la-loi qui ont défié l'autorité impériale et retenu pour cette raison l'attention des historiens, notamment Julius Maternus (Hérodien, *Histoire des empereurs romains*, 1, 10 ; *Histoire Auguste, Commode*, 16, 2 ; *Pescennius Niger*, 3, 4), et Bulla Felix (Cassius Dion, *Histoire romaine*, 76/77, 10-11).

Sous le règne de Commode, le célèbre Maternus avait rassemblé autour de lui une troupe nombreuse surtout constituée de déserteurs comme lui. Il parvint à tenir la Gaule et l'Espagne, et il fallut concentrer contre lui des forces spéciales en Gaule en 187-188. Il divisa sa troupe en petites unités qui infiltrèrent l'Italie dans l'objectif d'assassiner l'empereur. Déguisé en prétorien, il fut trahi – ce qui est un *topos* dans les récits sur les brigands – et tué. Hérodien laisse entendre qu'il s'agirait d'une tentative d'usurpation, ce qui, à la fin de la dynastie des Antonins où les empereurs étaient tous issus du milieu sénatorial et unis par des liens familiaux, paraît invraisemblable. La tentative de Maternus interviendrait à la fin du règne de Commode, alors que celui-ci avait déjà une réputation de tyran.

Septime Sévère, qui avait fait de la lutte contre les brigands une de ses priorités politiques (*Histoire Auguste, Septime Sévère*, 18, 5 ; Tertullien, *Apologétique*, 2, 8), fut tenu en échec, vers 205-207, par le non moins fameux Bulla, surnommé Felix en raison de sa chance, mais *felix* était aussi, depuis Commode, un *cognomen* impérial. Bulla Felix était un Italien entouré d'une bande de six cents bandits qui pillèrent l'Italie pendant deux ans. Ce personnage a généré une véritable légende, avec des récits d'évasion spectaculaire ou bien d'actes de provocation du pouvoir dignes de Robin des bois ; il prétendait donner à l'empereur des leçons de justice sociale ; trahi par sa maîtresse, il fut finalement arrêté et périt dans l'arène.

> « À cette époque, un Italien du nom de Bulla, un brigand ayant réuni une troupe d'environ six cents hommes, pilla l'Italie pendant deux ans, en présence des empereurs et en présence de tant de soldats. Il était poursuivi par un grand nombre d'hommes, car Septime Sévère se piquait d'ambitions à sa recherche. Mais on ne le voyait pas quand on le voyait, on ne le trouvait pas quand on le trouvait et il n'était pas pris quand on l'attrapait : tant il usait de largesses et de sagacité. Il s'informait de ceux qui partaient de Rome et de ceux qui abordaient à Brundisi : leur identité et leur nombre, la nature et de la valeur de leurs biens. Et la plupart, après avoir pris une partie de ce qu'ils possédaient, il les renvoyait aussitôt ; mais les artisans, il les retenait quelque temps et, après s'être servi d'eux, puis les avoir comblés de présents, il les libérait. [...] Et, ayant approché le centurion chargé d'exterminer la bande, il s'accusa lui-même comme s'il était un autre, et promit, s'il le suivait, de lui livrer le bandit. Puis, l'ayant ainsi conduit dans un lieu creux et couvert, comme s'il l'amenait vers Félix (il se donnait lui-même aussi ce surnom), il s'empara facilement de lui. Après cela, il monta sur une tribune, costumé en magistrat, et,

après avoir cité le centurion, il lui fit raser la tête et lui dit : "Va dire à tes maîtres : Nourrissez vos esclaves, afin qu'ils ne volent pas." Il avait, en effet, avec lui une majorité d'affranchis impériaux qui pour les uns avaient été très peu payés, pour les autres pas du tout. »

Cassius Dion, *Histoire romaine*, 76/77, 10, traduction personnelle.

Les exploits de Bulla Felix pourraient être liés à la transhumance des moutons en Italie du Sud, qui était une activité économique importante. Bulla Felix pourrait avoir été un prétorien *stationarius* (qui occupait un poste temporaire de garde ou avec des fonctions de police), qui aurait déserté et rassemblé des bergers impérieux fugitifs. Selon Cassius Dion (*Histoire romaine*, 74/75, 2, 2-6), des sénateurs accusaient Septime Sévère d'avoir poussé les jeunes Italiens à se faire gladiateurs ou brigands pour survivre, en supprimant en 193 le monopole des Italiens dans le recrutement des cohortes prétoriennes.

Il faut s'interroger sur la véritable portée politique de ces aventures. Dans les deux cas, elles sont rapportées par des historiens qui n'appréciaient pas l'empereur défié et ridiculisé par le bandit, et le thème du pouvoir est central. Or, la confrontation d'un souverain avec un bandit était un ancien thème philosophique grec, utilisé pour discuter de la notion de légitimité politique. Cassius Dion et Hérodien ont clairement exploité cette thématique qui s'est surimposée à la réalité historique, pour souligner une opposition au pouvoir de l'empereur, un échec de sa politique, et suggérer la tyrannie de Commode et Septime Sévère. Selon Brent D. Shaw, les histoires de bandits refléteraient la tension entre une tradition littéraire et des sources orales populaires, traduisant l'aspiration populaire à la figure idéale du bandit contestant l'ordre établi. C'est possible (il faudrait le prouver), mais les récits des historiens renvoient de manière plus évidente à l'aspiration des élites socioculturelles à un modèle d'empereur idéal.

L'« opposition philosophique »

Les philosophes sont apparus comme des figures d'opposants au pouvoir impérial au Iᵉʳ siècle après J.-C., comme l'attestent les mesures d'expulsion hors de Rome et d'Italie prises contre eux vers 71 et 93, ainsi que les condamnations des sénateurs stoïciens. Les unes et les autres furent étroitement associées, même si ce lien nous échappe en partie. La nature et la portée de cette opposition sont complexes, en raison notamment de la grande diversité des statuts sociaux subsumés sous le terme de philosophe. Le terme latin *philosophus*, en effet, englobait à la fois les philosophes professionnels qui enseignaient, ceux qui les écoutaient, les hommes qui se distinguaient par leur intérêt pour une école philosophique, par leurs vertus et leur sagesse, voire, au IIe siècle, les mages et les chrétiens. Une figure de mage-philosophe célèbre est celle qui fut tracée au IIIe siècle du néopythagoricien Apollonios de Tyane, qui se serait opposé à Domitien et aurait utilisé ses pouvoirs surnaturels pour échapper à la justice impériale (Philostrate d'Athènes, *Vie d'Apollonios de Tyane*, 7, 38). L'association entre philosophes professionnels et aristocrates imprégnés d'une doctrine philosophique prolonge en fait celle qui existait à Rome entre les « philosophes domestiques » grecs et les aristocrates romains à la fin de la République.

Par mesure de clarté, il convient néanmoins de distinguer deux phénomènes (qui n'étaient pas aussi distincts dans la réalité), celui de la place problématique des philosophes professionnels à Rome, qui a nourri les critiques d'un Épictète, et celui de l'opposition à l'autocratie qui fut le fait d'un groupe de sénateurs stoïciens. Rappelons qu'à Rome, la parole d'autorité était à la fin de la République celle de l'orateur aristocrate, dont l'autorité reposait justement sur le statut social, alors que dans le monde grec la parole philosophique possédait une légitimité politique. Mais il était prestigieux pour les aristocrates romains imprégnés d'hellénisme de posséder une culture philosophique, stoïcienne en particulier. Le stoïcisme était en effet conciliable avec les valeurs sociales et morales romaines : il prônait certaines qualités traditionnelles du *mos majorum* romain (comme la *libertas*, la *dignitas*, la *gravitas*, la *severitas*), reposait sur le principe fondamental que chacun devait remplir le rôle que la divinité lui avait attribué et défendait l'idée que le sage pouvait s'engager dans la vie politique, sauf s'il rencontrait un obstacle. Jusqu'à la fin du Ier siècle après J.-C. il est demeuré mal vu pour les jeunes aristocrates de s'engager trop dans la philosophie, et parallèlement les mentalités évoluèrent puisqu'à partir de Néron, deux aristocrates romains stoïciens revendiquèrent avec force la légitimité politique de la parole philosophique : le sénateur Sénèque (4 av. J.-C.-65 apr. J.-C.), conseiller de Néron, et le chevalier et professeur de philosophie Musonius Rufus (vers 25 apr. J.-C.-vers 100), surnommé le Socrate romain, qui fut le maître d'Épictète.

L'« opposition philosophique » a pris différentes formes, mais pas au premier chef celle du complot ou de la révolte. Certains philosophes professionnels cyniques ou stoïciens sont accusés d'avoir tenu tête à l'empereur, comme ce fut le cas de Démétrios avec Néron et Vespasien (Suétone, *Vespasien*, 13, 4 ; *Entretiens*, 1, 25, 22 ; Cassius Dion, *Histoire romaine*, 65/66, 13), ou d'avoir contesté l'autorité romaine comme le fit Pérégrinos au siècle suivant. Le groupe des sénateurs stoïciens qui s'est développé autour de Publius Clodius Thrasea Paetus et des Helvidii manifesta son opposition ouvertement au Sénat, mais aussi en pratiquant une résistance passive (absentéisme au Sénat, refus de prendre des charges), et en rédigeant des éloges de grands sénateurs stoïciens associés à la *libertas* et à l'opposition envers le pouvoir personnel comme Caton d'Utique, Thrasea Paetus et Caius Helvidius Priscus, ou encore en mettant en scène leur mort comme un acte de *libertas* défiant une ultime fois le comportement autocratique du prince (ainsi la mort de Sénèque qui s'ouvrit les veines en offrant son sang en libation à Jupiter *Liberator* en 65, imitée l'année suivante par Thrasea Paetus : Tacite, *Annales*, 15, 64, 4 et 16, 35, 1 ; Cassius Dion, *Histoire romaine*, 62, 26).

Le débat historiographique a porté sur la question de savoir quelle était la nature exacte de cette opposition au pouvoir, si elle était philosophique, politique ou familiale. Il s'agissait d'abord de quelques grandes familles sénatoriales, unies entre elles par des liens familiaux, qui se sont transmis sur quatre générations une tradition d'opposition au principe monarchique du Principat, de défense de la *libertas* et des prérogatives sénatoriales. Pour ne mentionner que les principaux représentants, Thrasea Paetus, qui s'opposa à Néron, avait épousé la fille d'Aulus Caecina Paetus, déjà impliqué dans le complot contre Claude fomenté par Scribonianus en Dalmatie en 42 au nom de la *libertas*. L'épouse de Caecina Paetus, Arria, encouragea son mari au suicide en se poignardant la première pour lui prouver qu'il n'y avait pas lieu de craindre la mort. Thrasea Paetus eut pour gendre Caius Helvidius Priscus qui tenta de s'opposer, de manière impétueuse, à l'orientation héréditaire et autocratique du Principat de Vespasien. Il fut exilé en 70, puis mis à mort. Son fils Helvidius Priscus le Jeune fut condamné à mort par Domitien vers 93 pour avoir critiqué le divorce de l'empereur avec Domitia. La portée de cette opposition a pu varier dans le temps et selon les personnalités impliquées, mais les deux figures principales, Thrasea et son gendre, semblent bien avoir voulu s'attaquer au principe monarchique du régime.

Cette opposition familiale et politique s'est exprimée sur le terrain de la philosophie pour plusieurs raisons. Elle reposait sur des *exempla* qui étaient ceux de sénateurs stoïciens morts pour défendre leur *libertas* et leur *dignitas*, construits à partir du modèle de Caton d'Utique. Les valeurs politiques et morales de liberté, de dignité, de courage, étaient à la fois l'apanage du Sénat républicain et des vertus essentielles chez le sage stoïcien. Le principe même d'une opposition politique pouvait être légitimé par l'idée de la liberté irréductible du sage face à toute forme de tyrannie, qui est défendue par Épictète. Enfin, la philosophie stoïcienne en elle-même était la base d'une sociabilité qui unissait les membres de ces familles, qui étaient aussi liées par la fréquentation des mêmes philosophes professionnels. Le cynique Démétrios, par exemple, était apprécié par Sénèque et il assista Thrasea Paetus lors de son suicide, ordonné par Néron en 66. Parallèlement à la condamnation d'Helvidius Priscus, il fut l'une des principales cibles de l'expulsion des philosophes stoïciens décidée en 71 par Vespasien, qui le relégua même dans les îles (Cassius Dion, *Histoire romaine*, 65/66, 13).

> « Il savait bien aussi cela Helvidius Priscus, et il agit en conséquence. Vespasien lui fit ordonner de ne pas assister à une séance du Sénat. Et lui de répondre : "Il dépend de toi de ne pas me compter parmi les sénateurs, mais tant que je le suis, je dois siéger." - "Eh bien, siège, mais ne parle pas." - "Ne m'interroge pas et je me tairai." - "Mais je dois t'interroger." - "Et moi je dois répondre ce qui me paraît juste." - "Si tu réponds, je te ferai mettre à mort." - "Quand donc t'ai-je dit que j'étais immortel ? Pour toi, tu rempliras ton rôle et moi le mien. À toi de me mettre à mort. À moi de mourir sans trembler. À toi de m'exiler. À moi de partir sans m'affliger." À quoi donc a servi Priscus dans son isolement ? Et à quoi le laticlave sert-il à la tunique ? Que fait-il d'autre sinon de briller sur elle comme laticlave et d'offrir ainsi un beau modèle à tout le reste ? Un autre, si César en de pareilles circonstances lui eût demandé de s'abstenir d'aller au Sénat, aurait répondu : "Je te remercie de m'épargner." Mais un tel homme, César ne l'aurait même pas empêché de siéger, car il se serait bien rendu compte ou qu'il demeurerait aussi inerte qu'une cruche, ou que, s'il parlait, il le ferait exactement suivant ce qu'il savait être le désir de César et aurait encore renchéri. »
>
> Épictète, *Entretiens*, 1, 2, 19-24, traduction de Joseph Souilhé.

Cette « opposition philosophique » au pouvoir impérial concerne essentiellement le Ier siècle (en tout cas pour ce qui concerne les philosophes cyniques et stoïciens), car Trajan parvint à instaurer une sorte de compromis avec les orateurs et philosophes de son entourage, tandis que le règne de Marc Aurèle, empereur qui aurait voulu, dans sa jeunesse, se consacrer à la philosophie, marqua une réconciliation plus complète entre le pouvoir et les philosophes.

Aspects religieux de l'opposition

L'opposition au pouvoir impérial a des aspects religieux évidents, et ce point concerne aussi les philosophes étant donné la dimension religieuse essentielle des philosophies antiques, d'autant plus qu'à la fin du IIe siècle, la philosophie prit une dimension théurgique, c'est-à-dire qu'elle s'est rapprochée de la magie pour permettre une union mystique avec la divinité (dans le néopythagorisme notamment). Musonius Rufus et Épictète étaient ainsi réticents à rapprocher trop étroitement le roi des dieux et l'empereur (*Entretiens*, 3, 15, 14 ; 3, 13, 9-12 ; 3, 22, 55-56 ; 3, 24, 117).

Les cultes qui ont provoqué le plus de troubles au sein de l'Empire sont bien sûr ceux des deux grandes religions monothéistes, le judaïsme et le christianisme, dont les relations à la domination romaine méritent d'être examinées à part. Mais on y retrouve des éléments qui valent plus largement pour les autres cas ou formes d'opposition religieuse sous le Haut-Empire. L'efficacité de celle-ci était double. D'une part, elle pouvait s'appuyer sur une organisation et des structures bien établies localement (des prêtres, des sanctuaires et des temples, des fidèles) et, d'autre part, elle pouvait s'attaquer à la légitimité-même du pouvoir impérial en remettant en cause l'idée de protection divine.

En Grande-Bretagne, l'opposition à Rome semble avoir reçu un soutien essentiel de la part des druides. Le culte celtique avait été interdit par Tibère, peut-être parce qu'il avait joué un rôle lors de la révolte de Florus et Sacrovir en 21. Ses prêtres et ses adeptes s'étaient réunis sur l'île de Mona (Anglesey), dans le nord du Pays de Galle. En 60, Suetonius Paulinus, gouverneur de la Bretagne, vainquit la population de l'île qui accueillait ceux qui fuyaient la domination romaine, installa une garnison et fit raser les bois sacrés.

> « Sur le rivage se dressait l'armée ennemie, dense en armes et en hommes, au milieu desquels couraient des femmes ; telles des Furies, en vêtement de deuil, les cheveux épars, elles brandissaient des torches ; et des druides, tout autour, lançaient des prières sinistres, en levant les mains vers le ciel ; l'étrangeté de ce spectacle bouleversa les soldats au point que, comme s'ils avaient les membres paralysés, ils offraient aux coups leurs corps immobiles. Puis, sur les exhortations du chef et

s'excitant eux-mêmes à ne pas trembler de peur devant une troupe de femmes et de fanatiques, ils prennent l'offensive, abattent ceux qu'ils rencontrent et enveloppent les autres de leurs propres flammes. »

Tacite, *Annales*, 14, 30, traduction de Pierre Wuilleumier.

Le succès de la révolte de Boudicca fut peut-être aussi en partie lié à l'attachement au culte celtique, dans la mesure où l'opposition au culte impérial y joua un rôle. Selon Tacite (*Histoires*, 4, 54, 2), les druides intervinrent aussi dans le soulèvement des Gaulois qui se produisit après la mort de Néron. Il est possible encore qu'ils aient soutenu en 69 un certain Mariccus, d'origine humble, qui déclara être un dieu venu restaurer la liberté des Gaules. Il parvint à rassembler une force de huit mille hommes qui prit certaines localités des Éduens. Il fut tué, et sa bande dispersée, par des troupes envoyées par Vitellius (Tacite, *Histoires*, 2, 61). Des prophéties de druidesses gauloises prédisant l'échec des empereurs sont encore mentionnées par l'*Histoire Auguste* pour le IIIe siècle (*Sévère Alexandre*, 60, 6 ; *Aurélien*, 44, 4).

En Orient, le droit d'asile (*asylum*) permettait à certains grands temples et sanctuaires de servir de refuge aux esclaves fugitifs, débiteurs, criminels, et à des personnages comme l'Apollonios de Tyane décrit par Philostrate d'Athènes (*Vie d'Apollonios de Tyane*), sage néopythagoricien qui s'opposa aux « mauvais » empereurs et qui résidait dans tous les sanctuaires de Grèce. Tibère, conscient du problème posé par le droit d'asile, procéda à un examen minutieux de la possession de ce privilège par les sanctuaires, afin de limiter les abus.

L'opposition, les révoltes, furent ainsi soutenues par des sanctuaires et des prêtres des cultes polythéistes locaux et par des signes divins, comme ce fut le cas aussi dans les deux grandes religions monothéistes antiques.

L'exploitation des signes divins renvoie à une catégorie d'individus dont se méfiait l'autorité impériale, qui ont régulièrement fait l'objet d'une législation répressive, en association parfois avec les philosophes et les mages : il s'agit des astrologues, des devins et des prophètes, désignés par une terminologie flottante (*mathematici*, *Chaldaei*, *astrologi*, *magi*, *goètes*, *vaticinatores*).

Les astrologues (spécialistes de la science des astres, l'astronomie) étaient considérés comme un danger pour les empereurs, mais ils n'étaient pas, spécifiquement, des ennemis de l'Empire ni même du pouvoir impérial qui les utilisait. C'est l'usage politique qui pouvait être fait des signes divins, comme de la magie, qui était périlleux. On le voit bien dans l'historiographie latine et grecque : les règnes étaient annoncés par des présages, de même que les fins de règnes. En 69, contraints de quitter Rome et l'Italie avant les calendes d'octobre par Vitellius, les astrologues firent afficher le texte suivant : « Les Chaldéens aussi disent : salut à tous ! Que Vitellius Germanicus disparaisse dans l'intervalle du même jour des calendes » (Suétone, *Vitellius*, 14, 4 ; Cassius Dion, *Histoire romaine*, 64/65, 1, 4). Vitellius mourut le 22 décembre 69, ce qui constitua un succès pour les astrologues, qui furent cependant à nouveau expulsés par Vespasien en 70. Tacite évoque, au Ier siècle de notre ère, une douzaine de procès contre des aristocrates accusés d'avoir cherché à connaître les destinées de l'empereur et de sa famille, et six procès contre des astrologues eux-mêmes. Quand on a des détails, on s'aperçoit que les procès et expulsions étaient articulés avec des crises et des complots politiques. Cassius Dion (*Histoire romaine*, 76/77, 8, 1) rapporte un procès instruit par Septime Sévère lui-même contre Popilius Pedo Apronianus, proconsul d'Asie en 204/205, dont la nourrice avait rêvé qu'il deviendrait empereur et qui aurait utilisé la magie à cette fin. Ce procès fut probablement utilisé par l'empereur pour rétablir l'ordre après la chute du tout-puissant préfet du prétoire Plautien, en janvier 205 : les sénateurs, comme le raconte de manière drôle Cassius Dion, étaient terrorisés par une accusation vague concernant l'un des leurs, identifié par sa seule calvitie, un trait commun à un certain nombre d'entre eux.

Les trois faux Néron que nous avons déjà évoqués (apparus en 69, sous les règnes de Titus et de Domitien) bénéficièrent de prédictions qu'aurait reçues Néron et qui sont évoquées par Suétone (*Néron*, 40, 2-3) : « Les astrologues avaient autrefois prédit à Néron qu'il serait un jour déposé [...] Pourtant, certains lui avaient promis qu'après sa déposition il serait le maître de l'Orient – du royaume de Jérusalem, spécifiaient quelques-uns –, et plusieurs, qu'il retrouverait toute son ancienne puissance » (traduction d'Henri Ailloud).

Le mythe du retour de Néron fut aussi répandu chez les juifs et les chrétiens. Son retour était annoncé, dans les années 80 et 90, en tant que Béliar ou que la Bête associée au nombre 666, dans *L'Apocalypse* de Jean, 13 et 17. Il l'était aussi dans les *Oracles sibyllins*, recueil de quatorze oracles versifiés en grec, d'époques diverses, qui a circulé à travers la diaspora. Le quatrième *Oracle* (l. 119-148), composé autour de 80, évoque le retour de Néron en esclave fugitif et le début d'une guerre civile pour le pouvoir, aboutissant à la revanche de l'Asie qui avait été pillée par Rome. Le cinquième (l. 93-110 et 361-385), peut-être daté sous Hadrien, mentionne aussi l'empereur Néron, égal à Zeus, bon chanteur, matricide et haï de tous, doté des pouvoirs sataniques pour détruire la terre entière par le feu.

Plusieurs prophètes juifs au Iᵉʳ siècle apr. J.-C. ont tenté de susciter des révoltes : vers 44-46, un « sorcier » du nom de Theudas persuada une grande partie de son peuple de le suivre au fleuve du Jourdain, en prétendant qu'il était prophète et capable de diviser le cours d'eau. Le procurateur Cuspius Fadius intervint avec une force de cavalerie et fit exécuter Theudas. Une décennie plus tard, on assista en Judée à la multiplication des « bandits et sorciers » qui provoquaient des troubles dans Jérusalem. Ils persuadaient le peuple de les suivre en leur promettant d'accomplir des miracles avec l'aide de la puissance divine. En 54, un homme venu d'Égypte arriva à Jérusalem en se présentant comme prophète et en invitant la foule à l'accompagner sur le Mont des Oliviers, d'où ils pourraient le voir détruire d'un mot les murailles de la ville, ce qui déclencha à nouveau une intervention sanglante des troupes romaines. Un autre sorcier promit au peuple le salut, si celui-ci le suivait dans la rébellion. Un oracle (peut-être tiré de l'*Oracle d'Hystaspes* datés du IIᵉ ou du Iᵉʳ siècles av. J.-C., qui avaient annoncé la destruction de Rome et la fin du monde) prédit que dans les années 60, un Oriental viendrait diriger le monde. Les prophéties apparaissent, dans le récit des *Antiquités juives* de Flavius Josèphe, comme un préambule à la grande révolte juive (66-73).

Depuis des siècles, les populations orientales utilisaient la littérature oraculaire pour dénoncer leurs conquérants étrangers : les Romains y prirent naturellement la place des Macédoniens. Les *Oracles sibyllins* reprochaient à Rome d'imposer ses lois (8, 13), de répandre une avarice qui divisait les enfants et les parents (8, 17 et suiv.), d'être immorale et impie (5, 162 et suiv.). Ils annonçaient le retour des Hébreux et la destruction de Rome (8, 141, 144, 148 et suiv.). La collection des *Oracles sibyllins* contenait aussi des oracles chrétiens, imitant ceux des juifs avec les mêmes objectifs : exprimer des sentiments anti-romains, des attentes apocalyptiques et une réflexion générale sur l'histoire passée et sa reproduction dans le futur.

En ce qui concerne l'Égypte, l'*Oracle du Pottier*, qui était anti-grec, était toujours lu à l'époque romaine : il est possible qu'il ait pris une connotation anti-romaine, comme on en trouve dans le texte apocalyptique appelé *Asklépios* du *Corpus Hermeticum*, daté avant le IVe siècle. L'*Oracle de l'agneau*, daté sous Auguste (4/5 apr. J.-C.), mais qui se réfère au règne du roi Bocchoris de la XXIVe dynastie (vers 715 av. J.-C.), annonçait un désastre sur l'Égypte après neuf cents ans : la divinité devait protéger les Égyptiens et leur restituer les objets sacrés qui leur avaient été enlevés par les « Asiatiques ». Ce terme renvoyait plus généralement à tous les envahisseurs étrangers et par conséquent aussi aux Romains, d'autant plus qu'il n'y avait plus de roi résidant en Égypte, ce qui posait problème aux yeux des Égyptiens.

La chute de Rome faisait donc l'objet d'une prédiction générale, en lien avec les attentes messianiques et apocalyptiques. Il y eut peu de prédictions aux deux premiers siècles, mais les spéculations eschatologiques se répandirent à partir d'Hippolyte de Rome (vers 170-235), un écrivain chrétien très influent qui écrivit entre autres un traité *Sur l'Antéchrist* (vers 200) et un *Commentaire sur Daniel* (vers 202-204), qui contiennent de violentes attaques contre Rome, dénonçant son oppression, ses guerres et ses pillages ; dans le premier (§ 49), la figure de l'empereur était comparée à la statue de l'Antéchrist. Sous le règne de Trajan, pendant la campagne parthique, un certain Elchasaï (ou Elkasaï, dont le nom signifie en araméen « pouvoir secret ») annonça avoir reçu d'un ange immense un livre qui contenait la prédiction d'une guerre entre les anges de l'impiété, au nord, qui allait déstabiliser les royaumes de l'impiété. Cette prédiction née aux frontières de la Syrie se répandit dans toute la région pendant plusieurs générations avant d'arriver jusqu'à Rome (Hippolyte, *Réfutation de toutes les hérésies*, 9, 16 ; *Patrologia graeca*, 16, 3387). De la même façon, pendant les guerres de Marc Aurèle contre les Marcomans, un personnage qui délivrait des oracles depuis un figuier sur le Champ de Mars annonça une conflagration universelle et la fin du monde ; il fut arrêté, avoua sa supercherie et fut pardonné (*Histoire Auguste, Marc Aurèle*, 13, 6). Pendant l'usurpation d'Avidius Cassius en 175, alors qu'à Rome la population craignait la victoire et les représailles de Cassius, un agitateur se mit à prophétiser comme sous l'inspiration divine et Marc Aurèle le fit reléguer dans l'île de Syros dans les Cyclades (Ulpien, *Collatio legum Mosaicarum et Romanarum*, 15, 2, 5). Dans les deux cas, cela suffit sans doute à régler un désordre public qui restait limité.

À l'époque d'Hippolyte de Rome, en Syrie, un évêque conduisit une bonne partie de ses disciples à la rencontre du Christ, et ils faillirent se faire massacrer comme brigands par le gouverneur de la province, tandis que dans le Pont, un autre évêque prédit la venue du Christ dans l'année, ce qui produisit aussi des troubles sociaux (*Commentaire sur Daniel*, 4, 18-19). L'année 194-195 avait été choisie par les *Oracles sibyllins* comme date de l'apparition d'un Antéchrist (8, 141 et suiv.) sur la base des prophéties de Daniel ; un chronographe chrétien du nom de Judas proposa 202 (Eusèbe, *Histoire ecclésiastique*, 6, 7). Vers la même année 202, Hippolyte affirme que la quatrième bête de Daniel est Rome qui tente d'imiter l'unification chrétienne du monde dans une version satanique (*Commentaire sur Daniel*, 4, 8-9). Dans les années 170 se répandirent les prophéties de Montanus de Phrygie ; elles furent collectées, enrichies et publiées par ses disciples Prisca et Maximilla. Montanus annonçait que la Jérusalem céleste allait descendre sur terre à l'emplacement de la petite ville de Pépuze, et Maximilla prédisait des guerres terribles et des révolutions.

Cependant, Origène (vers 185-vers 253) et les théologiens qui l'ont suivi développèrent une interprétation allégorique, très éloignée des perspectives prophétiques, des passages des écritures comme le *Livre de Daniel* et *L'Apocalypse* de Jean. Il s'ensuivit une pause des spéculations millénaristes, même si Denys le Grand, évêque d'Alexandrie, dut quand même descendre dans le Fayoum, convoquer les prêtres et les professeurs des villages à débattre pendant trois jours, pour les remettre dans la voie orthodoxe et leur faire oublier l'œuvre de l'évêque Népos qui avait utilisé *L'Apocalypse* de Jean pour réfuter les allégoristes comme Origène (Eusèbe, *Histoire ecclésiastique*, 7, 24).

De son côté, le pouvoir impérial réagit par la répression, en procédant à des relégations, des arrestations et des exécutions individuelles, tandis que les livres des prophètes étaient brûlés ou mis à l'index. Cassius Dion a suggéré, par l'intermédiaire de Mécène, de ne pas tolérer l'introduction d'éléments étrangers dans le culte romain, ni les athées ou les sorciers, et a mis en garde contre le mauvais usage des « arts prophétiques » et les faux philosophes (*Histoire romaine*, 52, 36, 2-4). On trouve le même de vue alarmé chez les juristes Paul et Ulpien (*Collatio legum Mosaicarum et Romanarum*, 15, 2, 2-4 ; Paul, *Sententiae ad filium*, 5, 21, 1). Au IIIe siècle, la réponse de Rome prit également la forme d'une communication officielle sur le renouveau et l'éternité de Rome, associés à la mise en avant d'un retour à la romanité, aux traditions anciennes du peuple romain, qui a accompagné la mise en place des persécutions des chrétiens. Le mythe de l'âge d'or est très présent dans *l'Histoire romaine* de Cassius Dion, et il fut ensuite développé par Gallien et par ses successeurs.

La difficile intégration des juifs à l'Empire

La particularité du monothéisme juif est que les juifs devaient rester à l'écart des autres dieux non reconnus, pour éviter d'être souillés, d'où une multitude d'interdits bibliques. Un certain nombre de juifs de la diaspora, confrontés à un environnement culturel qui était majoritairement non juif, faisait preuve d'une certaine souplesse envers les règles communautaires. Leur attitude n'était pas nouvelle (on la trouvait déjà chez les juifs d'Égypte) ; mais le rigorisme des Judéens s'était imposé comme la norme sous les Hasmonéens.

Le monde juif fut intégré dans l'Empire romain au Ier siècle av. J.-C. : Pompée réalisa la conquête du royaume hasmonéen en 63 av. J.-C., suite à une querelle entre deux prétendants hasmonéens, et la mainmise de Rome sur Jérusalem commença par un terrible sacrilège, quand l'*imperator*, sans doute poussé par la curiosité, pénétra dans le Saint des Saints du Temple pour voir ce qui y était recelé. Quant aux communautés de la diaspora, elles furent absorbées au fur et à mesure de l'avancée des conquêtes romaines. Les juifs, comme les autres peuples vaincus par les Romains, conservèrent leur droit local en matière de religion, mais sous le contrôle des autorités romaines. Le royaume de Judée, réduit par rapport à l'ancien royaume hasmonéen (à la Judée, la plus grande partie de l'Idumée au sud, la Pérée à l'est du Jourdain et la Galilée au nord), devint tributaire et fut placé sous la tutelle du gouverneur de la province de Syrie, avant de passer progressivement, à partir de 6 apr. J.-C., sous administration directe. La question de savoir si la Judée était devenue une vraie province avec un gouverneur de rang équestre, ou bien une partie de la province de Syrie, est toujours débattue, car d'une part les préfets et procurateurs qui la gouvernaient avaient un siège à Césarée maritime et étaient autonomes, mais d'autre part les gouverneurs de Syrie intervenaient régulièrement dans les affaires de Judée. Les grands prêtres du Temple furent subordonnés aux décisions du roi Hérode (37-4 av. J.-C.), puis de ses descendants, et du pouvoir romain dont ils étaient clients. Ils perdirent ainsi une grande part de leur autorité, ce qui peut expliquer pourquoi beaucoup de juifs se tournèrent vers de nouvelles figures d'autorité religieuse comme les prophètes (messagers de la parole divine), les sages et les messies (chefs religieux envoyés par Dieu).

En raison de l'antiquité de leur culture, César et Auguste semblent leur avoir octroyé des privilèges qui leur permettaient de pratiquer leur culte et de vivre selon leurs coutumes dans l'Empire. À Rome, ils conservaient le droit de se réunir, de collecter un impôt cultuel pour le Temple de Jérusalem, de respecter le repos du sabbat. Ils furent déchargés de l'obligation de célébrer le culte impérial dans leurs temples mêmes, mais devaient faire des sacrifices en l'honneur de l'empereur.

> « Il [Auguste] n'a pas expulsé ces gens de Rome, il ne les a pas dépouillés de leurs droits respectifs de cité romaine, pour le fait qu'ils gardaient la fierté de leur qualité de juifs, il n'a pas introduit d'innovations blessantes dans leurs synagogues, il ne les a pas empêchés de se réunir pour les instructions sur leur loi, il n'a pas fait d'opposition à la levée des prémices mais il s'est montré si scrupuleux dans le respect de nos institutions qu'avec à peu près toute sa famille, il a enrichi notre sanctuaire d'ex-voto de grand prix et qu'il a fait en outre une fondation pour l'offrande à perpétuité d'holocaustes quotidiens, en prenant sur ses revenus personnels, comme prémices au Dieu Très-Haut, sacrifices qui s'accomplissent toujours maintenant et qui seront toujours accomplis ; autant de traits qui révèlent des qualités vraiment impériales. »
>
> Philon d'Alexandrie, *Ambassade à Caius*, 157, traduction d'André Pelletier.

Le pouvoir romain mit du temps à percevoir que dans le judaïsme, la sphère religieuse s'étendait bien au-delà de la sphère cultuelle au sens propre, car beaucoup de commandements bibliques concernaient non pas les rapports entre les dieux et les hommes, mais ceux des hommes entre eux, empiétant donc sur le gouvernement politique, ce qui était propre à générer tensions et crises.

Dès le règne d'Hérode Ier, les tensions s'accumulèrent entre le roi et les juifs pour différentes raisons politiques et culturelles. L'identité juive du roi était contestable, car il était le fils d'un Iduméen dont le judaïsme était récent et d'une Nabatéenne étrangère, or, selon la Torah seul un juif pouvait être roi (*Deutéronome*, 17, 15). Il était l'allié fidèle des Romains et avait fait assassiner les derniers Hasmonéens. Bien qu'il protégeât le Temple et entreprit vers 20 de l'agrandir et de l'embellir, et qu'il fût soucieux de maintenir de bonnes relations avec les autres communautés juives (Sadducéens, Pharisiens et Esséniens), il se comportait comme un prince hellénistique dans ses territoires non juifs sur lesquels il fondait des cités dotées de temples et de statues, y compris des temples consacrés à Auguste et relevant du culte impérial qui se mettait en place. À Jérusalem même il introduisit des pratiques grecques appréciées de lui mais contraires à la tradition juive, notamment des spectacles. Enfin, la fin de son règne fut marquée par un raidissement envers le milieu des juifs rigoristes. Vers 7/6 av. J.-C., plusieurs milliers de Pharisiens refusèrent de prêter le serment de fidélité à l'empereur et au roi qui était demandé à tous les sujets, et Hérode élimina les meneurs de l'opposition aussi bien que les membres de son entourage favorables aux Pharisiens. Avant sa mort en 4 av. J.-C., alors qu'il était très malade, des maîtres de la Loi incitèrent des jeunes juifs rigoristes à décrocher de la porte du Temple un aigle en or qui y figurait depuis plusieurs années : Hérode les fit tous brûler (Flavius Josèphe, *Antiquités juives*, 17, 149-159). Très amer, il aurait envisagé d'éliminer en masse les élites juives de son royaume avant de décéder, et sa mort suscita une agitation qui fut réprimée violemment par le gouverneur de Syrie. L'exemple d'Hérode montre bien les relations difficiles entre les juifs et le pouvoir politique satellite des Romains, alors même que le roi faisait profiter le peuple juif de ses bonnes relations avec le pouvoir romain, qui expliquent peut-être la politique pleine d'égards d'Auguste envers les juifs.

Le passage à l'administration directe augmenta les incompréhensions et les situations de friction entre juifs et Romains, sauf durant la brève parenthèse que constitua le royaume d'Hérode Agrippa Ier entre 37 et 44, car le roi parvint à être à la fois ami avec Caligula et très apprécié de ses sujets. Le premier heurt significatif eut lieu lors du recensement organisé par le gouverneur de Syrie, Publius Sulpicius Quirinius, en 6 apr. J.-C. Le principe même du recensement s'opposait à un fameux passage de la Torah, dans lequel Abraham avait reçu la promesse que sa descendance serait aussi nombreuse que les grains de sable du désert ou les étoiles du ciel (*Genèse*, 13, 16 ; 15, 5-6). Vouloir compter les juifs revenait donc à défier la parole divine, comme le montrait un autre épisode de la Bible, celui du recensement d'Israël par le roi David, qui fit s'abattre le châtiment divin et sur David et sur l'ensemble du peuple d'Israël (2 *Samuel* 24, 1-17 et 1 *Chroniques* 21, 1-7). Malgré l'intervention du grand prêtre Ioazar pour calmer les esprits, Judas de Gamala ou de Galilée (son origine est incertaine) et le pharisien Sadoq organisèrent une résistance armée. La contestation avait une dimension fiscale, mais aussi religieuse, car les révoltés en appelaient à une royauté divine en rejetant toute royauté humaine. Flavius Josèphe analyse ce mouvement – qui ne parvint pas à empêcher le recensement – comme précurseur de ceux plus radicaux qui furent à l'origine de la révolte de 66.

Une crise célèbre, bien connue grâce à Philon d'Alexandrie qui la relate dans son *Ambassade à Caius*, fut déclenchée par l'ignorance de Caligula concernant la religion juive et le Temple de Jérusalem. Les habitants non juifs de la ville de Jamnia (Yabneh) avaient décidé d'ériger un autel pour le culte impérial, qui fut détruit par les juifs. En réponse, Caligula ordonna à Petronius, légat de Syrie, d'ériger une statue de l'empereur dans le Temple de Jérusalem, ce qui allait en totale contradiction avec le refus des images (l'aniconisme) et le rejet des autres dieux par les juifs. La catastrophe fut évitée par deux éléments, la prudence de Petronius qui, devant la masse des juifs venus à sa rencontre, choisit de temporiser pour expliquer la situation et de redemander des instructions à Caligula, et l'intervention d'Hérode Agrippa Ier auprès de l'empereur.

Ces heurts témoignent de la difficulté d'intégrer le judaïsme dans la culture politique romaine, en raison d'une part des traditions religieuses auxquelles une partie du peuple juif était indéfectiblement attaché : le récit de la révolte des Macchabées (175-140 av. J.-C.) avait fait émerger la figure du martyr prêt à mourir pour sa foi, assuré que sa fidélité à la Torah serait récompensée dans l'au-delà – figure dont les chrétiens, naturellement, héritèrent. La communauté juive était elle-même divisée entre ceux qui refusaient tout compromis avec le pouvoir en place et qui pouvaient se tourner vers un pouvoir d'une autre nature, une monarchie divine – d'autant que sous le Haut-Empire, le parallèle entre monarchie divine et monarchie terrestre était largement répandu, y compris dans le discours politique romain. Ceux-là pouvaient trouver des raisons d'espérer dans le message répandu par la littérature apocalyptique et les discours eschatologiques : Dieu allait mettre fin aux souffrances des juifs et récompenser ceux qui étaient restés fidèles à la Torah. Après un temps d'épreuves nécessaire (voir le livre de Job sur l'existence des maux) pour distinguer le bon grain de l'ivraie, il allait révéler aux hommes que les juifs étaient le peuple élu, et ce serait la fin des temps. Une autre partie de la population juive, en revanche, souhaitait s'intégrer à l'Empire romain, reconnaissait la domination politique de Rome et acceptait l'idée d'une application plus souple des règles religieuses. D'où des tensions qui se traduisirent par exemple par le meurtre en 52 de Jonathan ben Anan, ancien grand prêtre du Temple (en 36-37), qui était l'interlocuteur du pouvoir romain tout en dénonçant les abus des gouverneurs de Judée. Il fut assassiné par des sicaires (faction de dissidents juifs extrémistes) qui auraient été payés par Félix, frère de l'affranchi Pallas, qui était le procurateur en place en 52.

D'autre part, cette difficulté d'intégration est aussi due à la méconnaissance et à l'incompréhension de certains administrateurs, gouverneurs ou empereurs, à l'égard de la culture religieuse juive et des tensions propres aux communautés juives. Les principaux interlocuteurs du pouvoir romain n'étaient pas les élites civiques, comme c'était habituellement le cas dans les cités de l'Empire, mais la classe des grands prêtres liés au Temple de Jérusalem, qu'il contrôlait (éventuellement par le biais des rois hérodiens) et qui étaient assez isolés du reste de la population juive. D'autres facteurs d'agitation, plus courants, peuvent être observés en Judée aussi bien qu'au sein de la diaspora : le poids des prélèvements fiscaux, des éléments de crise économique et sociale au sein du peuple juif, la présence de bandes armées, des tensions entre juifs et Grecs dans certaines cités comme Alexandrie.

Les révoltes juives de 66 à 135

Les deux premiers siècles de notre ère furent marqués par trois grandes révoltes juives en Orient (66-74, 114-117, 132-135). La première révolte de 66-74 est rapportée par Flavius Josèphe. Elle débuta par une émeute à Jérusalem, provoquée par l'administration particulièrement violente du procurateur Gessius Florus. Hérode Agrippa II, le dernier roi hérodien, qui régnait sur un petit territoire au nord de la Judée et qui administrait le Temple, ne parvint pas à apaiser la situation. Dans le même temps, mais sans lien visible avec l'émeute, un groupe de sicaires s'empara de la forteresse de Massada dans le désert de Judée, en délogeant la garnison romaine qui y était installée. De jeunes prêtres menés par Éléazar, fils du grand prêtre Ananias, prirent le contrôle du temple et y interrompirent les sacrifices offerts par des non-juifs, parmi lesquels le sacrifice quotidien pour le salut de l'Empire, qui avait été institué par Auguste lui-même. Le mouvement se transforma alors en une révolte contre Rome qui s'étendit aux territoires juifs de la région, et qui se doubla de luttes fratricides entre juifs radicaux, à la tête de la révolte, et juifs modérés, peu enclins à se lever contre Rome. Ces derniers furent d'ailleurs les premières victimes du conflit. Les Romains reconquirent l'ensemble du territoire révolté à partir de l'été 67, en commençant par la Galilée. Titus prit et détruisit Jérusalem fin septembre 70. La forteresse de Massada qui restait le dernier point de résistance fut reprise en 74. La répression fut féroce en Judée, mais elle ne s'étendit pas aux juifs de la diaspora à l'exception d'une mesure fiscale et administrative : l'impôt pour le Temple qui était désormais détruit fut transformé en *fiscus Judaicus*, un impôt destiné à financer la reconstruction du temple de Jupiter Capitolin à Rome, qui avait été incendié par les partisans de Vitellius en 69. Cette capitation permettait aussi à l'administration romaine d'identifier plus facilement les juifs. Son caractère symbolique dut apparaître amer à ces derniers, contraints de participer, en payant l'impôt, à l'affirmation de la supériorité du culte public romain sur toutes les autres formes de culte dans l'Empire.

Les deux révoltes suivantes sont beaucoup moins bien connues faute de sources. Les insurrections de 115 à 117, à la fin du règne de Trajan, ne concernèrent que la diaspora hellénophone, et l'on ignore ce qui en provoqua le déclenchement à ce moment-là et si même les révoltes, géographiquement séparées, avaient des liens entre elles. Le mouvement était en tout cas lié aux tensions entre les communautés grecques et juives et dirigé contre les temples grecs. Il partit de Cyrénaïque et d'Égypte, s'étendit à Chypre puis, en 117, gagna les juifs de la diaspora babylonienne dans la nouvelle province de Mésopotamie (ce qui pourrait, dans ce cas précis, être interprété aussi comme une réaction à la provincialisation effectuée par Trajan). La réaction romaine fut violente et fit disparaître une partie de la diaspora juive hellénophone dans les trois régions concernées, notamment la communauté juive d'Alexandrie qui avait été le foyer intellectuel de la Septante. L'ordre fut complètement rétabli en 117 et la révolte suivante, de 132 à 135, fut circonscrite à la Judée.

Celle-ci semble s'être produite dans un contexte d'attente eschatologique qui avait suivi la répression de la première révolte de 66-70 : plusieurs apocalypses, dont celle de Jean, datent en effet de cette période. Deux mesures semblent avoir joué le rôle de déclencheur : l'interdiction de la circoncision dans tout l'Empire et la fondation par Hadrien d'une colonie romaine, Aelia Capitolina, sur le site de Jérusalem, avec l'érection d'un temple à Jupiter peut-être situé à l'emplacement de l'ancien Temple. Cette révolte trouva un chef charismatique en la personne de Simon bar Kosibah (appelé aussi Simon bar Kokhba, « fils de l'étoile ») qui obtint le soutien de certains prêtres et membres du mouvement rabbinique, car le rabbin le plus connu, Aqiba, le considérait comme le Messie. La révolte fut écrasée en 135 et suivie encore une fois par une répression très dure : la colonie romaine d'Aelia Capitolina, la capitale historique du peuple juif de l'Ancien Testament, fut interdite aux juifs.

Les répressions sanglantes de ces révoltes, et en particulier les conséquences de la troisième, constituèrent un choc pour les juifs. Ils étaient en effet vaincus par un peuple, le *populus romanus*, qui interprétait aussi ses victoires comme le fruit de sa piété et de la protection divine, et par un pouvoir politique qui prétendait apporter la paix et la prospérité au sein d'un Empire éternel, ce qui ressemblait au projet dont étaient porteurs les descendants d'Abraham dans certains textes bibliques et juifs (*Genèse* 12,1-3 ; *Isaïe* 11,1-10 ; *Isaïe* 60 ; *Daniel* 7 ; *4Q246* frag. 1, col. II, 1-9).

Ces révoltes mirent fin à ce qu'on qualifie de judaïsme du Second Temple. Celui-ci s'effaça derrière le judaïsme rabbinique qui avait pris de l'ampleur dès les années 70 et qui assurait la survie et la reconstruction du judaïsme autour de figures plus modérées. Le fondateur de ce mouvement fut le grand maître pharisien Yohanan ben Zakkaï qui prit ses distances avec la première révolte et parvint à développer son enseignement avec l'accord des Romains. Il fonda une académie à Jamnia, qui devint la principale source de l'autorité religieuse juive. Lors de la révolte de Simon bar Kokhba, le soutien que ce dernier reçut d'Aqiba fragilisa certainement le mouvement rabbinique, mais celui-ci se déplaça avec l'académie en Galilée, qui devint le nouveau foyer du judaïsme. De manière globale et sur la longue durée, les rabbins adoptèrent plutôt une attitude conciliante avec le pouvoir romain, rejoignant en cela la position de Flavius Josèphe et d'autres juifs qui estimaient que la domination romaine était le fruit de la volonté divine, laquelle punissait les péchés du peuple juif. Les rabbins repoussèrent les idées eschatologiques et messianiques qui avaient alimenté les révoltes juives, détournant les juifs de vivre dans l'espoir d'une prochaine fin du monde. Le judaïsme fut décentré du Temple – qui n'existait plus – vers la Torah et les rabbins s'attachèrent à rassembler toutes les traditions, orales qui subsistaient chez les survivants des révoltes. Ils firent une sélection des versions (en écartant celles qui avaient un contenu messianique) et fixèrent cette nouvelle Loi orale à l'écrit vers 220, sous le nom de *Mishnah* qui signifie « Répétition » et qui constitue donc le premier recueil de la littérature rabbinique, globalement hostile à Rome, mais non polémique. Ce travail de normalisation des lois juives et des rapports entre les juifs et Rome aboutit également à réduire la diversité des traditions juives en écartant certains courants issus du judaïsme, dont le christianisme.

Les chrétiens dans l'Empire : pas de révoltes, mais de « mauvais » sujets ou citoyens

Les chrétiens ne furent pas identifiés comme un mouvement religieux spécifique avant la fin du règne de Néron, où ils furent les victimes de la crise politique engendrée par l'incendie de Rome en 64. L'empereur les désigna comme coupables à la population, parce que, d'après Tacite (*Annales*, 15, 44), leur superstition, au sens d'excès religieux, s'était déjà attirée l'hostilité des Romains qui n'appréciaient pas de manière générale les manifestations de superstition. Au début du IIe siècle, Trajan statua sur l'attitude à adopter par rapport aux chrétiens, bien distingués des juifs et ne bénéficiant donc pas des privilèges que ces derniers avaient obtenus du pouvoir impérial. Pline le Jeune, qui était gouverneur de la province de Pont-Bithynie en 111-112, souleva dans sa correspondance avec l'empereur la question des chrétiens qui étaient dénoncés. Trajan lui répondit de ne pas rechercher systématiquement les chrétiens et de refuser les dénonciations anonymes, mais de punir de mort ceux qui avaient été dénoncés, convaincus, et qui refusaient de sacrifier aux dieux du culte public romain, c'est-à-dire de renier leur foi (Pline le Jeune, *Lettres*, 10, 97 [98]). C'est le seul point précis qui apparaît pour expliquer la raison pour laquelle Trajan choisit de criminaliser les chrétiens : leur refus de participer au culte public, qui fragilisait la *pax deorum*. Ce faisant, les chrétiens refusaient aussi de participer à la démonstration du consensus fondée sur le culte impérial et pouvaient être perçus comme déloyaux. Mais jusqu'à Dèce (249-251), il n'existait pas de loi générale pour les punir. Les autorités impériales semblent s'être peu intéressées à eux et ont laissé une grande latitude aux gouverneurs pour engager ou non des poursuites. On connaît quelques épisodes de répression, comme à Lyon en 177 ou à Carthage vers 203, mais qui sont rares et ponctuels jusqu'en 249. Les supplices infligés aux chrétiens s'inscrivaient dans le fonctionnement normal du système judiciaire. En 155 (?), Polycarpe de Smyrne fut arrêté par l'irénarque (magistrat chargé de la police) de Smyrne, condamné par le proconsul d'Asie et brûlé vif lors des jeux en l'honneur de l'empereur, présidés par l'asiarque (magistrat chargé de surveiller les rites du culte impérial dans la province romaine d'Asie et en particulier d'organiser les fêtes et jeux annuels en l'honneur du prince). Il s'agissait de réaffirmer l'autorité impériale, l'ordre civique et le primat de la cité et de ses dieux auxquels on offrait le spectacle.

De leur côté, les chrétiens, contrairement aux juifs, se sont tenus largement à l'écart du pouvoir aux deux premiers siècles de notre ère. Les *Évangiles* et les écrits néo-testamentaires ne développent en général pas de discours politique. Les chrétiens semblent être restés éloignés des révoltes juives. Ils considérèrent, dans les discours évoquant la destruction du Temple, que les Romains étaient les instruments de Dieu contre ceux qui refusaient de reconnaître le Messie. L'idée était que le pouvoir romain, comme tous les pouvoirs humains, provenait de Dieu et qu'il fallait donc s'y soumettre (Paul, *Épître aux Romains*, 13, 1 ; *Première épître de Pierre*, 2, 13-14). Les écrits contenant un discours critique envers l'Empire romain relèvent en général du genre apocalyptique, et le plus connu est *L'Apocalypse* de Jean daté de la fin du Iᵉʳ siècle. S'il a existé des textes radicaux comme, à la fin du IIᵉ siècle, le *Sur l'idolâtrie* de Tertullien dont certains passages peuvent faire douter que le christianisme était compatible avec l'idéologie du Haut-Empire romain, la plupart des chrétiens semblent avoir surtout cherché à vivre tranquillement, sans heurter les gouverneurs et les autorités locales, de la tolérance desquels ils dépendaient. Les apologies de Justin, de Tertullien, qui prenaient leur défense, les présentent comme de bons citoyens ou sujets de l'Empire et ne contiennent aucune attaque contre le pouvoir impérial.

L'absence de répression plus systématique peut s'expliquer par cette attitude en général apolitique des chrétiens, et aussi parce que, jusqu'à la fin du IIᵉ siècle/début du IIIᵉ siècle, leur mouvement semble être resté sous forme groupusculaire. Il n'était donc pas considéré comme une menace pour le pouvoir. Il semble avoir été plus visible à ce moment-là, avec sans doute un accroissement rapide et apparent du nombre des chrétiens après une augmentation d'abord lente, selon une courbe de type exponentielle. Mais dès 175/177, le philosophe grec Celse consacra un traité à critiquer le culte chrétien et dénoncer le danger politique et social qu'il représentait, en accusant les chrétiens d'être de mauvais citoyens ou sujets de l'Empire. Deux autres éléments du contexte politique expliquent aussi pourquoi le pouvoir romain s'est davantage intéressé à eux au IIIᵉ siècle : d'une part, depuis 212, tous les habitants libres de l'Empire étaient devenus citoyens, et les chrétiens ne relevaient donc plus des affaires religieuses locales gérées au cas par cas. D'autre part, depuis le règne de Marc Aurèle, l'Empire affrontait des guerres extérieures très dures contre les peuples germains du Danube et les Sassanides d'Orient, ainsi qu'une instabilité politique croissante, qui pouvaient laisser penser que la *pax deorum* était rompue, ou du moins chancelante.

Ce fut la logique appliquée par Dèce à son arrivée au pouvoir en 249. Il ordonna en hiver 249 une *supplicatio* à l'échelle de l'Empire, et tous les chrétiens qui refusèrent d'y participer encoururent un châtiment du gouverneur de leur province. Le fragile équilibre qui avait duré deux siècles était rompu.

Pendant son court règne (253-260), Valérien poursuivit la répression anti-chrétienne. Il chercha à déstructurer l'Église et fit arrêter les membres du clergé, dont certains furent exécutés. À sa mort, sans doute pour éviter une source de division interne à l'Empire, Gallien arrêta les persécutions, ouvrant la période qualifiée par les historiens de « petite paix de l'Église » qui devait durer jusqu'à Dioclétien et qui favorisa le développement du christianisme. Il promulgua en 260 le premier édit de tolérance de l'histoire du christianisme, « l'édit de Gallien ». Par ce biais, il reconnaissait les chrétiens comme des sujets de l'Empire – de fait ou de droit, c'est un point de discussion. Ceux-ci obtinrent la restitution de leurs biens et propriétés confisqués, de leurs lieux de culte, et furent à nouveau autorisés à se réunir et à pratiquer leur religion ouvertement.

Ainsi, le pouvoir impérial et l'Empire ont rencontré somme toute peu de résistances, du moins d'après les sources dont nous disposons. Les formes de résistance publique semblent surtout dues au poids de l'administration romaine ou bien à des dysfonctionnements politiques ponctuels (comme dans le cas du « mauvais empereur »). Il faut bien distinguer entre les ennemis de l'Empire et de la domination romaine, et les ennemis de l'empereur. Les formes de contestation furent bien souvent personnelles, dirigées contre un empereur particulier ou pour prendre le pouvoir. La confusion entre empereur et *res publica*, présente dès le début du Principat, peut expliquer en partie que si peu de contestations semblent s'être attaquées au régime : c'est l'homme au pouvoir qui était visé. En conclusion de son livre[12], Ramsay MacMullen a souligné que les ennemis de l'État romain furent, aux deux premiers siècles, les sénateurs, et aux deux siècles suivants les paysans et les « barbares », parce que les protestations ont pour origine les classes sociales qui sont dominantes à différentes périodes. Il voit le changement dans les régions sous le Danube, en Illyrie, dans les Germanies et en Bretagne, au milieu du IIe siècle avec la résurgence des coutumes locales dans la culture matérielle et le retour des anciens dieux, en liaison notamment avec les empereurs originaires d'Illyrie au IIIe siècle, avec l'immigration ou bien avec les difficultés rencontrées par les cités.

À l'exception, rare, de régions particulières (enclavées comme l'Isaurie, ou ayant une particularité géographique comme le Delta du Nil), dans lesquelles les populations avaient des traditions culturelles et économiques à part, les sentiments identitaires semblent fondés sur les cultes et les révoltes soutenues par les structures cultuelles, comme les prêtres ou les sanctuaires.

On a vu que se sont constituées certaines formes de subcultures dissidentes, comme le discours millénariste annonçant le règne du Messie après la mort de l'Antéchrist et avant le Jugement dernier, présent dans certains courants du judaïsme, dans *L'Apocalypse* de Jean ou certains écrits des pères apostoliques, ou encore le mythe des bandits charismatiques, forts et justes, l'intérêt suscité par les « faux princes » (le faux Agrippa Postumus en 16, le faux Drusus peut-être en 34, les trois faux Néron, un faux Alexandre le Grand en 221), voire l'idéal du « bon roi » développé par les élites culturelles grecques notamment. Ces formes de résistance font partie de ce que James C. Scott qualifie de « texte caché ».

En revanche, il n'y a pas de trace de discours qui relèverait d'une « contre-idéologie » publique, prônant la révolution, l'établissement d'un nouveau régime ou niant l'idéologie dominante. On ne peut que souligner l'absence d'une autre solution politique. Le discours politique était globalement homogène et le devint de plus en plus, notamment au IIIe siècle, malgré les crises. Même la littérature oraculaire hostile au pouvoir romain ne proposait pas de solution alternative.

C'est l'élément le plus intrigant, la grande question qui avait déjà émergé des discussions menées il y a près de quarante ans dans le cadre des Entretiens de la Fondation Hardt sur le thème de l'opposition et des résistances à l'Empire au Ier siècle de notre ère[13]. À cette occasion, soulignant que la situation dans les provinces était plus complexe qu'à Rome, Zvi Yavetz avait rappelé un passage fameux du

Talmud de Babylone (compilé vers le VIe siècle au sein de la diaspora juive du Moyen-Orient : *Bab. Talmud, Chabbat*, 33), mettant en scène trois rabbins. Le premier exprime son admiration pour les bénéfices issus de l'Empire. Le deuxième condamne l'impérialisme romain en affirmant que les Romains n'agissaient que pour leurs propres intérêts – ce qui était une critique courante, également placée par Tacite au centre du discours anti-romain tenu par le chef calédonien Calgacus à ses troupes en 83 (*Agricola*, 31-32). Quant au troisième, il reste silencieux, ce qui, selon Zvi Yavetz, traduit sa tristesse et son impuissance[14]. De manière schématique, il y aurait donc eu face à l'Empire trois grandes attitudes chez les élites socioculturelles provinciales : une adhésion sans retenue en raison des bénéfices partagés ; des critiques dénonçant une exploitation abusive qui a accompagné les révoltes des élites locales comme celles de Boudicca, de Calgacus ; et la résignation silencieuse qui nous renvoie à cette absence de solution.

Est-ce un biais des sources ? Est-ce dû à l'adhésion de la grande majorité des élites de Rome et des provinces au régime ? Ou encore au conservatisme et au manque d'outillage intellectuel, au sein d'une culture politique romaine qui se renouvelait quand même peu et qui s'ancrait dans la tradition (même si celle-ci évolue) ? Est-ce dû au succès de la « communication impériale », ou bien est-ce parce que le pouvoir romain a recherché la cohésion sans imposer une unification identitaire ? Les conflits identitaires sont essentiellement apparus dans les cas des deux monothéismes juif et chrétien, et dans les relations avec les « barbares ».

On peut aussi faire l'hypothèse que c'est l'absence de constitution, ou la souplesse constitutionnelle, qui explique l'absence de réflexion sur les régimes à l'époque impériale. On ne possède plus, en effet, d'essais de philosophie politique aussi riches, aussi ambitieux que ceux qu'un Platon ou qu'un Aristote avaient produits à la fin du IVe siècle av. J.-C. L'administration s'adaptait et l'on « dupliquait » ce qui existait déjà, comme le montre l'exemple de Constantinople qui fut pensée comme une nouvelle Rome. Le problème est peut-être aussi lié à l'autorité mal assurée des philosophes au début de l'Empire, et à leur association à des sénateurs qui ont contesté le pouvoir impérial au Ier siècle.

Notes

Introduction

1 Jean-Louis Ferrary, « *Optimates* et *populares*. Le problème du rôle de l'idéologie dans la politique », dans Hinnerk Bruhns, Jean-Michel David, Wilfried Nippel (dir.), *Die Späte Römische Republik. La fin de la République romaine. Un débat franco-allemand d'histoire et d'historiographie*, Rome, 1997, pp. 221-231, part. p. 228.

2 Philippe Le Doze, « Les idéologies à Rome : les modalités du discours politique à Rome de Cicéron à Auguste », *Revue historique*, 2010, n° 654, pp. 259-289 ; *Id.*, « Rome et les idéologies : réflexions sur les conditions nécessaires à l'émergence des idéologies politiques », *Revue historique*, 2015/3, n° 675, pp. 587-618.

3 Philippe Braud, *La science politique*, Paris, 2001 [1985], p. 7.

4 Voir Pascal Ory, *L'histoire culturelle*, Paris, 2004.

5 Philippe Poirrier, *Les enjeux de l'histoire culturelle*, Paris, 2004, pp. 283-290.

6 Jean-François Sirinelli, *Aux Marges de la République. Essai sur le métabolisme républicain*, Paris, 2001.

7 Peter Burke, *Qu'est-ce que l'histoire culturelle ?*, trad. fr. Christophe Jaquet, Paris, 2022, p. 158.

8 Voir en particulier Fergus Millar, *The Crowd in Rome in the Late Republic*, Ann Arbor, 1998.

9 Dans Matthias Haake, Ann-Cathrin Harders (éd.), *Politische Kultur und soziale Struktur der römischen Republik*, Stuttgart, 2017, pp. 457-495, traduit en français par Jean-Michel David, Frédéric Hurlet, Martin Jehne, « Culture politique – carrière d'un concept. Approches et applications à partir de l'exemple de la République romaine », *Triuium*, 2020, n° 31, pp. 127-146.

10 Valentina Arena, Jonathan Prag, Andrew Stiles (éd.), *A Companion to the political Culture of the Roman Republic*, Blackwell, 2022.

Chapitre 1

1 Sur les pouvoirs d'Auguste en particulier, voir Jean-Louis Ferrary, « À propos des pouvoirs d'Auguste », *Cahiers du Centre Gustave Glotz*, 2001, n° 12, pp. 101-154.

2 Stéphane Benoist, *Une République impériale en question ?*, Besançon, 2021.

3 Cliff Ando, Myles Lavan, *Roman and Local Citizenship in the Long Second century CE*, New York, 2021.

4 Jean-Michel David, Frédéric Hurlet (dir.), L'auctoritas *à Rome : une notion constitutive de la culture politique*, Bordeaux, 2020.

5 Philippe Akar, Concordia. *Un idéal de la classe dirigeante à la fin de la République*, Paris, 2013.

6 François CADIOU, *L'armée imaginaire. Les soldats prolétaires dans les légions romaines au dernier siècle de la République*, Paris, 2018.

7 Claude NICOLET, *Le métier de citoyen dans la Rome républicaine*, Paris, 1976, pp. 280-424.

8 Karl-Joachim HÖLKESKAMP, *Reconstruire une République : la « culture politique » de la Rome antique et la recherche des dernières décennies*, Nantes, 2008.

9 Cyril COURRIER, *La plèbe de Rome et sa culture (fin du IIe siècle av. J.-C.-fin du Ier siècle apr. J.-C.)*, Rome, 2014.

10 Claudia MOATTI, « Experts, mémoire et pouvoir à Rome, à la fin de la République », *Revue Historique*, 2003, n° 626, pp. 303-325.

11 Andrew WALLACE-HADRILL, *Rome's Cultural Revolution*, Cambridge, New York, 2008.

12 Francesca ROHR VIO, *Powerful Matrons. New Political Actors in the Late Roman Republic*, Séville, 2022.

13 Nathalie BARRANDON, *Les massacres de la République romaine*, Paris, 2018.

14 François HINARD, *Les proscriptions de la Rome républicaine*, Rome, 1985.

15 Christophe BADEL, *La République romaine*, Paris, 2013, p. 200.

16 Claude NICOLET, *Le métier de citoyen*, Paris, 1976, p. 407.

17 Egon FLAIG, « L'assemblée du peuple à Rome comme rituel de consensus. Hiérarchie politique et intensité de la volonté populaire », *Actes de la recherche en sciences sociales*, 2001/5, n° 140, pp. 12-20.

18 Jean-Michel DAVID, *Le patronat judiciaire au dernier siècle de la République romaine*, Rome, 2013.

19 Clément BUR, *La citoyenneté dégradée. Une histoire de l'infamie à Rome (312 av. J.-C.-96 apr. J.-C.)*, Rome, 2018.

20 Claude NICOLET, *Le métier de citoyen dans la Rome républicaine*, Paris, 1976, pp. 479-494.

21 *Ibid.*, pp. 71-121

22 Pascal MONTLAHUC, *Le pouvoir des bons mots : « Faire rire » et politique à Rome du milieu du IIIe s. a.C. à l'avènement des Antonins*, Rome, 2019, pp. 185-198.

23 Egon FLAIG, *Den Kaiser herausfordern : die Usurpation im Römischen Reich*, Francfort, New York, 2019 [1992].

24 Ségolène DEMOUGIN, *L'ordre équestre sous les Julio-Claudiens*, Rome, Paris, 1987.

25 Andrew WALLACE-HADRILL, « *Mutatas formas*: the Augustan transformation of Roman knowledge », dans K. Galinsky (éd.), *The Cambridge Companion to the Age of Augustus*, Cambridge, 2007, pp. 55-84.

26 Arnaud SUSPÈNE, « Les monnayages de l'Empire romain d'Auguste aux Flaviens (27 av. J.-C.-96 apr. J.-C.) », dans Michel AMANDRY (dir.), *La monnaie antique : Grèce et Rome, VIIe siècle av. J.-C.-Ve siècle apr. J.-C.*, Paris, 2017, pp. 171-194.

27 Paul VEYNE, *Le pain et le cirque. Sociologie historique d'un pluralisme politique*, Paris, 1976.

28 Stéphane BENOIST, *Rome, le prince et la Cité. Pouvoir impérial et cérémonies publiques (Ier siècle av.-début du IVe siècle apr. J.-C.)*, Paris, 2005.

Chapitre 2

1 Voir Évelyne SAMAMA, *Les médecins dans le monde grec. Sources épigraphiques sur la naissance d'un corps médical*, Genève, 2003, n° 189, pp. 311-313 ; *Digeste*, 50, 4, 18, 30 ; *Digeste*, 27, 1, 6, 8.

2 Jean-Michel DAVID (éd.), *Valeurs et mémoire à Rome. Valère Maxime ou la vertu recomposée*, Paris, 1998.

3 A. GANGLOFF, *Pouvoir impérial et vertus philosophiques : l'évolution de la figure du bon prince sous le Haut-Empire*, Leyde, Boston, 2018.

4 Augusto FRASCHETTI, *Rome et le prince*, Paris, 1994, p. 33.

5 Stéphane BENOIST, *Rome, le prince et la Cité. Pouvoir impérial et cérémonies publiques (Ier siècle av.-début du IVe siècle apr. J.-C.)*, Paris, 2005.

6 Sylvain FORICHON, *Les spectateurs des jeux du cirque à Rome (du Ier siècle a.C. au VIe siècle p.C.) : passion, émotions et manifestations*, Bordeaux, 2021.

7 Zvi YAVETZ, *La Plèbe et le prince, foule et vie politique sous le Haut-Empire romain*, Paris, 1984 [1969], pp. 44-51.

8 Cyril COURRIER, *La plèbe de Rome et sa culture (fin du IIe av. J.-C.-fin du Ier siècle apr. J.-C.)*, Rome, 2014, pp. 665-697.

9 Caillan DAVENPORT, « News, rumour, and the political culture of the Roman Imperial Monarchy », dans Caillan DAVENPORT, Christophe MALLAN (éd.), *Emperors and political culture in Cassius Dio's Roman history*, Cambridge, 2021, pp. 52-73.

10 Cyril COURRIER, *La plèbe de Rome et sa culture (fin du IIe siècle av. J.-C.-fin du Ier siècle apr. J.-C.)*, Rome, 2014, pp. 605-736.

Chapitre 3

1 Jean BÉRANGER, *Recherches sur l'aspect idéologique du Principat*, Bâle, 1953 ; *Id.*, François PASCHOUD, Pierre DUCREY (éd.), Principatus. *Études de notions et d'histoire politiques dans l'Antiquité gréco-romaine*, Genève, 1973.

2 Paul VEYNE, *L'empire gréco-romain*, Paris, 2005.

3 Claudia MOATTI, Res publica. *Histoire romaine de la chose publique*, Paris, 2018.

4 John SCHEID, *Romulus et ses frères. Le collège des frères arvales, modèle du culte public, dans la Rome des empereurs*, Rome, 1990 ; Lorenz WINKLER, Salus, *vom Staatskult zur politischen Idee*, Heidelberg, 1995.

5 Ernst KANTOROWICZ, *The King's Two Bodies: a Study in Mediaeval Political Theology*, Princeton, 1956 (traduction française : *Id.*, *Œuvres*, Paris, 2000).

6 J. MA, *Antiochos III and the Cities of Western Asia Minor*, Oxford, 1999.

7 Pascal MONTLAHUC, *Prince et citoyen. Essai sur le charisme de l'empereur romain d'Auguste à Sévère Alexandre*, Québec, Paris, à paraître.

8 Anne-Claire MICHEL, *La cour sous l'empereur Claude : Les enjeux d'un lieu de pouvoir*, Rennes, 2015.

9 Frédéric HURLET, « Le prince hors de Rome : la mobilité du pouvoir impérial et ses effets politiques, de César à Commode », dans Philippe LE DOZE (éd.), *Le costume de prince : vivre et se conduire en souverain dans la Rome antique d'Auguste à Constantin*, Rome, 2021, pp. 369-390.

10 Antony HOSTEIN, *La cité et l'Empereur. Les Éduens dans l'Empire romain d'après les Panégyriques latins*, Paris, 2012, pp. 81-135.

11 Fergus MILLAR, *The Emperor in the Roman World*, Londres, 1992 [1977], pp. 465-477 et pp. 507-516.

12 Paul VEYNE, *Le pain et le cirque. Sociologie historique d'un pluralisme politique*, Paris, 1976, pp. 569-613 ; *L'empire gréco-romain*, Paris, 2005, chap. 1 « Qu'était-ce qu'un empereur romain », pp. 15-78.

13 Anne-Valérie PONT, *Orner la cité : enjeux culturels et politiques du paysage urbain dans l'Asie gréco-romaine*, Bordeaux, 2010.

14 Agnès BÉRENGER, « Les éloges au bon prince en période de crise : l'empereur au secours des cités frappées par des catastrophes naturelles », dans Anne GANGLOFF (éd.), *Qualités et vertus de l'empereur dans les inscriptions d'Auguste au début du règne de Constantin : « Miroirs au prince » ?*, Leyde, Boston, 2022, pp. 386-405.

15 Thomas PEKÁRY, *Das römische Kaiserbildniss in Staat, Kult und Gesellschaft. Dargestellt Anhand der Schriftquellen*, Berlin, 1985.

16 Emmanuelle ROSSO, *L'image de l'empereur en Gaule romaine : portraits et inscriptions*, Paris, 2006.

17 *Ibid.*, cat. 142 = AE 1992, 1184.

18 Paul ZANKER, notamment dans « Herrscherbild und Zeitgesicht », *Wissenschaftliche Zeitschrift der Humboldt-Universität zu Berlin. Gesellschafts- und Sprachwissenschaftliche Reihe* 31/2-3, 1982, pp. 307-312.

19 Simon PRICE, *Rituals and Power: the Roman Imperial Cult in Asia Minor*, Cambridge, 1984.

20 John SCHEID, *La religion des Romains*, Paris, 2010 [1998], p. 136.

21 Ittai GRADEL, *Emperor Worship and Roman Religion*, Oxford, 2002, pp. 7 et 234 ; Christophe GODDARD, « Why the Emperor had to be a God: Divine Invisibilty, Imperial Visibilty and the Numen Augusti », *Res: Anthropology and aesthetics*, 2021, pp. 145-153.

22 Stéphane BENOIST, *Rome, le prince et la Cité. Pouvoir impérial et cérémonies publiques (Ier siècle av.-début du IVe siècle apr. J.-C.)*, Paris, 2005, pp. 103-146.

23 Simon PRICE, *Rituals and power. The Roman imperial cult in Asia Minor*, Cambridge, 1984.

24 Anna HELLER, *« Les bêtises des Grecs » : conflits et rivalités entre cités d'Asie et de Bithynie à l'époque romaine (129 a. C.-235 p. C.)*, Bordeaux, 2006.

25 William VAN ANDRINGA, *Quotidien des dieux et des hommes. La vie religieuse dans les cités du Vésuve à l'époque romaine*, Rome, 2009, pp. 53-56.

26 Jan B. MEISTER, *Der Körper des Princeps : zur Problematik eines monarchischen Körpers ohne Monarchie*, Stuttgart, 2012.

27 Jan B. MEISTER, « Corps et insignes. D'un corps monarchique sans monarchie à un corps monarchique avec monarchie ? », dans Anne GANGLOFF, Gilles GORRE (dir.), *Le corps des souverains dans les mondes hellénistique et romain*, Rennes, 2022, pp. 393-408.

Chapitre 4

1 Frédéric HURLET, « Pouvoirs et autoreprésentation du prince à travers la correspondance impériale d'Auguste à Trajan », dans Isabelle COGITORE, Ivana SAVALLI-LESTRADE (éd.), *Des rois au prince. Pratiques du pouvoir monarchique dans l'Orient hellénistique et romain (fin IVe a.C.-Ier p.C.)*, Grenoble, 2010, pp. 123-145.

2 Anna HELLER, *L'âge d'or des bienfaiteurs : titres honorifiques et sociétés civiques dans l'Asie Mineure d'époque romaine, Ier s. av. J.-C.-IIIe s. apr. J.-C.*, Genève, 2020.

3 Alain VILLARET, *Les dieux augustes dans l'Occident romain. Un phénomène d'acculturation*, Bordeaux, 2019, pp. 81-83 et 109-118.

4 Paul VEYNE, « Lisibilité des images, propagande et apparat monarchique dans l'Empire romain », *Revue historique*, 2002/1, n° 621, pp. 3-30.

5 Jean BÉRANGER, *Recherches sur l'aspect idéologique du Principat*, Bâle, 1953 ; *Id.*, Principatus. *Études de notions et d'histoire politiques dans l'Antiquité gréco-romaine*, Genève, 1973.

6 Anne GANGLOFF, *Pouvoir impérial et vertus philosophiques. L'évolution du bon prince sous le Haut-Empire*, Leyde, Boston, 2019.

7 Michel CHRISTOL, *L'Empire romain du IIIe siècle, 192-325 apr. J.-C.*, Paris, 2006 [1997], p. 183.

8 Jean-Louis FERRARY, *La pensée politique de la Rome républicaine et les traités de philosophie politique de Cicéron*, Turin, 2022.

9 Philippe LE DOZE, *Le Parnasse face à l'Olympe. Poésie et culture politique à l'époque d'Octavien/Auguste*, Rome, 2014.

10 Isabelle COGITORE, *Le doux nom de liberté : histoire d'une idée politique dans la Rome antique*, Grenoble, 2011.

11 Emmanuelle ROSSO, « Dieux à visages d'empereurs, ou empereurs dotés d'attributs divins ? Les représentations impériales "théomorphes" », dans Florence GHERCHANOC, Valérie HUET (dir.), *De la théâtralité du corps au corps des dieux*, Brest, 2014, pp. 217-260.

12 Michel CHRISTOL, *L'Empire romain du IIIe siècle, 192-325 apr. J.-C.*, Paris, 2006 [1997].

Chapitre 5

1 Frédéric HURLET, « Le consensus impérial à l'épreuve. La conspiration et ses enjeux sous les Julio-Claudiens », dans Gianpaolo URSO (dir.), *Ordine e sovversione nel mondo greco e romano*, Pise, 2009, pp. 125-143.

2 Paul VEYNE, *L'Empire gréco-romain*, Paris, 2005, pp. 15-78.

3 Clifford ANDO, *Imperial Ideology and Provincial Loyalty*, Berkeley, Los Angeles, Londres, 2000.

4 Carlos F. NOREÑA, *Imperial Ideals in the Roman West: Representation, Circulation, Power*, Cambridge, New York, 2011.

5 Glen W. BOWERSOCK, « Greek Intellectuals and the Imperial Cult », dans Willem DEN BOER (éd.), *Le culte des souverains dans l'empire romain. Entretiens sur l'antiquité classique, 19*, Genève, 1973, pp. 177-212 ; étude précisée par Kostas BURASELIS, « On Greek Intellectuals and the Roman Emperor Cult », *Mythos,* [En ligne], 2020, n° 14.

6 Henri FERNOUX, Anne GANGLOFF, Éric GUERBER, *La gloire de Rhodes au Ier siècle de notre ère (à partir du* Discours aux Rhodiens *de Dion de Pruse)*, Louvain, 2021.

7 Éric GUERBER, *Les cités grecques dans l'Empire romain. Les privilèges et les titres des cités de l'Orient hellénophone d'Octave Auguste à Dioclétien*, Rennes, 2009.

8 Isabelle COGITORE, *La légitimité dynastique d'Auguste à Néron à l'épreuve des conspirations*, Rome, 2002.

9 Anna HELLER, *« Les bêtises des Grecs » : conflits et rivalités entre cités d'Asie et de Bithynie à l'époque romaine (129 a.C.-235 p.C.)*, Bordeaux, 2006.

10 Gregory S. ALDRETE, « Riots », dans *The Cambridge Companion to Ancient Rome*, Cambridge, 2013, pp. 425-440.

11 Brent D. SHAW, « Bandits in the Roman Empire », *Past and Present*, 1984, n° 105, pp. 3-52.

12 Ramsay MACMULLEN, *Ennemies of the Roman Order. Treason, Unrest, and Alienation in the Empire*, Cambridge, 1967.

13 Adalberto GIOVANNINI, Denis VAN BERCHEM (éd.), *Opposition et résistances à l'Empire d'Auguste à Trajan*, entretiens sur l'Antiquité classique, Vandœuvres, Genève, 1986.

14 *Ibid.*, p. 61.

Index

A

B

C

G

H

I

J

Q

R

S

T

U

V

Z

Sources des images

Figure 1.1 : Jérôme FRANCE, Frédéric HURLET, *Institutions romaines*, Paris, Armand Colin (Cursus), 2019, p. 78.
Figure 1.2 : Musée d'Aphrodisias, Turquie. © Carlos Delgado, Wikipedia Commons ; CC-BY-SA.
Figure 1.3 : Carte redessinée par Philippe PARAIRE, d'après Patrice FAURE, Nicolas TRAN, Catherine VIRLOUVET, *Rome, cité universelle de César à Caracalla (70 av. J.-C.-212 apr. J.-C.)*, Paris, Belin, 2018, p. 264.
Figure 1.4 : MAN, Naples, inv. 6757. © Marie-Lan Nguyen, Wikipedia Commons.
Figure 2.1 : Philippe PARAIRE, d'après un schéma d'Anne GANGLOFF.
Figure 3.1 : American Numismatic Society, ANS.1944.100.38324. *RIC* I^2 Auguste 315.
Figure 3.2 : Musée du Louvre, MA 1150. © APK, Wikimedia Commons.
Figure 3.3 : © Musée du Louvre, Dist. GrandPalaisRmn / Hervé Lewandowski.
Figure 3.4 : Musée du Louvre, MA 1231. Wikimedia Commons.
Figure 3.5 : American Numismatic Society, ANS 1937.158.516. *BMC* 49 ; *RIC* IV Caracalla 490B.
Figure 3.6 : Musée du Louvre, MA 1161.
Figure 3.7 : © Rama, Wikimedia Commons.
Figure 3.8 : © Metropolitan Museum of Art (MET), New York.
Figure 3.9 : Égypte, Staatliche Museen zu Berlin, Antikensammlung.
Figure 4.1 : American Numismatic Society, ANS 1978.27.2. *RIC* I2 Auguste 95.
Figure 4.2 : American Numismatic Society, ANS 1995.1.4. *BMC* 218; *RIC* IV Septime Sévère 97.

Figures 4.3 a et 4.3 b : © Cassius Ahenobarbus, Wikimedia Commons.
Figure 4.4 : American Numismatic Society, ANS 1944.100.45630. *BMC* 1204 ; *RIC* II 32 Hadrien 261.
Figure 4.5 : American Numismatic Society, ANS 1944.100.52281. *BMC* 142 ; *RIC* IV Elagabal 91b.
Figure 5.1 : American Numismatic Society, ANS 1956.127.1586. *RIC* II Trajan 104 ; *BMC* 403.
Figure 5.2 : © QuartierLatin 1968, Wikimedia Commons.
Figure 5.3 : Carte redessinée par Philippe Paraire, d'après *L'Empire romain d'Auguste à Septime Sévère*. L'*Histoire* (question d'agrégation 2017).

Bibliographie

Cette bibliographie est restreinte aux références modernes qui ont été utilisées pour écrire ce manuel (à l'exception de certaines références en histoire contemporaine sur la culture politique, citées en introduction) et signale, dans une bibliographie pléthorique, des ouvrages plutôt que des articles. La plupart de ces références ont été mentionnées en notes et sont ici rassemblées par ordre alphabétique pour plus de commodité.

AKAR Philippe, Concordia. *Un idéal de la classe dirigeante à la fin de la République*, Paris, Publications de la Sorbonne, 2013.

ALDRETE Gregory S., « Riots », dans *The Cambridge Companion to Ancient Rome*, Cambridge, New York, CUP, 2013, pp. 425-440.

ANDO Clifford, *Imperial Ideology and Provincial Loyalty*, Berkeley, Los Angeles, Londres, University of California Press, 2000.

ANDO Clifford, LAVAN Myles, « Introduction », dans LAVAN Myles, ANDO Clifford (dir.), *Roman and Local Citizenship in the Long Second Century CE*, New York, OUP, 2021, pp. 1-38.

ARENA Valentina, PRAG Jonathan, STILES Andrew (éd.), *A Companion to the Political Culture of the Roman Republic*, Chichester, Hoboken, Blackwell, 2022.

ARNAUD-LINDET Marie-Pierre, *Histoire et politique à Rome : les historiens romains, IIIe siècle av. J.-C.-Ve siècle apr. J.-C.*, Rosny, Bréal, 2001.

AUTIN Louis, *Sur les lèvres de la foule. Une histoire de la rumeur à Rome et chez Tacite*, Bordeaux, Ausonius, à paraître.

BADEL Christophe, « *Pars populi integra* : clientèle et régulation sociale chez Tacite », dans MOLIN Michel (dir.), *Les régulations sociales dans l'Antiquité*, Rennes, PUR, 2006, pp. 71-87.

BADEL Christophe, *La République romaine*, Paris, PUF, 2013.

BADY Clément, BOUBOUNELLE Olga, VLAMOS Alexandre (dir.), *Les cités grecques face à l'*imperium Romanum*. Résilience, participation et adhésion des communautés grecques à la construction d'un empire (IIe siècle avant-Ier siècle de notre ère), Dialogues d'Histoire Ancienne*, suppl. 26, 2023.

BARATTE François, *Histoire de l'art antique : l'Art romain*, Paris, École du Louvre, Réunion des musées nationaux, la Documentation française, 1996.

Barrandon Nathalie, *Les massacres de la République romaine*, Paris, Fayard, 2018.

Bastian Miriam, « Virtues and Vices of Condemned Emperors of the 3rd Century », dans Gangloff Anne (éd.), *The Emperor's Qualities and Virtues in the Inscriptions from Augustus to the Beginning of Constantine's Reign: "Mirrors for prince ?" [Qualités et vertus de l'empereur dans les inscriptions d'Auguste au début du règne de Constantin : « Miroirs au prince » ?]*, Leyde, Boston, Brill, 2022, pp. 133-150.

Bastien Jean-Luc, *Le triomphe romain et son utilisation politique à Rome aux trois derniers siècles de la République*, Rome, EFR, 2007.

Baumann, Richard A., Impietas in principem*: a Study of Treason against the Roman Empire with Special Reference to the First Century A. D.*, Munich, Beck, 1974.

Beard Mary, North John, Price Simon, *Religions de Rome*, traduit par Cadoux Margaret et Jean-Louis, Paris, Picard, 2006.

Beard Mary, *The Roman Triumph*, Cambridge, Londres, The Belknap Press of Harvard University Press, 2008.

Belayche Nicole (dir.), *Rome, les Césars et la Ville aux deux premiers siècles de notre ère. Études d'histoire politique, sociale et religieuse*, Rennes, PUR, 2001.

Belayche Nicole, Pont Anne-Valérie (dir.), *Participations civiques des juifs et des chrétiens dans l'Orient romain (Ier-IVe siècles)*, Genève, Droz, 2022.

Benoist Stéphane, *La Fête à Rome au Ier siècle de l'Empire. Recherches sur l'univers festif sous les règnes d'Auguste et des Julio-Claudiens*, Bruxelles, Latomus, 1999.

Benoist Stéphane, « Le prince en représentation : visibilité et accessibilité du pouvoir impérial romain d'Auguste à Constantin », dans Molin Michel *et al.* (dir.), *Images et représentations du pouvoir et de l'ordre social dans l'Antiquité. Actes du colloque d'Angers, 28-29 mai 1999*, Paris, de Boccard, 2001, pp. 249-259.

Benoist Stéphane, *Rome, le prince et la Cité. Pouvoir impérial et cérémonies publiques (Ier siècle av.-début du IVe siècle apr. J.-C.)*, Paris, PUF, 2005.

Benoist Stéphane, « Images des dieux, images des hommes. Réflexions sur le "culte impérial" au IIIe siècle », dans Quet Marie-Henriette (éd.), *La « crise » de l'Empire romain de Marc Aurèle à Constantin*, Paris, Presses de l'Université Paris-Sorbonne, 2006, pp. 27-64.

Benoist Stéphane (dir.), *Mémoire et histoire : les procédures de condamnation dans l'Antiquité romaine*, Metz, Centre régional universitaire lorrain d'histoire, 2007.

Benoist Stéphane (éd.), *Rome, a City and Its Empire in Perspective: The Impact of the Roman World through Fergus Millar's Research [Rome, une cité impériale en jeu : l'impact du monde romain selon Fergus Millar]*, Leyde, Boston, Brill, 2012.

Benoist Stéphane, *Le pouvoir à Rome : espace, temps, figures, Ier s. av.-IVe s. de n. è. Douze variations*, scripta varia, Paris, CNRS éditions, 2020.

Benoist Stéphane, « *Nomina, tituli, loci* : en quête d'une définition des *personae* du *princeps* », dans Le Doze Philippe (dir.), *Le costume de prince. Vivre et se conduire en souverain dans la Rome antique d'Auguste à Constantin*, Rome, EFR, 2021, pp. 59-85.

Benoist Stéphane (dir.), *Une République impériale en question ?*, DHA supplément 24, Besançon, Presses universitaires de Franche-Comté, 2021.

Béranger Jean, *Recherches sur l'aspect idéologique du Principat*, Bâle, F. Reinhardt, 1953.

Béranger Jean, Paschoud François, Ducrey Pierre (éd.), Principatus. *Études de notions et d'histoire politiques dans l'Antiquité gréco-romaine*, Genève, Droz, 1973.

Bérenger Agnès, *Le métier de gouverneur dans l'empire romain : de César à Dioclétien*, Paris, de Boccard, 2014.

Bérenger Agnès, « Les éloges au bon prince en période de crise : l'empereur au secours des cités frappées par des catastrophes naturelles », dans Gangloff Anne (éd.), *The Emperor's Qualities and Virtues in the Inscriptions from Augustus to the Beginning of Constantine's Reign : "Mirrors for prince" ? [Qualités et vertus de l'empereur dans les inscriptions d'Auguste au début du règne de Constantin : « Miroirs au prince » ?]*, Leyde, Boston, Brill, 2022, pp. 386-405.

Berstein Serge, « La culture politique », dans Rioux Jean-Pierre, Sirinelli Jean-François (dir.), *Pour une histoire culturelle*, Paris, Seuil, 1997, pp. 372-373.

Berthelet Yann, Rochette Bruno (éd.), *L'astrologie et les empereurs romains 150 ans après Cumont*, Liège, Presses Universitaires de Liège, 2022.

Berthelot Katell, « L'Empire romain, un défi politico-religieux pour le judaïsme antique », *Études théologiques et religieuses*, 2016, t. 91, n° 3, pp. 339-349.

Berthelot Katell, *Reconsidering Roman Power: Roman, Greek, Jewish and Christian Perceptions and Reactions*, Rome, EFR, 2020.

Blonce Caroline, Hippler Thomas (dir.), Pax. *Pour une histoire de la paix romaine*, dossier thématique publié dans *Kentron*, 2023, n° 38.

Boatwright Mary T., *The Imperial Women of Rome: Power, Gender, Context*, Oxford, New York, OUP, 2021.

Bonnefond-Coudry Marianne, *Le Sénat de la République romaine d'Hannibal à Auguste : pratiques délibératives et prise de décision*, Rome, EFR, 1989.

Bowersock Glenn W., *Greek Sophists in the Roman Empire*, Oxford, Clarendon Press, 1969.

Bowersock Glenn W., « Greek Intellectuals and the Imperial Cult », dans Den Boer Willem (éd.), *Le culte des souverains dans l'empire romain. Entretiens sur l'antiquité classique*, Genève, Fondation Hardt pour l'étude de l'Antiquité classique, 1973, n° 19, pp. 177-212.

Braud Philippe, *La science politique*, Paris, 2023 [1985].

Bur Clément, *La citoyenneté dégradée. Une histoire de l'infamie à Rome (312 av. J.-C.-96 apr. J.-C.)*, Rome, EFR, 2018.

Buraselis Kostas, « On Greek Intellectuals and the Roman Emperor Cult », *Mythos* [En ligne], 14 | 2020, mis en ligne le 31 décembre 2020, disponible à l'adresse suivante : http://journals.openedition.org/mythos/2151

Burke Peter, *Qu'est-ce que l'histoire culturelle ?*, traduction de Jaquet Christophe, Paris, Les Belles Lettres, 2022.

Cadiou François, *L'armée imaginaire. Les soldats prolétaires dans les légions romaines au dernier siècle de la République*, Paris, Les Belles Lettres, 2018.

Carsana Charia, *La teoria della « costituzione mista » nell'età imperiale romana*, Côme, New Press, 1990.

Carsana Charia, Schettino Maria-Teresa (éd.), *Utopia e utopie nel pensiero storico antico*, Rome, « L'Erma » di Bretschneider, 2008.

Chaisemartin Nathalie de, *Rome, paysage urbain et idéologie. Des Scipions à Hadrien (IIe s. av. J.-C.-IIe s. apr. J.-C.)*, Paris, Armand Colin, 2003.

Chastagnol André, « Autour du thème du *princeps clausus* », *Bonner Historia Augusta Colloquium 1982-1983*, Bonn, R. Habelt, 1985, pp. 149-161.

Chastagnol André, *Le Sénat romain à l'époque impériale. Recherches sur la composition de l'Assemblée et le statut de ses membres*, Paris, Les Belles Lettres, 1992.

Chillet Clément, *Le vote populaire à Rome, textes introduits, traduits et commentés*, Paris, Les Belles Lettres, 2023.

Christol Michel, *L'Empire romain du IIIe siècle : histoire politique de 192, mort de Commode, à 325, concile de Nicée*, Paris, Errance, 2006 [1997].

Christol Michel, Darde Dominique (éd.), *L'expression du pouvoir au début de l'Empire. Autour de la Maison Carrée à Nîmes, Actes du Colloque de Nîmes du 20-22 octobre 2005*, Paris, Errance, 2009.

Coarelli Filippo, *Guide archéologique de Rome*, Paris, Hachette Littératures, 2001.

Cogitore Isabelle, *La légitimité dynastique d'Auguste à Néron à l'épreuve des conspirations*, Rome, EFR, 2002.

Cogitore Isabelle, *Le doux nom de liberté : histoire d'une idée politique dans la Rome antique*, Pessac, Ausonius ; Paris, de Boccard, 2011.

Cogitore Isabelle, « Des tyrans "de papier" dans les *Controverses* transmises par Sénèque le Père ? », dans Boulègue Laurence, Casanova-Robin Hélène, Lévy Carlos (dir.), *Le Tyran et sa postérité dans la littérature latine de l'Antiquité à la Renaissance*, Paris, Classiques Garnier, 2013, pp. 162-170.

Corbier Mireille, *Donner à voir, donner à lire : mémoire et communication dans la Rome ancienne*, Paris, CNRS éditions, 2006.

Cosme Pierre, *L'armée romaine VIIIe av. J.-C.-Ve s. apr. J.-C.*, Paris, Armand Colin, 2007.

Cosme Pierre, « Vrais et faux Nérons après juin 68 : imposture et imaginaire politique », dans Le Doze Philippe (dir.), *Le costume de prince. Vivre et se conduire en souverain dans la Rome antique d'Auguste à Constantin*, Rome, EFR, 2021, pp. 165-178.

Courrier Cyril, *La plèbe de Rome et sa culture (fin du IIe siècle av. J.-C.-fin du Ier siècle apr. J.-C.)*, Rome, EFR, 2014.

Courrier Cyril, « The Roman Plebs and Rumour: Social Interactions and Political Communication in the Early Principate », dans Rosillo-López Cristina (éd.), *Political Communication in the Roman World*, Leyde, Boston, Brill, 2017, pp. 139-164.

Courrier Cyril, Guilhembet Jean-Pierre, Laubry Nicolas *et al.* (dir.), *Rome, archéologie et histoire urbaine : trente ans après l'Urbs (1987)*, Rome, EFR, 2022.

Davenport Caillan, Mallan Christopher T. (éd.), *Emperors and political culture in Cassius Dio's* Roman History, Cambridge, CUP, 2021.

Davenport Caillan, « News, Rumour, and the Political Culture of the Roman Imperial Monarchy », dans Caillan Davenport, Mallan Christopher T. (éd.), *Emperors and political culture in Cassius Dio's* Roman history, Cambridge, CUP, 2021, pp. 52-73.

David Jean-Michel, *Le patronat judiciaire au dernier siècle de la République romaine*, Rome, EFR, 2013 [1992].

David Jean-Michel (éd.), *Valeurs et mémoire à Rome. Valère Maxime ou la vertu recomposée*, Paris, de Boccard, 1998.

David Jean-Michel, Hurlet Frédéric (dir.), *L'*auctoritas *à Rome : une notion constitutive de la culture politique*, Bordeaux, Ausonius, 2020.

David Jean-Michel, Hurlet Frédéric, Jehne Martin (dir.), « La culture politique de la République romaine », *Trivium*, 2020, n° 31 [En ligne], disponible à l'adresse suivante : https://journals.openedition.org/trivium/6971.

Davies Penelope, *Death and the Emperor, Roman Imperial Funerary Monuments from Augustus to Marcus Aurelius*, Austin, University of Texas Press, 2004.

Demougin Ségolène, *L'ordre équestre sous les Julio-Claudiens*, Rome, EFR ; Paris, de Boccard, 1987.

Demougin Ségolène, Devijver Hubert, Raepsaet-Charlier Marie-Thérèse (dir.), *L'ordre équestre. Histoire d'une aristocratie (IIe siècle av. J.-C.-IIIe siècle apr. J.-C.)*, Rome, EFR, 1999.

Demougin Ségolène, « Marketing politique à la cour impériale ? », dans Gangloff Anne (éd.), *The Emperor's Qualities and Virtues in the Inscriptions from Augustus to the Beginning of Constantine's Reign: "Mirrors for prince ?" [Qualités et vertus de l'empereur dans les inscriptions d'Auguste au début du règne de Constantin : « Miroirs au prince » ?]*, Leyde, Boston, Brill, 2022, pp. 153-166.

Deniaux Élizabeth, *Clientèles et pouvoir à l'époque de Cicéron*, Rome, EFR, 1993.

Deniaux Élizabeth (éd.), *Rome antique. Pouvoir des images, images du pouvoir*, Caen, Presses universitaires de Caen, 2000.

Destephen Sylvain (dir.), *Gouverner l'empire romain de Trajan à 410 après J.-C.*, Paris, Ellipses, 2022.

Duchêne Pauline, *Comment écrire sur les empereurs ? Les procédés historiographiques de Tacite et Suétone*, Bordeaux, Ausonius, 2020.

Ducos Michèle, « Pouvoir et cruauté dans les *Annales* de Tacite », dans Champeaux Jacqueline, Chassignet Martine (dir.), Aere perennius *: en hommage à Hubert Zehnacker*, Paris, Presses de l'Université de Paris-Sorbonne, 2006, pp. 395-415.

Ducos Michèle, « L'enseignement du droit dans le monde romain », dans Hugonnard-Roche Henri (dir.), *L'enseignement supérieur dans les mondes antiques et médiévaux. Aspects institutionnels, juridiques et pédagogiques*, Paris, Vrin, 2008, pp. 13-28.

Dupont Florence, Auvray-Assayas Clara (éd.), *Images romaines*, Paris, Presses de l'ENS, 1998.

Faure Patrice, Tran Nicolas, Virlouvet Catherine, *Rome, cité universelle, de César à Caracalla, 70 av. J.-C.-212 apr. J.-C.*, Paris, Belin, 2023 [2018].

Faure Patrice, Hurlet Frédéric (éd.), *En quête de pouvoir : de Rome à Lugdunum*, Lyon, Snoeck, 2021.

Fears Jesse R., « The Cult of Virtues and Roman Imperial Ideology », *Aufstieg und Niedergang der römischen Welt* (*ANRW*), II.17.2, Berlin, New York, de Gruyter, 1981, pp. 827-948.

Fernoux Henri, « Les cités grecques et le Prince. La fabrication du "costume impérial" », dans Le Doze Philippe (dir.), *Le costume de prince. Vivre et se conduire en souverain dans la Rome antique d'Auguste à Constantin*, Rome, EFR, 2021, pp. 517-552.

Fernoux Henri, Gangloff Anne, Guerber Éric, *La gloire de Rhodes au Ier siècle de notre ère (à partir du* Discours aux Rhodiens *de Dion de Pruse)*, Louvain, Peeters, 2021.

Ferrary Jean-Louis, « *Optimates* et *populares*. Le problème du rôle de l'idéologie dans la politique », dans Bruhns Hinnerk, David Jean-Michel, Nippel Wilfried (dir.), *Die späte römische Republik. La fin de la République romaine. Un débat franco-allemand d'histoire et d'historiographie*, Rome, EFR, 1997, pp. 221-231.

Ferrary Jean-Louis, « À propos des pouvoirs d'Auguste », *Cahiers du Centre Gustave Glotz*, 2001, n° 12, pp. 101-154.

FERRARY Jean-Louis, *Philhellénisme et impérialisme. Aspects idéologiques de la conquête romaine du monde hellénistique de la seconde guerre de Macédoine à la guerre contre Mithridate*, Rome, EFR, 2014 [1988].

FERRARY Jean-Louis, *Rome et le monde grec : choix d'écrits*, Paris, Les Belles Lettres, 2017.

FERRARY Jean-Louis, *La pensée politique de la Rome républicaine et les traités de philosophie politique de Cicéron*, MONTECALVO Maria St. (éd.), Turin, Nino Aragno Editore, 2022.

FLAIG Egon, « L'assemblée du peuple à Rome comme rituel de consensus. Hiérarchie politique et intensité de la volonté populaire », *Actes de la recherche en sciences sociales*, 2001/5, n° 140, pp. 12-20.

FLAIG Egon, *Den Kaiser herausfordern : die Usurpation im römischen Reich*, Francfort, 2019 [1992].

FLAIG Egon, *Ritualisierte Politik : Zeichen, Gesten und Herrschaft im alten Rom*, Gottingue, Vandenhoeck & Ruprecht, 2004.

FORICHON Sylvain, *Les spectateurs des jeux du cirque à Rome (du Ier siècle a.C. au VIe siècle p.C.) : passion, émotions et manifestations*, Bordeaux, Ausonius, 2021.

FORICHON Sylvain, « Le comportement du prince lors des spectacles de la Rome impériale », dans LE DOZE Philippe (dir.), *Le costume de prince. Vivre et se conduire en souverain dans la Rome antique d'Auguste à Constantin*, Rome, EFR, 2021, pp. 391-411.

FOURNIER Julien, *Entre tutelle romaine et autonomie civique : l'administration judiciaire dans les provinces hellénophones de l'Empire romain, 129 av. J.-C.-235 apr. J.-C.*, Athènes, EFA ; Paris, de Boccard, 2010.

FRANCE Jérôme, HURLET Frédéric, *Institutions romaines. Des origines aux Sévères*, Paris, Armand Colin, 2019.

FRASCHETTI Augusto, *Rome et le prince*, Paris, Belin, 1990.

FRASCHETTI Augusto, *Auguste et Rome*, Toulouse, Presses universitaires du Mirail, 2002.

FUHRMANN Christopher J., *Policing the Roman Empire: Soldiers, Administration and Public Order*, Oxford, OUP, 2012.

GANGLOFF Anne, *Pouvoir impérial et vertus philosophiques : l'évolution de la figure du bon prince sous le Haut-Empire*, Leyde, Boston, Brill, 2019.

GANGLOFF Anne, MAIRE Brigitte (éd.), *La santé du prince. Corps, vertus et politique dans l'Antiquité romaine*, Grenoble, J. Millon, 2020.

GANGLOFF Anne, « L'empereur romain aux IIe et IIIe siècles : corps physique et corps symbolique d'après les historiens antiques », *Revue des Études Tardo-antiques*, 2020-2021, n° 10, pp. 23-49.

GANGLOFF Anne, GORRE Gilles (dir.), *Le corps des souverains dans les mondes hellénistique et romain*, Rennes, PUR, 2022.

GANGLOFF Anne (éd.), *The Emperor's Qualities and Virtues in the Inscriptions from Augustus to the Beginning of Constantine's Reign: "Mirrors for prince ?" [Qualités et vertus de l'empereur dans les inscriptions d'Auguste au début du règne de Constantin : « Miroirs au prince » ?]*, Leyde, Boston, Brill, 2022.

GIOVANNINI Adalberto, VAN BERCHEM Denis (dir.), *Opposition et résistances à l'Empire d'Auguste à Trajan*, Entretiens sur l'Antiquité classique, Vandœuvres, Genève, Fondation Hardt, 1986.

GODDARD Christophe, « Why the Emperor had to be a God: Divine Invisibilty, Imperial Visibilty and the Numen Augusti », *Res: Anthropology and aesthetics*, 2021, pp. 145-153.

GRADEL Ittai, *Emperor Worship and Roman Religion*, Oxford, Clarendon Press, 2002.

GRAINGER John, *The Roman Imperial Succession*, Yorkshire, Pen & Sword Military, 2020.

GRAU Donatien, *La mémoire numismatique de l'Empire romain*, Paris, Les Belles Lettres, 2022.

GROS Pierre, *L'architecture romaine du début du IIIe s. av. J.-C. à la fin du Haut-Empire*, t. 1, *Les monuments publics*, Paris, Picard, 2011 ; t. 2, *Maisons, palais, villas et tombeaux*, Paris, Picard, 2017.

GUERBER Éric, *Les cités grecques dans l'Empire romain. Les privilèges et les titres des cités de l'Orient hellénophone d'Octave Auguste à Dioclétien*, Rennes, PUR, 2009.

HEKSTER Olivier, « Captured in the Gaze of Power. Visibility, Games and Roman Imperial Representation », dans HECKSTER Olivier, FOWLER Richard (dir.), *Imaginary Kings. Royal Images in the Ancient Near East, Greece and Rome*, Stuttgart, Steiner, 2005, pp. 157-176.

HEKSTER Olivier, *Caesar Rules: The Emperor in the Changing Roman World (c. 50 BC-AD 565)*, Cambridge, CUP, 2023.

HELLER Anna, « *Les bêtises des Grecs* » *: conflits et rivalités entre cités d'Asie et de Bithynie à l'époque romaine (129 a.C.-235 p.C.)*, Bordeaux, Ausonius, 2006.

HELLER Anna, *L'âge d'or des bienfaiteurs : titres honorifiques et sociétés civiques dans l'Asie Mineure d'époque romaine, Ier s. av. J.-C.-IIIe s. apr. J.-C.*, Genève, Droz, 2020.

HELLER Anna, « La rhétorique civique face à l'empereur », dans GANGLOFF Anne (éd.), *The Emperor's Qualities and Virtues in the Inscriptions from Augustus to the Beginning of Constantine's Reign : "Mirrors for prince" ? [Qualités et vertus de l'empereur dans les inscriptions d'Auguste au début du règne de Constantin : « Miroirs au prince » ?]*, Leyde, Boston, Brill, 2022, pp. 48-79.

HELLEGOUARC'H Joseph, *Le vocabulaire latin des relations et des partis politiques sous la République*, Paris, Les Belles Lettres, 1963.

HINARD François, *Les proscriptions de la Rome républicaine*, Rome, EFR, 1985.

HÖLKESKAMP Karl-Joachim, *Reconstruire une République : la « culture politique » de la Rome antique et la recherche des dernières décennies*, traduit par LAYRE Claudine, en collaboration avec HURLET Frédéric et sous sa direction scientifique, Nantes, Les Éditions Maison, 2008 (*Rekonstruktionen einer Republik. Die politische Kultur des antiken Rom und die Forschungen der letzten Jahrzehnte*, Munich, Oldenbourg, 2004).

HÖLKESKAMP Karl-Joachim, « Culture politique – carrière d'un concept. Approches et applications à partir de l'exemple de la République romaine », *Triuium*, 2020, n° 31, p. 127-146, traduit par VIGNAUX Anne-Laure.

HÖLKESKAMP Karl-Joachim, *Theater der Macht : die Inszenierung der Politik in der römischen Republik*, Munich, Beck, 2023. pp. 127-146.

HOLLARD Virginie, *Le rituel du vote. Les assemblées du peuple romain*, Paris, CNRS éditions, 2010.

HOSTEIN Antony, *La cité et l'Empereur : les Éduens dans l'Empire romain d'après les Panégyriques latins*, Paris, Publications de la Sorbonne, 2012.

HUET Valérie, « *Spolia in re, spolia in se* et *damnatio memoriae* : les statues et les empereurs julio-claudiens chez Suétone, ou de véritables jeux de "têtes" », dans BENOIST Stéphane, DAGUET-GAGEY Anne (éd.), *Un discours en images de la condamnation de mémoire*, Metz, Centre régional universitaire lorrain d'histoire, 2008, pp. 173-211.

HUMBERT Michel, « Le procès romain : approche sociologique », *Archives de Philosophie du Droit*, 1994, n° 39, pp. 73-86.

HURLET Frédéric, *Les collègues du prince sous Auguste et Tibère. De la légalité républicaine à la légitimité dynastique*, Rome, EFR, 1997.

HURLET Frédéric, « Pouvoir des images, images du pouvoir impérial. La province d'Afrique aux deux premiers siècles de notre ère », *Mélanges de l'École française de Rome, Antiquité*, 2000/1, n° 112, pp. 297-364.

HURLET Frédéric, « Le centre du pouvoir : Rome et la cour impériale aux deux premiers siècles de notre ère », dans BELAYCHE Nicole (dir.), *Rome, les Césars et la Ville aux deux premiers siècles de notre ère*, Rennes, PUR, 2001, pp. 159-183.

HURLET Frédéric, « Le consensus et la *concordia* en Occident (Ier-IIIe s. apr. J.-C.). Réflexions sur la diffusion de l'idéologie impériale », dans INGLEBERT Hervé (éd.), *Idéologies et valeurs civiques dans le monde romain. Hommage à Claude Lepelley (Paris, septembre 2001)*, Paris, Picard, 2002, pp. 163-178.

HURLET Frédéric, « Les modalités de la diffusion et de la réception de l'image et de l'idéologie impériale en Occident sous le Haut-Empire », dans NAVARRO CABALLERO Milagros, RODDAZ Jean-Michel (éd.), *La transmission de l'idéologie impériale dans l'Occident romain*, Bordeaux, Ausonius, 2006, pp. 49-68.

HURLET Frédéric (éd.), *Le Principat d'Auguste. Réalités et représentations du pouvoir. Autour de la* Res publica restituta, Rennes, PUR, 2009.

HURLET Frédéric (éd.), *Rome et l'Occident (IIe siècle av. J.-C.-IIe siècle apr. J.-C.). Gouverner l'Empire*, Rennes, PUR, 2009.

HURLET Frédéric, « Le consensus impérial à l'épreuve. La conspiration et ses enjeux sous les Julio-Claudiens », dans URSO Gianpaolo (dir.), *Ordine e sovversione nel mondo greco e romano*, Pise, Ed. ETS, 2009, pp. 125-143.

HURLET Frédéric, « Démocratie à Rome ? Quelle démocratie ? En relisant Millar (et Hölkeskamp) », dans BENOIST Stéphane (éd.), *Rome, a City and Its Empire in Perspective: The Impact of the Roman World through Fergus Millar's Research [Rome, une cité impériale en jeu : l'impact du monde romain selon Fergus Millar]*, Leyde, Boston, Brill, 2012, pp. 19-43.

HURLET Frédéric, « L' "öffentliche Meinung" de Habermas et l'opinion publique dans la Rome antique », dans ROSILLO-LÓPEZ Cristina (éd.), *Communicating Public Opinion in the Roman Republic*, Stuttgart, Steiner, 2019, pp. 23-40.

HURLET Frédéric, « Le prince hors de Rome. La mobilité du pouvoir impérial et ses effets politiques, de César à Commode », dans LE DOZE Philippe (éd.), *Le costume de prince : vivre et se conduire en souverain dans la Rome antique d'Auguste à Constantin*, Rome, EFR, 2021, pp. 369-390.

INGLEBERT Hervé (éd.), *Idéologies et valeurs civiques dans le monde romain : hommage à Claude Lepelley*, Paris, Picard, 2002.

INGLEBERT Hervé (éd.), *Histoire de la civilisation romaine*, Paris, PUF, 2005.

ITGENSHORST Tanja, LE DOZE Philippe (dir.), *La norme sous la République et le Haut-Empire romains. Élaboration, diffusion et contournements*, Bordeaux, Ausonius, 2017.

JERPHAGNON Lucien, *Les divins Césars : idéologie et pouvoir dans la Rome impériale*, Paris, Tallandier, 2023 [2004].

KANTOROWICZ Ernst, *Œuvres*, Paris, Le Grand livre du mois, 2000 (*The King's Two Bodies: a Study in Mediaeval Political Theology*, Princeton, Princeton University Press, 1997 [1956]).

KENNEDY Jérôme, *Une* res publica *impériale en mutation : penser et pratiquer le pouvoir personnel à Rome de Sylla à Trajan*, Ceyzérieu, Champs Vallon, 2023.

LAMBERT Manuella (dir.), *L'empereur romain. Un mortel parmi les dieux*, Nîmes, musée de la Romanité, 2021.

LAVAN Myles, ANDO Clifford (dir.), *Roman and local citizenship in the long second century CE*, New York, OUP, 2021.

LE DOZE Philippe, « Les idéologies à Rome : les modalités du discours politique à Rome de Cicéron à Auguste », *Revue historique*, 2010/2, n° 654, pp. 259-289.

LE DOZE Philippe, *Le Parnasse face à l'Olympe. Poésie et culture politique à l'époque d'Octavien/Auguste*, Rome, EFR, 2014.

LE DOZE Philippe, « Rome et les idéologies : réflexions sur les conditions nécessaires à l'émergence des idéologies politiques », *Revue historique*, 2015/3, n° 675, pp. 587-618.

LE DOZE Philippe, « Le prince et le *Senatus Populusque Romanus* sous le Haut-Empire », dans LE DOZE Philippe (dir.), *Le costume de prince. Vivre et se conduire en souverain dans la Rome antique d'Auguste à Constantin*, Rome, EFR, 2021, pp. 25-57.

LE DOZE Philippe, (dir.), *Le costume de prince. Vivre et se conduire en souverain dans la Rome antique d'Auguste à Constantin*, Rome, EFR, 2021.

LE GALL Joël, « Le serment à l'empereur : une base méconnue de la tyrannie impériale sous le Haut-Empire ? », *Latomus*, 1985/4, n° 44, pp. 767-783.

LE ROUX Patrick, « La romanisation en question », *Annales. Histoire, Sciences sociales*, 2004/2, n° 59, pp. 287-311.

LE ROUX Patrick, *L'Empire romain*, Paris, PUF, 2015.

LE ROUX Patrick, *L'Empire romain : histoire et modèles*, Rennes, PUR, 2022.

LEPELLEY Claude, « Les Chrétiens et l'Empire romain », dans MAYER Jean-Marie *et al.* (dir.), *Histoire du christianisme*, 1, *Le Nouveau Peuple (des origines à 250)*, Paris, Desclées, Fayard, 2000, pp. 227-266.

LETTA Cesare, *Tra umano e divino. Forme e limiti del culto degli imperatori nel mondo romano*, Sarzana, Lugano, Agorà & co, 2020.

LETTA Cesare, « La corruzione del potere : il topos dell'evoluzione *in peius* dei principi Giulio-Claudi in Cassio Dione », dans CAMPANILE Domitilla, GANGLOFF Anne (dir.), *La corruzione del potere a Roma e i suoi precedenti*, Pise, à paraître.

L'Urbs : espace urbain et histoire (Ier siècle av. J.-C.-IIIe siècle apr. J.-C.), Rome, EFR, 2015 [1987].

MA John, *Antiochos III and the Cities of Western Asia Minor*, Oxford, OUP, 1999.

MACMULLEN R., *Enemies of the Roman Order. Treason, Unrest, and Alienation in the Empire*, Cambridge, Harvard University Press, 1967 [1966].

MEIER Christian, Res publica amissa. *Eine Studie zu Verfassung und Geschichte der späten römischen Republik*, Stuttgart, Fr. Steiner, 2017 [1966].

MEISTER Jan B., *Der Körper des Princeps : zur Problematik eines monarchischen Körpers ohne Monarchie*, Stuttgart, Fr. Steiner, 2012.

MEISTER Jan B., « Corps et insignes. D'un corps monarchique sans monarchie à un corps monarchique avec monarchie ? », dans GANGLOFF Anne, GORRE Gilles (dir.), *Le corps des souverains dans les mondes hellénistique et romain*, Rennes, PUR, 2022, pp. 393-408.

MICHEL Anne-Claire, *La cour sous l'empereur Claude. Les enjeux d'un lieu de pouvoir*, Rennes, PUR, 2015.

MILLAR Fergus, *The Emperor in the Roman World*, Londres, Duckworth, 1992 [1977].

MILLAR Fergus, *The crowd in Rome in the Late Republic*, Ann Arbor, University of Michigan Press, 1998.

MILLAR Fergus, *Rome, the Greek world, and the East. 1, The Roman Republic and the Augustan Revolution*, COTTON Hannah M., ROGERS Guy M. (éd.), Chapel Hill, University of North Carolina Press, 2002 ; *2, Government, Society, and Culture in the Roman Empire*, 2004 ; *3, The Greek World, the Jews, and the East*, 2006.

MITROPOULOS Giorgos, « Reflections of the Emperor's Image in the Roman East: Notes on the Representation and the Imitation of Imperial Qualities », dans GANGLOFF Anne (éd.), *The Emperor's Qualities and Virtues in the Inscriptions from Augustus to the Beginning of Constantine's Reign : "Mirrors for prince" ? [Qualités et vertus de l'empereur dans les inscriptions d'Auguste au début du règne de Constantin : « Miroirs au prince » ?]*, Leyde, Boston, Brill, 2022, pp. 180-204.

MOATTI Claudia, *La raison de Rome. Naissance de l'esprit critique à la fin de la République (IIe-Ier s. avant J.-C.)*, Paris, Seuil, 1997.

MOATTI Claudia, « Experts, mémoire et pouvoir à Rome, à la fin de la République », *Revue Historique*, 2003, n° 626, pp. 303-325.

MOATTI Claudia, Res publica. *Histoire romaine de la chose publique*, Paris, Fayard, 2018.

Moi, Auguste, empereur de Rome : Grand Palais, Paris, Société française de promotion artistique, 2014.

MONTLAHUC Pascal, « César hors de sa litière : le prince parmi les citoyens », dans LE DOZE Philippe (dir.), *Le costume de prince. Vivre et se conduire en souverain dans la Rome antique d'Auguste à Constantin*, Rome, EFR, 2021, pp. 341-368.

MONTLAHUC Pascal, *Le pouvoir des bons mots : « Faire rire » et politique à Rome du milieu du IIIe s. a.C. à l'avènement des Antonins*, Rome, EFR, 2022.

MONTLAHUC Pascal, *Prince et citoyen. Essai sur le charisme de l'empereur romain d'Auguste à Sévère Alexandre*, Québec, PUL ; Paris, Hermann, à paraître.

NICOLET Claude, *Le métier de citoyen dans la Rome républicaine*, Paris, Gallimard, 1976.

NICOLET Claude, *L'inventaire du monde. Géographie et politique aux origines de l'Empire romain*, Paris, Fayard, 1998.

NORA Pierre, *Lieux de mémoire*, I-III, Paris, Gallimard, 1984-1992.

NOREÑA Carlos F., *Imperial Ideals in the Roman West: Representation, Circulation, Power*, Cambridge, New York, CUP, 2011.

ORY Pascal, *L'histoire culturelle*, Paris, PUF, 2004.

PALM Jonas, *Rom, Römertum und Imperium in der griechischen Literatur der Kaiserzeit*, Lund, Gleerup, 1959.

PANI Mario, « Lotta politica e Principato. Schemi di analisi », dans PANI Mario, *Potere e valori a Roma fra Augusto e Traiano*, Bari, Edipuglia, 1993, pp. 29-37.

PASCHOUD François, SZIDAT Joachim (éd.), *Usurpationen in der Spätantike*, Stuttgart, Fr. Steiner, 1997.

PEKÁRY Thomas, *Das römische Kaiserbildniss in Staat, Kult und Gesellschaft. Dargestellt anhand der Schriftquellen*, Berlin, Mann Verlag, 1985.

PERRIN Yves, *Rome, ville et capitale. Paysage urbain et histoire, IIe siècle av. J.-C.-IIe siècle apr. J.-C.*, Paris, Hachette, 2001.

PINA POLO Francisco, *Las* contiones *civiles y militares en Roma*, Saragosse, Departemento de Ciencias de la Antigüedad (Universidad de Zaragosa), 1989.

PINA POLO Francisco, « *Contio, auctoritas* and Freedom of Speech in Republican Rome », dans BENOIST Stéphane (éd.), *Rome, a City and Its Empire in Perspective: The Impact of the Roman World through Fergus Millar's Research [Rome, une cité impériale en jeu : l'impact du monde romain selon Fergus Millar]*, Leyde, Boston, Brill, 2012, pp. 45-58.

POIRRIER Philippe, *Les enjeux de l'histoire culturelle*, Paris, Seuil, 2004.

PONT Anne-Valérie, « L'empereur "fondateur" : enquête sur les motifs de la reconnaissance civique », *Revue des Études grecques*, 2007/2, n° 120, pp. 526-552.

PONT Anne-Valérie, *Orner la cité : enjeux culturels et politiques du paysage urbain dans l'Asie gréco-romaine*, Bordeaux, Ausonius, 2010.

PRICE Simon, *Rituals and Power: the Roman Imperial Cult in Asia Minor*, Cambridge, CUP, 1986.

RICCI Cecilia, *Security in Roman Times: Rome, Italy and the Emperor*, Londres, New York, Routledge, 2018.

RIVIÈRE Yann, *Les délateurs sous l'Empire romain*, Rome, EFR, 2002.

ROHR VIO Francesca, *Powerful Matrons. New Political Actors in the Late Roman Republic*, Séville, Editorial Universidad de Sevilla ; Zaragoza, Prensas de la Universidad de Zaragoza, 2022.

ROMAN Yves, *Empereurs et sénateurs : une histoire politique de l'Empire romain, Ier-IVe siècle*, Paris, Fayard, 2001.

ROSSO Emmanuelle, *L'image de l'empereur en Gaule romaine*, Paris, Éd. du Comité des travaux historiques et scientifiques, 2006.

ROSSO Emmanuelle, « Dieux à visages d'empereurs, ou empereurs dotés d'attributs divins ? Les représentations impériales "théomorphes" », dans GHERCHANOC Florence, HUET Valérie (dir.), *De la théâtralité du corps au corps des dieux*, Brest, Centre de recherche bretonne et celtique, Université de Bretagne occidentale, 2014, pp. 217-260.

RUTLEDGE Stephen, « Princeps as *popularis* », dans LE DOZE Philippe (dir.), *Le costume de prince. Vivre et se conduire en souverain dans la Rome antique d'Auguste à Constantin*, Rome, EFR, 2021, pp. 413-435.

SAGE Michael, *Septimius Severus and the Roman army*, Barnsley, Pen & Sword Military, 2020.

SARTRE Maurice, *Le Haut-Empire romain. Les provinces de Méditerranée orientale d'Auguste aux Sévères*, Paris, Éditions Points, 2014 (1997).

SARTRE Maurice, SARTRE-FAURIAT Annie, *Zénobie : de Palmyre à Rome*, Paris, Perrin, 2014.

SAURON Gilles, « Les Romains et l'art », dans INGLEBERT Hervé (éd.), *Histoire de la civilisation romaine*, chap. VI, Paris, PUF, 2005, pp. 233-333.

SCHEID John, *Romulus et ses frères. Le collège des frères arvales, modèle du culte public, dans la Rome des empereurs*, Rome, EFR, 1990.

SCHEID John, *La religion des Romains*, Paris, Armand Colin, 2019 [1998].

SCHETTINO Maria Teresa, « Conscience de la crise, utopie et perspectives réformatrices », dans SCHETTINO Maria Teresa, *Prospettive interculturali e confronto politico da Augusto ai Severi*, Rome, « L'Erma » di Bretschneider, 2018, pp. 75-88.

SCOTT James C., *La domination et les arts de la résistance. Fragments du discours subalterne*, traduction de RUCHET Olivier, Paris, Éditions Amsterdam, 2008 (*Domination and the Arts of Resistance. Hidden Transcript*, New Haven, Yale University Press, 1990).

SELLA Jérôme, *Tenir le loup par les oreilles. Prendre le pouvoir et le conserver dans la Rome impériale des premiers siècles : d'Auguste aux Sévères*, Ceyzérieu, Champ Vallon, 2020.

SHATZMAN Israël, « Tacitean rumours », *Revue des Études Latines*, 1974, n° 33, pp. 549-578.

SHAW Brent D., « Bandits in the Roman Empire », *Past and Present*, 1984, n° 105, pp. 3-52.

STEWART Peter, *Statues in Roman Society: Representation and Response*, Oxford, OUP, 2003.

SUSPÈNE Arnaud, « De l'amitié républicaine à l'amitié du Prince : une approche politique de l'*amicitia* romaine (fin de la République-Haut Empire) », *Parlement[s], Revue d'histoire politique*, 2016/3, n° HS 11, pp. 33-56.

SUSPÈNE Arnaud, « Les monnayages de l'Empire romain d'Auguste aux Flaviens (27 av. J.-C.-96 apr. J.-C.) », dans AMANDRY Michel (dir.), *La monnaie antique : Grèce et Rome, VIIe siècle av. J.-C.-Ve siècle apr. J.-C.*, Paris, Ellipses, 2017, pp. 171-194.

SYME Ronald, *La révolution romaine*, traduction de STUVERAS Roger, Paris, Gallimard, 1967 (*The Roman Revolution*, Oxford, Clarendon Press, 1939).

TARPIN Michel, Roma Fortunata. *Identité et mutations d'une ville éternelle*, Paris, Infolio, 2001.

THOMAS Yan, « À Rome, pères citoyens et cités des pères (IIe siècle av. J.-C.-IIe siècle apr. J.-C.) », dans BURGUIÈRE André, KLAPISCH-ZUBER Christiane (dir.), *Histoire de la famille, vol. 1 : Mondes lointains, mondes anciens*, Paris, Armand Colin, 1986, pp. 195-229.

TRAN Nicolas, *La plèbe : une histoire populaire de Rome, Ier siècle av. J.-C.-IIe siècle apr. J.-C.*, Paris, Passés Composés, 2023.

TURCAN Robert, « La promotion du sujet par le culte du souverain », dans SMALL Alastair (éd.), *Subject and Ruler. The Cult of the Ruling Power in Classical Antiquity*, Ann Arbor, *Journal of Roman Archaeology*, 1996, pp. 51-62.

URSO Gianpaolo (éd.), Popularitas. *Ricerca del consenso e « populismo » in Roma antica*, Rome, L'Erma di Bretschneider, 2021.

VAN ANDRINGA William, *Quotidien des dieux et des hommes : la vie religieuse dans les cités du Vésuve à l'époque romaine*, Rome, EFR, 2009.

VAN HAEPEREN Françoise, « L'impiété : une caractéristique des "mauvais" empereurs », *Mythos*, 2008, n° spécial 2, pp. 147-159.

VESPERINI Pierre, *La philosophie antique. Essai d'histoire*, Paris, Fayard, 2020.

VESPERINI Pierre (dir.), Philosophari. *Usages romains des savoirs grecs sous la République et sous l'Empire*, Paris, Classiques Garnier, 2017.

VEYNE Paul, *Le pain et le cirque. Sociologie historique d'un pluralisme politique*, Paris, Seuil, 1976.

VEYNE Paul, *L'Empire gréco-romain*, Paris, Seuil, 2005.

VILLARET Alain, *Les dieux augustes dans l'Occident romain. Un phénomène d'acculturation*, Bordeaux, Ausonius, 2019.

VIRLOUVET Catherine, *Famines et émeutes à Rome* : *des origines de la République à la mort de Néron*, Rome, EFR, 1985.

WALLACE-HADRILL Andrew, « The Emperor and his Virtues », *Historia*, 1981, n° 30, pp. 298-319.

WALLACE-HADRILL Andrew, « *Civilis Princeps*. Between Citizen and King », *Journal of Roman Studies*, 1982, n° 72, pp. 32-48.

WALLACE-HADRILL Andrew, « *Mutatas formas* : the Augustan Transformation of Roman Knowledge », dans GALINSKY Karl (éd.), *The Cambridge Companion to the Age of Augustus*, Cambridge, CUP, 2007.

WALLACE-HADRILL Andrew, *Rome's Cultural Revolution*, Cambridge, New York, CUP, 2008.

WINKLER Lorenz, Salus, *vom Staatskult zur politischen Idee*, Heidelberg, Verlag Archäologie und Geschichte, 1995.

WOLFF Catherine, *L'éducation dans le monde romain. Du début de la République à la mort de Commode*, Paris, Picard, 2015.

WOLFF Catherine, *Les brigands en Orient sous le Haut-Empire romain*, Rome, EFR, 2003.

YAVETZ Zvi, *La plèbe et le prince : foule et politique sous le Haut-Empire romain*, Paris, La Découverte, 1984.

ZANKER Paul, « Herrscherbild und Zeitgesicht », *Wissenschaftliche Zeitschrift der Humboldt-Universität zu Berlin. Gesellschafts- und Sprachwissenschaftliche Reihe*, 1982, n° 31/2-3, pp. 307-312.

ZANKER Paul, *Augustus und die Macht der Bilder*, Munich, Beck, 1997 [1987].

ZANKER Paul, *Un'arte per l'impero. Funzione e intenzione delle immagini nel mondo romano*, Eugenio POLITO (éd.), Milan, Electa, 2002.

Table des matières

263651 - (I) - NOC - OSB 70 - AMK

Achevé d'imprimer par
La Nouvelle Imprimerie Laballery
58500 Clamecy (Nièvre)
N° d'impression : 404802
Dépôt légal : juin 2024

Imprimé en France